让 我 们 一 起 追 寻

野性北美·多林作品集

— III —

辉 煌 信 标
美国灯塔史

BRILLIANT BEACONS

A History of
the American Lighthouse

〔美〕埃里克·杰·多林　著

冯璇　译

Eric Jay Dolin

社会科学文献出版社
SOCIAL SCIENCES ACADEMIC PRESS (CHINA)

本书获誉

《辉煌信标》是迄今所有关于美国灯塔的历史类作品中最精彩的一部。

——杰里米·登特里蒙特，美国灯塔基金会驻会历史学家，著有《灯塔手册：新英格兰》

一丝不苟的研究，引人入胜的内容，这本书不仅适合海事史爱好者，也适合所有喜欢了解过往不为人知的历史的读者。

——迈克尔·图加斯，著有《极速风暴》，与人合著《怒海救援》

没有哪本关于这一主题的书能够像《辉煌信标》一样细节丰富、文笔优美。这本书对于任何想了解美国历史的读者来说都是必读书目。

——蒂姆·哈里森，《灯塔文摘》杂志的创立者和编辑埃里克·杰·多林揭示了灯塔作为浪漫风景明信片图案背后的精彩、鲜活的历史。从沉船事件和战时突袭，到诗歌文艺、鸟类迁徙和折射原理，应有尽有。《辉煌信标》是一本让人心驰神往、不忍释卷的书，也是一部富有启发性的作品。

——索尔·汉森，著有《种子的胜利》和《羽毛》

还有什么能比通过灯塔看美国更好的角度呢？还有谁能比埃里克·杰·多林更胜任灯塔向导的工作呢？凭借其叙事天分和一贯的令人愉悦的写作风格，多林从各个方面进一步揭示了美国历史。

——托比·莱斯特，著有《世界的第四部分》和《达芬奇幽灵》

《辉煌信标》之于灯塔恰似《白鲸记》之于鲸——是针对某个人们觉得既熟悉又神秘的主题做出的变革性记叙。埃里克·杰·多林设计了一个令人意外、有独创性的角度来介绍我们共同经历的过去和现在。多年来我经常航行在海上，这本书令我如痴如醉。

——劳伦斯·贝尔格林，著有《哥伦布的四次航行》

埃里克·多林创作的这本书无论从研究价值还是故事叙述方面来说，都堪称杰作。《辉煌信标》带领读者重温了灯塔厚重的历史，它是战争中的战略打击目标，也是科技进步的动力源泉，还是结合了优雅和力量的建筑杰作。任何对海洋充满敬畏之情的人都会喜爱这本书。

——布莱恩·墨菲，著有《零度以下81天》

这是一部内容充实、精彩纷呈的作品，讲述的是关于灯塔这个美国最优美、最具造型感的标志。这些海岸边的信标曾经诠释了一个年轻国家的经济动力和掌控海洋的决心。熟悉多林在《利维坦》或《皮毛、财富和帝国》中展现的令人无法抗拒的叙述风格的读者可以确信，这一次他同样出色地介绍了美国灯塔的引人入胜的历史。

——林克·巴克，著有《穿越飞行之旅》和《俄勒冈小道》

献给露丝·鲁克斯和乔治·鲁克斯夫妇

目　录

引　言

　　1840 年依据托马斯·道蒂（Thomas Doughty）描绘缅因州沙漠山礁石灯塔（Maine's Mount Desert Rock Lighthouse）的画作制作的雕版印刷品。

　　海洋是危险的地方，最大的危险隐藏在最靠近海岸的地方。虽然在任何地方遇到暴风雨都可能让水手们陷于困境之中，但在广阔的海面上，他们至少可以自信地掌控船只，不用担心撞上什么看不见的意外或是搁浅在岸边。当船只贴着

1

海岸航行时，它们面临的危险会成倍增加。岸边有锯齿状的暗礁、隐蔽的沙洲、高耸的陆岬和多岩石的海滩，这些都可能给船只带来灾难。1817 年 2 月 24 日清晨，威廉·奥斯古德（William Osgood）和他的一小队船员就意识到了这样的危险征兆，所以他们都在专心致志地，甚至是近乎绝望地想要在前方找到哪怕一丁点儿光亮。

“联合号”（*Union*）[1]是一艘从马萨诸塞州塞勒姆（Salem）出发的造型优美的三桅帆船，此时船上装着从苏门答腊岛（Sumatra）运回的近 50 万磅的辣椒和超过 10 万磅的锡。奥斯古德是这艘船的船长，午夜刚过，他就看到了一个熟悉的，也是他此刻最想看到的景象。从位于马萨诸塞州罗克波特（Rockport）海岸外的撒切尔岛灯塔（Thacher Island Lighthouse）的双子塔上发出的灯光让奥斯古德知道自己正航行在正确的航线上，所以很快就能抵达终点了。奥斯古德下令让他的船员向西南方向行驶，注意寻找贝克岛（Baker's Island）上的灯塔，那里离塞勒姆的码头不远。大约两个小时之后，水手们看到远处有灯塔发出的隐约光线，于是朝着那个方向驶去。然而，不久之后下起的暴风雪模糊了水手的视线。等船上的人重新看到灯塔的光亮之后，他们不但没能松一口气，反而更加担忧起来。

“联合号”于 1816 年离开塞勒姆时，贝克岛上原有两座灯塔，能够发出两束灯光，就像撒切尔岛上的双子塔一样。可是，在“联合号”出海期间，贝克岛上的灯塔被改造成了仅发出一束灯光。奥斯古德和他的船员们并不知道这个变化，因此看到这里只有一束灯光的时候，他们先是感到

2

困惑，继而慌张了起来。有些人认为他们一定已经错过了贝克岛，眼前的应该是波士顿灯塔（Boston Lighthouse）的灯光，那样的话就意味着帆船已经到了塞勒姆以南 15 英里处。另一些人则认为虽然这座灯塔只有一束光，但这里肯定就是贝克岛。鉴于帆船距离岛已经很近，他们几乎没有反应的时间了。舵手认为不远处的是波士顿灯塔，于是掉转了方向；奥斯古德确信这里就是贝克岛，所以下令原路前进。不过，一切为时已晚。奥斯古德刚刚喊出自己的命令，"联合号"就撞上了贝克岛的西北角。幸运的是所有船员都平安无事，他们随后还挽救了大部分锡和一半左右的辣椒。投保了 45000 美元的"联合号"则是另一副光景了，这艘帆船彻底报废了。

"联合号"海难直截了当地阐明了灯塔的基本作用就是 xiii 引导水手平安抵达他们的目的地。在那个寒冷的 2 月清晨，如果贝克岛的灯塔还是射出两道光线，"联合号"的船员们就会知道自己的位置并做出恰当的决定，他们的船也就不会撞上岩石。"联合号"虽然遭遇了劫难，但美国的灯塔在三百多年的时间里毕竟协助避免了不计其数的沉船事故，拯救了数不清的生命，还为美国的发展和繁荣做出了伟大的贡献。

美国灯塔的历史跨度很广。它始于有远见的殖民地定居者在东部海岸线上建造的第一座用来吸引商业活动的灯塔；它见证了美国建国及其逐渐覆盖整片大陆的惊人扩张过程。当第一届美国国会会议于 1789 年召开时，最先讨论的议题之一就是灯塔应由联邦政府还是州政府负责管理，国会通过的最初一批法案中就有将灯塔划入联邦政府管辖范围的条款。从那时起，随着这个国家的发展，灯塔的数目不断增加，形成了一条信标之链，实实在在地照亮了定居者前往新设立的领地及新成立各州的路线。

《辉煌信标》还是一段关于政府无能和国际竞争的历史。在很长一段时间里，美国的灯塔远比不上英国和法国的那些，但被错误思想引导的固执的美国官员们拒绝承认这个事实。直到美国开始效仿它在大洋彼岸的竞争对手，它此前平庸的灯塔体系才终于能够跻身世界先进水平之列。

这同样是一段照明技术创新史。灯塔的照明原料随时间的流逝发生了巨大变革，从鲸鱼油、猪油、植物油，到煤油、乙炔，最终到电能。同理，原始的油灯也被更加复杂的灯具取代，投射光线能力较弱的反射镜都被换成了灯塔照明中的明星产品——菲涅耳透镜。它不仅能够增强光照的强度，还是 19 世纪最重要、最美丽的发明之一。大多数优雅考究的透镜后来被现代光学仪器取代了，后者发出的灯光不及菲涅耳透镜的醒目，但仍然可以将明亮的光束有效地投向地平线。

灯塔的建筑结构也经历了一些根本性变化。早期的灯塔是用木材和毛石建造的，后来改为用切割石料、砖块、铁、钢、钢筋混凝土，甚至是铝。虽然所有灯塔的建造都需要很高的技术，但是有几座灯塔的建造格外具有挑战性，它们的建成是真正的工程奇迹，也是人类智慧的见证。

灯塔还在美国的军事历史中扮演了一个极为重要的角色。它在很多冲突中被用作瞭望塔。在美国革命和美国内战中，灯塔还成了关键的战略打击目标，最后有超过 160 座灯塔受损或被彻底摧毁。

与战争一样会给灯塔造成严重破坏的还有自然灾害，尤其是飓风。1938 年大飓风是一个突出的例子，这场飓风侵袭的范围极广，带来的死伤悲剧和人们求生幸存的故事也格外扣人心弦。

不过，美国灯塔这段不平凡历史的核心还要数牵涉其中的人们。这些形形色色、各具魅力的角色有意思地交织在一起，塑造了一段鲜活的历史。他们之中既有开国元勋、能工巧匠、身陷危难之中的水手、勇敢无畏的士兵，也有破坏者、吝啬的官僚、冷酷无情的捡蛋人和鼓舞人心的领袖。所有人物中最重要的莫过于那些灯塔上的男性或女性守护人，很多情况下，守护人的家人也会提供无比宝贵的协助。正是他们的尽忠职守才确保了灯塔的光亮不熄，浓雾警报不停。

研究过灯塔守护人历史的人都不会认为守护灯塔的生活悠闲如野餐，因为守护人其实一直在忍受孤独和乏味，面对各种各样的危险，有些人会因公殉职这一点也不令人意外。很多守护人解救过在水上遇险之人，还有一些人的英勇事迹甚至为他们赢得了美国最高级别的救生奖章。最重要的是，守护人提供了一项高贵、无私，且极为重要的公共服务。如 20 世纪初期的历史学家威廉·S. 佩尔特罗（William S. Pelletreau）说的那样："在所有受到政府召唤服务于公众的人之中，……也许没有什么人比灯塔守护人肩负更重要、更具有广泛实用性的职责了。士兵和政治家保卫的是国家的荣誉、国民的人身和财产安全，而且他们的工作受到了世人的

xv

关注。然而在灯塔上默默无闻地照料油灯、用灯光照亮海岸和港口，并在漫漫长夜中确保光亮不灭的灯塔守护人，……守护的是全人类，他们不问国籍、不问目的，只为将所有人引领到安全的地方。"[2]

20世纪见证了灯塔守护人随着时间的推移而逐渐退出历史舞台的过程。有的灯塔停止了运行，有的灯塔实现了自动化，所以守护人的数量也逐渐减少了。如今，只有波士顿灯塔上还有一位守护人。不过，随着守护人逐渐淡出人们的视线，灯塔也开始因疏于照管而出现损毁。非营利性组织、政府机构和个人纷纷挺身而出，成了越来越多灯塔的新守护人。他们确保了这些灯塔能够获得妥善维护，好让子孙后代还能看到它们的身影。

灯塔是美国各类风景中最受人爱戴、最具有浪漫色彩的建筑。不难发现它们在公众心目中留下了深刻印象。灯塔是很多邮戳、牌照上的纹饰图案，数不清的艺术家以它们为题材作画。很多城市和乡镇将灯塔的图案加入自己的官方印章中，更有很多商业机构或其他组织将灯塔用于自己的商标或广告中。大量的图书、电影、电视剧也会以灯塔为主题、情节元素或场景。每年都有数以百万计的游客到各座灯塔参观。

灯塔的美是与生俱来的——背景天空凸显了它冷峻的线条。这种美无疑是让灯塔变得如此迷人的重要原因之一。但是美国人对于灯塔的固有迷恋源于更深层的原因。在长达三个世纪的时间里，这些辉煌的信标已经在美国历史上留下了不可磨灭的印记，它们厚重的历史才是最吸引我们的东西。

1729 年依据威廉·伯吉斯（William Burgis）的画作制作的雕版印刷品，图中描绘的是波士顿灯塔和一艘英国武装单桅帆船。 1

波士顿人塞缪尔·克拉夫（Samuel Clough）在 1701 年出版了他的畅销作品《新英格兰年鉴》（*New England Almanack*）第二版。这本书并不厚，但涉及的内容从天气预测和当地历史花边新闻到月相周期描述和老套的对句，应有

尽有。下面这句就是写给 1 月的: "新的一年已经来临,穿
上保暖衣物不受寒冷入侵。"这本年鉴包括了当时年鉴该有
的各种内容,但有一项是与众不同的。克拉夫向他的读者们
征求意见:要是波士顿港边缘的阿勒顿角 (Point Allerton)
能有一座灯塔,"是不是会给靠近海岸的水手带来极大的便
利?"[1]这是个很好的问题,也是个新鲜的问题,因为美洲殖
民地在当时连一座灯塔也没有。

　　灯塔会给殖民地时期的波士顿水手带来便利是毋庸置疑
的。无论是在人们的脑海中,还是在实际的海岸边,灯塔已
经存在了近两千年,为往来于全世界海洋的船只上的水手们
提供了不可估量的安全保障。很多历史学家相信,人类已知
的第一座古代灯塔就是宏伟的法罗斯灯塔 (Pharos),它位于
尼罗河三角洲蜿蜒曲折的西部边缘,尼罗河流入地中海的入
海口旁边,守卫着希腊城市亚历山大港入口。[2]灯塔修建的时
间大约是公元前 297 年至前 283 年,确切位置是在法罗斯岛
上,灯塔的名字也由此而来。法罗斯灯塔有一个巨大的方形
底座,向高处建造的楼层一层比一层面积小。灯塔使用的建筑
材料是白色大理石或石灰岩,塔楼顶端有一个敞开的圆顶灯室,
圆顶之上竖立着一尊众神之王和人类之主宙斯的雕像。法罗斯
灯塔的高度至少有 300 英尺,甚至可能达到 450 英尺,是当时
世界上最高的建筑之一,与埃及金字塔不相上下。

　　索斯特拉特 (Sostratus) 似乎是法罗斯灯塔的建筑师或
主要出资人,他称修建这座灯塔就是"为了在海上航行之人
的安全"。[3]圆顶灯室中燃烧的火焰一直不曾熄灭,为的是提醒
船上人员注意海岸边不远处的危险暗礁,并引领水手们安全

地驶入繁忙的港口。法罗斯灯塔用了什么东西作燃料一直是个谜，可能的答案包括木头、木炭和动物粪便。据说法罗斯灯塔在夜晚发出的火光就像天空中的"明星"，到了白天，燃烧产生的滚滚浓烟和巨大的建筑本身也足以让人们知道自己离亚历山大港不远了。[4] 古希腊小说家，著有《琉喀珀和克利托丰的故事》（The Adventures of Leucippe and Clitophon）的阿基疏斯·塔提奥斯（Achilles Tatius）把法罗斯灯塔比喻成"一座几乎直插云霄的大山"，还说塔顶的火焰就是"指引船只的第二个太阳"。[5] 法罗斯灯塔究竟存在了多长时间一直是人们猜测的焦点。有些人说它的火光照耀了一千多年，之后灯塔虽然不再发光，但这座建筑是在 1365 年的地震中才倾覆的。法罗斯灯塔作为一项惊人的设计和工程壮举，被列入了古代世界七大奇迹。① 它的名气大到 "Pharos"（法罗斯）这个词语的变体在很多语言中都被用来表示"灯塔"的意思，比如西班牙语的灯塔是 "faro"，法语中的灯塔是 "phare"。出于同样的原因，研究灯塔的"灯塔学"是 "pharology"。

　　在法罗斯灯塔于碧蓝的地中海上点亮后的一千年里，罗马人、西班牙人、法国人、意大利人和土耳其人，当然还有其他国家的人也都在本国的海岸线上建起了灯塔。据推算，到克拉夫忙着推销自己的 1701 年年鉴的时候，世界上已经有近 70 座灯塔了。[6] 仅英格兰就有 14 座，其中很多是为在美洲殖民地和英格兰之间往来航行的殖民者所熟知的，最著名

3

————————

　　① 很多人说古代七大奇迹中的另一个，与法罗斯灯塔的建造时间相差无几的希腊罗德岛巨像（the Colossus）其实也是作为灯塔使用的。这个说法虽然很有意思，但几乎没有任何证据能够证明它的真实性。

依据 18 世纪中期某艺术家创作的描绘法罗斯灯塔可能样子的画作制作的铜雕版印刷品，约 1759 年至 1760 年。

的一座非建造在令人畏惧的埃迪斯通群礁（Eddystone Rocks）上的灯塔莫属。

4　　　　位于港口城市普利茅斯（Plymouth）西南方向 14 英里之外的埃迪斯通群礁是一片由片麻岩和花岗岩组成的暗礁，涨潮时几乎全部隐藏在水下，露出水面部分仅几英尺。这里长久以来都是让水手们心惊胆战的海难多发地。1620 年，载着清教徒和"异乡客"的"五月花号"（*Mayflower*）从普利茅斯起航时，船长克里斯托弗·琼斯（Christopher Jones）远远地避开了这片暗礁，还将其描述为"被永不停息的旋涡围绕着的参差不齐的礁石，非常危险……任何航行得太靠南的船……都注定要撞上这片邪恶的暗礁"。[7]

　　接近 17 世纪末的时候，由埃迪斯通群礁造成大量船只失事而引发的抱怨越来越强烈，这迫使英国负责管理灯塔的机构——引航公会（Trinity House）批准在这片"邪恶的暗礁"中的某块礁石上建造一座灯塔，以警示船员避开危险。亨利·温斯坦利（Henry Winstanley）是这一项目的领头人，但他既不是工程师也不是建筑设计师，而是一位表演者和企业家。最让他名声大噪的是伦敦海德公园附近的温斯坦利水世界（Winstanley's Waterworks），里面有各种精美绝伦的喷泉和浸润在水流中的古典神像造型。温斯坦利把自己挣来的收益投资在了海运上。在两艘属于他的船因撞上埃迪斯通群礁而沉没之后，他提出，要为在这个不断被海浪冲刷的荒凉之地建造灯塔的项目出资，并亲自进行施工。至于他没有什么过硬的本事来承担这一极为艰巨的任务这一点，似乎完全没有让这位过分自信的商人感到担忧。[8]

　　经过两年艰苦的工作之后，埃迪斯通灯塔（Eddystone Lighthouse）于 1698 年 11 月投入使用。在接下来的几年里，温斯坦利一直在不断改进自己的作品，最终建成了一座以花岗岩、木材和铁为主材的 120 英尺高的建筑。考虑到温斯坦利对于戏剧性效果的偏好，灯塔上毫不意外地加入了一些异想天开的设计元素，包括一个精心制作的风向标和灯室外面的六根高高竖起的装饰性金属烛台。灯室内的照明光源是一盏油灯和 60 根蜡烛。

　　温斯坦利为这座灯塔感到格外骄傲。每当人们质疑灯塔　　　5
能否抵御最恶劣的天气时，他都会自信地回答说，自己最迫切的愿望就是要在"有史以来最猛烈的暴风雨来临时"到灯塔上去，以此来证明那些怀疑者是错的。[9]温斯坦利真该许些别的愿望。1703 年 11 月 26 日，当一场将以"大风暴"
（Great Storm）为名被载入英国史册的暴风雨席卷海岸地区
时，温斯坦利和他的工人们正在灯塔上进行维修，最终无一
人幸免，整座建筑都被海水冲走了，只剩几根插入礁石里的
铁支架还留在原地，但也都已经扭曲变形了。①

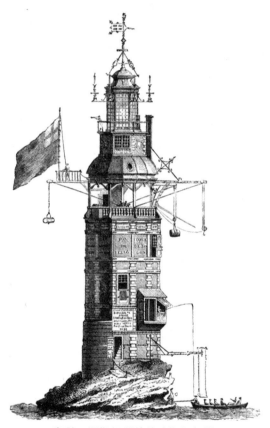

亨利·温斯坦利的埃迪斯通灯塔

---

① 我们应当公正地评价温斯坦利，因为这场"大风暴"确实太惊人了，
持续时间也很长，海边所有的船都受到了损坏，有些甚至沉没。不少陆地上的
建筑也没能幸免，风暴最终造成数千人丧生。

埃迪斯通灯塔在其存在的五年中证明了自己的价值，其　6
间没有一艘船撞上暗礁。如果还需要更多证据的话，那就是
在灯塔被毁两天后，一艘从弗吉尼亚驶来的满载烟草的船就
触礁沉没了，船上人员中仅两人生还。直到撞击前的最后一
刻，船长还在拼命寻找那座已经不复存在的灯塔。六年之
后，第二座埃迪斯通灯塔才在第一座的原址上重新建造起
来，商人和船员都为此大大地松了一口气。

没有人怀疑灯塔的作用，克拉夫提出的问题也不是质疑
灯塔总体上是否有价值，而是具体到在阿勒顿角上建造一座
灯塔是不是个好主意。阿勒顿角位于楠塔斯克特半岛
（Nantasket Peninsula）向波士顿湾凸出部分顶端的赫尔镇
（Hull），几十年来，那里其实一直都在发挥着某种信标的作
用。1673 年，当地居民在阿勒顿角上堆砌了一个粗石建筑
物，然后在建筑物顶部的铁炉栅里点燃“成堆的松脂和麻
絮”。[10] 不过，这个建筑物并不是灯塔，而是一个烽火台，被
用来在有敌船靠近时向附近村镇发出警报。与之相比，一个
真正的灯塔必然能够发挥更大的作用，因为这里临近美洲殖
民地上最大的城市和良港，是一个非常具有战略意义的位
置，灯塔的存在能够为商业活动提供安全保障。
波士顿的码头总是非常繁忙，人们的交易内容很广
泛，从鱼类到皮革，从朗姆酒到非洲奴隶，应有尽有。在
这个过程中，一个活跃的商人阶层逐渐成形。随着 18 世
纪向前推进，每年都有成千上万艘船驶入波士顿港。不过
在这里，航行非常艰难，因为海港中分布着无数岛屿、浅

滩和露出水面的礁石，即便是经验最丰富的水手也不得不小心应对。

进入港口是最棘手的一步，船只失事常有发生。大多数船倾向于从靠南的地方进入，因为那里的危险最少。鉴于阿勒顿角就在入口附近，在这里建造一座灯塔必将帮助很多船顺利入港，而且这种引导还是不分昼夜的。在太阳升起来以后，灯塔本身就是一个地标，或者说是一个白昼标志，船只可以朝着这里航行；到了夜晚，闪耀的灯光能够为船只照亮航行的路线。

灯塔让船只能够在夜间进入港湾，这将解决一个由来已久的问题。[11]因为帆船只能依靠风力推动，而且受天气影响很大，所以航行者无法确保帆船总能在白天能见度最好的时候抵达目的地。在夜里抵达的船只通常会选择在海岸外绕圈，等待太阳升起，而不是摸黑进港。这样的拖延只会增加船只发生意外或遭遇暴风雨的概率——灯塔正好可以消除这些风险。

当时人们使用的航海图质量很差，这也为支持建造灯塔提供了另一个理由。生活在 18 世纪初期至中期的人在评价一幅当时被最广泛使用的描绘新英格兰地区航海图时，说它"一个错误连着一个错误"，同时还警告说这样的航海图很可能给"贸易和航行"带来"致命的"影响，建议任何拥有这样一份不负责任的航海图的人都应该立即将其撕毁。[12]这样的现实让灯塔变得更加有价值，因为如果船员们可以依照灯塔的指引，他们就不用凭借错误百出的航海图来确定自己的位置了。

对灯塔的渴望同时还有一个象征性的意义，如果阿勒顿角上有一座灯塔，那就标志着波士顿正在迅速成为一个世界性城市，还能表示这里是一个鼓励海洋贸易活动的友好港口。在 18 世纪初期主宰了殖民地生活的无情的商业竞争中，一座灯塔可以为一个港口带来竞争力的优势。

虽然肯定有很多人读到了克拉夫提出的这个引人思考的问题，并且很清楚一座灯塔具有的潜在益处，但是没有人立即就此采取任何行动。不过，这一思想的种子已经被植入人们心中，在接下来的几年里，波士顿的面积飞速扩大，对于灯塔的需求也越来越迫切。最终，到 1713 年 1 月，一群波士顿商人向马萨诸塞殖民地的立法机构请愿，提议在波士顿港"入口处陆岬上的某个地方"建造一座灯塔。[13]立法机构 8 认为这个主意很吸引人，于是成立了一个委员会深入研究这一提议。委员会认定这个项目很有价值，于是尽可能考察了港口附近最大范围的水域来寻找一个适宜的位置。委员会的建议是将灯塔建在小布鲁斯特岛上（Little Brewster），这个岛屿是一系列以"五月花号"上的一位乘客，也就是普利茅斯第一位传教士威廉·布鲁斯特长老（Elder William Brewster）的名字命名的岛中最小的一个。

小布鲁斯特岛在涨潮时露出水面部分的面积仅有一英亩。它位于阿勒顿角以北大约一英里处，在船只入港主航道的另一侧，因此让阿勒顿角成为理想的灯塔建造地点的那些理由，同样适用于小布鲁斯特岛。立法机构接受了委员会的意见，并于 1715 年 7 月 23 日这一天通过了在小布鲁斯特岛

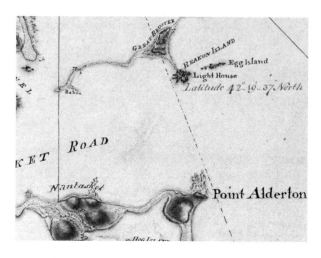

托马斯·惠勒（Thomas Wheeler）绘制的 1775 年
波士顿湾和波士顿港细节图。当时的入港主航道是从南
面的阿勒顿角（图中的"Alderton"）和北面的小布鲁
斯特岛之间穿过，此图中的小布鲁斯特岛被叫作"信
标岛"（Beakon Island）。

上建造灯塔的法案，法案指出，海港"入口处没有灯塔造
成了国王陛下子民的人身和财产损失，是非常不利于航行活
动的"。[14]此后不久，建造工程就启动了，1716 年 9 月 14 日，
波士顿灯塔被正式点亮，这是美洲的第一座灯塔，由此开启
了殖民地航海历史的新时代。[15]

　　根据同时期的图画和历史描述，波士顿灯塔高 60 英尺，
是一座用粗削花岗岩建造的圆锥形灯塔。灯塔顶部有一间
15 英尺高的八角形木质灯室，灯室四周装有玻璃窗。进入
灯室的途径是从灯塔中心的螺旋楼梯爬上去。灯室中的光源
可能是蜡烛或原始的油灯，油灯使用的燃料是鲸鱼油或
鱼油。[16]

第一章　殖民地之光

乔治·沃西莱克（George Worthylake）是波士顿灯塔的第一位守护人,灯塔建成后他即刻就开始履行自己的职责。[17]时年43岁的沃西莱克非常熟悉港口的情况,多年来一直生活在距离小布鲁斯特岛仅几英里远的地方,起初是在乔治岛（George's Island）上,后来搬到了洛弗尔岛（Lovell's Island）上经营农场。沃西莱克作为灯塔守护人的职责包括"日落点灯,日出灭灯,还要把灯放在最醒目的位置,让进出港口的船只都能看到"。[18]除了每年50英镑的工资之外,沃西莱克还可以带着他的家人和奴隶一起免费居住在岛上的一座为灯塔守护人建造的朴素房子里。在那个时候的波士顿,拥有奴隶并不是什么稀罕事。为了补贴收入的不足,他还被许可接受为船只领航的工作,也可以继续养羊,条件是不能影响他照管灯塔的本职工作。

沃西莱克在他为灯塔守护人的第一个冬天就遇到了一场可怕的暴风雨,港湾外侧遭受了狂风巨浪的侵袭。沃西莱克忙着照管灯塔上的灯,根本顾不上自己养在大布鲁斯特岛（Great Brewster Island）上的羊群。这两个岛仅靠一个沙洲相连,而沙洲只有在退潮时才会露出水面。起风之后,无人照管的羊群随意走上沙洲,结果共有59只羊被卷入波涛汹涌的海中淹死了。这样的损失已经很惨重了,但和1718年11月3日星期一这天降临在沃西莱克身上的悲剧比起来,根本不算什么。

灾难发生的前一天,沃西莱克、他的妻子安（Ann）和他的女儿之一露丝（Ruth）都在波士顿。[19]他们去了教堂,还拜访了一些朋友。当晚三人留在城中过夜,由他们的奴隶

10   沙德韦尔（Shadwell）代为照管灯塔。周一早上，沃西莱克
      在领取了自己的工资后，带着家人和仆人乔治·卡特勒
      （George Cutler）一起前往码头。所有人都登上了返回灯塔
      的小船，然后开始向着小布鲁斯特岛驶去。距离目的地还有
      大约 1.5 英里时，小船遇到了一艘停泊在洛弗尔岛附近的单
      桅帆船，船上一个叫约翰·埃奇（John Edge）的人是沃西
      莱克一家的朋友。埃奇邀请沃西莱克一家登上帆船，他们
      "在帆船上停留了大约一个小时"，一起吃饭喝酒，"但是并
      不过量"。[20]之后，埃奇受邀陪同沃西莱克一家一起返回灯塔。

      上午 10 点至 11 点，风力开始增强，港湾的水面上卷起
      了带白色泡沫的海浪，返回灯塔的小船小心翼翼地穿过了洛
      弗尔岛和小布鲁斯特岛之间的水道。当天留在岛上的有沃西
      莱克的另一个女儿安、安的朋友玛丽·汤普森（Mary
      Thompson）以及沃西莱克家的另一个孩子。刚过正午，安
      和玛丽就看到返回灯塔的小船正在设法系泊到岛附近的停靠
      处。安于是让沙德韦尔划着独木舟去将小船上的人接上岸。
      船上的人一登上独木舟，独木舟就翻了。所有人都被抛进了
      冰冷的海水中。他们挣扎了一会儿，但还是难逃被淹死的厄
      运。接下来的几个小时里，除了卡特勒之外所有人的尸体都
      被冲上了小布鲁斯特岛的岸边。又过了两天，天气才有所好
      转，安和玛丽终于可以到洛弗尔岛上寻求帮助，好将所有尸
      体送回波士顿安葬。[21]

11   这个令人痛心的事件引起了波士顿老北教堂（Old
      North Church）的清教徒牧师科顿·马瑟（Cotton Mather）
      的注意。马瑟可以说是殖民地里最有影响力的神职人员了。

乔治·沃西莱克、他的妻子安和女儿露丝的墓碑，
他们被安葬在波士顿的考普山墓地中（Copp's Hill
Burying Ground）。

他是一位杰出的作家，但傲慢浮夸，从来不会错过任何一次
利用引人注目的悲剧事件来宣讲上帝的至高无上的机会。马
瑟以这些逝去的生命为出发点，在 11 月 9 日做了一次题为
"天意的显现与崇拜"（Providence Asserted and Adored）的
布道。[22]马瑟在介绍情况时让本教区的教友们想象一下安和
她仅剩的手足一起经历了怎样的"无法形容的恐惧和痛
苦"：他们"眼睁睁地看着自己的父母和姐妹，还有其他同
船的人淹死在水中，却无法提供任何帮助……请想象一下那
种极度的痛苦！"更糟糕的是，"这些尸体……就是这些可
怜的孩子在那个偏僻的岛上仅有的陪伴；他们守着尸体过了
两天两夜"。[23]做好了这样的铺垫之后，马瑟才进入布道的主
题，他要宣扬的主旨是：即使在悲剧中，人们也可以看到上
帝的施为，虔诚的信徒们不但要赞颂天意，更应崇拜天意。

　　马瑟将这些死亡当作宣扬教义的工具，而詹姆斯·富兰
克林（James Franklin）则从中找到了赚钱的机会。在伦敦

12 学会印刷技术之后，詹姆斯于 1717 年带着一台印刷机和金属活字返回伦敦，成了波士顿当时仅有的五位印刷商之一。詹姆斯在英格兰的时候，发现当地的印刷商在发生了非同寻常或令人震惊的事件之后，会通过迅速印刷并销售纪念这些事件的诗歌小册子赚钱，因为人们对轰动性事件总是充满兴趣。沃西莱克一家及他们不幸的同船乘客刚被埋葬，詹姆斯就让自己的弟弟本杰明创作一首悼念逝者的诗歌。[24]

　　12 岁的本杰明家境贫寒，有 16 个兄弟姐妹。他最近刚刚成为詹姆斯的学徒，就展现出了文字方面的卓越天赋，这项技能将帮助他在后来成为美国最具影响力的开国元勋之一，以及被引用次数最多的作者之一。本杰明很快就写了一首题为《灯塔的悲剧》（The Lighthouse Tragedy）的诗，于是詹姆斯派他去街上兜售印刷出来的作品。虽然本杰明后来回想起这首诗时称其为"采用潦倒文人民谣体写出的可鄙的东西，但是因为悲剧刚过去不久，所以印刷品卖得很好，引起了不小的反响"。本杰明还提道，这样的大卖"满足了自己的虚荣心"，不过他的父亲嘲笑了他的努力，告诉他"舞文弄墨的人大多会沦为乞丐"。本杰明总结道："这成功地打消了我以写诗为业的念头，否则我很有可能会成为一个糟糕的诗人。"[25]尽管《灯塔的悲剧》在当时非常流行，但是没有一份印刷品被保留至今。

13 　　接近四十年之后，富兰克林自己也险些成了一场悲剧的主角，这一次拯救他的正是灯塔。1757 年 6 月，51 岁的富兰克林乘船从纽约前往英格兰的法尔茅斯（Falmouth）。在船于 7 月中旬的一个午夜接近英国西南部海岸线时，船长犯下了一个严重的计算错误。他以为自己还在危险的锡利群岛（Isles of Scilly，距英国康沃尔地区西南端 45 英里）以南很远的地方，而实际上，他的船正迎头驶向那一片礁石众多的群岛。船上的守望者可能在打瞌睡或者走神了，没看到圣阿格尼丝灯塔（St. Agnes Lighthouse）在黑暗中隐隐闪烁的灯光。不过，富兰克林看到了。后来他回忆说灯塔发出的光看起来"有车轮大小"。船长也在同一时间看到了灯塔，他"下令调转船头"，才避免了船直接撞上礁石。富兰克林说："这次救赎让我深刻地体会到了灯塔的作用。"事后他在写给妻子德博拉（Deborah）的信中说，自己和儿子威廉（William）一抵达法尔茅斯就直奔当地的教堂，"满怀感激之情地诚心感谢上帝对他们的怜悯：如果我是一个罗马天主教教徒，我可能就会当场发誓给某位圣人建造一座教堂，不过既然我不是，所以就算让我发誓的话，我要建的也应该是一座灯塔"。①26

沃西莱克去世后，波士顿的商人们立刻推荐退伍军人约翰·海耶斯上校（Capt. John Hayes）来填补这个空缺。立法机构在就此进行讨论的同时，还派遣了罗伯特·桑德斯（Robert Saunders）、约翰·钱伯林（John Chamberlin）和一个叫布拉达克（Bradduck）的人暂时照管灯塔。然而，不幸很快又发生了。在 11 月 14 日这天，也就是法院正式任命海

---

① 很多人宣称富兰克林写的是"灯塔比教堂更有用"，不过他并没有写过这句话。这句简短的话似乎是对于此处引用的确切原文的一种改写，而且很可能是在富兰克林去世很多年后才被编造出来的。

耶斯为灯塔守护人几天之前，桑德斯看到远处有一艘船升起了旗帜，以为对方是在请求领航员前去指引他们驶入港口。

14 虽然当天的天气非常恶劣，但桑德斯和他的两名助手还是驾船前去提供领航服务了。然而，那艘船的船长并不需要什么领航员，他只是想打听一下最近有什么新闻。这令桑德斯火冒三丈，他说如果自己一开始就知道船长的意图，绝不会在这样的暴风雨中驾船出海。当这三个人向着灯塔返回时，一阵大风掀翻了小船。桑德斯和布拉达克溺水身亡，只有钱伯林设法游回了岛上，中途他曾两次在水面以下较浅处的礁石上休息才最终成功上岸。[27]

尽管这座灯塔似乎受到了诅咒，但海耶斯还是接受了这个工作。没过多久，他还成功说服立法机构为这个岛添置了一个重要的新工具。意识到在浓雾天气下，灯塔的一束灯光根本起不到任何作用之后，海耶斯请求法院给他配备一门"大炮"，这样在能见度不足的情况下，他就可以通过定时开炮来提示过往船只避开小布鲁斯特岛和临近的浅滩。[28]法院在1719年年底给他送来了一门巨大的加农炮，这也成了美洲殖民地第一个正式的浓雾警报器。

各种灾难继续笼罩着波士顿灯塔。1720年和1753年，大火先后两次烧毁了灯塔，火灾的起因都是鲸鱼油油灯被不小心打翻，这凸显了明火与木材过于接近时的潜在风险。[29]另一种可能引起火灾的威胁来自天空。因为灯塔往往是方圆几英里之内最高的建筑，所以它偶尔会被闪电击中并不令人

15 意外。被闪电击中不仅会引发火灾，还有可能让灯塔的石砌外墙出现裂缝。在灯塔出现之后的最初几十年里，人们没有

波士顿灯塔的加农炮，用来发出浓雾警报。

什么办法来抵御这种损害。波士顿人只能在乌云接近时担忧地望着天空，期盼并祈祷闪电不要摧毁他们的房子、教堂和灯塔。不过到了 1749 年，敏锐地意识到了这种自然灾害之危险的本杰明·富兰克林发明了避雷针来控制上帝的雷电。避雷针的原理表面上看起来很简单：在建筑顶部加一根金属棒，上面连接着通往地面的导线，这样闪电中蕴含的巨大电流就可以被安全地导入地面了。你可能会认为为了确保灯塔的安全，马萨诸塞人一定会立即采纳这样的防护措施。然而不幸的是，宗教成了挡在避雷针面前的拦路虎。

　　神职人员一直将闪电视为上帝意愿的显现，相信它是被用来惩罚有罪之人的。按照他们的思维方式，避雷针阻挠了上帝的计划，因此是一种令人憎恶的东西，所以安装避雷针是亵渎神明的行为。[30]尽管如此，在富兰克林的发明问世之后的几年里，波士顿人不顾牧师的反对，给很多建筑装上了避雷针，但是那些"认为人类擅自规避天堂的打击是虚荣和反宗教行为"的人还是成功地阻止了在灯塔上安装避雷针的举动。[31]直到连续几个夏天的雷击使灯塔遭受了相当严重的损坏之后，现实的需要才胜过了所有残留的宗教考量，灯塔上终于也安装了避雷针，具体时间很可能是在 18 世纪 70 年代中期之前。

波士顿灯塔是引领了许多后来者的先驱。促使波士顿人建造灯塔的理由也让其他地方的人纷纷建起了灯塔。美洲殖民地的人口和经济都在以一种接近指数级的速度增长，港口正是推动这种增长最主要的引擎之一。几乎所有的大城市都是港口城市，这些地方先是作为殖民地贸易活动的集散中心，然后又演变成金融中心，所有的资本都汇聚到了这些地方。越来越多的船在各个殖民地之间运输货物，或者是将货物运输到大西洋对岸的海外市场，使美洲殖民地成了当时世界上经济增长速度最快的经济体，也让殖民地定居者的生活水平达到了当时世界上最高的等级。[32]殖民地的繁荣如此倚重海上贸易，人们对于灯塔的需求自然也变得越来越迫切。尽管如此，灯塔的数量并没有因此大幅增多。那些建了灯塔的地方的决策者都是在当地商人的抱怨强烈到无法抵挡之后，才被迫采取行动的，建造的计划也完全是由各地自行决定的。第一个追随波士顿脚步的地方是楠塔基特岛（Nantucket/Natockete）。

"楠塔基特"是当地的万帕诺亚格印第安人（Wampanoag Indians）给这个岛取的名字，在他们的语言中，这个名字的意思是"海上的遥远地方"，用它来形容这个岛再合适不过了。[33]赫尔曼·梅尔维尔（Herman Melville）曾在他的作品

《白鲸记》（*Moby-Dick*）中感叹道："拿出你的地图看看这个岛，看看它是不是真正的天涯海角；它离海岸那么远，绝世而立，甚至比埃迪斯通灯塔还要孤单。"[34] 这个半月形的岛最长处不过 13 英里，最宽处只有 7 英里；距离科德角（Cape Cod）的伍兹霍尔（Woods Hole）大约 30 英里，距离比它略大一些的马撒葡萄园岛（Martha's Vineyard）15英里。

岛上的沙土非常贫瘠，不适宜耕种，不过岛周围的海水中有很多鲸鱼，所以楠塔基特岛上的居民从一开始就认定他们的经济前景在海上。到 18 世纪 40 年代中期，楠塔基特岛人已经建立了拥有近 60 艘船的大型捕鲸船队。岛上的捕鲸人在大西洋中追捕目标，无论是离开还是返回岛屿都只能使用这里唯一的海港，但是海港入口处只有 3/4 英里宽，再加上楠塔基特岛本身又小又平，船员在黑暗中很难找到海港入口，天气条件非常好时也很困难。解决这个问题不仅能方便岛上的捕鲸人，也能方便其他水手。所以舍本镇（Sherburne，今天的楠塔基特县）的居民在 1746 年投票决定筹资 200 英镑，在布兰特角（Brant Point）上建造一座灯塔，那里正是海港入口一侧的一片沙洲。[35]

除了灯塔建造的时间，我们对于这个建筑知之甚少；据说灯塔不高，是用木材搭建的，由楠塔基特岛上的船主们负责维护，至于点亮灯塔的能源——不用问，自然是鲸鱼油。1757 年灯塔被付之一炬，很可能是因为油灯翻倒而引发了火灾。镇上的人在第二年修建了一座新的灯塔，还是木结构。这座灯塔坚持到了 1774 年 3 月 9 日。当天，"一阵可能

17

是人们遇到过的最大的强风"席卷整个镇子，摧毁了灯塔和其他一些建筑。[36]拥有一支有近 150 艘船的捕鲸船队的楠塔基特岛人很快又在原址上建起了新的灯塔。

在楠塔基特岛建起第一座灯塔三年之后，罗得岛（Rhode Island）紧随其后。[37]如果能依着当地商人的意愿，这里的灯塔本可以比楠塔基特岛上的更早竖立起来。早在 1730 年，15 个商人就向殖民地立法机构请愿，要求在海岸边建造一座灯塔。当时罗得岛的海上贸易十分兴旺，因为它充分参与了由纽波特（Newport）和普罗维登斯（Providence）领头的被称为"三角贸易"（Triangular Trade）的商业活动，具体来说就是把朗姆酒运到非洲，用来购买奴隶，然后将奴隶送到西印度，换取糖蜜运回罗得岛，岛上人再用糖蜜蒸馏出更多的朗姆酒运到非洲。为了支撑自己的请愿，商人们指出不仅其他国家已经拥有了灯塔，而且连邻近的马萨诸塞殖民地也已经"为了保护航行活动"而建起了多座灯塔，"……（这些灯塔）被证明是非常有用的"。[38]这样的说法足以凸显贩卖货物和人口的贸易活动已经发展得多么广泛和成功。

虽然这些论据令人信服，但立法机构还是等了八年才最终指定了一个委员会来负责在河狸尾角（Beavertail Point）建造一座灯塔。这个位于詹姆斯敦（Jamestown）顶端、暴露在风中的陆岬将进入纳拉甘西特湾（Narragansett Bay）的航道分成东西两条，是最适宜建造灯塔的地方。这里的灯塔可以引导船只通往临近的纽波特、普罗维登斯，以及海湾中的其他港口。然而，在建造河狸尾灯塔（Beavertail Lighthouse）的工作开始之前，欧洲爆发了奥地利王位继承战争，后来战火还蔓延到了殖民地（这里进行的战争被称为乔治王之战）。包括大不列颠在内的所有主要欧洲国家都被卷入了这场持续了近十年的战乱中，罗得岛第一座灯塔的建造计划也因此被搁置了。

　　1748 年战争结束时，立法机构因为近期又发生了沉船 18 事件而迅速重启了灯塔建造项目，并指定美洲殖民地的第一位职业建筑设计师彼得·哈里森（Peter Harrison）来设计灯塔。灯塔于 1749 年完工并投入使用。灯塔的建造材料是木材，高度达到了 69 英尺，使用的光源是鲸鱼油油灯。不出所料，1753 年灯塔又毁于火灾。于是哈里森再次受雇，这一次他明智地选择了设计一座石砌灯塔。

　　河狸尾灯塔为人们提供了灯塔灯光被熄灭后将会出现何种厄运的已知最早的例子。[39]这座灯塔被建造在乔赛亚·阿诺德（Josiah Arnold）的私有土地上，他拒绝将这片土地卖给殖民地管理机构，但是同意雇用灯塔守护人照管灯塔，条件是守护人的工资由殖民地承担。这样的安排一直进行得很顺利。可是到了 1764 年，殖民地不知出于什么原因停止了支付灯塔守护人的工资。阿诺德向政府索要了两年都没有任何结果，在此期间，他一直自掏腰包支付守护人的工资。到 1766 年 11 月 4 日，阿诺德认为自己已经忍无可忍。他让灯塔守护人约瑟夫·奥斯汀（Joseph Austin）停止了照管灯塔的工作，并宣称除非自己拿回欠款，否则绝不再点亮油灯。

　　担忧的市民纷纷拥向纽波特的总督办公室投诉。担心马上会有事故发生的总督派约翰·胡奇（John Hoockey）给阿诺德送去一封信，内容是让他立即恢复灯塔的照明，并保证马上将关于补偿他被拖欠工资的议题提交到立法机构，而且很可能会获得对他有利的判决结果。总督还说，如果这样也不能让阿诺德同意点亮油灯，那么胡奇就要自行完成这个任务。

殖民地的这场戏剧性冲突还在一天天升级。阿诺德确实拒绝了总督的要求，到 11 月 6 日星期四晚间，胡奇点亮了灯塔上的鲸鱼油油灯。第二天胡奇告诉总督说，他认为除非阿诺德继续下禁令，否则奥斯汀应该还是愿意担任灯塔守护人的。总督于是让胡奇再给奥斯汀送去一封信，请他照管灯塔直到下一个周一，到时他可以为此拿到报酬。

胡奇将这封信给了奥斯汀，奥斯汀同意了这个计划，但是奥斯汀的妻子却督促他先向阿诺德汇报此事。根据胡奇的说法，阿诺德看到这封信后勃然大怒，直接把信投入了火炉。他不仅禁止奥斯汀去照管灯塔上的油灯，还让他杀了任何敢去点灯的人。多年未获报偿已经让阿诺德陷入了狂怒，他威胁胡奇说自己要去控告他，罪名是他前一晚去点灯时非法侵入了私人领地。阿诺德在冷静下来之后，同意让胡奇去照管灯塔，但胡奇因为惧怕阿诺德的无理威胁，已经在当晚早些时候离开了，所以灯塔也就一直黑着。

当天夜里晚些时候，斯潘塞船长（Captain Spencer）在驾驶单桅帆船返回纽波特时，以为自己看到的灯光是河狸尾灯塔发出来的，而实际上那束灯光来自一栋私人住宅。受了误导的斯潘塞把自己的船直接开上了萨诸塞沙滩（Sachuest Beach）。幸运的是没有任何人丧生，而且过后单桅帆船也重新浮了起来。不过，人们之间的相互指责并没有就此停歇。有人给《纽波特水星报》（*Newport Mercury*）写了一封充满愤怒之情的信件，质问阿诺德要怎么为自己"拿他人生命和财产安全开玩笑"的行为辩解。[40]阿诺德于是做出回击，争论说他没有义务牺牲"个人财产"来服务于公共利益。他还坚称自己从来没有威胁过胡奇，对他的接待也很"殷勤"，而且事故发生当晚，自己已经告诉胡奇说他可以去照管灯塔。如果有"责任"也应当是胡奇承担，而不是他阿诺德。[41]人们对此争执不休，同时，总督又匆忙派出了别的人前去点亮灯塔。

仍然为自己受到的待遇而恼怒的阿诺德在 1767 年 2 月向立法机构提交了一份长达 12 页的请愿书，在为自己的行为做出辩解的同时要求拿回被拖欠的工资。阿诺德宣称，立法机构多次无视他获得补偿的要求是对他的"轻视"，之后又在"没有给他做出解释的机会"的前提下就不公正地"谴责"他的行为。阿诺德还说立法机构甚至"威胁"他，要不经他的许可就夺走他的土地。最终，阿诺德总结道："这样的行为是否符合公平正义的精神，是否侵犯了英国人的自由权利，殖民地的每一位明智的居民心中自有评判。"[42]立法机构最终判定自己对待阿诺德的方式有失公允，并于当年夏天连本带息偿付了该给他的欠款。[43]这场闹剧就如它突然地发生一样又突然地结束了，这之后仍然由阿诺德继续为殖民地管理灯塔。

再接下来建造灯塔的地方是新伦敦。[44]新伦敦位于长岛　20

湾（Long Island Sound）海岸边泰晤士河（Thames River）
入海口，是康涅狄格殖民地最重要的港口，拥有一个优良深
水海港。这里的水手与西印度群岛、纽芬兰和其他殖民地上
的定居者展开了活跃的贸易往来，贸易内容也十分广泛，从
马匹、牛肉到木质烟斗和奴隶，应有尽有。1760 年，该地
区的商人和船主们请求殖民地立法机构许可他们通过发行彩
票的方式筹集资金建造灯塔。发行彩票是当时在殖民地非常
常见的一种为诸如道路和教堂之类的公共设施集资的方式。
获得许可之后，人们通过彩票共筹集了 500 英镑，然后在
1761 年建成一座灯塔。灯塔位于海港西侧边缘，塔高 64 英
尺，塔底直径 24 英尺，石头墙壁厚 4 英尺。

　　在新伦敦人建造灯塔的同时，纽约人也开始筹划自己的
工程。[45]最早从 1680 年起，人们就开始探讨采用航海辅助设
施指引船只驶入纽约港了。当时纽约的皇家总督埃德蒙·安
德罗斯（Edmund Andros）提议在新泽西东北角地势低平的
沙地半岛桑迪胡克（Sandy Hook）上建造一个不点灯的信
标。这里距离城市的码头大约 20 英里，是一个绝佳的位置，
因为前往纽约的船只通常都是沿着绕过这个半岛顶端的水道
航行的。虽然安德罗斯的提议没能成功获批，但是其中的主
旨为人们所认可，并在近八十年之后以另一种形式获得了
复兴。

21　　18 世纪 50 年代晚期发行的几份报纸上刊登过一些文
章，内容都是哀悼不久前在纽约附近发生的几次海难事故
的。文章称如果早在桑迪胡克的合适位置设置一座灯塔，也

许就可以避免这些灾难了。一位作者评论道，人们"没有在很久之前"就建起灯塔"是一件奇怪的事"。⁴⁶这样的情况确实令人惊讶，因为纽约不仅就快超越波士顿成为殖民地第二大城市了，而且是接近 500 艘船的母港，以及更多船的目的地。

驶向纽约的船只习惯于将紧挨着桑迪胡克的纳维辛克高地（Navesink）作为指引它们驶入纽约港的地标。这片高地的海拔接近 300 英尺，是自缅因州向南的海岸线上的最高点。白天，海上的船只从很远之外就能看到这片高地，但是在夜晚，它对于水手来说几乎没有任何导航价值。

到 1761 年，43 位纽约的商界精英因为一系列海难的发生而行动起来，敦促当时的代理总督，同时也是杰出的植物学家、医生和历史学家的卡德瓦拉德·科尔登（Cadwallader Colden）在桑迪胡克建造一座灯塔。科尔登接下来向立法机构表明了建造灯塔是"一项绝对值得考虑的建议，建造一座灯塔对于我们的商业利益来说至关重要"。⁴⁷简而言之，科尔登认为怎么夸赞灯塔的作用都不为过。立法机构批准了他的提议，并于 5 月通过了一项灯塔法案。

通过发行彩票筹集 3000 英镑用于购买桑迪胡克的土地和建造灯塔的计划进行得很成功。10000 张零售价 2 英镑的彩票被一抢而空，共有 1684 人中奖，其中两人中头奖，各获得了 1000 英镑的奖金。鉴于当时一位学校校长的年薪才 60 英镑左右，这样的数额算得上一小笔财富了。⁴⁸筹集到资金之后，购地的谈判就开始了。桑迪胡克的所有者罗伯特·哈茨霍恩和伊塞克·哈茨霍恩（Robert and Esek Hartshorne）

给半岛顶端一块面积仅 4 英亩的地皮开出的价格是 1000 英镑，纽约人认为这块狭小又不可能创收的地皮根本不值这个价，但是哈茨霍恩一家立场坚定，纽约人除了付钱别无他法。

22　　灯塔刚一开建就出现了资金短缺。因为买地的开销太大，纽约人已经没有足够的钱完成灯塔的建造了。所以他们在 1763 年 4 月再次发行了彩票，奖项设置与前一次完全一样，发行活动同样获得了成功。一年多之后，桑迪胡克灯塔于 1764 年 6 月 11 日第一次被点亮。灯塔的建造者是纽约石匠艾萨克·康罗（Isaac Conro）。这座八角形灯塔是用毛石建造的，高达 103 英尺，包括一个有铜顶的铁质灯室，灯室里摆放了多盏以鲸鱼油为燃料的油灯。康罗的工作成果在时人眼中是"精妙的"。[49]这绝对是事实，因为这座灯塔直到今天还屹立不倒。先于这座灯塔建造的所有殖民地时期的灯塔都至少经历过一次重建，所以桑迪胡克灯塔就成了美国境内持续运行时间最长的灯塔。

费城对于灯塔的需求比纽约还要迫切。[50]费城位于特拉华河（Delaware River）西岸，距离特拉华湾（Delaware Bay）入口大约 110 英里。1760 年，费城已经成了殖民地最大的城市，也是最主要的港口。费城大概在 13 个殖民地的正中位置，所以它在沿海岸线贸易活动中扮演着重要的角色，相当于一个南北货物集散中心。这里还进行着活跃的海外贸易，贸易内容包括面粉、葡萄酒和铁。考虑到宾夕法尼亚是贵格教的基地，有宗教宽容的历史，并且有富饶的耕地，大批移民都拥向这片殖民地寻找更好的生活，费城也因此成了进入美洲殖民地的主要入口。[51]

不过在船只抵达费城之前，它们必须先穿过特拉华湾入口处的危险水域。多年来，已经有无数生命葬送在这个地方。港湾入口南面有一大片沙滩、土丘、沼泽和松树林的地方被称为亨洛彭角（Cape Henlopen），亨洛彭角附近就有一片特别复杂的水域，当时到这个地方来的一位游客指出："沙滩上散落着很多失事船只的残骸，如此令人哀伤的证据证明了靠近这里的航行者多么需要一座灯塔。"[52]

费城的商人们一直诚心盼望着建造灯塔，他们也加入了遍布整个殖民地的对于灯塔的呼吁中。尽管他们为在亨洛彭角建造灯塔进行了游说，但殖民地的立法机构并没有采取行动。于是商人们在 1761 年自行启动了这个项目，也发行了一批与当年早些时候纽约人销售的形式几乎一样的灯塔彩票。不幸的是，费城商人的彩票销售不如他们的北方同胞那样成功，最终只筹集到 2260 英镑。即便如此，商人们还是坚持推动自己的计划，并于 1763 年说服立法机构接受将这笔资金用于建造灯塔。

立法机构组建了一个委员会负责监管建设项目，还在亨洛彭角上购买了 200 英亩的土地。这里在当时还属于宾夕法尼亚殖民地，如今已经被划入了特拉华州。项目进行的整个过程一直受到资金短缺的困扰，不过这个问题通过及时的贷款和向船只征税的办法解决了，工程最终得以顺利完成。1765 年 11 月 14 日的《宾夕法尼亚日报》（*Pennsylvania Journal*）迫不及待地向自己的读者宣布了 "在科尼利厄斯角（Cape Cornelius，

23

通常被称为亨洛彭角）上建造的美观大方的灯塔即将被点亮，可以为来往船只指明方向"的消息。⁵³不到一个月之后，《宾夕法尼亚公报》（*Pennsylvania Gazette*）上就刊登了一则致所有船长的通知，告诉他们灯塔已经建成。不过关于这座石砌灯塔的高度有 69 英尺和 87 英尺两种说法。⁵⁴

北大西洋和中大西洋区域的殖民地为灯塔的建造开辟了道路，南方很快就出现了效仿者。走在最前面的是南卡罗来纳殖民地的查尔斯顿（Charleston，当时这里还叫查理镇，为的是致敬英格兰国王查理二世）。⁵⁵查尔斯顿的灯塔的渊源可以追溯到 17 世纪晚期。查尔斯顿建立仅三年之后的 1673 年，殖民地的立法机构就下令在位于查尔斯顿港入口以外不远处的一个后来被称为莫里斯岛（Morris Island）的岛上竖立信标。当时所谓的信标不过是在一个铁格栅上点燃蘸满了焦油的纤维绳堆，以此来指引水手们进入港口。到 18 世纪初期，（可能是在灯笼里）点燃动物脂肪蜡烛的方法取代了燃烧麻絮团，不过没过多久人们就清楚地意识到，这种以蜡烛作为光源的简易信标并不能充分发挥效用。

到 18 世纪中期，查尔斯顿已经发展成殖民地的第四大城市，甚至有人说，如果将奴隶的数目刨除（奴隶根本不被视为人），那么查尔斯顿就是人均最富有的地方。这里的靛蓝染料、填船缝的树脂类产品、鹿皮、大米和其他一些商品的交易都很活跃，这大大促进了查尔斯顿的经济发展。每年大约有 800 艘船驶入查尔斯顿港。在当地商人的督促下，南卡罗来纳殖民地的立法机构认为是时

24

候在莫里斯岛上建造一座永久性的灯塔了，相关法案最终于 1750 年获得通过。

尽管这个殖民地依靠剥削奴隶获得了繁荣，但立法机构还是很难筹集到资金。到 1755 年，它仍然只下拨了建造灯塔所需的部分款项。除此之外，支持建造灯塔的人们也没有意识到还有人在与他们争抢政府拨款，所以当他们听说查尔斯顿圣迈克尔教堂（Saint Michael's Church）的长老们也在向立法机构申请资助时，所有人都感到惊讶。教堂需要资金完成教堂尖塔最后一部分的建造，长老们争论说政府预留给灯塔项目的资金应该先给他们使用，理由是尖塔建成后其高度将达到 186 英尺，从海上很远的地方就能看到，等同于这个城市的信标，这样一来殖民地就可以省下建造灯塔的开销了。被神职人员的巧言令色说服的立法机构于是毫不犹豫地将资金拨给了建造教堂的项目。

商人们虽然感到沮丧，但没有就此放弃，他们继续抱怨没有灯塔的坏处。最终，这些意见传到了国王乔治三世的耳朵里，国王下令开展建造灯塔的工程。于是莫里斯岛砖砌灯塔的第一块基石在 1767 年 5 月 30 日被铺下，一年多以后，一座 115 英尺高、顶部还有一个镀金大球的砖砌灯塔建成，开始迎接来到查尔斯顿的水手们。

查尔斯顿人建起灯塔一年之后，马萨诸塞人也在他们曲折的海岸线上建了一座，地点是鲂鱼角（Gurnet Point）。[56] 这个名字是清教徒按照一个类似的英国陆岬的名字取的——那附近的水域里有很多鲂鱼（gurnet fish，如今更常见的叫法是 gurnards）。鲂鱼角位于普利茅斯湾入口处一个长 7 英里的半岛的顶端。根据立法委员的说法，这座灯塔将拯救很多生命，它能够"为身陷于狂风暴雨的恶劣天气中的人们指明道路"，引领他们进入安全的普利茅斯港，那里是波士顿与科德角之间唯一可停靠的避风港。[57]

25　普利茅斯灯塔（即鲂鱼角灯塔）是于 1768 年夏末投入使用的，也就是在波士顿和纽约的商人们同意联合抵制从英国进口货物一个多月之后。抵制进口的目的是迫使英国议会撤销令人憎恶的《汤森法案》（Townshend Acts），因为这个法案规定殖民地在进口茶叶、玻璃、纸张、铅和油漆时都要缴税。普利茅斯灯塔与之前的殖民地灯塔大不相同的一点在于，此前的灯塔都只有一个灯室，而普利茅斯灯塔有两个，分别竖立在一座 30 英尺长、15 英尺宽的木房子两端。采用这样的双灯塔设计是为了把它同波士顿灯塔区别开来，防止水手将二者混淆。虽然灯室才高出地面 20 多英尺，但因为灯塔本身是建在一座断崖上的，所以灯塔实际高出海平面 90 英尺左右。

　　新罕布什尔的朴次茅斯（Portsmouth）位于鲂鱼角以北 70 多英里以外的皮斯卡塔夸河（Piscataqua River）岸边，距离河流的入海口不远。[58]朴次茅斯这个名字显示出了这个地方与早期海上贸易的紧密关系。在 18 世纪的时候，朴次茅斯发展成为殖民地贸易活动的一个中心，这里最主要的经济活动是造船业及出口木材和桅杆。有些桅杆是用最高、最直、最粗的白松木制作的，虽然海关官员在这种木材上标记了"国王的锁形标记",但是此举并没能成功实现他们要将这些木材保留下来供王室专用的目的。[59]

鉴于朴次茅斯的商业重要性,国王于 1742 年下令在皮斯卡塔夸河河口附近修建一座灯塔,并为此提供了 1000 英镑的拨款。但不知出于什么原因,这之后的几十年里,没有人采取任何行动。直到 1765 年,本地 100 名身份最显赫的商人要求相关方就灯塔项目为何胎死腹中,以及划拨款项被用在哪里做出解释。他们争论说:"如果当时(1742 年)人们就意识到建造一座灯塔对于航行安全和贸易收益有重要意义的话,那么如今灯塔在这两方面的作用更是有增无减。"[60] 人们为调查此事成立了一个专门的委员会,但就算委员会最终得出了调查报告,如今也已经找不到了。至于那笔资金,显然早被用到别的地方了。

三年之后,在 1768 年 12 月 12 日这一天,新罕布什尔人再一次体会到了灯塔的必要性。当天夜里,一艘满载着糖蜜的双桅纵帆船从瓜德罗普(Guadeloupe)起航,结果在距离朴次茅斯港不到一英里的地方失事。几天之后,《新罕布什尔公报》(*New-Hampshire Gazette*)不无讽刺地评论说:"但愿我们不用再过五十年就可以在海港入口处建起一座灯塔,那里要是早有灯塔的话,这艘船及其他一些在此前遇难的船原本都是可以免遭厄运的。"[61]

你可能会认为新罕布什尔的总督约翰·温特沃思(John Wentworth)会诚心支持建造灯塔,因为他的家族与海上贸易的渊源很深。然而当轮到他来解决这个问题时,温特沃思只提出了一个几乎无用的建议。他在 1771 年提出在位于皮

26

斯卡塔夸河河口附近的威廉玛丽堡（Fort William and Mary）的旗杆顶部加装一个灯笼，灯笼将由堡垒的指挥官负责照管。这样的行为无异于在鲜血喷涌的伤口上贴一个创可贴。加装灯笼是一件小事，只需花费 30 英镑，然而温特沃思充满热情地为这个计划据理力争。他在面对立法机构时说："每年都有很多宝贵的生命在此消逝，还有很多财物遭到损毁，都是因为缺乏这样一个有益的建筑。"温特沃思还宣称，有了他设想的灯笼，这些沉船事故，以及遇难人员留下的寡妇和孤儿们的"眼泪"及"值得怜悯的抱怨"就都可以避免了。在请愿的最后，温特沃思警告立法机构说，如果他们不批准他的提议，"今后我们海岸边响起的每一声溺水船员的哀号，就都是在控诉那些冷酷无情地拒绝了这个建议的人"。[62]

立法机构在 4 月 12 日批准了温特沃思的计划，但是这个项目朝着一个完全不同的方向发展了。一周之后，《新罕布什尔公报》宣布消息说堡垒墙外正在修建的是一座设施齐全的灯塔。没有任何记录说明究竟是什么造成了这样戏剧性的转变，但是根据历史学家简·莫洛伊·波特（Jane Molloy Porter）的观点，"最有可能的解释"是英国偿付了新罕布什尔在 1754 年至 1763 年席卷整个殖民地的法国印第安人战争中的花销。[63]突然有了大笔收入的温特沃思和立法机构于是抛弃了他们原本的计划，大幅增加了为本地区未来的投资。

7 月初，新罕布什尔的地平线上终于竖立起了一座灯塔。灯塔是用木材搭建的，顶上有一间铁和玻璃建造的灯

室，里面放置了多盏鱼油油灯。因为这座灯塔在 1804 年被 27
新灯塔取而代之了，所以没人清楚旧灯塔的高度，原始的设
计图也没有留存下来。不过，根据当时关于灯塔的图画作品
中展示的内容，这座圆锥形的建筑美观、高大，塔身上有多
扇小窗。灯塔对于水手的价值很快就显现了出来。1771 年
12 月温特沃思在立法机构做报告时称，灯塔已经"被确认
保护了两艘船及船上人员的安全"。[64]

在朴次茅斯港灯塔刚刚打下地基的同时，马萨诸塞人又
决定要照亮他们的另一段海岸线。第三座信标的建造地点被
选定在安角（Cape Ann）。这个多岩石的陆岬位于波士顿以
北大约 30 英里的地方，那里已经发生过无数的海难，其中最
具悲剧性的莫过于 17 世纪的"观望号"（*Watch and Wait*）沉
船事故。[65]

1635 年 8 月 11 日上午，安东尼·撒切尔（Anthony 28
Thacher）和他的亲戚约瑟夫·埃弗里（Joseph Avery）牧
师一起来到马萨诸塞伊普斯威奇（Ipswich）的码头，人们
正在这里做"观望号"起航前的准备工作。在虔诚的马萨
诸塞湾殖民地，牧师非常稀缺，所以波士顿北部的小渔村
马布尔黑德（Marblehead）的村民们说服了埃弗里到村里
做他们的牧师。埃弗里原本是有些担忧的，因为这批会众
大部分是渔民，而他认为"渔民的行为总是松散和懈怠
的"，不过最终埃弗里还是同意了。感恩戴德的马布尔黑
德人派了一艘小船"观望号"去把牧师及他的亲戚撒切尔
接来，因为撒切尔也决定搬到马布尔黑德居住。在船长和
他的三名船员为小船起航做准备的同时，乘客们也都登上

了船。除了埃弗里和撒切尔之外，乘客还包括两人的多个家人、两个仆人和另一位男士。最终，船上人员的总数达到了 23 人。

起初的三天里，船在多个地点做了长时间的停留，航行过程还算顺利。到了 8 月 14 日，"上帝突然"将这批人的"喜悦转变为哀痛和悲叹"。晚上 10 点左右，风力开始加大，甚至吹坏了船帆。水手们因为天色太暗而不肯立即更换船帆，选择抛锚停船，等待天明。到黎明时分，狂风升级为飓风。"观望号"被吹得拖着船锚移动，接着锚链干脆崩断了，小船只能在波涛汹涌的大海上随波漂流。撒切尔、埃弗里，以及他们的家人都在祈祷并尽力相互安慰，同时也做好了随时会沉入深海的准备。

"观望号"后来被抛向了一块巨大的礁石并卡在了石头缝里，海浪还在不停地拍打着船体，船舱已经进水，船身也开始解体，大海几乎是一个接一个地吞噬着船上的生命。船长和他的三名船员是最先被冲下甲板的。不过撒切尔没有因此绝望，反而坚守着自己的信仰。他从船舱里望着外面翻滚的海浪时，看到了远处的树梢。这个发现给了他希望，他告诉埃弗里说："一定是上帝把我们抛在这里的……我们距离海岸已经不远了。"（人们难免会好奇撒切尔是否曾质疑上帝为什么不干脆把船抛到岸上。）不过埃弗里恳求撒切尔留在船上，这样他和他的家人就可以"死在一起"，然后都被送入天堂。

29　　撒切尔同意接受命运后不久，一个巨大的海浪涌入了舱室，将他本人、他的女儿、埃弗里和埃弗里的长子冲到

了舱室外的礁石上。四人爬到高一些的地方之后就召唤还
在舱室里的人也到礁石上来。不过其他人显然已经吓得不
敢动了，只有撒切尔的妻子照做了。在她试图爬出通往后
甲板的舱口时，又一个大浪拍在了船身上，将船体仅剩的
部分都冲垮了，包括她在内的所有人都落入了水中。这个
大浪还将礁石上的人也卷入了水中，只剩撒切尔一人设法
死死地抓住了礁石的表面。接着，就在他伸手去抓一块船
体上散落的木板时，又一个大浪袭来，撒切尔也被冲入了
海中。

最后，只有撒切尔和他妻子侥幸活了下来，这场灾难也
成了马萨诸塞湾殖民地历史上最充满戏剧性、最令人难以置
信的沉船事件之一。满身淤青和伤痕的两人被冲上了一个无
人居住的小岛，距离大陆上的安角约一英里远。两人身上的
衣物几乎都被卷走了，他们从船的残骸里找到了衣物，又依
靠漂到岸边的食物维持了五天，才有船航行到能够听到他们
呼救声的距离内，并将他们救了回去。

这场灾难很快就成了新英格兰地区的人们热议的话题，
很多人为撒切尔一家的遭遇深感惋惜。1635 年 9 月，立法
机构向撒切尔发放了"40 马克"，大约相当于 26 英镑的救
济，以弥补他遭受的"巨大损失"。一年之后，立法机构
还将"撒切尔在船只失事后得以安身"的小岛"划定为他
的合法财产"。[66]撒切尔给这个岛取名"撒切尔的哀痛"，不
过今天这里多被称为撒切尔岛，属于罗克波特镇
（Rockport）。

撒切尔从来没有在这个与他同名的岛上居住过。获救之

后，他和妻子先是在马布尔黑德生活了几年，然后迁居到了科德角，撒切尔还成了雅茅斯（Yarmouth）的创建者之一。撒切尔岛一直是这个家族的财产，直到几代之后才被出售。"观望号"撞上的礁石是撒切尔岛东北边缘半英里外一片长达 90 英尺的暗礁的一部分。在接下来的几年中，暗礁还将引发很多沉船事故，其中之一就是"伦敦号"（London）的失事，暗礁自那之后得名"伦敦人"（Londoner）。[67]

在马萨诸塞殖民地的立法机构于 1771 年 4 月举行集会时，伦敦人暗礁无疑是他们最需要考虑的问题之一。当月月初就已经有三位身份显赫的马布尔黑德商人向立法机构提出请愿，要求他们在安角上建造一座或多座灯塔来警告过往船只避开这一区域中的伦敦人暗礁和其他危险的岩礁。[68]立法机构指定了一个委员会负责起草一份灯塔法案，领头人是波士顿商人和船主约翰·汉考克（John Hancock）。这个法案于 1771 年 4 月 26 日获得通过，法案内容是提议在撒切尔岛或安角上修建一座灯塔。[69]

另一个委员会负责决定灯塔的位置，最终他们选定了撒切尔岛，并迅速出资 500 英镑将该岛买了下来。立法机构决定在岛上修建两座灯塔而非一座，目的是将其与波士顿港灯塔区别开来。两座 45 英尺高的石砌灯塔相隔近 900 英尺。1771 年 12 月 21 日，灯塔首次被点亮。此前所有的灯塔都是用来指引船只安全进出港口的，而安角的双子塔则是第一座专门用来警示危险的灯塔，它的作用是让船只避开可怕的伦敦人暗礁。安角上的居民非常热爱他们的灯塔，也对灯塔发挥的作用心怀感激，他们很快就给双子塔取了个昵称，叫

第一章　殖民地之光

"安的双眼"（Ann's Eyes）。[70]

　　撒切尔岛灯塔是英国统治时期的殖民地上建造的第十座，也是最后一座灯塔。随着一个强大的、有主见的商人阶层的出现，英国人的统治很快就将走向终结。即便是在双子塔还在建造过程中时，殖民地与宗主国之间的联系就已经开始减弱了。《蔗糖法案》、《印花税法案》和《汤森法案》带来的影响大大激怒了美洲的殖民地定居者，也让他们团结起来，喊出了振奋人心的"无代表，不纳税"的口号。1770 年 3 月 5 日发生的波士顿惨案进一步点燃了人们的反抗情绪。在双子塔被点亮之后的几年里，越来越大的裂缝演变成了宽阔的缺口，波士顿倾茶事件的发生，具有惩罚性质的《不可容忍法案》（Intolerable Acts）的通过，莱克星顿和康科德（Concord）发生的小范围交火，以及邦克山战役（Battle of Bunker Hill）等事件斩断了英国与美洲殖民地的绝大部分联系，美国革命全面爆发了。

　　在战争爆发前，灯塔在殖民地的经济增长中扮演着重要角色，它通过提高航行安全性来促进海上贸易的发展。人们甚至可以说，灯塔的增多与殖民地的发展和最终独立有着千丝万缕的联系。不过在战争爆发后，灯塔的角色发生了根本性改变。它不再是欢迎远道而来的船只或提醒它们躲避潜在风险的标志；这一次，灯塔反而成了遭受军事攻击的目标。

第二章

战争的损失

32　　根据 **M. A.** 瓦格曼（**M. A. Wageman**）的画作制作的雕版印刷品，内容是 **1775 年 7 月 3 日**华盛顿在剑桥接受对大陆军的指挥权。

　　大陆会议宣布 1775 年 7 月 20 日为"公共谦卑、斋戒和祈祷日"。这显示了建国的立法者之中大部分人有坚定的宗教信仰。刚刚组建的国会要求所有美洲定居者祈祷上帝宽恕他们犯下的"罪过"，并请求上帝"启发"乔治三世国王的"智慧"，好让他"尽快结束……大不列颠和美洲殖民地之间的内乱"。人们希望这样的祈祷能够避免"更多的流血事件"。[1]不过大陆军少校约瑟夫·沃思（Maj. Joseph Vose）对于赎罪或祈求上帝干预国王的行动都没有兴趣。相反，沃思和他的手下选择攻打波士顿灯塔。 33

1775 年 4 月 19 日，在莱克星顿和康科德爆发战斗之后，波士顿一直处于被围困的状态，过了近两个月又爆发了邦克山战役，波士顿的局势就更严峻了。英国陆军和海军控制着城市和港口，同时数量越来越多的美洲殖民地士兵将波士顿层层包围起来，有效地孤立了城中的英国人。虽然大部分美洲定居者仍然对实现和解充满希望，但也有很多人——尤其是那些生活在波士顿城中和周边地区的人们——相信全面爆发独立战争已经是不可避免的了。发动战争最主要的目的当然是给敌人造成损伤，可能的话最好是致命的。灯塔恰恰为实现这个目的做出了贡献。

在冲突爆发不到三个月之后，马萨诸塞的殖民地议会在 7 月 2 日这一天建议停用分别坐落在小布鲁斯特岛、撒切尔岛和鳕鱼角的三座殖民地灯塔，并表明必要的行动将由灯塔所在地的村镇负责实施。[2]这里面的逻辑不言自明：灯塔无法分辨敌我，只要殖民地的灯塔还在正常运行，就有可能引导英国船只通过危险重重的马萨诸塞海岸线安全地驶入波士顿港，那样一来英国人就可以给受围困的英国军队送去增援和补给。人们希望通过停止点亮灯塔来为英国人的据守增加困难。

就位于鳕鱼角的灯塔来说，殖民地议会的建议落后了一步：坚定的普利茅斯居民早在 4 月 23 日就已经熄灭了灯塔。[3]下一个被熄灭的是撒切尔岛灯塔。[4]议会提出建议的第二天，马萨诸塞格洛斯特（Gloucester）的一位医生，同时也是民兵队上尉的山姆·罗杰斯（Sam Rogers）就带领一支能吃苦耐劳的本地民兵队伍来到撒切尔岛，他们打碎了灯塔的油灯和灯室的玻璃，还拿走了所有的鲸鱼油。不过，灯塔不是革命者唯一的袭击目标。充满爱国热情的安角市民怀疑撒切尔岛灯塔的守护人詹姆斯·柯克伍德上尉（Capt. James Kirkwood）是一个亲英人士，这个理由足以让市民将他从那里赶走。所以罗杰斯和他的手下在解决了灯塔的问题之后，还把柯克伍德及其家人抓起来，粗鲁地将他们押送到大陆上。根据一名英国军方人士的说法，柯克伍德一家被扔在那里任其"自生自灭"。[5]不过，事实证明人们的怀疑是正确的，因为那之后不久，柯克伍德一家就逃往了加拿大，成了战争期间离开美国，到仍受不列颠帝国统治的其他地方定居的六万名亲英派中的一员。这些逃亡者被历史学家马娅·亚萨诺夫（Maya Jasanoff）称为"被自由流放之人"。[6]

虽然鲂鱼角和撒切尔岛的灯塔都具有重要的战略价值，但是保证波士顿灯塔的安全才是英国"红衣兵"的头等大事。因此，破坏波士顿灯塔就成了革命者梦寐以求的胜利。抱着这样的目标，威廉·希思准将（Brig. Gen, William Heath）命令沃思少校带队突袭小布鲁斯特岛。[7]7 月 20 日清晨，本是马萨诸塞米尔顿（Milton）的农场主的沃思，带领着 60 名士兵从马萨诸塞的欣厄姆（Hingham）出发。为了消除划桨时发出的声音，沃思等人在桨架上缠了布料，然后悄无声息地驾驶着七条捕鲸小艇来到属于赫尔镇的楠塔斯克特半岛顶端。他们拖拽着小艇穿过一块不宽的条形沙地，抵

达灯塔对面的一片沙滩，然后从那里再次下水。当他们最终
登上小布鲁斯特岛的时候，沃思和他的手下点燃了灯塔的木
质部分，拿走了三桶鲸鱼油、灯塔守护人房屋里的家具、50
磅火药、几条小船和一门加农炮。

突袭发生时有英国水手和亲英派人士在照管灯塔，然而
奇怪的是没有任何最初的冲突的记录。不过，就算双方在岛
上真的没有交火，战斗还是很快就爆发了。到了早上 8 点，
在岛外仅一英里处抛锚的英国皇家海军"活泼号"（*Lively*）
上的瞭望者发现有一队捕鲸小艇正在向灯塔驶去。他意识到
大事不妙，于是通知了自己的指挥官，后者立即向停靠在附
近的另外几艘军舰发信号请求协助。

在英国人能够做出回应之前，沃思和他的手下已经破坏
了灯塔，并回到捕鲸小艇上，正拼命朝海岸划去。几分钟之
后，八艘英国军舰对他们发起了激烈的攻击，还瞄准美洲定
居者的方向发动了连续不断的炮火攻击。虽然冒着敌人的枪
林弹雨，沃思的突袭小队还是成功返回了楠塔斯克特，只有
两名士兵的腿部受了轻伤。登陆之后，美洲定居者就摆出了
战斗队形，还挑衅英国士兵上岸。不过英国人没有上钩，反 35
而是将军舰退回到美洲定居者的毛瑟枪射程范围以外的地
方。一位目睹了整个事件的见证者说自己"看到灯塔燃烧
的火焰直冲天际，像人们祭拜时点燃的香一样，［英国］军
舰只是在浪费他们的火药"。[8]

对波士顿灯塔的大胆突袭令爱国主义者备受鼓舞。如阿
比盖尔·亚当斯（Abigail Adams）在给当时正在费城参加

大陆会议的丈夫约翰·亚当斯的信中写到的那样："这些小规模战斗表面上不值一提，但是它们能够让我们的士兵适应战斗，让他们在面对危险时更加坚定。"擅长修辞的亚当斯夫人称英国人为"害兽和蝗虫"，她还补充说自己听到的更好的消息是英国人"因为灯塔被毁而怒火中烧"。[9]

这次突袭作为更大范围内的爱国主义抗争行动的一部分还拥有更深刻的意义。在这次袭击之前的几个月里，美洲定居者已经多次驾驶捕鲸小艇成功突袭了多个港口小岛，烧掉了岛上的草料，带走了农作物和牲口，为的就是避免这些宝贵的物资落入英国人手中。驾驶捕鲸小艇的勇士们甚至还去骚扰英国舰船。摧毁灯塔的行动就像是一个警报，再一次揭示了虽然世界上最强大的海军控制了港口，但美洲定居者仍然可以做出回击。正是这样的无畏精神促使马萨诸塞殖民地议会主席詹姆斯·沃伦（James Warren）夸耀说："我们虽然惧怕英国的军舰，但是据说他们［英国人］更惧怕我们的捕鲸小艇。"[10]

在爱国者们因为摧毁灯塔而勇气倍增的同时，英国海军中将塞缪尔·格雷夫斯（Vice Adm. Samuel Graves）却是暴跳如雷。作为英国海军在北美洲的指挥官，他要负责保护英国的利益，并抵御美洲定居者的攻击。然而美洲定居者在他的舰队面前总是占据优势，摧毁灯塔不过是一个最新的例子而已。作为对眼下这次让自己颜面扫地的失败的回应，正停靠于波士顿港的英国皇家海军"普雷斯顿号"（*Preston*）上的格雷夫斯立即下令向"所有在海上航行的人员"发放通知，告诉他们在撒切尔岛和波士顿港入口处的灯塔都已经被"反叛者烧毁",同时警告他们"不要被虚假的灯光信号蒙蔽,因为反叛者威胁称他们会挂出假信标引诱船只驶向毁灭"。[11]

与此同时,格雷夫斯派遣亲英派木匠前去修复波士顿灯塔,为了保护这些人的安全,他还派了 32 名海军士兵和一名上尉驾驶一条装备了大量武器的大艇护送他们。格雷夫斯写道:"工匠们认为在增援到来之前,这支队伍能够很好地保卫灯塔,抵御一千个人的进攻也没有问题。"[12]修复工作进展很快,到 7 月 29 日,英国人控制的波士顿灯塔再一次照亮了被围困的港口。[13]

乔治·华盛顿也很关注灯塔的问题,他在 7 月初已经接受了对美洲殖民地军队的指挥权。虽然华盛顿是在沃思突袭灯塔之后才得知这一事件的消息的,但此刻他也打算采取攻势,下达了向灯塔发起第二次袭击的命令。[14]他选择的领导这次行动的人选是本杰明·塔珀少校(Maj. Benjamin Tupper),后者也是希思准将麾下一员。[15]

塔珀曾经做过制革工人、学校老师,还和华盛顿一样是参加过法国印第安人战争的老兵。7 月 30 日深夜,塔珀在马萨诸塞的多切斯特(Dorchester)海岸边集结了 300 名士兵和 33 条捕鲸小艇。依照传统,他对自己的手下说:"如果你们之中任何一个人感到恐惧,不想参与我们的行动,就向前跨出两步。"接着他转头对自己身边的军官耳语说一旦有人出列,就"将其当场击毙"——我们只能希望他是在开玩笑。[16]没有人向前迈步,于是这支迷你舰队很快就开始向小布鲁斯特岛驶去，并在第二天凌晨 2 点抵达目的地。当他们靠近岛屿时，一名守卫灯塔的海军士兵大喊起来："捕鲸小艇来啦!"[17]他的上级科尔瑟斯上尉（Lieutenant Colthurs）听到后下令让自己的手下拿起武器集合。事实证明他的命令很难被执行，因为如一位士兵后来回忆的那样，有不少海军士兵当时"处于醉酒状态，根本不能迎战"。[18]

37　　几个喝醉的士兵不顾上级的指令，直接使用毛瑟枪朝美洲定居者开枪，迫使他们抬起船桨，停止继续靠近。美洲定居者似乎是在考虑接下来要如何行动，与此同时，海军准少尉克里斯托弗·希利（Christopher Hele）催促科尔瑟斯继续朝敌人开火，希望达到迫使对方撤退的目的。不过希利刚说完，美洲定居者之中就爆发了一阵气势惊人、宣战一般的欢呼，接着那些捕鲸小艇分成几组，每一组都朝着岛的不同位置前进。科尔瑟斯认为英国人明显寡不敌众，他们唯一的选择就是登上帆船和大艇，去找不远处的英国皇家海军"活泼号"寻求支援。

　　在美洲定居者纷纷登上小岛的同时，部分英国人划着大艇逃离了，但是帆船搁浅在了离海岸很近的地方。美洲定居者迅速登上这艘船，在接下来的混战中，塔珀的手下打死了六个、打伤五个英国人，其中就包括头部被射穿，当场毙命的科尔瑟斯。此外，他们还俘虏了 30 多名英国人，主要是海军士兵，也有不少工匠和一些来岛上探访的亲英人士。这样的结果无疑驳斥了此前英国人吹嘘的灯塔在增援抵达之前能够抵挡一千人的猛攻的说法。

第二章　战争的损失

当塔珀的一部分手下忙着与敌人战斗时，其余的人进行了游击队式的攻击，他们点着了灯塔和岛上的其他建筑。然而，在任务完成之后，美洲定居者遇到了一个新的敌人，那就是潮汐。让英国人的帆船无法逃离的低水位此时也让美洲定居者无法离开。等到他们终于起航的时候，英国人已经追到了离他们很近的地方，并开始朝他们进行疯狂的射击。不过，塔珀事先就英明地做好了计划。在突袭行动开始之前，他下令让约翰·克兰少校（Maj. John Crane）将他的野战炮布置在楠塔斯克特的沙滩上掩护美洲定居者的撤退。此时，克兰火力全开，击沉了一条英国小艇，也让塔珀和他的队员能够安全上岸，行动过程中他们只损失了一名队员——罗得岛人格里芬（Griffin），他因为被子弹击穿太阳穴而丧命。

俘虏们最终被送到了斯普林菲尔德（Springfield）的革命监狱，不过在他们启程之前还发生了感人的一幕。8月1日这天，格里芬被安葬在日耳曼敦［Germantown，今天的西罗克斯伯里（West Roxbury）］。在塔珀的突袭行动中受伤的英国海军士兵们竟来参加了他的葬礼以示哀悼。仪式之后，³⁸阿比盖尔·亚当斯对这些海军士兵说"不得不与自己的好朋友交战是一件令人悲哀的事情"。这些士兵回答说"他们感到非常遗憾"，希望上帝能够尽早结束"这场令人悲哀的争斗"。海军士兵们还说他们"都被骗了，因为他们被告知如果自己被活捉"，美洲定居者会杀了他们。[19]这样的情绪反映出，将曾经的殖民地定居者与他们的敌人区别开来的界线其实是非常模糊的。

葬礼举行当天，华盛顿发出了一封祝贺信来赞颂这次突袭灯塔的行动。华盛顿感谢塔珀和他的民兵队员"像军人一样英勇战斗,……以及他们抓回了那么多俘虏"。华盛顿称这次行动无疑会让大陆军的"仁慈像他们的勇气一样为人所共知"。[20]

许多美洲定居者对于华盛顿的骄傲之情感同身受。一位来自马萨诸塞切姆斯福德(Chelmsford)的名叫伊莱沙·里奇(Elisha Rich)的浸礼会牧师就以诗歌的形式纪念了塔珀的这次袭击。之前,里奇曾以邦克山战役为内容创作了一首叙事歌谣。如今他又创作了一首题为《对波士顿灯塔之战的诗意评论》(Poetical Remarks Upon the Fight at the Boston Light-House)的歌谣,其中包含了如下这样充满爱国之情的几节:

波士顿灯塔对我们的敌人有益,

在上帝的帮助下你们将它付之一炬,

39　　行动的过程一定充满艰险,

因为还要对付其他军舰。

但是你们的敌人必然要修好灯塔,

那样他们穿过水道时就不用担惊受怕,

可是他们遭遇的阻击令他们惊讶,

他们亲眼看着自己的灯塔在眼前崩塌。

美洲定居者高兴地看到,

高高耸立的灯塔现在变成废墟啦,

第二章 战争的损失

> 它不能给残忍的暴君们带来任何光亮，
>
> 即使他们还在负隅顽抗，他们心中也无法不感到惊慌。[21]

英国人对塔珀的突袭行动的反应是嘲笑——但嘲笑的对象不是美洲定居者，而是英国海军中将格雷夫斯；美洲定居者的队伍之前被英国上将约翰·伯戈因（John Burgoyne）戏称为"带武器的乌合之众"，如今他们却两次让一位海军中将一败涂地。[22]无论是英国国王、国会议员，还是军队中的同仁都对这位倒霉的格雷夫斯口诛笔伐，人们不仅认为他在保卫灯塔上的两次失败是莫大的耻辱，更对他在其他多条战线上的全面失败感到不满。[23]

最能体现人们对于格雷夫斯的普遍感受的表达可见于1775年8月20日伯戈因写给乔治·杰曼勋爵（Lord George Germain）的私人信件，杰曼勋爵是英国首相诺思勋爵（Lord North）政府中的殖民地事务大臣。当时伯戈因就驻守在波士顿，他在信件开头提出了一个问题："在英格兰的人们一定想问，'中将究竟在干什么?'"伯戈因对这个问题的回答是："我希望我能够就此疑问给出一个令人满意的回答；但是我能确定的只有中将没干什么……他没有保卫好他的牛羊，因为敌人已经多次以最羞辱人的方式抢劫了划拨给中将的岛。他也没有保卫好港口中的其他岛，因为大批敌人登陆，烧毁了灯塔［,］……他们在战斗中顶着两三艘军舰的炮火还能杀死并俘虏大批海军士兵。"[24]格雷夫斯的失败最终令英国政府忍无可忍，到年底时，他就被召回英国了。

40 　　与此同时，英国人迫切地想让灯塔重新亮起来，不过这个目标花了不短的时间才实现。工人的修复工作断断续续地持续了几个月，岛上有海军士兵负责保护，还有装备了武器的渡船或军舰停在附近。为了进一步保障安全，工人们通常是在天亮之后才被摆渡到岛上，到了晚上再上船过夜的。[25]四个月后的 1775 年 11 月 23 日，英国上将威廉·豪（William Howe）所说的"对于驶向港口船只的安全非常重要"的灯塔终于可以重新指引船只了。[26]英国军队到年底还在全天候地守卫灯塔，以防止美洲定居者再次策划袭击。[27]然而，灯塔与火灾的不解之缘至此还没有完结。

　　对波士顿的围困最终于 1776 年结束，当时，英国人就如同被一个战略绞索困在城中，突然出现在多切斯特高地上的爱国者的大炮更是让皇家军队和大量皇家海军落入无力自卫的处境，最终他们只能选择撤退，航行到新斯科舍省（Nova Scotia）的哈利法克斯（Halifax）。他们撤退的 3 月 17 日也成了波士顿人永久庆祝的英军撤退纪念日（Evacuation Day）。不过，有几艘军舰仍然停留在灯塔附近，专为提醒其他从英国来的船关于英国军队已经离开的情况。英国人的持续存在令美洲定居者怒火中烧。6 月 14 日，大陆军在阿萨·惠特科姆上校（Col. Asa Whitcomb）的带领下从长岛的炮台向敌人的军舰发动了加农炮和迫击炮的攻击，同时还有其他军队从楠塔斯克特岛上向敌人射击。这样的密集炮火攻击迫使留在这里的英国舰船离港出海，不过在离开前，英国海军士兵登上了小布鲁斯特岛。他们意识到灯塔对于起义者同样具有重要的战略意义，因此将之点燃，并在灯塔底部放置了一桶炸药，然后带着灯塔上的卫兵返回了自己的军舰。[28]过了不到一小时，火药的引线于上午 11 点烧尽。波士顿灯塔被炸毁，用目击者的话说是成了"一片废墟"。[29]

　　1776 年 3 月英国人从波士顿撤出之时，相信交战双方之间存在和解可能的美洲定居者的数量相比之前大大减少了，因为一系列充满戏剧性的事件已经让美洲定居者和英国人之间的裂痕发展为无法修复的豁口。1776 年 1 月，托马斯·潘恩（Thomas Paine）的著作《常识》（*Common Sense*）出版，作者在书中提出的精妙论证驳斥了支持维护英国统治的理论根据，进一步鼓舞了美洲的爱国者。这份宣言鼓励人们争取独立，并宣称"新世界的诞生近在眼前"。[30]到了 2 月，美洲定居者的怒火再一次被激起，因为起义者得知英国议会通过了惩罚性的《禁止法案》（Prohibitory Act），旨在通过停止英国和殖民地之间的所有贸易活动来绞杀美洲殖民地的经济。这项法案将美洲殖民地的船只视为与王室敌对的船，那样英国海军就有权俘虏这些船。鉴于此，到 1776 年 3 月，人们的疑问已经不再是美洲定居者与英国人之间的这场尚未宣战的战争是否还会继续，而是下一场战斗将在哪里爆发。

　　早在英军撤退日之前，所有人的目光焦点就已经转向了纽约市。最早于 1776 年 1 月，华盛顿就相信英国人在计划入侵这座日益繁荣的大都市。[31]鉴于这样的预感，他下令让查尔斯·李少将（Maj. Gen Charles Lee）前去加强这座城市薄弱的守卫。虽然纽约市里有很多亲英派真心盼望着英国人

41

前来占领这里，但是纽约的殖民地议会和华盛顿是同一战线的。殖民地议会的目标也是阻止英国人占领纽约，而实现这一目标的战略步骤之一就与位于桑迪胡克的灯塔有关。

与北方的马萨诸塞殖民地的同胞们一样，纽约人也不想让自己的灯塔变成敌人的工具。因此，在 1776 年 3 月 4 日，纽约殖民地议会下令拆除灯塔，并指派了一个委员会负责这个任务。[32] 这个委员会选择威廉·马尔科姆（William Malcolm）来执行这项"重要的事业"，马尔科姆是纽约的一位成功商人，不仅是坚定的爱国者，还是当地民兵队伍中的少校。马尔科姆接到的指示很明确：拆除灯室的玻璃，用桶装走所有鲸鱼油。如果马尔科姆无法拆除玻璃，就直接将它们敲碎。如果他找不到油桶，或是有敌人出现，就把灯油都倒在地上。"简而言之，"委员会这样告诉马尔科姆，"方法你可以自行决定，目标就是让灯塔无法再发挥作用。"[33]

42 　保密是这次行动的重中之重，委员会担心马尔科姆带领队伍离开纽约时会被发现，那样城中的亲英派就会通知英国军舰到目标区域巡逻，因此委员会安排马尔科姆只身前往新泽西。不过委员会也知道他不可能独自一人完成这次任务，所以他们给了马尔科姆一封介绍信，让他到桑迪胡克灯塔的所在地——新泽西的米德尔敦（Middletown）找支持爱国事业的监察委员会（Committee of Inspection and Observation）。介绍信的内容是恳请新泽西人为马尔科姆提供协助。新泽西人照办了，他们派出一支人数不多的民兵小队于 3 月 8 日这天陪同马尔科姆一起前往灯塔，带队的是乔治·泰勒上校（Col. George Taylor）。

　　这支队伍没有遇到任何阻力，不过由于他们没带能够将玻璃从金属窗格上拆下来的工具，所以只好将玻璃都砸碎。此外，他们还从灯塔上带走了三桶半鲸鱼油、八盏油灯和两套滑轮组。[34]虽然这次任务很成功，但事实证明这种成功只是暂时的。

　　4 月中旬，英国人进行了一次具有重大地理意义的行动，没有遭遇任何抵抗就占领了桑迪胡克岛顶端，不仅在岛上驻扎了海军士兵，还安排军舰在离岸不远处停泊。这让英国人同时实现了三个战略目标：第一，英国人可以获得饮用水，因为美洲定居者的进攻切断了他们获取斯塔滕岛（Staten Island）上的水源的机会，所以他们现在非常缺水；第二，英国人可以从这里监督和控制进入纽约的主要航道，因为这条水路必须绕过桑迪胡克；第三，占据这里意味着英国人控制了灯塔，而这座灯塔必将在接下来进攻纽约市的行动中发挥极为重要的作用，因为这个闪耀的信标能够指引英国舰队安全靠岸。不过，要让灯塔发光就得先将它修好。这项艰巨的工程直到 6 月中旬才完成。在对灯塔进行维修的同时，英国皇家海军"凤凰号"（*Phoenix*）的海德·帕克上校（Capt. Hyde Parker）还增派了海军士兵加强对灯塔的守卫。[35]

　　英军占领桑迪胡克及恢复灯塔的功用自然会令华盛顿感到担忧。他从 4 月 13 日起就在纽约市指挥大陆军准备迎接随时可能到来的英国军队。华盛顿想要将英国人赶走并破坏甚至彻底毁掉灯塔的理由，和英国人想要控制桑迪胡克的理

43

由是相同的。为了实现这些目标，华盛顿再次找到了本杰明·塔珀。后者因为攻击波士顿灯塔而名声大噪，已经晋升为中校，负责指挥一支由捕鲸小艇、单桅帆船和多桅帆船组成的舰队。这支舰队的任务就是在长岛和新泽西北部之间的水域巡逻，汇报英国舰船的动向，同时防止英国舰船上的人与在美洲的亲英派联系。如今，华盛顿下令让塔珀去攻打桑迪胡克。

塔珀带领大约 300 人驾驶着捕鲸小艇和其他各种航行工具，于 6 月 19 日上午 11 点从新泽西的珀斯安博伊（Perth Amboy）出发，并于日落时分抵达米德尔敦。[36]塔珀后来回忆说，"虽然自己诚恳地提出了请求"，但新泽西人没有给他提供任何帮助。他认为新泽西人的拒绝"有些奇怪"，这确实与几个月前泰勒自愿带领马尔科姆少校前去破坏灯塔的做法大相径庭。[37]不过，新泽西这个殖民地里有很多居民是立场明确的亲英派，他们并不站在爱国者一边。到塔珀抵达这里的时候，亲英派的数量还上升了。过不了多久，就连曾经的爱国将领、护送马尔科姆的乔治·泰勒也会转变立场。[38]这样看来，塔珀没法获得新泽西人的帮助就一点也不奇怪了。

没有获得增援的塔珀和他的手下再次起航，在第二天凌晨 2 点左右抵达鲸脑油湾（Spermaceti Cove），这个避风的港湾临近桑迪胡克的基地，它奇怪的名字来源于 1668 年一头抹香鲸被冲上这片海岸的事件。[39]塔珀等到天色已晚才开始这段接近 4 英里的前往灯塔的行程。一路上他们翻过沙丘，穿过茂密的雪松树林，为了不惊动敌人，他们走得很慢。据一位名叫所罗门·纳什（Solomon Nash）的士兵回忆说，队员们"士气高昂"，在 6 月 21 日凌晨 4 点左右抵达了距离他们的目标约 450 英尺的地方。[40] 英国人此时还完全没有发现塔珀一行的行踪。自己的手下忙着在小山坡上布置阵线、准备野战炮的同时，塔珀带着一名军官大步走向灯塔，要求与这里的指挥官对话。他的计划是说服英国人投降。不过塔珀刚刚提出自己的要求，对方的哨兵就开枪了，差点击中两人，两人只好迅速撤回本方队伍中。

44

塔珀下令"开炮"，他们总共朝灯塔射出了 21 枚加农炮炮弹，不过因为灯塔的墙壁很厚很结实，所以这轮炮火攻击"没有造成任何破坏"。与此同时，塔珀的手下在与保卫灯塔的海军士兵交火，两艘停在附近的英国军舰也在朝美洲定居者开炮。因没能破坏灯塔而懊恼的塔珀下令让自己的人员更靠近军舰，希望能够将船上的人吸引到岸上进行交战，不过他发现自己"无法诱使他们上钩"。[41] 尽管这场战斗持续了大约两个半小时之久，且其中大部分时间里士兵们只能借着微弱的晨光交火，但结果是塔珀只有两个手下被击中，伤势都不严重，英军方面则似乎没有任何伤亡。

经过这次虎头蛇尾的遭遇战之后，美洲定居者返回了他们在雪松树林另一边的营地。塔珀在这里给华盛顿写了一封信，称英国人早已准备好重兵等着塔珀的到来，这足以证明有人事先给他们通风报信。[42] 塔珀还保证自己会在当晚重新发动进攻，但实际上他撤回至珀斯安博伊进行休整。不过这样正好，因为 6 月 22 日，收到信件的华盛顿立即回信命令塔珀"停止这次行动，因为情况看起来很危险，他们不一

45

定能取得成功"。[43]

写下这样的字句一定让华盛顿感到很懊丧，因为他本来是期待一场胜利的。就在前一天，一支由包括三位军官在内的83人组成的队伍按照华盛顿的命令，在纽约市的陆军总部接受了助理军需官休·休斯上将（Assistant Quartermaster General Hugh Hughes）的检阅。他们携带了武器、火药和足够维持七天的补给，奉命前去增援塔珀在桑迪胡克的队伍。不过，在华盛顿得知塔珀失败了之后，增援行动就被取消了。[44]

当塔珀和他的手下在与英国人相互射击的时候，海上有一支强大的英国舰队正从哈利法克斯驶向纽约，这是一支名副其实的无敌舰队，它接到的命令是前往桑迪胡克的集结点。舰队于6月29日抵达目的地。《纽约日报》（New-York Journal）的报道称可能有多达130艘英国舰船停泊在桑迪胡克的港湾内，它们都是被"大不列颠的暴君派来的"，那些专制统治者推翻了"英国在这里制定的法律，一心想着奴役殖民地定居者，随意掠夺定居者的财富，或是将定居者一举杀光好占有一切"。[45]不到一周之后，这场未经宣战的战争就升级成了一场真正的战争，因为大陆会议在7月4日投票通过了《独立宣言》。一直主张彻底推翻英国统治的约翰·亚当斯满怀欣喜地宣布："我们正在进行一场革命，一场历史上最彻底、最令人意外、最杰出的革命。"[46]

为了巩固自己对桑迪胡克的控制，英国增强了在灯塔周围的守卫，还在附近部署了更多军舰。在接下来的几年里，

第二章　战争的损失

美国人多次向据守此地的英军发起进攻，但都没能取胜。在此期间，桑迪胡克成了一个亲英派的聚集地，还有很多逃跑的奴隶因为听说应征加入英国军队可以获得自由身份而来到这里。在灯塔脚下形成的临时定居点被称作"难民镇" 46（Refugee Town），灯塔也由此被戏称为"难民塔"。聚集在这个荒凉偏远之地的形形色色的难民组成了一支队伍，他们经常到新泽西北部搞突然袭击，对那里的爱国者实施烧杀抢掠。[47]直到康华里勋爵（Lord Cornwallis）于 1781 年 10 月 19日在约克敦（Yorktown）向华盛顿投降，英国人占领桑迪胡克的时代才宣告结束，难民镇也随之解体。

也不是所有的灯塔在独立战争期间都有这么戏剧性的经历。很多灯塔被当作瞭望塔，用于向乡村中的人们通报英国舰船的抵达和动向。其他一些灯塔被烧毁了；亨洛彭角的灯塔就是这种情况，不过人们完全不清楚究竟是谁在什么时候烧的。多数人认为英国人是罪魁祸首，根据他们的说法，在 47 1777 年 4 月的某一天，英国皇家海军"罗巴克号"（Roebuck）航行到亨洛彭角附近，船上的人饥肠辘辘，无不垂涎于正在灯塔脚下吃草的牛群。一小队水手上岸来求购几头奶牛。唯一的问题是，这些牛为灯塔守护人赫奇科克（Hedgecock）所有，当英国人问他能不能给他们几头牛的时候，据说脾气暴躁的守护人给出了这样的回答："我不会给你们任何牛，你们不快点滚的话我就要开枪了！"[48]

这样的最后通牒吓得水手们匆忙返回"罗巴克号"寻求指挥官的指令，后者下令让更多的水手重新登陆，而且这一次必须完成任务。看到大艇朝沙滩驶来的赫奇科克抓起值

1790 年 8 月 1 日发行的一期《纽约杂志》
(*New-York Magazine*) 上刊登的描绘桑迪胡克
灯塔景象的图画。

钱的财物,赶着自己的牛群匆匆躲进了树林里。水手们上岸
之后发现自己的大餐已经消失得无影无踪,只得将满腔怒火
发泄在灯塔上,因此他们砸烂了灯室,还烧毁了楼梯。

　　这个故事很精彩,不过很可能不是真的。首先,"罗巴克号"的航行日志上完全没有提到这件事，而烧毁灯塔这样的事是绝对值得被记录下来的。再说，我们也很难相信，憎恨美国起义者的冷酷无情的英国海军士兵们会被一个粗鲁的灯塔守护人吓住。相反，更有可能的情况应该是他们用毛瑟枪的枪托狠狠击打守护人，甚至朝他开枪，然后熟练地抢走任何他们想要的东西。

1780 年从海上看到的亨洛彭角灯塔（Cape Henlopen Lighthouse）的景象。

　　如果根本没发生过奶牛和鲁莽的守护人的故事，那么灯 48
塔到底是怎么被毁掉的呢？有人说是赫奇科克自己不小心点着了灯塔，然后将责任推给了英国人。还有人说就是"罗巴克号"在稍晚一些时候或别的英国军舰烧毁了灯塔。无论实际发生了什么，总之结果是被烧毁的灯塔在整个战争期间一直没能再被点亮。[49]

　　虽然亨洛彭角灯塔的破坏者的身份一直是个谜，但谁在两年之后烧毁了河狸尾灯塔的答案是确切无疑的。1779 年
10 月 24 日，英国军队在占领纽波特近三年之后终于决定撤

离，不过在离开之前，他们点燃了灯塔的木楼梯和平台。[50]大火产生的高温还严重破坏了灯塔的石砌结构，所以即便人们想尽办法修复了灯塔的墙壁，直到近二十五年后，只要遇到暴风雨天气，灯塔也还是会出现渗漏。[51]

　　于 1783 年 9 月 3 日签订的《巴黎条约》正式宣告了美国独立战争的结束，美国的灯塔也终于不用再被当成棋子了。刚刚成立的美国要如何管理好自己并在世界上立足犹未可知，不过可以确定的是，灯塔在这其中必将扮演一个极为重要的角色。它们曾经激发了殖民地的经济活力，如今也会为这个新国家做出同样的贡献。

第三章

新国家的灯塔

艾萨克·麦库姆（Isaac McComb）于 1796 年创作的蒙托克角 49
灯塔（Montauk Point Lighthouse）水彩画的细节图。

　　于 1788 年 6 月 21 日获得批准的美国宪法规定了美国政府的基本结构，或者说是搭建了一个骨架。1789 年，第一届联邦国会成员齐聚纽约，通过为新兴国家立法的方式给这个骨架增添血肉。前来参加这场初次会议的代表们都清楚摆在他们面前的任务有多么繁重。"我们就像站在荒野里，没

有前人的足迹来指引我们，"詹姆斯·麦迪逊在给他的弗吉

50　尼亚老乡托马斯·杰弗逊的信中这样写道，"我们的继任者的工作就会轻松一些了。"[1]1789年的春夏时节是值得人们铭记的，随着会议的开幕，国会开始为这个国家的发展设定路线，最先被讨论的问题之一就是这个国家的灯塔应当由各州政府还是联邦政府负责管理。

在革命刚刚结束的几年里，灯塔是由各州政府管理的。如殖民地时代一样，州政府负责建造和维护位于本州境内的灯塔，因此，维修或重建各地在战争期间被损毁的灯塔的工作也是由各州政府安排进行的。比如，1783年，马萨诸塞州建造了一座75英尺高的新波士顿灯塔以取代被英国人炸毁的旧灯塔。[①]马萨诸塞人在建造新灯塔的行动中也是一马当先，先后于1784年和1788年在楠塔基特岛的格雷特角（Great Point）和纽伯里波特（Newburyport）的梅里马克河（Merrimack River）河口建造了两座灯塔。

1789年4月国会开始进行审议时，灯塔未来的管理方式仍然是一个悬而未决的问题。问题的关键在于资金，更确切地说是用于灯塔的钱从哪里来。在18世纪80年代晚期以前，无论是曾经的殖民地，还是后来的美国各州一直是通过发行彩票、政府拨款、征税等方式来筹集资金的，其中最重要的是向抵达重要港口的船只征收吨位税。然而，国会很快就决定吨位税应当由联邦政府，而非各州政府来征收，这主要是出于经济方面的考虑。[2]当时处于财政困境的联邦政府需要此

---

① 1859年，新波士顿灯塔的高度被增加到89英尺。

类税收收入以维持政府的运作并偿还国家的战争欠款。

　　在剥夺了各州灯塔基金的主要收入来源之后，联邦政府明智地决定管理灯塔的工作也应当由自己来负责。这一决定很大程度上是出于公平的考虑，同时他们也担心各州失去吨位税的收入之后可能无力继续负担管理这些航行信标的花销。不过这背后其实还有更多原因。某些国会议员相信，宪法赋予了联邦政府管理国际和国内商业活动的权力，也就赋予了联邦政府管理灯塔的权力，因为这些建筑与国家商业体系的运行联系极为紧密，且在其中发挥着必不可少的作用。[3]

51

詹姆斯·巴顿·朗埃克（James Barton Longacre）在 1847 年前后创作的埃尔布里奇·格里肖像的雕版印刷品。

　　并不是所有国会议员都认可联邦政府接管的方式，尤其是那些反对强大的国家级中央集权政府的反联邦主义者，他们都争辩说灯塔应当由各州政府继续掌管。[4] 有些人担心如果政府利用宪法中的商业条款作为接管灯塔的理由，它就可以利用同样的理由控制各条河流的河口和其他任何被它视为对于管理国家商业活动至关重要的地方。不过，持这种观点的人在投票中被击败了；占大多数的投赞成票的人当中甚至包括一些反联邦主义政党的成员，如代表马萨诸塞州的埃尔布里奇·格里（Elbridge Gerry）。格里后来成了詹姆斯·麦迪逊总统的副总统，"格里"这个名字还被和为政党利益改划选区联系在一起，衍生出了"gerrymandering"（杰利蝾螈）这个词。[①] 格里从小在马布尔黑德长大，那里是美国最早形成的渔民聚居地之一。格里的家族拥有一支从事沿海岸和跨大西洋贸易活动的船队，所以他很清楚水手们有多么依赖灯塔。这一次格里抛开了自己固有的政治倾向，在 1789 年 7 月 1 日提交了一份法案初稿，提出将既有灯塔和其他航行辅助设施，包括浮标和不发光的信标的管理权上交给联邦政府。经过漫长的辩论和多次修改之后，法案最终于 1789 年 8 月 6 日被呈送至乔治·华盛顿总统，华盛顿总统在第二天正式签署了这一法案，于是 1789 年 8 月 7 日就成了美国灯塔体制正式创建的纪念日。[②] 这部法案通常被称为《灯塔法

52

---

① "Gerrymandering" 的意思是为使某一个政党获得压制另一个政党的优势而重新划定政治区域。1812 年时任马萨诸塞州州长的格里签署了一个重新划定本州区域界线的法案，以此为共和党牟利。虽然他本人并不情愿签署这份法案，但是他的名字自此被永远地与这种令人不安的政治操纵联系在了一起。

② 1989 年，为纪念《灯塔法案》通过二百周年，罗纳德·里根总统签署了一项法案，将 8 月 7 日（仅限当年）定为全国灯塔日。24 年之后，美国参议院通过一项决议，将 2013 年 8 月 7 日定为全国灯塔日。如今人们还在为实现将全国灯塔日定为永久性纪念日的目标而努力。

案》（Lighthouse Act），它是国会通过的第九部法案，还是美国的第一个市政工程计划。这之后不久，财政部就被指定为负责监管全国灯塔的部门。[5]

　　然而接管灯塔并不是即刻就能完成的事。法案中规定了一个交换条件。在联邦政府承担管理灯塔的责任之前，州政府必须将灯塔及灯塔周边的土地都让与联邦政府。起初的规定是各州有一年时间来完成相关工作，结果这个期限先后被延长了三次，以给那些故意拖延的州更多时间。独立性强又好争论的罗得岛州最担心受到联邦的控制，它是十三州中最后一个批准宪法的州，自然又是最后一个放弃自己的灯塔的州，直到 1793 年 5 月才最终完成相关工作。[6]不过罗得岛州并不是唯一一个不相信联邦政府的州。马萨诸塞州州政府在 1790 年 6 月将自己的灯塔让与联邦政府时，就发出了这样的警告：如果联邦政府不能妥善维护马萨诸塞州的所有灯塔，州政府保留将联邦政府疏于照管的灯塔收回的权利。[7]

　　1789 年《灯塔法案》获得通过时，东部海岸上仅分布着十二座灯塔。没过多久又有三座新灯塔相继建成。第一座建在缅因地区卡斯科湾（Casco Bay）边缘的一块风景优美的岩石海岬上，这里被称为波特兰角（Portland Head）。[8]附近的法尔茅斯的商人们早在 1784 年就向马萨诸塞州政府请愿，要求在前述地点建造一座信标（当时缅因还是马萨诸塞的一部分）。两年后，法尔茅斯被重新命名为波特兰。这里有美国最繁忙的港口之一，鉴于进入波特兰港的主要航道

53

就是沿着波特兰角走的，商人们认为在波特兰角建造灯塔对于促进商业的价值是不可估量的。这项请愿一直没有产生什么效果，直到 1787 年年初，一艘单桅帆船撞上波特兰角附近的礁石，导致两人丧生。这样的结果促使当地一份报纸发出了充满哀伤之情的恳求："这样不幸的事件还不足以证明我们必须在港口的入口处建造一座灯塔吗？这艘船失事应该就是因为缺少这样一座灯塔。"[9]

在这场灾难之后，商人们再次提出请愿，促使马萨诸塞州政府为这个项目提供了 750 美元资金。不过，这个数目用于建造灯塔是远远不够的，所以联邦政府在接管所有灯塔之后不久就拨款 1500 美元用于完成这个项目。仅仅两年之后，以碎石为材料的波特兰角灯塔（Portland Head Lighthouse）就建成了，灯室以下的塔身部分高 72 英尺。1791 年 1 月 10 日，这座灯塔正式开始照明，成了缅因地区的第一座灯塔。

在将近六十年之后的 1850 年，亨利·沃兹沃斯·朗费罗（Henry Wadsworth Longfellow）写下了一首名为《灯塔》（"The Lighthouse"）的诗，人们普遍认为波特兰角灯塔就是这首诗的灵感来源。[①] 朗费罗是土生土长的波特兰人，直到去鲍登学院（Bowdoin College）读书时才离开家乡，不过之后他也时常回家乡探访，还总去到附近的这座灯塔，和几位灯塔守护人都成了朋友。[10]这首诗中最令人难忘、最能引起情感共鸣的诗句是第一节和最后一节：

---

① 不过此时这座灯塔已经经过改造，建筑的高度被降低了大约 25 英尺。

突出的岩石直插大海，　　　　　　　　　　　54

最远的顶端延伸到好几英里外，

宏伟的石砌灯塔就矗立在这儿，

白天是云柱引路，夜晚是火柱照明。

……

"继续航行吧！"灯塔说，"继续航行吧，雄伟的大船！

你就是漂浮的桥梁，让我们横跨海洋；

我的职责是在黑暗中守护这份光亮，

你的任务是让人与人不再遥远！"[11]

　　灯塔的重要性已经获得这个新生国家中从南到北所有人的认可。在波特兰角灯塔完工十个月之后，佐治亚州的泰碧岛灯塔（Tybee Lighthouse）成了照亮美国海岸线的第 14 座灯塔。[12]与缅因地区的灯塔一样，泰碧岛灯塔的历史也可以追溯到 1789 年以前。佐治亚殖民地作为第 13 个殖民地创建于 1736 年，四年之后，萨凡纳河（Savannah River）河口处的泰碧岛上建起了一座不点灯的信标，它可以指引水手驶入距河流入海口约 15 英里处的新建立的萨凡纳镇。当时有人将这座信标描述为"高得惊人的木质高塔"。[13]不过，这座原始简易的信标很快就出现了蚀损，到 1741 年更是在一场暴风雨中彻底倒塌了。第二年，人们又建造了一座 94 英尺高的木质信标来取代倒掉的那个。这次的信标虽然更结实了一些，但最终还是因为年久失修而倾倒。到 1768 年，殖民地政府批准人们在附近建造一座砖石结构的灯塔。新建的 90 英尺高的建筑直到美国革命爆发前两年才完工。1773 年年初，殖民地官员在泰碧岛上举行了庆祝灯塔建成的仪式，典礼现场还供应了食物，很多人发表了讲话，人们的情绪极为高涨。不过，这座灯塔一直是一座有名无实的灯塔。虽然灯塔顶部有灯室，但是政府没有指派守护人来照管灯塔，也一直没有点灯，所以这里只能作为一个指引船只的白昼标志，到了夜晚仍是漆黑一片。直到 1791 年 11 月 10 日，泰碧岛灯塔才终于被点亮。

波特兰角灯塔和泰碧岛灯塔都是在马萨诸塞州政府和佐治亚州政府将它们让与联邦政府之前就已经完全或部分建成的。因此，在切萨皮克湾（Chesapeake Bay）入口处建造的亨利角灯塔（Cape Henry Lighthouse）就成了完全由联邦政府出资及建造的第一座灯塔。[14]

在亨利角建造一座灯塔的想法在革命爆发之前半个多世纪就已经形成，且是由弗吉尼亚殖民地的副总督亚历山大·斯波茨伍德（Alexander Spotswood）于 1720 年第一次提出的。当时他鼓动自己的殖民地和马里兰殖民地联合修建这座灯塔。一年之后，斯波茨伍德在一封给英国贸易委员会的信中提到，在亨利角上建造一座灯塔将使这两个殖民地的贸易活动"受益匪浅"，他"总是忍不住想知道为什么用处这么大的建筑没有早就开始建造"。[15]

并不是所有人都同意斯波茨伍德的观点。虽然弗吉尼亚殖民地的立法机构通过了承担部分建造成本的法案，但马里兰殖民地的立法机构临阵退缩了。在接下来的几十年里，要求建造灯塔的声浪一日高过一日，但是弗吉尼亚和马里兰直到 1773 年才终于开启这个项目。一群包括很多奴隶在内的劳动者花了两年的时间从拉帕汉诺克河（Rappahannock River）沿岸的采石场里将砂岩运到亨利角。这段运输线路的长度是 135 英里。运输过程中走陆路的部分，工人要用牛和雪橇运输石料；走水路的部分，工人用的是平底船。这项工程不但费时费力，而且成本高昂。到 1775 年，工程资金就用光了。补充的拨款还没有到位，战争就爆发了，所有建造灯塔的工作也都停止了。

战争结束之后，这项工程依然因为缺乏资金而被搁置，直到联邦政府接手，情况才有所转变。1789 年的《灯塔法案》里有要求在切萨皮克湾入口处建造灯塔的规定，表明了国会对于在这片区域中蓬勃兴起的海洋贸易的重视。这项规定引起了弗吉尼亚州州长贝弗利·伦道夫（Beverley Randolph）的注意，于是他向华盛顿总统提供了一个建议。如果联邦政府同意在七年内建好亨利角上的灯塔，那么伦道夫不仅会将亨利角上两英亩的土地让与联邦政府，还愿意附赠一份礼品——已经被运送到当地的几千吨砂岩。华盛顿接受了这个提议，建造灯塔的工作从 1791 年开始。 56

事实证明，伦道夫用来增加协议吸引力的砂岩其实没有什么用处。在被运到亨利角上长达十五年之后，这些沉重的砂岩石块已经陷入地下，表面上覆盖了 20～50 英尺深的沙子。虽然有一些石块被挖了出来，但大部分还是继续被埋在原地，因为把它们挖出来的成本太高了。结果是建造者不得不从别的地方运来额外的砂岩，才于 1792 年 10 月建成了超过 90 英尺高的亨利角灯塔。

在接下来的二十年里，到 1812 年战争爆发之初，美国又建造了 34 座灯塔。[16] 这样惊人的发展反映出美国海洋贸易的爆炸式增长。摆脱英国限制性的《航海法案》（Navigation Acts）的束缚后，美国商人可以随意造船，并将他们的船队派往世界各地追逐收益。仅在 1789 年至 1807 年，涉足海外贸易的美国船只总吨位增长了近七倍；这样的快速发展被 19 世纪晚期的经济学家亨利·卡特·亚当斯（Henry Carter Adams）称为"商业历史上绝无仅有"的惊人事件。[17] 崭新的灯塔给崭新的美国船队提供了巨大的帮助，越来越多的驶向美国港口的外国舰船同样受益匪浅。

美国的大部分新灯塔建在新英格兰地区，这反映了该区域还将继续在海洋贸易上占据主导地位，同时也体现了这里的政治家和市民领袖的权势，正是他们利用自己的影响力游说国会批准在海岸边建造灯塔。马萨诸塞州特鲁罗（Truro）的灯塔就是这批灯塔中的一座。小镇特鲁罗位于科德角的一片带有轻微弧度的外侧陆岬顶端，被普罗温斯敦（Provincetown）和韦尔弗利特（Wellfleet）夹在中间。风急浪高的大西洋和离岸不远处海面下隐藏的许多危险的浅滩，在过去这些年来已经吞噬了几十条船，其中最著名的莫过于装备了 64 门炮的英国军舰"萨默塞特号"（Somerset）。[18]

1778 年 11 月 1 日，"萨默塞特号"正在科德角海岸边巡逻，寻找俘虏法国船只的机会，结果遭遇了恶劣天气，到第二天，"萨默塞特号"终于抵挡不过强风，撞上了距离特鲁罗海岸不到 1000 英尺远的皮克希尔沙洲（Peaked Hill

Sand Bars)。"萨默塞特号"的船舵被撞掉了，船身也被刺穿，同时仍持续遭受着海浪的猛烈拍击。随后一个大浪将"萨默塞特号"从沙洲上托起来，冲到了距离岸边很近的地方。越来越多的科德角人都聚集到这里来见证这场灾难，并希望能从遇难的船上捡一些有用的东西。最终"萨默塞特号"上的人大多平安上岸，只有 21 人因为撤离的小艇倾覆而被淹死。这 480 名幸存者都成了美国人的俘虏，他们分别经由陆路和海路被押送到波士顿，并被关进了那里的监狱，直到通过战俘交换而获得释放。

在这个地方失事的船只数量之多促使波士顿海运协会（Boston Marine Society）、塞勒姆海运协会（Salem Marine Society）和马萨诸塞州人道协会（Massachusetts Humane Society）联合起来，于 1796 年向国会请愿，要求在克莱庞茨（Clay Pounds，也称特鲁罗高地）修建一座灯塔。这片高地是一片高出海平面 100 多英尺的绝壁，沿海岸线延伸长达 1 英里。[19]根据韦尔弗利特的牧师利瓦伊·惠特曼（Levi Whitman）的说法，再没有比这更完美的灯塔建造地点了。早在 1794 年他就这样写道："特鲁罗的黏土山坡似乎是……被自然之神［安置在这里］的，为的就是作为建造灯塔的地基。"[20]国会同意了请愿中的要求并提供了必要的资金。到 1797 年 11 月 15 日，被惠特曼牧师认为坐落在神圣之地的高地灯塔（Highland Lighthouse）开始投入使用。这座 45 英尺高的木质灯塔位于距离"萨默塞特号"失事地点大约 1 英里、距离绝壁边缘约 500 英尺的地方，仿佛是为在这段无情的海岸边殒没的生命而立的某种纪念碑。

另一座新英格兰灯塔建在布恩岛（Boon Island）上。该岛距离缅因地区的约克镇大约 7 英里。这个狭小、贫瘠的岛其实就是一块露出水面的凹凸不平的岩石，最高点高出海平面仅 14 英尺，它从 17 世纪初期起就给很多水手带来了地狱般的灾难。到 1710 年，这里成了一桩美洲早期历史中最出名的沉船事件之一的发生地。那些关于这场海难的可怖且详细的描述简直像是小说中才会出现的情节，遗憾的是这些遭遇都实实在在地发生了。

58　　伦敦的"诺丁汉号"大帆船（Nottingham Galley）上共有船员 14 人，指挥这次航行的船长是约翰·迪恩（John Deane）。[21]1710 年 9 月末，这艘船载着绳索、奶酪和黄油从爱尔兰港口基利贝格斯（Killybegs）出发前往波士顿。商船在大西洋上就遭遇了恶劣天气，当它靠近美洲海岸时，情况又明显恶化了。12 月 11 日，在呼啸的东北风中，迪恩看到远处有碎浪出现，不过在他的船员能够改变航线之前，船已经迎头撞上了布恩岛。

虽然船体遭受了重创，但船员们都还活着，他们费力地爬上小岛。让他们沮丧的是，船上的食物都沉入水中或被冲走了，只剩下三块圆形奶酪和一些放置了很长时间的牛骨头。12 月的天气寒冷刺骨，船员们设法搭建了一个简易帐篷，收集了一些蚌和海藻来补充他们少得可怜的物资，还用大帆船的残骸造了一条小船。在距离圣诞节仅剩几天的时候，迪恩和一位船员试图驾驶小船前往大陆寻求救助，结果一个大浪袭来，小船就撞向礁石，碎成一片一片的了。两人

第三章　新国家的灯塔

努力游回岛上，回到了同伴中间，但即将获得援救的期望瞬间成了泡影。迪恩后来回忆说："当时的可怕情形是无法形容的。刺骨的寒冷和难耐的饥饿；极度的虚弱和痛苦；……还有对可能出现的漫长难挨的死亡过程的预期，唯独没有一丁点获救的希望！"用迪恩的话说，这个经历就是"苦难的顶峰"。

所有人都又累又饿，还有体力的几个人勉强制做了一个随时可能散架的筏子。两名船员划着筏子前往大陆，不过他们的筏子在途中就倾覆了，两人都落入了冰冷的海水中。几天之后，筏子和其中一人的尸体被冲上了岸，另一名船员的尸体却一直没能被发现。令人惊讶的是，筏子和尸体的出现竟然没有使陆地上的人立刻着手在这一区域进行搜救，所以被困在布恩岛上的船员们的噩梦还在继续。

到 12 月底的时候，船上的木匠去世了。迪恩把他描述 59 为一个"大胖子，天生迟钝、阴郁且冷漠"。面对着即将来临的饥饿，而且在"经过对一方面是合法性和罪恶性，另一方面是绝对的必要性的深思熟虑之后"，这些人最终——如一个多世纪之后发生的"唐纳聚会"（the Donner Party）的参与者一般——开始分食木匠的尸体，同时用海藻代替面包。起初他们对这样的行为感到厌恶，因而犹豫过，但无止境的饥饿感还是让他们都化身生食人肉者，以至于船长不得不设置每人每次的定量以避免整个尸体几次就被吃光。

苦难并没有就此结束，几近癫狂的幸存者们根本没有意识到时间已经进入 1711 年了。在 1 月已经过了几周之后，早些时候漂到岸上的筏子和尸体才终于促使当地镇子

辉煌信标

1950 年从空中俯瞰布恩岛灯塔（Boon Island Lighthouse）的景象。这座灯塔于 1855 年建成，是这个岛上的第三座灯塔。塔高 133 英尺，是新英格兰地区最高的灯塔。

上的人们发起搜救工作。幸存下来的 12 人最终获救。"诺丁汉号"大帆船的故事就像是对赫尔曼·梅尔维尔早期创作的那些小说的预告，在迪恩和几位船员纷纷写作出版了他们对于这次经历的描述之后，这件事成了轰动一时的大新闻。但是这些人叙述的内容有很大出入：迪恩将自己刻画成一位英雄；他的船员们则把他描述为独断专行的流氓，说他从最开始就在计划将帆船拱手让给法国私掠者或故意搁浅以骗取保险金。

在接近一个世纪之后的 18 世纪末，布恩岛的航海历史促使马萨诸塞州政府在岛上建造了一个不点灯的木质信标以警示水手。这个信标在 1804 年的一场暴风雨中被损毁，于是人们重建了一个石砌信标，但它依然是不能发光的。这座建筑

60

在建造过程中也不乏戏剧性事件，比如三名工人在离岛时因为乘坐的渡船倾覆而掉进水里淹死了。之后，联邦政府在 1811 年接手，建造了一座顶部有铁质灯室的 25 英尺高石砌灯塔。[22]

在新英格兰地区以外，更南部的海岸线上也建起了许多灯塔，蒙托克角的灯塔就是其中之一。[23]这个如刀削斧刻而成的陆岬位于长岛最东端。蒙托克角高出下面林立的礁石和永不停歇的海浪约 70 英尺，就像一艘巨轮的船头一样直面大西洋的暴怒。美国革命期间，英国人认为这个地点很有战略意义，因此在这里设置了一个长期燃烧着的篝火堆作为信标来协助皇家海军维持对长岛海峡的封锁。纽约人同样认可蒙托克角对于航海活动的重要性。这片区域中发生过很多沉船事件，在蒙托克角上建造一座灯塔不仅能够指引从欧洲来的船只驶入纽约港，还能指引其他船只驶入长岛海峡或位于罗得岛州和马萨诸塞州的其他邻近港口。

蒙托克角灯塔使用从康涅狄格州查塔姆（Chatham）精心锤凿出来的毛石建造而成，高 80 英尺，顶部有一个 10 英尺高的灯室，里面的油灯以鲸鱼油为燃料。这座最终于 1797 年正式点亮的灯塔是一座非常宏伟的建筑，塔底直径 28 英尺，塔身墙壁厚 7 英尺，锥形塔身顶部的直径则缩小至 16.5 英尺，墙壁厚度也减少至 3 英尺。当公理会牧师蒂莫西·德怀特（Timothy Dwight，也是耶鲁大学的第八任校长）于 1804 年到灯塔进行参观时，他断言："在大西洋的这一边，出于保护人类安全的目的，可能没有比这里更有必要建造灯塔这样有用的建筑的地方了。"[24]

61

辉煌信标

虽然德怀特对蒙托克角灯塔的赞词不算言过其实，但其他灯塔其实一样重要。北卡罗来纳州的哈特勒斯角灯塔（Cape Hatteras Lighthouse）就是这样一个典型代表。[25]哈特勒斯角位于组成外滩群岛（Outer Banks）的长约200英里的堰洲岛岛链中段，是一个狭长的深入大西洋之中的沙洲。几百年来，哈特勒斯角附近的水域一直是水手们的灾难之源。

从北方向哈特勒斯角驶来的船会选择贴近海岸航行，这样就可以借力向南流动的拉布拉多寒流（Labrador Current），同时避开被称为"海洋中的大河"的强大的墨西哥湾暖流，后者的水流在离岸远一些的地方自南向北流动，流速最高可达四节。然而，当船行驶到哈特勒斯角的时候，墨西哥湾暖流也会流到非常接近岸边的地方，这就给水手们带来了极为艰巨的挑战。一旦驶入全速流动的暖流，船速会降低，就会耽误宝贵的航行时间。因此，船在绕行哈特勒斯角的时候只能选择贴近海岸航行。不过，船离岸太近，又有可能撞上钻石浅滩（Diamond Shoals），那是一个散布着岩石的沙洲，从哈特勒斯角向外延伸出大约12英里，仿佛就是躺在水面下不深的地方静待着船只的到来。因此，船若想继续向南航行，就要穿过浅滩和暖流中间的针眼。让本就极为艰难的航行过程更加复杂的还有拉布拉多寒流和墨西哥湾暖流的汇聚，两股温度不同的洋流的交汇不仅经常会产生雾气，降低能见度，更糟糕的是会形成巨大的湍流，使船只颠簸摇晃，并让水下的沙丘移位，给水手带来不断变换、无穷无尽的危险。

对于向北航行的船来说，如果它不保持行驶在离岸足够远且有助于提升航速的墨西哥湾暖流中的话，就同样可能陷入钻石浅滩附近的各种危险之中。无论是向哪个方向航行的船都有可能遭遇狂风甚至飓风，这些也是在这片天气变化无常的海面上经常出现的情况。鉴于此，说哈特勒斯角附近的海底遍布着沉船的碎片就不会令人意外了，不少水手还给这片危险的区域取名为"大西洋坟场"。 62

早在 18 世纪晚期就已经有人提议在钻石浅滩顶端建造一座灯塔，这必将为尝试绕行哈特勒斯角的船只带来极大益处，但是凭借当时的工程技术还无法完成这样一个宏大的工程。所以联邦政府退而求其次：1794 年 2 月，时任财政部部长的亚历山大·汉密尔顿（Alexander Hamilton）向参议院提交了一份报告，建议在哈特勒斯角上建立一座"一流的"灯塔。[26] 虽然这个项目很快就获得了批准，但是购置土地、筹集资金，以及寻找合格的工程承包人等各方面的困难造成项目一再被延迟。建造工程最终于 1799 年才正式启动，一座 90 英尺高的石砌灯塔于 1802 年完工，并于次年开始照明。

管理灯塔的职责在最初这些年里是属于财政部的，具体负责人在财政部部长和税务总长之间轮换。诸如灯塔建造地点的批准、建造工程合同的签署，甚至灯塔守护人的任免等所有管理方面的重要决定都是联邦级别的决定，且有总统的直接参与。[27]这种高层次的重视可以由许多与灯塔相关的文件来证明，这些文件的签署人正是乔治·华盛顿总统、托马斯·杰弗逊总统及财政部部长亚历山大·汉密尔顿本人。灯塔问题被提升到如此高级别的事实一方面证明了当时联邦政府的规模还很小，另一方面也体现了灯塔对于这个国家的未来的重要性。

多位总统和一些高级别官员不仅签署批准与灯塔相关的决定，偶尔还会针对更细节性的问题提出建议，比如乔治·华盛顿就曾对一位亨利角灯塔守护人候选者可能有酗酒问题表示担忧。"如果帕克上校推荐的守护人是一个饮酒无度的人，"华盛顿在给汉密尔顿的书信中这样写道，"你记不记得他的名字都不重要；因为我是绝对不会同意任命这样的人的。不管他有什么借口，或是做了任何会改过自新的承诺都没用。"[28] 几年后，杰弗逊也写道，他认为亨利角灯塔的守护人工作表现不佳，应当被解雇。杰弗逊说自己的原则是"灯塔守护人哪怕有一点疏忽大意就应当被解雇，因为即便是小疏忽也可能造成大灾难；具体到这座灯塔的情况，牛顿上校的观点就足以决定是否需要解雇现任的守护人"。[29] 不过，联邦官员也不可能管理所有事务；因此对日常运行的监管，以及灯塔的建造和维护工作就都被分配给重要港口的海关官员了。

关于灯塔事务的通信文件的数量大得惊人，其中涉及的主题也很广泛，最常被提及的莫过于守护人的工资。虽然各地工资高低差别很大，但大多数在年薪 200 美元到 350 美元的范围内。影响工资的因素很多，包括灯塔的位置和维持灯塔照明所需的工作量等。守护人提出了无数的抱怨，主要针对的是本就低得过分的工资和缺乏加薪机会。守护人说这样微薄的薪水根本不够他们供养家人，也不能满足他们的生活需要，对于要到岛上生活的守护人来说，这种不足就更严重了，因为岛上的条件更艰苦，所有补给都要从大陆运送到岛上，这大大增加了他们的生活成本。

政府就工资标准问题为自己做出了辩护，虽然守护人的收入的确不算丰厚，仅相当于日间劳动者收入的中等水平，但是这种相对较低的设定是有理由的。官员们指出，守护人除了可以领工资，还能享受免费住宿，如果灯塔所在地的情况允许，他们还可以自己种菜、捕鱼，甚至是接受为船只领航之类的零工，这些都可以弥补他们收入的不足。[30]虽然灯塔守护人的工资不高，但是政府完全不愁找不到人，为这一职位激烈竞争的情景反而还很常见。

话虽如此，但政府也不是绝不顾及守护人的抱怨的，因此有时守护人也可能获得加薪。马撒葡萄园岛上的盖伊海德灯塔（Gay Head Lighthouse）的守护人名叫埃比尼泽·斯基夫（Ebenezer Skiff），有这样一个意义无比坚实又与航海相关的名字①的人做一名灯塔守护人真是再适合不过了。1805年，斯基夫给时任财政部部长的艾伯特·加勒廷（Albert Gallatin）写信要求加薪。斯基夫的论点是灯塔的位置靠近盖伊海德上受侵蚀严重的悬崖，所以这里的情况非常特殊。让这片地区得名的红色、褐色和黄色黏土岩脉虽然令悬崖像一块调色板一般色彩斑斓，但是给守护人的工作增添了不少困难。从海上和悬崖下面刮来的强风卷起大量黏土微粒，这

64

---

① "Ebenezer Skiff"中的"Ebenezer"在《圣经》中被译为"以便以谢"，出自《撒母耳记上》7：12。说的是以色列人与非利士人争战，撒母耳向神祈祷，结果神应允他，打雷击退了敌人。撒母耳于是立了一块石碑感谢神，并给石碑取名以便以谢，意思是"帮助之石"。"skiff"的意思是"小型帆船"。所以作者说这是一个"意义无比坚实又与航海相关的名字"。——译者注

些物质会沉淀在灯室的玻璃窗上，形成厚厚的不透光覆膜，从而挡住灯塔的光线。结果就是斯基夫必须定期清洁灯室玻璃窗的外侧，据他说，"在寒冷的天气里进行这项工作十分乏味，相对于马萨诸塞州其他灯塔守护人的工作量来说，这是一份额外的任务"。除此之外，灯塔附近的小溪水量极少，他只有驾车从一英里之外的另一股泉水中运水回来才能满足自己一家人的生存需要。鉴于政府在决定他的年薪多少时并没有将这些"困难"考虑在内，斯基夫要求他们现在重新决定他的工资待遇。[31] 政府接受了他的要求，很快，杰弗逊总统就慷慨地将斯基夫的年薪从 200 美元提高到了 250 美元。

　　美国灯塔的照明方式也在随着时间的流逝而不断演变。最早，人们使用的是动物脂肪蜡烛或简易的油灯，油灯的灯芯是编织的棉绳，灯油用的是鲸鱼油、海豹油或鱼油。到 19 世纪初期，鲸鱼油成了首选的照明燃料，油灯也大多改成了一种所谓的"蜘蛛灯"。"蜘蛛灯"比早期的装置略复杂一些，安装了能储存更多灯油的储油器，加装了多条灯芯，因此发出的光亮也更强些。一座灯塔里往往会放置多盏蜘蛛灯，每盏灯都有自己独立的灯托和"多条灯芯"。[32]

　　灯塔里使用的鲸鱼油不是用抹香鲸的鲸脂提炼的，而是用位于抹香鲸圆胖头部的脑油器中存储的鲸脑油提炼的。脑油器中最多能够储存 23 桶浓稠的蜡状物质，即鲸脑油。利用这种原料可以提炼出两种灯油——冬榨油和夏榨油。秋天，人们把鲸脑油倒进锅里加热，除去其中的水分和杂质。

65

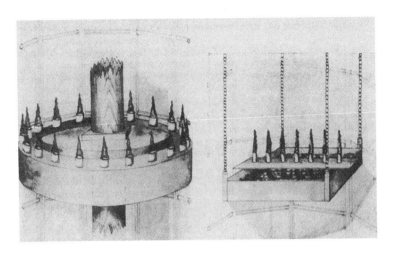

灯塔上使用过的两种蜘蛛灯。

由此得来的浓稠液体被倒进桶里，放到仓库里过冬。低温会让液体凝固成半固体的颗粒状物质。等温度升高到颗粒物开始软化的时候，人们就会打开木桶，把里面的东西装进羊毛袋，扎紧袋口并将其放进能够施加几百吨重压的木质压榨机里。此时从袋子里榨出来的高品质的鲸鱼油就是最昂贵、最纯净的冬榨油。因为这种鲸鱼油在低温条件下也能保持液体状态，所以灯塔主要是在冬季使用这种灯油。不过，如果气温实在太低，灯塔守护人还是需要把鲸鱼油先在炉子上加热一下之后再加入油灯里。经过第一次压榨之后剩在袋子里的物质会被重新加热，再倒进桶里储存起来。到初夏季节天气回暖的时候，人们会把桶里的物质倒进棉布袋里进行二次压榨。这次产出的油被称为夏榨油，它的品质低于冬榨油，但仍然售价不菲。鉴于这种油在低温中会凝结，灯塔只在气温较高的月份里才使用这种油。[33]

85

66 虽然蜘蛛灯已经是早期油灯的改进版，但它依然有许多待改进之处。因为灯油燃烧不充分，所以这种灯在照明的同时总会产生大量的油烟附着在灯室的玻璃窗上，需要守护人及时清理。这种油烟和刺鼻的烟气有时非常浓烈，连守护人也不得不躲到灯室外面去。最糟糕的一点其实是，蜘蛛灯的灯光并不是很强烈，而这对于水手来说恰恰是最关键的问题，因为灯光的强度决定了夜间的灯塔在多远之外可以被看到。

灯塔的光线可以照到多远以外取决于两个因素，第一是灯塔高出海平面的高度，第二是灯光本身的强度。从理论上讲，灯塔越高，能够被看到的距离就越远，但是因为地球表面是有弧度的，所以这个距离最远远不过灯塔消失在地平线以下的地方。因此，一个站在高出海面 15 英尺的甲板上的人最远能在 14.5 英里之外看到一座 50 英尺高的灯塔；如果灯塔的高度达到 100 英尺，这个距离可以增加到 18 英里以上。根据灯塔的高度计算出的人能够看到它的最远距离被称为地理视距。

一座灯塔的地理视距最大值是理论值，因为只有当灯塔的灯光强烈到能够被那么远的船上的人看见时，地理视距才能达到最大值。灯光越弱，灯光能够传播的距离就越短。由灯光强度决定的灯塔光线传播距离被称作光度距离。

当然，决定灯塔的灯光能够在多远之外被看到还有一个不得不考虑的因素，那就是天气因素。雾气或雨雪之类的不利的天气条件会限制光线传播的能力。举例来说，在晴天的夜晚，100 英尺高的灯塔发出的强烈灯光可以在大约 18 英里之外的地方被看到；但如果是雨天，这个距离可能就会缩减到不足一半。

不过，在某些情况下，灯塔的灯光甚至能越过地平线。如果灯塔的灯光极强，它照到水汽和云上会发生折射，那么它的光线就可以被传播到地平线之外。这样一来，水手在看到真正的灯塔光线之前就可以看到它的光辉，这种光被称为"暗光"，它能提示水手在不太远的地方有灯塔存在。[34]

没人知道美国早期灯塔的光线究竟能传播多远，不过鉴于蜘蛛灯的光亮相对较弱，光线传播的距离肯定也不会太远。如果灯光的强度能够得到加强，那么灯塔的效用就可以 67 获得提高。实际上，欧洲的科学家和工程师已经朝这个方向迈出了重要的一步。

欧洲人一直以来都使用煤炭、木柴、蜡烛和油灯作为灯塔的光源，但是到了 18 世纪 80 年代，灯塔照明设备经历了一次重大转变。这一切都源于瑞士物理学家艾梅·阿尔冈（Aimé Argand）的发明。[35] 1782 年，当时生活在法国的阿尔冈研究出了一种新型的油灯。这种油灯不再使用单一的固态灯芯，而是改用一根环形的中空灯芯了，并且这根灯芯会被放置在一粗一细两根套在一起的黄铜管之间。这样的设计迫使空气从内层铜管内部流入，向外层铜管外部流出，这一过程增加了点燃的灯芯接触到的氧气量。氧气越多，燃烧越充分，产生的烟就越少，灯光的强度也越强。灯芯的高低可以通过旋钮调节，灯油是依靠重力通过连接到储油器的管子被添加到灯芯上的。

不过，当阿尔冈点燃他的样品模型时，发现灯火相对较小，闪烁不定，而且还是会产生很多烟。在他研究如何克服这些缺点的时候，一个偶然的发现解决了他的问题。据艾梅后来回忆，有一天，他的弟弟拿起一个放在"壁炉架上的从长颈烧瓶上断下的瓶颈，[然后]想要把它放到桌上，结果刚好扣在了桌上一盏油灯的环形火焰上：火苗瞬间就变亮了。弟弟狂喜地从椅子上站起来，跑到我面前，激动地拥抱了我"。[36] 这个烧瓶的瓶颈发挥了一个烟囱的作用，使灯芯接触的气流大幅度增加，从而实现了更充分的燃烧。艾梅将这个观察结果应用到自己的设计中，为原有的装置增加了一个玻璃烟囱，不仅完全消除了浓烟，提高了灯光的亮度，还能够防止火焰被风吹灭，也减少了灯火的闪烁。阿尔冈灯就这样诞生了；随后进行的一些改进，比如改为使用更窄的烟囱使空气更接近火焰等，都进一步提高了油灯的能效。阿尔冈灯成了轰动欧洲的大发明，后来在美国也广受好评。托马斯·杰弗逊就是这项发明的早期仰慕者，1784 年他担任驻法国公使时给自己的一位朋友写信介绍了这项发明，说"它发出的光亮相当于六至八根蜡烛的效果"。[37] 后殖民时代的家庭和经营场所很快就变得比以往更明亮、更清洁了。

68

然而，直到阿尔冈灯被拿来和抛物面反射镜结合使用之后，人们才意识到阿尔冈灯对于灯塔的潜在用途。在一面反射镜的焦点处放置一盏阿尔冈灯，一定量的光线就会经反射镜反射，汇聚成一道光线射向反射镜面向的方向。反射出的光线的多少取决于多个因素。不少光线会射到反射镜边沿之外，或是被反射镜的表面吸收。反射镜的反射性越强，被吸收的光线就越少。理论上说，一个无瑕疵的反射镜会吸收照射到自己表面上的光线的一半，同时将另一半反射出去。然而在实践中，即便是最高质量的抛物面反射镜也只能反射略低于50%的光线，质量一般的反射镜反射的光线可能只有高质量的一半，但不管是哪种抛物面反射镜，它反射出的光线还是会比光源本身射出的光线强几百倍。[38]

阿尔冈灯问世不久，欧洲人就开始把它和抛物面反射镜配套使用，从而获得了比之前照明效果强得多的灯塔光线。反射镜通常采用金属覆箔工艺制造，即在金属表面镀一层厚厚的银箔，再通过抛光使其接近镜面，提高反射能力。在少数几个例子中，人们还使用了平凸玻璃透镜，即一面平坦，另一面凸出的玻璃镜。把这种玻璃镜放在油灯前面也是为了增强光线，不过人们很快发现这样的额外措施不仅没有增强光线，反而让灯光变得更暗淡了，于是这种做法就被抛弃了。为了使灯塔发出的光线最大化，人们会把多个反射镜组成一组，要么把它们固定在一个静止的铁架上，要么固定到能够依靠发条装置旋转起来的铁架上，这样随着反射镜的旋转，油灯的灯光时而照到反射镜上，时而照到空隙中，就会闪烁起来。每座灯塔的灯光闪烁模式都有自己的特点，水手们就可以借此确定自己在海岸沿线的位置。这种依靠反射进行照明的系统

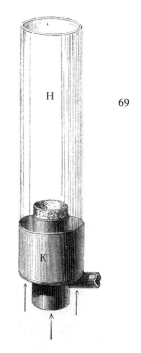

阿尔冈灯装置的一部分，图中展示的是它的玻璃烟囱、套在一起的黄铜管和环形的中空灯芯。

69

70

**由配备了抛物面反射
镜的多盏阿尔冈灯组成的
旋转装置。**

被称为"反射光系统"（catoptric，这个词语源于希腊语中的
"katoptron"，意为"镜子"）。

到 19 世纪初期，虽然总量相对还不多，但越来越多的
欧洲灯塔开始使用抛物面反射镜，特别是英格兰、苏格兰和
法国的一些灯塔。[39]在欧洲人开始缓慢地改进灯塔照明设备
的同时，美国人却还在继续使用作用不大的蜘蛛灯。不过这

个情况最终会因为一个名叫温斯洛·刘易斯（Winslow Lewis）的人而发生改变。

刘易斯于 1770 年出生于科德角的韦尔弗利特，他的祖上可以追溯到 17 世纪 30 年代从英格兰迁居马萨诸塞殖民地的普利茅斯移民。他的父亲老温斯洛·刘易斯是一名水手，曾经是几条船的船长和所有人之一。小刘易斯追随了父亲的步伐，在 1796 年至 1808 年一直作为船长在波士顿和利物浦之间进行利润丰厚的定期货运活动，进口煤炭、盐和铁等多种货物。[40]人们形容他是一位"高大英俊、充满魄力的男士"。[41]小刘易斯在自己选择的事业上成绩斐然，他于 1797 年被著名的波士顿海运协会选为会员就是证明。

不过，刘易斯的成功受到了《1807 年贸易禁令》（Embargo of 1807）的打击，当时拿破仑战争正在欧洲蔓延，托马斯·杰弗逊总统试图通过禁止贸易来惩罚英国和法国侵扰美国海运的举动。贸易禁令从 1807 年 12 月开始生效，内容包括禁止美国船只驶向外国港口，外国船只也不得从美国港口采购货物。杰弗逊认为切断贸易往来能够使英国和法国的经济受损，迫使他们尊重美国的中立地位。结果这项禁令没有实现以上任何一个目标，反倒让不少美国水手失去了工作，其中就包括刘易斯。

失去了谋生手段的刘易斯仍要养活一家四口，于是他打算创业。与其他美国水手一样，他也认为美国灯塔使用的蜘蛛灯不够明亮。所以刘易斯把自己的精力放在了研发一款更高级的照明设备上。经过两年的实验，他制作出了一种被称 71

为"增强和反射灯"的装置，就是在一个与阿尔冈式油灯类似的油灯后面放一面 9 英尺的金属反射镜，前面放一块差不多大小的平凸玻璃透镜。[42]将这种灯安装在灯塔里时，通常要组合使用多套装置，并将其分层固定在静止或旋转的金属框架上，以增强最终射出的光线的强度。

温斯洛·刘易斯

如果这样的描述让你觉得似曾相识，那是因为刘易斯这款灯的基本构造在当时已经被欧洲人使用了二十多年了。即便如此，刘易斯还是宣称这是他自己的发明。虽然有些人指出他是基于自己在英格兰看到的反射镜和油灯的组合装置才设计出这样的产品的，但刘易斯坚称自己完全不知道欧洲已有的先进装置。虽然没有明确的证据能够证明刘易斯的"发明"真正起源于何处，但是人们实在很难相信一个没有任何光学方面研究经历的人能够自行设计出这样一个装置，他参照了他见过的东西这一点几乎是确信无疑的。[43]不过，无论他是否参考了别人的设计，有一件事是可以肯定的——刘易斯的照明装置并不成功。

　　刘易斯使用的阿尔冈式油灯质量很差，而且他宣称自己 72
使用的是抛物面反射镜，但实际上绝对不是。根据一位灯塔
历史编年史作者的观察，刘易斯使用的"反射镜与真正的
抛物面反射镜的区别就像理发师的脸盆与抛物面反射镜的区
别一样大"。[44]实际上，刘易斯的反射镜更接近球面——这是
一个至关重要的区别：抛物面反射镜能够使反射的光线直射
需要照明的地方；而球面反射镜却做不到这一点。光线在球
面上反射之后会汇聚到光源的焦点上，也就是说大部分光线
是向上方或下方射出的，只有很少一部分能够射向灯塔之外
的地平线方向，但射向灯塔外的光线对于水手来说才是唯一
有用的光线。欧洲人在实验初期就尝试过球面反射镜，在发
现它效率低下之后，他们基本上都一致选择用抛物面反射镜
来取代球面反射镜。

　　另一个问题在于，刘易斯的反射镜反射能力很差。这种
反射镜是铜质的，只在表面涂了一层很薄的银箔，"不仅残
留着很多凹凸不平的细小颗粒，其光亮度也仅仅接近锡制品
而已，根本不能映出清晰的人影"。[45]刘易斯安装在油灯前的 73
玻璃透镜更加限制了反射镜的效用，这也是另一个被有辨识
能力的欧洲人抛弃的设计元素。刘易斯选用的是因原料不纯
而呈绿色的劣质玻璃制成的4英寸厚透镜，透镜放置的位置
也不科学，所以被玻璃镜阻挡的光线恐怕和能反射出去的一
样多。[46]虽然这个设计有如此多的缺陷，但刘易斯的灯发射
出去的光线还是比其意图取代的蜘蛛灯多一些，尤其是在同
时使用多套装置的情况下。

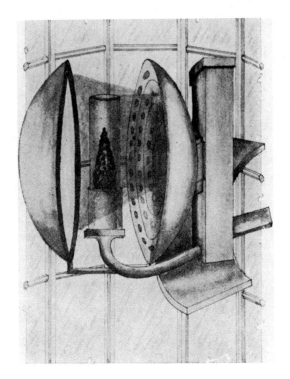

温斯洛·刘易斯的"增强和反射灯",装置中间是一盏阿尔冈灯,右侧的是反射镜,左侧的是平凸玻璃透镜。反射镜后面是储油器。

刘易斯对于自己的"发明"信心满满,认为它将给美国的灯塔照明带来革命性的改进。他前往华盛顿为自己的"增强和反射灯"申请专利,希望借此避免竞争。人们也许会认为他要想证明自己的装置具有创新性且有获得保护的价值是件非常困难的事。但是在 19 世纪初期,申请专利认证的流程还很不完善。[47]当时的专利办公室在国务院内,只有一名所谓的管理者,且他其实不过是个办事员。签发专利证明只是走个形式。申请人要做的就只有支付对当时来说数额

不低的 30 美元登记费，同时提供一份对发明的描述和一个
模型，并发誓就自己所知，这样的发明在美国或其他国家都
是此前不为人所知，也没有被使用过的。工作量过于繁重且
资金不足的管理者会检索本办公室的专利申请记录，只要没
有发现与申请人的发明相似的记录，就可以签发专利证书。
刘易斯提供了所有必要的材料，并发誓自己的油灯是完全新
颖的——这意味着如果他实际上剽窃了他人的设计，他的宣
誓足以构成无可否认的伪证罪。专利办公室管理者认为手续
已经齐全，于是就在 1810 年 6 月 8 日向刘易斯颁发了第
1305 号专利证书。[48]

　　如果专利审核的流程能更严谨一些，刘易斯的申请还能
不能顺利通过就是个疑问了。见多识广的美国人对于欧洲的
灯塔照明设备的演变并非无所察觉，换作一位严苛一些的专
利审查员，只要略做调查就完全可以对刘易斯设计的创新性
提出质疑。早在 1790 年，《纽约杂志》上刊登的一篇关于
桑迪胡克灯塔的文章中提到了联邦政府刚刚接管所有美国灯
塔的事，在文章结尾处，作者就提出了如下请求："人们希
望国会能够引进……现代的欧洲改进版照明设备，它能够通
过透镜和反射镜来提升灯塔的照明效果。"[49]

　　除非有买家出现，否则刘易斯的专利就没有任何意义，
而他早在专利申请获批前就已经开始利用他的装置牟利了。
1810 年年初，刘易斯在马萨诸塞州议会大厦的圆形屋顶上
成功地展示了他的油灯。之后，波士顿港海关官员亨利·迪
尔伯恩（Henry Dearborn）许可他将油灯放置到波士顿灯塔
上进行一次更接近现实的有效性测试。当年 5 月，波士顿海

运协会指派了一个包括两名船长的三人委员会陪同刘易斯一起前往波士顿灯塔。在刘易斯设置好这个分为两层、共有六盏油灯的装置之后，几个人驾船出港，航行到马萨诸塞湾中一个离波士顿灯塔和位于北边贝克岛上的塞勒姆的灯塔同样远的位置上。贝克岛的灯塔上使用的还是蜘蛛灯。几个人在船上从入夜观察到清晨，通过对比两座灯塔发出的光线，毫不意外地得出了刘易斯的油灯亮得多的结论，还说两者之间亮度的差距相当于"一根普通蜡烛和一盏剪好灯芯的阿尔冈灯的差距"。[50]不仅如此，刘易斯的油灯还比蜘蛛灯省油——据刘易斯的说法是能省一半的油。所以是用更少的钱提供了更明亮的灯光。委员会对于测试结果非常满意，于是向政府建议立即改用刘易斯的照明设备。

在审读了委员会充满溢美之词的报告之后，迪尔伯恩同样感到非常激动。灯油费用是运行灯塔时最大的单项支出，如今有一种方法可以在节约成本的同时提升照明效果，这对于打算增强灯塔有效性并缩减开销的联邦官员来说无疑是完美的。不过迪尔伯恩认为，有必要再进行一次更全面的测试来进一步评估刘易斯的照明计划。为此，迪尔伯恩取得了财政部部长加勒廷的许可，在撒切尔岛的双子塔之一上安装刘易斯的油灯，这样就可以与双子塔中另一座的灯进行一对一的比较。

75　　　测试的结果同样令人满意。迪尔伯恩于1810年12月20日给加勒廷写信说，在过去两个月的照明实验中，他发现"自己已经完全相信刘易斯先生的照明系统比美国现行的好得多，无论是从灯光的亮度还是灯油的用量上看都是如此"。根据迪尔伯恩和其他观察者的结论，使用了刘易斯的油灯的那座塔和挨着它的那座比起来就像是"一颗明亮的大星星挨着一颗小星星"。鉴于此，迪尔伯恩强烈建议给美国所有的灯塔都装上刘易斯的油灯，他说这是一个有经济效益的举动，不但能让这个国家的灯塔发出"更明亮的光线"，还能减少一半的灯油消耗。[51]

在接下来一年里，在波士顿港和撒切尔岛上的灯塔中使用刘易斯的油灯的更多测试结果都令人印象深刻。多份充满赞词的汇报最终让加勒廷相信政府必须对灯塔的照明方式进行改革。[52]国会接受了这个提议，并于1812年3月2日通过了法案，命令加勒廷购买刘易斯的专利，并雇用刘易斯为当时既有的全部49座美国灯塔安装这种油灯。[53]到3月底，加勒廷和刘易斯达成协议，协议规定刘易斯要在两年之内为所有灯塔更换油灯，并在之后的七年中负责油灯的维护和维修，保证装置处于良好运行状态。政府同意支付刘易斯24000美元作为购买专利和雇用他安装油灯的费用，其中也包含了油灯的制作和将油灯运输到各个灯塔的费用。此外，刘易斯在维护灯塔期间还能收到每年500美元的维护费，维护灯塔必需的物资则由政府提供。[54]

不过，政府同意签订这样的合同的前提是，刘易斯的油灯不仅能够比被替换掉的那些更亮，而且只需要那些灯用量一半的灯油。如果刘易斯的油灯不能满足以上任何一个条件，刘易斯就要退回政府支付给他的钱款。

刘易斯签署了这份合同，然后说服政府给他买一条船，好让他前往各个灯塔。他坚称买船比租船便宜。于是政府装

备了一艘大约 90 吨重的纵帆船"联邦杰克号"(*Federal*
76 *Jack*)。船上有铁匠室,有木匠和铜匠的工作间,能够搭载
13 名乘客,还配有两条用于在帆船和灯塔间往来运送人员
和物资的小艇。[55]

　　刘易斯立即展开了行动。到 1812 年 12 月,他和自己的
四名技工已经完成了 40 座灯塔的油灯安装工作。显然,每座
灯塔上安装多少盏灯(最多的是 15 盏),采取什么样的布局
结构,使用多大的反射镜,油灯保持静止还是旋转等问题都
是由刘易斯决定的。不过,在刘易斯履行完合同规定的义务
之前,美国已经于 6 月向英国宣战,1812 年战争爆发了。[56]

　　刘易斯和他的手下知道,在有英国舰船在海岸边游弋的
情况下,他们想在东部海岸航行是要冒极大风险的。即便如
此,他们还是决定继续工作,希望能够避开敌人。他们的好
运气在 1813 年 3 月 1 日这天用尽了,英国护卫舰"风神号"
(*Aeolus*)在离查尔斯顿灯塔(Charleston Lighthouse)不远
处拦截了刘易斯的船。美国人成了俘虏,"联邦杰克号"上
所有的东西,包括打算安装在南方几个州的灯塔上的多套照
明装置也都被抢走了,英国指挥官还下令将帆船付之一炬。
四天之后,刘易斯和他的手下获得假释,被送到了普罗维登
斯,但"联邦杰克号"的船长被押送至百慕大群岛,直到 6
月的人质交换时才得以返回。[57]

　　在战争结束之前的时间里,刘易斯没有再继续工作,很
多灯塔也停止了照明。就如在美国革命时期一样,美国人不
希望给英国人提供任何便利,所以故意熄灭了各座灯塔。在

第三章　新国家的灯塔

1812年战争期间停止照明的灯塔总数无人知晓，也许不是全部，但是大多数灯塔至少在某个时间段里熄灭过。不过熄灭灯塔对于英国人来说并不是什么难以承受的负担。如一位英国军官在战争结束很久之后回忆的那样，"敌人不顾他们自己的利益（这对美国人来说是很少有的情况），自行熄灭了亨利角的灯塔，这种正好符合我方意愿的举措省去了我们'毁掉灯塔的麻烦'"。[58]

1812年战争与美国革命正相反，其间没有发生多少与灯塔相关的值得注意的大事。英国人忙着封锁海岸线，有时会到岸边劫掠财物以补充船上的物资；1813年2月14日，一队在亨利角灯塔登陆的英国水手就是这样打算的。某份特拉华州报纸的报道很符合当时对侵略行为的描述风格，它说水手们"袭击了食物储藏室，点燃了灯塔守护人的房子，抢走了他的火腿、肉馅饼和香肠，一段香肠都没有留下！——之后英国人整齐有序地返回他们的大船，一路上还高举军旗，没落下一个火腿！英国人就是这么充满英雄气概，这么有组织纪律性——万岁！'英格兰希望每个人都履行自己的职责！'"[59]

在另一个例子中，英国人造成的破坏持续时间更长一些。1813年7月，英国海军准将托马斯·哈迪（Thomas Hardy）带领的队伍被部署在布洛克岛（Block Island）附近执行侵扰美国船只及封锁海岸线的任务。当时，哈迪给位于长岛北叉东部顶端的小海鸥灯塔（Little Gull Lighthouse）的守护人贾尔斯·霍尔特（Giles Holt）捎信，命令他熄灭灯塔，以防止美国船只在灯光的帮助下突破封锁线。霍尔特作为一位尽职、爱国的联邦雇员拒绝了这样的要求，他回复说除非美国政府下令，否则自己不会采取这样的行动。大约一个月之后，英国海军士兵以武力方式驳回了霍尔特的异议；他们登上小海鸥岛，把灯塔上的油灯和反射镜卸下来扔进了大海。这座灯塔再也没能重新发光，直到战争结束。[60]

战争期间最值得纪念的故事发生在马萨诸塞州的锡楚埃特灯塔（Scituate Lighthouse）。[61]1814 年 6 月，两艘英国舰船派遣突袭小队登陆锡楚埃特港，抢走了几艘美国船，还把剩下的几艘烧毁了。当英国人驾船离开时，灯塔守护人，同时也是本地民兵队队员的西米恩·贝茨（Simeon Bates）使用放置在锡达角（Cedar Point）顶端的灯塔附近的一门铜炮朝英国船的方向发射了几枚炮弹。到了 9 月，一艘英国军舰返回这里，贝茨和其他民兵队员本来是以锡达角为瞭望点的，但这时他们恰巧都没能在那里组织防卫或给镇上的人发出警报。当时正在灯塔上的只有贝茨的妻子和两个女儿，21 岁的丽贝卡（Rebecca）和 17 岁的阿比盖尔（Abigail）。当丽贝卡发现远处的英国军舰正在向水中放下小艇的时候，她朝阿比盖尔喊道："那艘'奥格号'（*La Hogue*）又回来了！"[62] 担心自己的小镇即将再次遭受袭击，丽贝卡抓起民兵们放在灯塔上的笛子和鼓，拉着妹妹一起跑到一排雪松后面。眼看着英国人的小艇逐渐接近锡达角，姐妹两人开始吹奏《洋基歌》（*Yankee Doodle*），想要以此唬住英国人，让他们以为民兵队伍正在赶来。这个策略成功了，小艇纷纷掉头返回，"奥格号"很快也离开了。

有人指出了故事中一些不符合实际的地方，包括"奥格号"当时并没有被派遣到锡楚埃特附近；事件过程全凭

1878 年 6 月《哈 珀 斯 新 月 刊 杂 志》
(*Harper's New Monthly Magazine*) 上刊登的名
为《两个人的灯塔军队》(*Lighthouse Army of*
***Two*) 的插图，画中人就是丽贝卡和阿比盖尔。**

姐妹二人的回忆，所以很可能只是虚构的民间故事。不过，
也可能是丽贝卡弄错了军舰的名字，她和妹妹发誓说这个故
事是真的，姐妹二人甚至还为此签署了宣誓书。很多当地人
都站在这对勇敢的姐妹一边，相信这个故事是真的。无论真
假，由英勇的女性组成的"两个人的灯塔军队"已经成了
一个重要的灯塔传说。

英美双方于 1814 年圣诞节前夕在中立的比利时签订了
《根特条约》(Treaty of Ghent)。战争正式结束的消息在

1815 年年初传回美国，这之后刘易斯就重新开工了。到秋

79 天的时候，他给剩下的灯塔也都换装了新的油灯。政府对于
刘易斯的表现感到非常满意，所以在 1816 年 1 月 1 日又给
他安排了另一项工作。双方签订了一份为期七年的合同，规
定由刘易斯负责向各个灯塔运送抹香鲸鲸鱼油，同时负责油
灯的维修和保养，以及为灯塔提供任何必要的物资。政府同
意为刘易斯提供灯油，每年支付他 1200 美元的运输费，外
加 500 美元的劳务费作为他完成其他职责的报酬。[63]

　　虽然这个薪水已经很高了，但事实证明，灯油才是真正
的摇钱树。刘易斯宣称他的灯只需要蜘蛛灯需要的油量的一
半，所以政府就为他提供了原来一半的灯油。在给各个灯塔
送完灯油之后，若有余油，便都归刘易斯自由支配。对他来
说幸运的是，剩余的油很多。因为在实践中，他的油灯消耗
的灯油比他起初预计的还要少，实际上只需要蜘蛛灯消耗量
的 30%。仅 1816 年一年，灯油就富余了 9000 多加仑。鉴于
抹香鲸鲸鱼油的价格之高，刘易斯靠这些灯油赚了大约
12000 美元，相当于时任美国总统的詹姆斯·麦迪逊的年薪
的一半。[64]销售剩余灯油获得的利润和将专利权卖给政府而
获得的一大笔钱让刘易斯变得非常富有。

　　在刘易斯开始安装他的油灯的时候，美国的灯塔还是归
财政部部长艾伯特·加勒廷管理的。然而，到 1813 年，因
为战争越来越多地占据了加勒廷的注意力，所以他决定将这
项职责划归税务总长。在税务总长这一职位于 1817 年年底
被取消之后，灯塔事务就又回到了财政部部长的管辖之下。
在不到十年之间，灯塔管理权几次易主，令人混乱。然而到

1820 年，这项工作的管理者再次发生了变化。新任负责人成了财政部的第五审计官史蒂芬·普莱曾顿（Stephen Pleasonton）。[①] 美国灯塔历史上最具争议，也"最黑暗的时代"由此拉开了序幕。[65]

---

① 当时，财政部有多个审计官，以数字顺序表明每一个人的层级，比如说第一审计官，第二审计官，以此类推。

第四章
节俭至上

**史蒂芬·普莱曾顿，财政部
第五审计官兼灯塔监管人。**

　　史蒂芬·普莱曾顿能够当上美国的第五审计官，在很大
程度上是因为 1812 年战争末期，他恰好在合适的时间出现
在了合适的地点。1814 年 8 月 24 日，当英国军队向华盛顿
发起进攻时，一直监视着英国人动向的国务卿詹姆斯·门罗

（James Monroe）派了一位骑手带着自己的紧急指示返回国务院。门罗相信首都被攻陷几乎是不可避免的，所以他下令让自己的下属尽一切可能保管好重要的国家文件，防止它们落入敌人之手。[1]当时还只是一位国务院高级职员的普莱曾顿立即购买了很多匹亚麻布料，在同事的帮助下把布料做成手提袋，然后小心地将许多美国历史的珍宝装进了这些袋子里，其中就包括《独立宣言》、国会机密日志和乔治·华盛顿的书信等宝贵文件。目睹了这样狂乱举动的战争部部长约翰·阿姆斯特朗（John Armstrong）告诉普莱曾顿说没有必要这么紧张，因为他认为英国人不太可能发起进攻。普莱曾顿对此的回答是门罗对此持不同意见，再说在任何情况下，谨慎地保管这些文件总比让它们落入敌手甚至是被损毁好。

　　普莱曾顿将这些手提袋装上马车，运到了波托马克河（Potomac River）对岸的弗吉尼亚，并将它们藏在了距离华盛顿不远的一个磨坊里。因为担心这里距离受到威胁的首都还是太近，普莱曾顿又把这些文件都转移到了 35 英里以外的利斯堡（Leesburg），锁在了一栋空房子中。精疲力竭的普莱曾顿到当地的一家旅店住下，结果第二天一早就得到了首都在前一晚被付之一炬的消息。对于这个国家来说幸运的是，普莱曾顿悄悄运走的文件和多利·麦迪逊（Dolley Madison）下令从白宫中移走的名画一样避开了战火，得以保存下来。

　　詹姆斯·门罗于 1817 年 3 月初就任美国总统，在这之后没几天，为了表彰自己忠诚的办事员，门罗任命普莱曾顿为第五审计官。[2]当时这个职位与灯塔还没有任何关系。普莱

辉煌信标

描绘 1814 年 8 月 24 日华盛顿陷落的英国雕版印刷品，画中呈现的是在首都燃烧的大火，创作于 1815 年前后。

曾顿的工作内容包括管理国务院的、邮局的和与印第安人贸易相关的所有财政事务。实际上，他就是政府的会计师，负责追踪每一笔花销、支付所有账单以及记账。到 1820 年，财政部部长扩大了普莱曾顿的职权范围，将监管灯塔事务的工作交给了他，普莱曾顿由此获得了一个非官方的"灯塔监管人"的称号。[3]

时年 44 岁的普莱曾顿是一个工作努力、讲究方法的政府官僚。现存的唯一一幅他的肖像画得不怎么讨喜。画中的他下巴紧咬，嘴角明显向下弯，看起来是一个非常严肃，甚至是有些阴郁的人。不过，仅凭一幅画像是不能真正评判一个人的性格的，据至少一位他的朋友说，普莱曾顿"是一位热心肠的绅士，还是一个擅长冷幽默的人"，对人对事总是"和蔼可亲"。[4]

普莱曾顿并不掌握什么让他比别人更适合这项新工作的特别技能。他不仅管理全国所有的灯塔，也负责其他航海辅助设施，包括没有照明功能的信标、浮标以及后来出现的灯船，也就是在桅杆上安装了照明设备的船只，这些船可以航行到不适宜修建灯塔的地方并停泊在那里。普莱曾顿对于灯塔几乎一无所知，他没有任何海运方面的经验，更不具备任何工程或科学方面的知识背景。但是他拥有一名出色的审计人员应当具备的所有素质，他把注意力都放在了钱上，他最重要的工作目标是看紧政府的荷包，想尽一切办法节省开支。

1820 年，全国共有 55 座灯塔，到普莱曾顿长度惊人的三十二年任期结束的 1852 年，灯塔的数量猛增到了 325 座。[5]在此期间，普莱曾顿管理灯塔的方式几乎从未发生过改变。先是由国会决定哪里需要建造灯塔，这种决定通常是依据州政府或地方官员提出的请愿做出的，然后国会会拨发相应的资金，再然后就是由普莱曾顿的办公室发布灯塔的设计计划，并将这些计划下发给待建灯塔的地方的海关官员。海关官员会就建筑项目进行招标，最后由普莱曾顿依据政府的规章选择报价最低的投标者承接这个工程。海关官员通常会监督这个遴选过程并负责购买建筑用地，他们选择地块的时候往往要参考当地水手和官员的建议。承包人完成建造工程之后，必须有一位技工对工程的质量做出担保。只有验收合格之后，政府才会正式将完工的灯塔纳入自己的管辖范围，并支付最终的款项。虽然财政部部长才有权正式任命灯塔守护人，但是负责提名人选、雇用和解雇守护人及向守护人支付工资的其实是海关官员。海关官员每年还要到各个灯塔进行一次检查，然后向普莱曾顿汇报灯塔的运行状况，并安排必要的维修。政府还雇用了承包商向灯塔提供灯油及安装照

83

明设备，毫无疑问，他们安装的依然是刘易斯那款获得了专利认证的油灯。[6]

秉持缩减开支的理念，普莱曾顿严格控制着灯塔的开销，每项重要支出都必须经他批准。他还为自己花的钱总比国会的拨款少，能将结余退回国库而感到格外骄傲。他曾经宣称自己那从不超出预算的杰出记录"据我所知，在政府历史上是没有先例的"。[7]

在过分关注开销的同时，普莱曾顿对于灯塔运行的技术层面的关注则少之又少，因为那并不是他的专业所在。这种情况带来的必然结果就是他在评估灯塔效用的时候非常依赖海关官员和承包商的意见。

普莱曾顿最仰仗的帮手正是温斯洛·刘易斯，他将后者视为灯塔方面的专家，总是向刘易斯寻求灯塔设计和运行方面的指导。毕竟，在普莱曾顿接管这项职责的时候，刘易斯已经是公认的专家了。政府购买了他的专利，还将他的油灯定作美国最佳照明实践的官方标准；与此同时，刘易斯不仅非常了解并到访过国内所有的灯塔，而且给所有灯塔安装了他的照明装置。除此之外，他还具备丰富的海运方面的知识，且刚刚结束为期两年的波士顿海运协会主席任期，所以在船运群体内部的人脉也很广。

84　　普莱曾顿和刘易斯两人建立了一种稳固的工作和私人关系，这种关系有一部分是建立在两人同样具备的过分吝啬的特质，和迫切想要将开销保持在最低程度的愿望上的。刘易斯一直是灯油的主要供应者，直到19世纪20年代末，灯油的供应合同才被新贝德福德（New Bedford）的捕鲸商人抢走。后来刘易斯又深入地参与了灯塔的建造工程，根据他本人的计算，他共负责建造了 80 座灯塔，这个数字相当惊人，而他实现这一成就的原因就在于他总能提交最低的报价。刘易斯对灯塔工程的影响非常大，因为他不仅仅建造了他承包的那些灯塔，更重要的是他向普莱曾顿提交的灯塔设计方案总是会被普莱曾顿当作财政部办公室发布的所有灯塔建造计划的基础。[8]

通过采取与争取灯塔建造合同时相同的坚决节省开销的方法，刘易斯还赢得了为绝大多数灯塔提供照明装置的合同，他提供的当然是他的专利油灯。在评价刘易斯总是在竞争中压低报价的行为时，普莱曾顿认为刘易斯"宁肯不挣钱……也不愿放弃这项他经营了三十多年的事业"。[9]虽然一直有传闻说普莱曾顿与刘易斯之间的关系可能并不完全是光明正大的，但如灯塔历史学家小弗朗西斯·罗斯·霍兰（Francis Ross Holland，Jr.）指出的那样，没有任何"'确凿的'证据能证明二人之间存在秘密交易"。[10]再说，鉴于普莱曾顿原本就有廉洁的好名声，这位国家灯塔监管人不太可能会收受回扣。

普莱曾顿手下的办事员多达十名，但并不是所有人的工作重心都在灯塔上。他们的协助是必不可少的，尤其是到后来普莱曾顿的职责又扩展到涵盖了专利办公室和大量国际贸易相关账户的结算。这些新增的工作分走了普莱曾顿的大量精力，他能够投入灯塔事务上的时间更少了。

普莱曾顿设计的这套管理计划能够满足他自己的需要，但是在接下来几年里人们会懊恼地发现，这个计划并不符合整个国家或在海岸边工作的水手们的利益。

85   到 19 世纪 30 年代中期，新建灯塔的数量在 150 座上下，这样的增长足以反映出这个新兴国家惊人的工业发展速度。大多数新灯塔位于新英格兰和中大西洋地区各州的海岸线上，也有一些建在了更远的地区。随着对后来将成为美国心脏地带的内陆地区的开发，加上五大湖区不断增加的谷物和木材的交易，灯塔对于加强航运安全的必要性越发明显。早期的商人和承运人很快就意识到，覆盖面积约 95000 平方英里的广阔内海其实和外面的大洋同样危险，这里也会有大风大浪，这里的危险环境也能造成，而且也确实造成了许多沉船事故。即便是在普莱曾顿的职责范围扩大之前的 1818 年，伊利湖上就已经建起了五大湖区的第一座灯塔，地点在布法罗和普雷斯克岛（Buffalo and Presque Isle，今天这里属于宾夕法尼亚州伊利县的一部分）。这座灯塔是在 1819 年正式开始照明的，之后人们又相继建造了更多灯塔，包括 1822 年建造的安大略湖上的罗切斯特港灯塔（Rochester Harbor Lighthouse）、1829 年建造的伊利湖上的克利夫兰灯塔（Cleveland Lighthouse）、1832 年建造的休伦湖上的桑德贝岛灯塔（Thunder Bay Island Lighthouse）和 1832 年建造的密歇根湖上的圣约瑟夫灯塔（St. Joseph Lighthouse）。这些灯塔最终形成了一条照亮五大湖的灯光带。[11]

    1825 年伊利运河开通，联通了奥尔巴尼（Albany）的哈得孙河与布法罗的伊利湖。随着纽约市和内陆地区之间贸易活动的猛增，五大湖上的运输量也增加了，除此之外，这条运河还让在哈得孙河沿岸修建灯塔成了一种必要，因为在运河和哈得孙河之间往来的船只需要灯塔为它们指路照明。1826 年，运河沿岸的第一座灯塔建于西点以南不远处的斯托尼波因特（Stony Point），目的是警告船只躲避斯托尼波因特半岛的礁石。[12]

增建灯塔并不只是美国北方人的事，同样是在这一时期，亚拉巴马州、密西西比州和路易斯安那州的海岸上也建造了多座灯塔。有人认为最重要的灯塔莫过于那些建造在佛罗里达海岸上的，尤其是在佛罗里达群岛（Florida Keys）沿岸的那些。[13]迈阿密以外的弗吉尼亚岛（Virginia Key）和德赖托图格斯群岛（Dry Tortugas，又译干龟群岛）之间的一片绵延 185 英里、呈优雅弧形的珊瑚礁群岛就是佛罗里达群岛。这里对于船只来说一直是最危险的地方之一。从 16 世纪起，西班牙船只会满载着从所谓的新大陆上获取的财物返回旧大陆，在从墨西哥湾驶向大西洋时，它们总是避开佛罗里达群岛，以免撞上海岸外不远处参差不齐的暗礁和沙洲。1803 年美国购得路易斯安那领地之后，沿群岛而行的水路成了联通日益兴盛的新奥尔良港与欧洲及美国其他地区的高速通道，美国的水手们也被迫面对这个挑战。在群岛附近失事的船数不胜数，甚至多到足以催生一个利益极为丰厚的产业：有些人会以牟利为目的，安排打捞船从已经无法获救的船上打捞可利用的东西。

1819 年，西班牙根据《亚当斯－奥尼斯条约》（Adams-Onís Treaty）的条款，戏剧性地将佛罗里达割让给了美国，两年之后条约正式获得批准。那之后不久，在群岛上修建灯

86

塔以减少沉船事件的想法就开始广为传播。1822年年初，海军下令正式占领基韦斯特（Key West），并命人考察在那里建立海军基地的可行性。执行这两个任务的是马修·C.佩里上尉（Lt. Matthew C. Perry）。19世纪50年代，他会因"敲开日本的大门"而闻名于世。在执行任务期间，佩里给海军部部长史密斯·汤普森（Smith Thompson）写信，敦促后者告诉财政部部长"佛罗里达群岛上非常需要灯塔"，佩里强调在这里修建几座灯塔可以让佛罗里达海岸"更安全和便于航行"。[14]与此同时，商人、船主和船长，以及保险公司也都在忙着游说国会支持在群岛上建造照明设施。1822年5月7日，国会做出回复，并划拨了大批建设资金中的第一笔。在接下来的六年里，佛罗里达角（1825年）、德赖托图格斯群岛的加登岛（Garden Key，1826年），基韦斯特（1826年）和桑德基（Sand Key，1827年）都建起了灯塔。

　　除了被迫离开自己岛屿的可怜的印第安人之外，唯一对于修建灯塔感到不快的就只有经营打捞沉船生意的人了。[15]有专人从失事船只上打捞财物并不是只在佛罗里达才有的现象。自远古以来，世界各地的海岸边都有打捞沉船的人，美国的整条东部海岸线上也都有这种靠别人的厄运牟利的人。在美国人的俚语中，打捞沉船的人被称为"诅咒月亮的人"，因为传闻说他们会祈祷夜晚阴暗多云，还会诅咒为水手照亮航路的月亮。根据同样的逻辑，打捞沉船的人也被推定是反对修建灯塔的，他们还为此受到不少指责。没有什么证据证明群岛地区的沉船打捞者曾这样做，不过在更靠北的地方，特别是新英格兰地区，的确有许多此类传闻。

87

举例来说，早在 19 世纪 50 年代初，拉尔夫·沃尔多·爱默生（Ralph Waldo Emerson）在科德角旅行时就从位于伊斯特姆（Eastham）的瑙塞特灯塔（Nauset Lighthouse）的守护人那里听说，当地沉船打捞者为了确保自己继续有生意可做而坚决反对修建灯塔。为了克服他们的阻挠，当地支持建造灯塔的人不得不到波士顿去请求当地的海运协会出具建议书。[16]

沉船打捞者还被指控有过更加恶劣的行为——他们会在黑暗的夜晚使用误导人的灯光引诱船只驶入危险水域，好给自己创造更多的生意。在有些例子中，沉船打捞者会把灯挂在牛或马的身上，然后牵着牛、马在海岸边走，模拟一种有船在这里航行的假象。这种行为可能会吸引对此区域地形不了解的船向灯光驶来，最终使其遭遇撞上礁石或沙洲的厄运。在另一些说法中，沉船打捞者会把灯挂到长杆顶部，目的是让水手们误以为灯光是从灯塔上发出来的，从而造成具有同样危害性的结果。这样的故事在美国东部海岸线上流传很广，从佛罗里达群岛向北一路都有。不过，对于沉船打捞者是否真的做过这样令人憎恶的事还存在很多争论。考虑到这种行为的恶劣程度，以及作恶者肯定会尽力掩饰自己的所作所为这一点，至今没有出现任何能够证明美国真的出现过伪照明灯的确凿证据也不足为奇。即便如此，这些故事也绝不完全是虚构的，因为国会在 1825 年通过了一项法律，规定以诱发沉船事故为目的而"高举或展示一个或多个伪照明灯"的行为属于重罪，任何被发现实施了这种行为的人将被处以最高 5000 美元罚款，还将面临最高

10 年监禁。[17]

　　位于比斯坎湾（Key Biscayne）的佛罗里达角灯塔不仅是群岛上的第一座灯塔，还是美国灯塔历史上最具戏剧性的事件之一的发生地。该事件发生于 1836 年 7 月 23 日，当时佛罗里达还是一个存在争议的区域。第二次塞米诺尔战争（the Second Seminole War）爆发于 1835 年，原因是美国政府强迫塞米诺尔部落到密西西比河以外定居的行为遭到了原住民的反抗。在 1836 年 1 月初，一队塞米诺尔人占领了因战事爆发而在不久之前被弃用的佛罗里达角灯塔。鉴于灯塔的照明对于海运的重要性，佛罗里达商人威廉·库利（William Cooley）同意带领一群人去夺回灯塔。

　　库利和他全副武装的队员于 1 月底在灯塔附近驻扎下来，印第安人没过多长时间就离开了。又过了不久，灯塔守护人约翰·杜博斯（John Dubose）也返回灯塔来继续履行自己的职责。直到初夏时节，一切都很平静，不过人们仍然不免担忧印第安人随时可能返回。7 月的一天，杜博斯到基韦斯特去购置物资，将灯塔交给他的助手约翰·W. B. 汤普森（John W. B. Thompson）和一个名叫亚伦·卡特（Aaron Carter）的黑人管理，卡特很可能是汤普森的奴隶。[18]

　　7 月 23 日下午 4 点左右，湛蓝的天空中，太阳已经开始西沉，又一个炎热的佛罗里达夏日接近尾声。[19]当汤普森正朝着守护人住处走去的时候，他用眼角的余光发现了多达 50 个印第安人就在大约 20 码之外的地方。汤普森一边朝灯塔冲去，一边招呼卡特跟上。印第安人使用步枪射击，有几颗子弹甚至打穿了汤普森的衣服和帽子，其余大部分则打到灯塔的大门上，留下了小小的弹孔。在汤普森和卡特都进入灯塔之后，汤普森立即锁上了大门，不过印第安人很快就追来了。

汤普森早就为危机做好了准备，在灯塔里放了三杆装满子弹的毛瑟枪。他抓起枪，快速爬上台阶，来到第二扇窗户前，同时吩咐卡特看着大门，一发现印第安人要破门而入就立刻通知他。汤普森以极快的速度连续向聚集在灯塔守护人住处门外的印第安人射击，然后重新装填子弹，跑到另一个窗口继续射击。最终，汤普森顺着楼梯进入了灯室，并且，用他自己的话说，"朝所有他能瞄准的印第安人"射击。在汤普森从上方朝他们开枪的时候，印第安人则打碎了守护人住处的窗户，同时开枪还击。

汤普森成功地阻止了印第安人接近灯塔，但在天色完全黑下来之后，攻击者又朝灯塔发起了新一轮疯狂的射击，并冲向灯塔，点燃了灯塔的大门和旁边用木条钉死的窗户。火焰很快就给灯塔造成了损坏，还迅速烧毁了木楼梯。火焰烧到汤普森存放寝具和衣物的那一层时，现场更是变成了地狱般的火海，因为印第安人的子弹在装有 225 加仑鲸鱼油的锡罐上打出了弹孔，所以热油喷溅得到处都是，使得大火燃烧得更猛烈了。汤普森拿着一小桶火药、几杆毛瑟枪和一些子弹冲上了灯室，然后又下楼打算锯断燃烧的楼梯。当汤普森正疯狂地锯楼梯的时候，卡特从灯塔底部爬上来跟他会合了。不过炽热的火焰和刺激性的浓烟使得他们来不及彻底锯断楼梯，就不得不躲进了灯室里。

89

虽然汤普森堵住了灯室的入口，但是最终火焰还是烧了进来，迫使他和卡特退到了灯室外两英尺宽的铁质平台上。两人平躺在平台上，一边是狂猛的火焰，另一边是从下方朝他们射击的愤怒的印第安人。"油灯和玻璃已经受热爆炸，碎片飞得到处都是"，汤普森的衣物已被点燃，"身上也被烧伤"，他将那一小桶火药扔进了火中，希望可以就此将整座灯塔炸成碎片，以彻底结束这"可怕的煎熬"。

90　　塔身摇晃得很厉害，虽然没有倾倒，但是楼梯和高层平台都坍塌了。火势暂时受到了压制，但很快又恢复了之前的猛烈程度。卡特身中七弹，早已咽气。汤普森两只脚上各中了三弹，他相信自己已经没有生还的可能，于是来到铁栏杆之外，在把他的灵魂"托付给上帝"之后就打算跳下去一了百了。但是有什么他无法形容的东西阻止了他，让他重新躺了下来。他还能有机会回来躺下已经非常幸运了，因为刚才他一暴露在栏杆之外，印第安人的子弹就像"冰雹"一样从他的身边呼啸而过。

当晚，印第安人抢劫并烧毁了守护人的住处。第二天上午10点左右，一部分印第安人把抢来的东西装上汤普森的帆船后驾船离开了，其余一些印第安人到岛的另一头去了。"我的身体状况和之前一样糟糕，"汤普森后来回忆道，"我发着高烧，脚几乎被打烂了，没有衣服可穿，没有食物和水，只有炎炎烈日炙烤着我，还有身边的尸体陪伴着我，附近也没有朋友，不能指望有人来救我，我距离地面有七八十英尺，根本无法下去，当时的处境真是太可怕了。"

第四章 节俭至上

到了下午，汤普森发现远处有两条船出现，他使出自己仅剩的一点力气，用卡特身上染血的衣物向那两条船发信号。很快，美国帆船"箴言号"（*Motto*）和单桅战船"康科德号"就靠岸了。船上的人是因为听到了前一天夜里的爆炸声所以前来查看情况的，他们在来这里的途中已经找回了汤普森的帆船，不过船上的东西都被印第安人拿走了。

一小队海军士兵上了岸，很快就发现要将汤普森解救下来可不是什么容易的事。他们草草制作了一个风筝，想靠它带着一根绳子飞到塔顶上，不过这个计划没能成功。眼看着夜幕即将降临，水手们在向汤普森保证第二天一早就回来救他后便返回船上去了。第二天他们回来以后，在毛瑟枪前面装了一个缠着麻绳的推弹杆，然后将麻绳朝塔顶射去。汤普森抓住了绳子，把一头系在铁支架上，然后用麻绳吊上来一根两英寸粗的绳子。他把粗绳的一头也系在铁支架上，两个水手抓着绳子爬上灯塔，制作了一个简易的吊索将汤普森送到了地面上。汤普森在基韦斯特短暂停留了一段时间，取出了脚上六枚子弹中的五枚。之后，他退休去了查尔斯顿。"虽然成了跛脚，"汤普森后来写道，"但是我有津贴过活，还能不用拐杖地四处走走。"佛罗里达角灯塔的维修工作因为美国军队和塞米诺尔人之间连续不断的战事而一拖再拖，直到 1846 年，灯塔才终于被修好。

就在佛罗里达角灯塔遭遇袭击的同一时期，美国人陆续建造了超过 200 座灯塔。虽然普莱曾顿在很多方面都是个吝啬鬼，但是他对于灯塔的增多还是感到非常满意的。他尤其为刘易斯制造的油灯发出的明亮光线感到骄傲。不过，很多美国水手对此可没有同感。多年来他们一直在抱怨，大不列颠和法国的灯塔比美国的那些好得多——他们说得一点不错。

第五章

欧洲人独领风骚

法国发明家奥古斯汀-让·菲涅耳 92
(Augustin-Jean Fresnel)。

    直到 19 世纪 30 年代中期，美国人都还在使用刘易斯设计的表现平平的油灯，与此同时，英国人和法国人却在继续发展和改进他们的照明工具，并且取得了非凡的成果。与刘易斯使用的劣质反射镜不同，英国人从 19 世纪初起就广泛

使用了依据严格的标准手工制作的反射镜。训练有素的工匠
先在铜板上镀一层厚厚的银，然后依照模具，一丝不苟地把
93 铜板敲打出抛物面。他们会用标尺测量抛物面的形状是否完
美，并对需要调整的地方做出改进；之后还要对反射镜进行
试验，以确保反射效果的最优。另一项对装置的优化是阿尔
冈灯安装位置的改变。在刘易斯的装置中，不但反射镜不是
抛物面形的，而且阿尔冈灯的位置距离反射镜太远，不能确
保最好的反射效果；有时为了清洗反射镜或让灯油更顺利地
流向灯头，油灯还要向前倾斜一些，这样一来就更不利于反
射了。相反，英国人在接近反射镜凹陷中心的位置开了一个

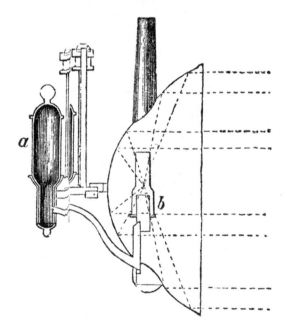

阿尔冈灯和抛物面反射镜。图中显示光源
的位置在 b，储油器位置在 a。

孔，将阿尔冈灯从这里插进去，这样就可以让灯光处于焦点上。在清洗反射镜时，安在可调节灯架上的阿尔冈灯可以被降低，等清洁完成后，再把灯精准地升回原位。正是这些区别使得英国油灯射出的光线比刘易斯油灯射出的光线强很多。[1]

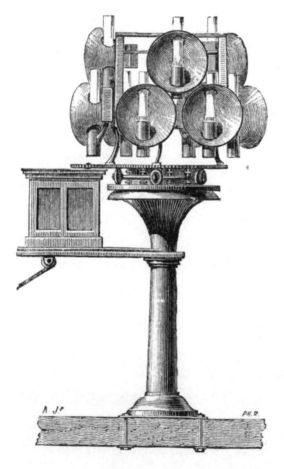

　　一个由九盏阿尔冈灯组成的能够旋转的照明装置，每盏灯都有配套的抛物面反射镜，三盏为一组。

94　　与此同时，法国人在照明方面做出的改进更加令人惊叹，这都是卓越的奥古斯汀 - 让·菲涅耳的功劳。[2]菲涅耳于1788 年出生在法国诺曼底，那时正是法国大革命爆发前夕。他小时候身体不好，疾病缠身。他在早期并没有表现出什么学习上的天分或热情，直到 8 岁才开始读书识字。虽然菲涅耳的父母和其他成年人都为他的学无所成而担忧，但他童年时的朋友们都相信菲涅耳是他们之中的"天才"，因为他设计出了很多成功的机械装置，能够使他们手中的玩具枪和玩具弓从单纯的玩具变成危险的武器，最后大人们不得不禁止他们再玩这些东西，以免菲涅耳或他的玩伴受到严重的伤害。

　　经历了似乎不怎么顺利的早期教育之后，菲涅耳开始集中他已经打磨锋利并且善于创造的思维，很快就做出了成
95　绩：他不但进入法国最好的理工学校就读，还凭借自己对于复杂数学问题和技术问题的新颖解决方案令老师们都对他印象深刻。1809 年，21 岁的菲涅耳从世界上历史最悠久的土木工程学院——法国国立路桥学校（National School of Bridges and Highways）毕业，然后就开始为政府工作，负责监督道路和桥梁的建造。

　　虽然这份工作意义重大，也受人尊敬，但是它根本无法给菲涅耳的头脑提出任何挑战。平整路面、开采石料、铺设路基，以及偶尔在灌溉水渠上修建一座小桥之类的工作让菲涅耳感到枯燥乏味。他尤其不喜欢做监工。在给自己父母的书信中，菲涅耳抱怨道："我觉得没有什么比管理他人更费心费力的事了，我承认我完全不知道该怎么做。"[3]

菲涅耳利用空闲时间继续自己对于科学的追求，他开始进行一些光学实验。充满干劲且富有魅力的法国物理学家弗朗索瓦·阿拉戈（François Arago）给了菲涅耳很多鼓励。阿拉戈虽然只比菲涅耳年长两岁，但已经是人们眼中的一位极有天赋的科学家，并且对于光的特性有着深刻的理解。菲涅耳坚持自己的探索，专注于研究光的衍射问题。他的研究使得他开始支持并进一步发展了光的波动理论，即假设光是由光波——类似于将石头扔进水中时产生的涟漪——组成的，依照不同的互相作用方式，光波能够相互抵消或增强。光的波动理论在当时被认为是有些激进的学说，这主要是因为它质疑了艾萨克·牛顿在一百二十五年前提出的已经被广泛接受的粒子学说。根据牛顿的理论，光是由离散的粒子组成的，又称光的微粒。法国科学院在 1817 年宣布举行一个以光的衍射为研究对象的竞赛，菲涅耳提交了一份基于光的波动理论的论文，并于 1819 年获得了特等奖。由此而来的赞誉和名望使得阿拉戈能够将菲涅耳从他当时的职位（设计运河）上调来加入阿拉戈的灯塔委员会（Commission de Phares）。这个委员会是于 1811 年由拿破仑创立的，旨在将法国的航海照明系统打造为让全世界艳羡的一流系统，并让它成为法国现代化和杰出工程技术水平的象征。阿拉戈的计划是改进当时法国各地灯塔使用的抛物面反射镜，他认为菲涅耳能够在这个任务上给他提供帮助。

在接下来的几年里，菲涅耳凭借自己在光学方面的渊博知识，迎接了阿拉戈的挑战。菲涅耳的想法不是要改进反射镜，而是要实施一个大胆的革命性举措。他要彻底废弃反射

96

镜这个工具，改为在光源前面放置一个透镜。如科学史学家特雷莎·莱维特（Theresa Levitt）指出的那样："透镜的折射能够起到和镜面［反射镜］反射一样的作用；也就是说，它能够……让从光源发出的光汇聚成一束光线。"[4]透镜的反射率更高，因为即便是最好的反射镜也只能反射大约一半的照在镜面上的光，而厚度恰当的透镜则能够让 90% 以上的光线穿过去。

他们面临的问题是给透镜确定一个可行的尺寸。只有将透镜放在距离光源很近的地方才能使其接收尽可能多的光线，这就要求透镜的边缘必须很薄，而中心部位必须很厚。但是这样的厚透镜会吸收掉大部分光线，而非将它们传输出去。这实际上也是欧洲人曾经配合抛物面反射镜使用的厚透镜及刘易斯在他的专利油灯上使用的透镜存在的主要问题（刘易斯的透镜因为是带颜色的，所以吸收的光线更多，效果更差）。考虑到当时的玻璃制造技术有限，透镜越厚，产生缺陷的可能性就越高，比如出现气泡或出现玻璃密度不均的情况，这些因素都会进一步削弱透镜允许光线毫无偏差地穿过的能力。另一种选择是将透镜放在距离光源远一些的地方，这样的话透镜虽然可以薄一些，但是要想让它依然能够有效地捕捉并折射大多数的光线，透镜的直径就必须很大，重量也会太重，同样不适合用作灯塔的照明工具。

菲涅耳的打算是造出一个相对较大，又不太重的透镜。为此他设计了一种被他称为"阶梯式透镜"的装置，该装置既能大大减轻透镜的重量，又能保证透镜的折射能力不受减损。[5]菲涅耳实现这个目标的方法是保留透镜的圆心，同时在圆心周围设置多层围绕成同心圆的三角形棱镜。把光源放在菲涅耳透镜后方焦距恰当的地方，从光源上发出的光就会穿过圆心透镜和棱镜，最终被折射成一组平行光线，形成人们想要获得的照亮远方地平线的光线。依靠折射进行照明的系统被称为屈光系统（dioptric，这个词语源于希腊语中的"*dioptrikos*"，指的是一种测量仪器）。菲涅耳虽然不是第一个想出"阶梯式透镜"的人，但他是第一个完善了这种设计并将其应用到灯塔的照明系统上的人。

奥古斯汀－让·菲涅耳画的解释"阶梯式透镜"原理的草图。画面左侧是一个厚凸面镜，右侧是一个薄得多的菲涅耳透镜，菲涅耳透镜比处理之前的透镜轻了很多，只剩下圆心透镜和围绕在周围的棱镜，能够将光线折射到如图所示的方向。

因为菲涅耳透镜能够尽可能充分地利用射向它的光线，所以它折射出去的光线就强得多，而且能够照到比最好的反射镜反射出来的光线能照到的远得多的地方。为了让光线更强，菲涅耳和阿拉戈还研发了一款改进版的阿尔冈灯，这种灯上有四个同轴的灯芯，能够发出比传统的只有一个灯芯的阿尔冈灯明亮得多的光。

菲涅耳透镜的第一次重要测试出现在 1823 年，人们在法国最著名的、持续运行时间最长的灯塔——宏伟的科尔杜昂灯塔（Cordouan）上安装了这种装置。这座灯塔位于法国西南部吉伦特河口湾（Gironde Estuary）的入口处，距离港口城市波尔多（Bordeaux）不远。科尔杜昂灯塔建成于1611年，高223英尺，与其说它是一座灯塔，倒不如说它更像一座宫殿，所以人们给它取了一个恰如其分的昵称——"海上凡尔赛宫"。[6]这座灯塔具有很多不同寻常的特征，其中一项就是装修豪华，灯塔中有一间带两个壁炉、一个接待大厅、多间办公室，且全部用大理石装饰的"国王套间"——虽然并没有任何国王在这里留宿过。[7]除此之外，灯塔中还有一间华丽的小教堂，里面不仅有科林斯柱，还有四扇彩色玻璃窗和一些精美的雕塑。灯塔守护人有专属于他们的区域，那里就远没有这么奢华了，而且他们只能使用专为仆人准备的通向主塔的独立楼梯进入灯室照管油灯。

99

安装在科尔杜昂灯塔的菲涅耳透镜使用了八块正方形透镜板，所有透镜板都是由一个圆心透镜和围绕在其周围的多个棱镜组成的。这些透镜板被排列成一圈固定在金属框架上，绕着放置在中心的油灯。如果仅靠这一个装置，油灯发出的一部分光还是会从透镜板围成的条带上方和下方流失。为了将这部分灯光也留住一些，菲涅耳又在条带上方安装了一组摆放成一定角度的小一些的镜面，这样一来，油灯发出的向上的光线照射在这些倾斜的镜面上之后也会被反射成射向地平线的光线。菲涅耳在条带下方也设置了倾斜的反射镜，目的是一样的。

科尔杜昂灯塔

1823年在法国科尔杜昂灯塔上安装的菲涅耳透镜。这个透镜目前被展示在法国韦桑（Ouessant）的灯塔和信标博物馆（Musée des Phares et Balises）。

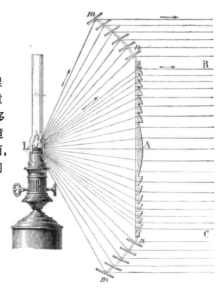

说明光是如何在穿过菲涅耳透镜后形成一束光线的示意图。透镜由圆心透镜和周围多层围绕成同心圆的三角形棱镜组成。透镜上下是斜置的镜面，它们也可以将光线反射向人们希望的方向。

科尔杜昂灯塔上有一种能够让透镜旋转的发条机械装置。每当透镜板转到与远方水手的视线在一条直线上时，水手看到的光就是最明亮的，透镜板继续旋转，光线会逐渐减弱，然后是相对的黑暗，直到下一块透镜板进入视线，光线就会再度变强。与此同时，条带以上的斜置镜面也会射出断断续续的光线，而条带以下的镜面因为数量更多，所以它们射出的光线是持久不变的。

这次试验非常成功。法国水手宣称科尔杜昂灯塔的灯光无与伦比，比他们见过的任何灯塔的灯光都更加明亮。菲涅耳通过计算得出自己的透镜产生的光线相当于 38 个质量最好的英国反射镜加在一起产生的光线，与此同时，他的油灯只需要大约一半的灯油。[8]鉴于此，法国马上展开了在本国海岸线上每隔一定距离就设置一个菲涅耳透镜的工作，确保在

100

一座灯塔的光亮淡出视线之后，下一座灯塔的光亮会接着出现，这样水手们就永远不会找不到为他们提供帮助的指路明灯。

为了继续优化透镜，菲涅耳打算将条带上下方的镜面也换成棱镜，这样就可以把更多的油灯灯光有效地折射成水平光线。他不能使用他在透镜板上使用的那些棱镜，因为根据光学原理，它们最多只能将光线的角度弯折45°。如果将这些棱镜放置在高于或低于透镜板的地方，它们就无法将光线沿水平朝前的方向射出，因为那意味着它们折射的角度必须超过45°。

菲涅耳再次找到了精巧的解决办法。如果光线从某种特 101定形状的棱镜中穿过，它会在棱镜表面发生折射，射入棱镜之后在棱镜内面发生第二次反射，再在从第三个镜面上射出时发生第三次折射。这种"弹珠"效应意味着光线是可以被折射45°以上的。菲涅耳设想将这种在内部进行反射的棱镜分别放置在圆心透镜板上下方，让它们将油灯的光线折射成与穿过透镜板射出的光线平行的光线——最终创造出一大束统一且非常明亮的光。因为进行内部反射的棱镜要同时依靠反射和折射两种功能，所以它们也被称为折反射棱镜（catadioptric）。

19世纪20年代中期，虽然已经是灯塔委员会秘书长的菲涅耳最先想出了使用内部反射棱镜的主意，但当时的玻璃制造者还做不出尺寸大到足以使用在菲涅耳透镜上的折反射棱镜。（菲涅耳成功做出了一个缩小版的模型。）可惜，在玻璃制作工艺追赶上菲涅耳的设想之前，年仅39岁的菲涅耳在与病魔斗争了很长时间之后于1827年7月14日因肺结核去

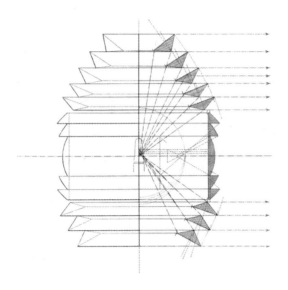

**菲涅耳的 2.5 英尺折反射式透镜原理图，
光源在中心位置。**

世。肺结核这种严重的传染病主要侵蚀人的肺部，造成患者
咳血，在当时是全欧洲头号致命疾病。菲涅耳在病榻上告诉
自己的母亲和兄弟："我本希望自己能活久一点，因为我知道
在无穷无尽的科学探索中，还有无数公共事业领域的问题亟
待解决，我兴许本能荣幸地为其中一些问题找到答案。"[9]

　　虽然菲涅耳英年早逝，但是他在灯塔照明领域的遗产都
被保存了下来，并在他去世后继续获得了发展。到 19 世纪
30 年代中期，有越来越多的法国灯塔装上了菲涅耳透镜，
包括荷兰和大不列颠在内的其他一些国家也渐渐开始改用这
种更新颖、更完善的照明装置。随着技术不断创新，菲涅耳
透镜逐渐发展出了四种型号，划分的依据是油灯和透镜内侧
表面之间的距离长短。一型透镜是光线最强的，它的透镜最

大，内部直径接近 6 英尺。这类透镜主要用于重要的海岸线照明。四型透镜则是最小的，用于港湾内的照明，透镜直径只有 1 英尺左右。

莱奥诺·菲涅耳（Léonor Fresnel）接任了自己的弟弟 102 在灯塔委员会的秘书长职位。他会把奥古斯汀想要用棱镜取代镜面的追求延续下去，但是在 1836 年，当普莱曾顿还在为美国的灯塔照明效果自鸣得意的时候，奥古斯汀的梦想还需要再过几年才能成为现实。除了尺寸最小的那些装置之外，当时使用的大多数菲涅耳透镜与科尔杜昂灯塔上使用的装置类似：中间一圈是透镜板，上下是斜置的镜面。即便如此，这些装置发出的光线依然比美国的任何一座灯塔发出的光线都强烈得多。

第六章

"无知且无能之人的统治"

103　　描绘从海上看到的波奇角灯塔（Cape Poge Lighthouse）的景象的油画，于约 1840 至 1849 年由查尔斯·哈巴德（Charles Hubbard）创作。这座灯塔位于马萨诸塞州马撒葡萄园岛东端的查帕奎迪克岛（Chappaquiddick Island）。

　　在欧洲水域中航行的美国水手并不是唯一注意到英国和法国的灯塔优于美国灯塔的一类人。埃德蒙·布伦特和乔治·W. 布伦特（Edmund and George W. Blunt）于 1826 年从他们的父亲手中接管了期刊《美国沿海航行指南》（*American Coast Pilot*）的出版工作。这份期刊不仅能为水手提供航行指导和航海图表，还会刊登对全国所有灯塔的详细描述。布伦特兄弟遵循了他们的父亲埃德蒙·马奇·布伦特（Edmund March Blunt）的传统，继续与水手保持紧密的联系。他们从很久之前就听闻水手抱怨美国灯塔不如他国。布伦特兄弟很快就这个问题发表了他们的看法：令他们感到担忧的不只是灯光的质量，还有美国灯塔设施的整体管理不善。

104

19世纪30年代初，埃德蒙去了法国，不仅参观了透镜工厂，还拜访了莱奥诺·菲涅耳。埃德蒙回国之后就开始强烈建议在美国灯塔上使用菲涅耳透镜，他的兄弟也抱着同样的热情加入了这项事业。[1]1833年，两人给当时的财政部部长威廉·约翰·杜安（William John Duane）写信，杜安同时也是安德鲁·杰克逊（Andrew Jackson）总统的内阁成员。布伦特兄弟在信中指出了"现行灯塔体系中存在着的重大缺陷"，并敦促杜安为重要的海岸灯塔购买菲涅耳透镜。[2]无论是杜安还是普莱曾顿都没有就此做出任何回复，不过这并没有让布伦特兄弟放弃为实现灯塔改革而进行的努力。1837年，他们又给新上任的财政部部长利瓦伊·伍德伯里（Levi Woodbury）写信，列举了一长串不满之处。在参议院将这封信和普莱曾顿的回信公之于众后，两份文件都成了人们热议的话题。

布伦特兄弟将美国的灯塔设施描绘得毫无前景可言。在参考了众多经常航行到欧洲的船长的观点后，布伦特兄弟指出美国的灯塔与大不列颠及法国的灯塔相比，"从灯光亮度、光线射出的距离和灯塔设施管理上都逊色很多"。[3]多年来人们一直安于现状，导致美国在利用灯塔照明技术的进步这一方面已经远远落后于其他国家。刘易斯那受到大肆吹捧的油灯被布伦特兄弟贬低为"不过是在一盏阿尔冈灯上胡乱添加了一些装置"。[4]不少刘易斯的油灯上还在使用的绿色玻璃透镜更是被他们嘲讽为让本就不亮的灯光更加微弱了。这对兄弟甚至带着极大的讽刺成分暗示国会应当考虑启动一项调查来确定"这项独创的阻挡灯光的专利给公众造成了多少损失"。[5]与刘易斯的设计形成鲜明对比的是英国人的油灯。布伦特兄弟说英国人的灯已经比美国的好很多了，而法国人的菲涅耳透镜甚至比英国人的灯还要好。不仅如此，大不列颠和法国的照明设备的运行和维护费用反而比美国的便宜。

105　　布伦特兄弟宣称，因为灯塔的建造工作都被交给了没有任何工学背景的承包商，不可避免的结果就是灯塔构造粗劣。他们还补充道："打造出这些劣质建筑的管理体系竟自称是世界上最好的体系；受到蒙骗的监管人还以为自己的管理模式很成功。"[6]除了这样的对普莱曾顿的尖锐评价外，布伦特兄弟的抱怨还有很多：油灯使用的抹香鲸鲸鱼油不需要经过任何检测，所以质量往往不怎么好；灯塔守护人经常玩忽职守；海关官员都去忙别的事了，根本没有对灯塔进行足够的视察。针对视察灯塔的重要性，布伦特兄弟尤其坚定：除非能够确保对于灯塔建造、灯塔照明、守护人等灯塔运行体系中的方方面面的经常性视察和检验"得到强制执行，否则我们的灯塔就只能继续成为这个伟大国家的耻辱，因为政府不但不能提供有力和有效的管理，反而还要被承包商牵着鼻子走"。[7]

另外一个长久以来都令布伦特兄弟非常头疼的问题是灯塔管理机构总是随意更改灯塔的灯光特征，比如把一座灯塔的光线从闪烁的变为静止的；更严重的是，随意改变灯塔位置，或建造新的灯塔而不进行充分公示。水手们如果不知道这些变化就可能遭遇严重的事故。（1817 年"联合号"在塞勒姆海岸外失事就是因为贝克岛上的灯塔从双子塔变成了单塔。）布伦特兄弟强调了提前公示的重要性，并用"银河号"（*Galaxy*）的例子加以论证。在这艘船出海期间，政府在新泽西州长滩北部顶端建造了一座巴尼加特灯塔（Barnegat Lighthouse）。"银河号"的船长对这座新灯塔一无所知，返航时他把这里当成了另一座灯塔，于是向着目标驶去，结果船撞上礁石，造成了 50000 美元的损失。

布伦特兄弟最后的结论是灯塔设施"已经多到不是华盛顿的某一位官员"就能管理好的了。普莱曾顿最多只能算是一个目光短浅、思想狭隘的官僚，他过分依赖承包商为维护自己利益而提交的报告，报告中的内容无疑全是报喜不报忧的。布伦特兄弟虽然恭维了普莱曾顿在履行自己职责时具有的智慧、"技能和活力"，但也尖锐地指出这些职责仅仅围绕着财务问题，"毫无疑问，整个体系中最不重要的一部分的确被管理得极好"。[8]

普莱曾顿对于布伦特兄弟的指控大为恼怒，称这些指控"都是无聊的、无关紧要的，或是毫无依据的"。[9]他的断言更加反映了他的偏见。普莱曾顿坚称美国的灯塔不比欧洲任何灯塔差，甚至比大部分好。他不仅附上了海关官员和一些船长为灯塔灯光质量担保的证言，还提供了数据证明使用英国照明设备的费用会高得多。他也驳斥了灯塔建筑质量低下的说法。关于菲涅耳透镜，普莱曾顿说几年前他就研究了购置一些这种装置的可能性，不过得出的结论是费用太高，不值得购买，尤其是在他认为美国的照明设备已经"令人满意"，且他是以"主要目标是节俭"为前提的。[10]最终普莱曾顿还尝试为温斯洛·刘易斯进行辩护，称"多亏了他在灯塔相关事务上的经验和知识，过去和如今的所有灯塔设施才能保持如此良好的状态"。[11]

鉴于布伦特兄弟的书信中的指责牵连了刘易斯，普莱曾顿请刘易斯也就此做出回复。刘易斯称这封信是"没有依据的粗野攻击"。[12]刘易斯对于美国灯塔的影响确实十分深远，但同时也造成了不少麻烦。作为一个技巧娴熟的推销员，刘易斯抨击布伦特兄弟根本不了解他们所探讨的问题，因此完全没有资格提出批评。刘易斯说如果美国的灯塔真如他们说的那么糟糕，那么成千上万驶入波士顿港口的船的船长中早就该有人来投诉了，而实际上，他没有听说有哪怕一个提意见的人。刘易斯还说他也考察了应用菲涅耳透镜的可能性，但发现这个装置"太复杂"，而且"对于我们的灯塔来说太贵了又很容易损坏"。[13]为了向布伦特兄弟证明美国灯塔有多好，刘易斯还附上了据他说是各个灯塔在天气晴朗时能够被见到的最远距离的数据清单。

布伦特兄弟对这些辩解做出了无情的回击，两人再次给财政部部长伍德伯里写信，并引用了普莱曾顿和刘易斯提供

的数据来证明他们实际上有多么搞不清楚状况。[14] 第一个遭
到驳斥的就是刘易斯的数据清单:刘易斯列出的这些距离从
物理学上判断就是根本不可能的。因为地球表面是有弧度
的,鉴于灯塔的实际高度,无论它们的光线有多么强烈,人
们都不可能在刘易斯宣称的那么远的地方看到它们的光线。
以波士顿灯塔为例,刘易斯说它在 30 英里以外的海面上是
可见的,但是要让这个结论成立的话,观测人必须站在 289
英尺的高度上,这根本就是天方夜谭。布伦特兄弟指出,那
些被普莱曾顿和刘易斯拉拢来支持他们的观点的船长几乎都
是沿海船只的船长或者早就退休了,因此根本没有资格为美
国照明设备与欧洲照明设备各自优势的问题提供证言。至于
灯塔建筑的质量问题,仅前一年的灯塔维护费中就有 1/4 被
用在维修上的这个事实,足以证明建筑质量的糟糕程度。布
伦特兄弟重申道,他们确信英国和法国的照明设备所需的维
护费用低于美国,并且拿出了数据支持自己的观点,但这还
不是最关键的问题——灯光的质量和它能够为水手提供多少
帮助才是。为了让人们彻底理解两人的观点,布伦特兄弟举
出了"美洲号"(*America*)的例子。这艘船就是因为德赖托
图格斯群岛上的灯塔光线不足而失事的,由此造成的损失总
计高达 35 万美元。布伦特兄弟认为普莱曾顿习惯于只关注
成本问题,这种目光短浅的做法对于水手和水手驾驶的船只
的安全都是有害无益的,更何况像"美洲号"这样的事故
造成的损失已经比用于维护所有灯塔和灯船的全年费用还
高了。

最令布伦特兄弟感到担忧的其实是普莱曾顿的总体态

度。他们之前可能过于天真地以为，只要能够以这样有说服力的方式向普莱曾顿证明现行体系中存在问题，后者就会竭尽全力进行改革。结果却恰恰相反，布伦特兄弟发现普莱曾顿不但没有做出这种合理的反应，而且"和承包商站在同一战线，即便所有证据就摆在眼前，也硬是宣称灯塔无须改进"。[15]

　　布伦特兄弟并不是唯一对灯塔设施提出质疑的人。1836年大选之后，新选出的国会担心有太多灯塔的建造是缺乏充分理由的，于是叫停了所有灯塔项目的拨款，等待海军专员委员会就拟建灯塔是否为保证航海安全所必需的做出判定。委员会的结论是有 31 座拟建灯塔毫无必要，这些项目预计申请的资金总计达 168000 美元。[16]结果是国会从预算中取消了这部分拨款，但让人无法理解的是，他们并没有因此对灯塔项目的筛选流程做出任何改变。

　　1837 年，马萨诸塞州参议员约翰·戴维斯（Senator John Davis）自主发起了一次调查。[17]他不仅是商业委员会（Committee on Commerce）的主席，还是布伦特兄弟的好朋友。到 1838 年 5 月，商业委员会给出结论，认为英国和法国的灯塔设施明显优于美国的，而且菲涅耳透镜的照明效果显然是世界上最好的。不过委员会意识到很可能还会有人表示怀疑，所以有必要进行一次测试来证明他们的结论。在委员会的鼓动下，国会要求伍德伯里进口两套菲涅耳透镜，一套是一型透镜（静止型），一套是二型透镜（旋转型），这样就可以与使用中的反射镜进行比较，以判定究竟哪一种更好。

这还不是委员会提出的唯一建议。考虑到有一大批灯塔其实是没有必要存在的，再加上美国的灯塔设施被认为不如他国，委员会敦促国会弄清问题出在哪里，并就此提出解决办法。为此，国会授权杰克逊总统把海岸沿线和五大湖区划分成几个区域，然后安排海军军官检验所有灯塔，并汇报调查结果。

被总统选中的八名海军军官很快就完成了各自的任务，然后在1838年秋提交了报告。虽然很多灯塔的状况相对不错，但有大约40%的建筑存在诸如地基不稳、灯室漏水、通风不善或油灯过多的情况，许多灯塔的油灯还配备了变形的或暗淡无光的反射镜。在某些地方，还出现了灯塔过多的问题，而且这些灯塔都很类似，难以分辨，不仅会让水手感到困惑，也很浪费钱。[18]

在这些海军军官之中，本杰明·富兰克林的曾外孙乔治·米夫林·贝奇上尉（Lt. George Mifflin Bache）对于灯塔设施做出了最公正的评价。他发现的问题很多，其中就包括过分依赖海关官员来决定灯塔建造地点、过分依赖能力不足的承包商来进行建造这两点。对此贝奇说道："不可否认，在这样一个体制下，很多建筑的建造质量很差。"[19]他还感叹其他国家"都会依靠科学技术的帮助来打造各种各样更加完美的照明装置"，然而在美国，那些本该对这些先进技术最关注的人却处于可怜的无知状态中。[20]为了解决部分问题，他建议灯塔体系管理者聘请有学识的检查员、工程师和光学仪器制造者，以确保灯塔建筑和照明装置的质量。

109

虽然调查结果指出了问题所在，但国会依然没有采取任何措施，而那些想要激起改革行动的人将他们的希望都寄托在了从法国进口的菲涅耳透镜上，他们相信这些装置能够力挽狂澜。

可惜，支持改革的人们不得不继续等待了。此时已经晋升为海军上校的马修·佩里正在欧洲执行其他任务，他在接到了订购两套菲涅耳透镜的命令后，于 1838 年 8 月与一家法国的透镜制造商签订了合同。不过，到透镜最终被送回美国并安装到灯塔上还要再等两年半的时间。生产透镜很费时，加上运输过程中因恶劣天气造成的延迟，包括一次大西洋上的一场暴风雨损毁了运输透镜的船，使其不得不到百慕大群岛接受维修的事件；这些原因加在一起才让整个过程变得如此漫长。[21]

然而，等待的过程让人们对于菲涅耳透镜的抵达及其著名的改变光线方向的能力越发期待了。"如果得到充分验证的证据是可以信赖的话，"戴维斯在 1840 年 5 月写道，"这些透镜产生的明亮光线就是世界上所有灯塔发出的光线中最卓越的。"戴维斯还说，如果透镜真的如它受到的诸多赞誉说的那么好的话，"我们应该马上把所有反射镜都换成透镜"。[22]

几个月之后，佩里向国会做出汇报，预先介绍了即将抵达的照明装置。他说虽然自己在菲涅耳透镜和英国人的抛物面反射镜中大大倾向于前者，但是"这两种装置产生的光线……都很卓越，美国暗淡的灯塔灯光与它们相比，差距之大让人无法忽视"。为了进一步说明这个问题，并巧妙地推动改革事业，他又补充道："［美国反射镜的］……构造有缺陷，制造水平也很低下，无论是材质还是工艺方面的劣势都很明显。进行航海活动的人都很惊讶，明明我们在很多方面走在实用化改进的最前沿，为什么这个严重的问题却被允许存在了这么久。"[23]

　　然而，普莱曾顿仍然保持着狄更斯式顽固坚定的特质。无论是出于真心，还是政治惰性，他对于这一切完全不感到兴奋，仍然坚决抵制菲涅耳透镜，并对刘易斯的油灯抱有一种似乎不可动摇的信心。实际上，普莱曾顿对那些鼓吹改革大业的人感到愤怒，以至于在国会为进口菲涅耳透镜拨款后，他起初仍拒绝支付这笔费用。但普莱曾顿没过多久就妥协了，他的拖延最终只是让透镜晚到了几个月而已。在回顾这件事时，佩里在给一个朋友的书信中写道："普莱曾顿先生故意制造了这些麻烦。无论我们国家现存的灯塔体系有多少令人遗憾的缺陷，他都坚决反对任何革新。"后来佩里还一针见血地指出了普莱曾顿坚决不让步的原因："事实就是，这个自高自大的老家伙宣称他的美国灯塔体系是全世界最好的，因此当这个体系的毫无价值暴露无遗时，他不免感到格外懊恼。"[24]

　　经过了支持者和反对者的反复较量之后，两套菲涅耳透镜终于在 1841 年 3 月被安装到了位于新泽西高地的纳维辛克灯塔（Navesink Lighthouse）的双子塔上。透镜果然物有所值，看到它射出灯光的人都对它印象深刻，其中就包括海军中校托马斯·R. 格德尼（Naval Commander Thomas

141

R. Gedney)。国会要求格德尼中校将纳维辛克灯塔与桑迪胡克和亨洛彭角上的灯塔做比较。他得出的结论是："纳维辛克的透镜折射出的光线比桑迪胡克和亨洛彭角的光线明亮太多了，多到没有什么可比性。"[25]

就连普莱曾顿都为透镜的效果所折服，称"其提供的光线美丽而卓越，似乎就是最能实现灯塔作用的完美装置"。[26]不过，就在刚刚说出这样的赞美之词后，他立即打压了人们对于给美国灯塔大规模更换透镜的期待，还为此想出了一种阻止在美国灯塔上使用这种装置的新策略。普莱曾顿没有再直接驳斥安装透镜的必要性——因为它的优越性显然已经无可辩驳。这一次他攻击的对象变成了灯塔守护人。普莱曾顿宣称菲涅耳透镜的油灯和发条装置对于当时全国雇用的 240 名灯塔守护人来说过于复杂，目前没有一人具备操纵这种装置的技术。这种说法显然不符合实际——如事实证明的那样，法国的灯塔守护人多年来一直是由普通的劳动者担任的，他们都能够很好地操作菲涅耳透镜。即便如此，普莱曾顿从不肯放弃自己的固执信念。更何况，购买和安装透镜的费用令他咋舌，这一工程的总花销高达 18975.36 美元。

毫无意外，温斯洛·刘易斯也提出了类似的批判。在意识到透镜"是一种绝妙的设计且能够提供很强的光线"之后，刘易斯补充说这些装置"太复杂且容易发生故障"，因为它们需要多名守护人"不间断的照管"。他宣称自己的反射镜运行非常良好，能够产生足够的光线照到人们需要的地方，所以他不建议人们花费不必要的钱去买法国透镜。[27]

事已至此，连普莱曾顿也不得不承认他有兴趣再多进口

111

一套透镜做进一步评估之用。然而，国会再一次没有采取任何行动，也没有再进行一次纳维辛克灯塔实验。在可预见的未来里，美国人只能继续忍受他们陈旧过时的照明设施。

接下来一次对顽固僵化的美国灯塔管理体系的攻击来自一个不同寻常的方向。领头人的名字叫以赛亚·威廉·佩恩·刘易斯（Isaiah William Penn Lewis），不过他更喜欢让人称呼他为"以威佩"（IWP），他不是别人，正是温斯洛·刘易斯的侄子。以威佩职业生涯的早期是在海上度过的，后来他成了一名土木工程师，并在叔叔的协助下开始涉猎灯塔工程。[28]19世纪30年代末至40年代，普莱曾顿雇用以威佩参与了几个工程项目，包括监督灯塔的建造及加固被无情的海水侵蚀的建筑地基等，此外还包括修建灯室及安装油灯和反射镜。

以威佩见多了美国的灯塔，所以他对这些设施的质量充满不屑。他看到的似乎全是不足。糟糕的建造水平和反光能力不足的反射镜是他最担忧的问题，他多次向普莱曾顿抱怨，提出应当雇用工程师或建筑师来监督灯塔的选址和建造，还有美国的反射镜也应当像英格兰的反射镜一样依照更高标准来制造。无论是普莱曾顿还是温斯洛·刘易斯都不能虚心接受这些批评，所以没过多久，普莱曾顿就不再雇用以威佩，以威佩也就没有和灯塔相关的工作可做了。[29]

无法从内部发起改革令以威佩感到非常沮丧，为灯塔体系工作的经历也让他愤愤不平，于是他直接向看起来非常顽固的国会表达了自己的不满。1842年年初，他给马萨诸塞州

112

众议员罗伯特·查尔斯·温思罗普（Robert Charles Winthrop）写了一封措辞严厉的投诉信。他在信中写道："我们的灯塔管理体系带来的不是秩序、节俭和实用，而是混乱、浪费和无效……我们有236座灯塔可以充当见证者，因为管理者的无知和无能，在建造、照明和管理方面的秩序、节俭和实用完全被抛弃了，而这些管理者却没有认识到问题，依然毫不在乎地延续着旧模式。"[30]以威佩敦促温思罗普调查灯塔管理机构，并将它的管理职权转移给于1838年正式组建的测绘工程兵团（Corps of Topographical Engineers），这个机构正是负责为联邦政府监督土木工程项目的。以威佩称只有用工程师取代"无法胜任的"承包商，他指出的许多问题才能得到纠正。为了给自己争取更多支持者，以威佩还前往华盛顿游说更多众议员，敦促他们采取行动。

可以预见的是，当以威佩的措辞严厉的信件被普莱曾顿和温斯洛·刘易斯看到后，两人会有多么怒不可遏。刘易斯联系了自己在众议院中的政治盟友，作为对以威佩的回应，他也敦促国会展开一项彻底的调查——不过刘易斯号召调查的目的与以威佩的不同，他希望调查结果能够证明以威佩那毫不留情的指控是不可信的。

在刘易斯家这对叔侄的鼓动下，众议院商务委员会发起了一项调查。普莱曾顿和刘易斯在与委员会进行沟通时，为现行体系进行了鼓舞人心的辩护，说美国灯塔体系比大不列颠和法国的灯塔体系更省钱，还说刘易斯的反射镜是抛物面的，美国灯塔的建筑本身也是经过精心设计和建造的。两人都提到他们不认为有任何理由需要雇用工程师参与灯塔建

113

造，根据普莱曾顿的观察，请工程师要花很多钱，而且有很多不是工程师的人也具有足够的"关于灯塔的实用知识"，雇用这些人"价钱便宜"。[31]相比之下，以威佩和埃德蒙·布伦特向委员会提交的证词则描绘了一个完全不同的景象，在他们看来，这个功能紊乱的灯塔管理体系必须经历一次彻底的大检查。[32]

对于以威佩来说很不幸的是，委员会中有很多人是普莱曾顿和刘易斯的支持者，所以这个委员会得出的结论主要依据的是这两个人提供的信息，他们同样依赖的还有那些需要通过大肆吹捧现行制度来保护自己既得利益的海关官员，毕竟这些人也都参与了这个体系。委员会还对那些普莱曾顿和刘易斯几年前就开始仰仗的船长的评价颇为看重，那些船长早就被布伦特认定为完全没有资格就美国照明设备与欧洲照明设备各自优势的问题提供证言，因为他们都是沿海船只的船长或是早就退休的人员。最令人震惊的是，委员会审阅了1838年海军军官对灯塔进行检查的结果——也就是认定受检灯塔中有40%存在严重问题的那份报告，然后仍然得出不存在管理不善证据的结论。为了进一步摧毁以威佩主张的可信度，委员会称他"渴望改变的狂热愿望"不是为了服务于公众，而是为了满足他的个人私利，因为一旦测绘工程兵团接管灯塔，以威佩就有机会重新被雇用了。委员会还说这样的人"不值得相信，他说的话的可信度需要打很大折扣"。[33]

综上所述，委员会判定大部分针对灯塔体系的投诉是缺乏依据的这一结果就不会令人意外了，他们最终做出的报告在很大程度上确认要维持现状，许可开始着手改进的地方仅包括增加对灯塔的检查等。报告还说一旦这些相对无关紧要的改进完成后，美国的灯塔体系就会与世界上任何国家的一样好了。委员会声明普莱曾顿在职已经 22 年，不仅积累了宝贵的经验，还掌握了"关于他的工作的实用知识，不应当因为一些不重要的理由就剥夺他继续为公众造福的机会"，将他的"工作转交给其他缺乏经验的人"很可能会引发问题并增加开销。报告总结道："不是所有革新都是改进，当一个历史悠久、经受了考验的体系运行得还可以接受的时候，改变和试验都应当避免。"[34]（这种态度无疑就是19 世纪中期版本的"东西没坏就别修"。）

以威佩对于这样的结果无比失望，不过他很快就有了另一个揭露灯塔体系缺陷的机会。1842 年 5 月 25 日，也就是商务委员会发布报告的当天，受约翰·泰勒（John Tyler）总统任命的新一任财政部部长沃尔特·福沃德（Walter Forward）给以威佩安排了一项任务。几年来，灯塔维护费用的近一半都花在了维修上，这件事令福沃德感到担忧，所以他指示以威佩对缅因州、新罕布什尔州和马萨诸塞州的灯塔进行检查以确认到底是建筑方面的什么缺陷造成了这种令人不安的趋势。

我们可以预见，以威佩在 1843 年 1 月提交的报告中必然充满了对于灯塔设施的猛烈批判。他在四个月的时间里考察了 70 座灯塔，采访了大批灯塔守护人，几乎没有发现美国灯塔任何值得赞赏的优点，应该受到谴责的地方却比比皆是。除了已经提过的那些问题，以威佩又补充了漏雨的屋顶、偏离位置的反射镜、把光线射向陆地的做无用功的油灯、质量不好的灰浆、出现裂缝的墙体、充斥浓烟的灯室、恶劣的通风条件等大量问题；还有些地方的几座灯塔彼此间离得太近（这样会令水手感到困惑），甚至有些灯塔在夜间无人照管。大部分问题被归咎于身份不明的承包商，而以威佩的叔叔就是这些人之中再清楚不过的首要被指责对象。以威佩显然是一个不会受裙带关系影响的英雄人物，令他尤其厌恶的正是自己的叔叔和普莱曾顿的紧密关系。以威佩宣称，如果只要某个承包商向灯塔监管人提交一份建造灯塔的详细说明，该承包商通常就能成为最后的中标者，那么这种情况无疑会"抑制任何有名望、有专业技能的正直之人产生加入招标活动的愿望，这样的操作实质上扼杀了所有竞争"。[35] 除 115 此之外，以威佩还发现了欺诈现象的存在。在一个例子中，灯塔的墙壁本来应该是实心的，实际上却填满了沙子和废渣。他发现唯一积极的变化是灯塔上使用的，会减损灯光亮度的绿色厚透镜在近几年已经几乎全被从反射镜上取下了。

可想而知，普莱曾顿和刘易斯双双对以威佩的报告表示抗议，并提出了他们的批评。普莱曾顿宣称这份报告里的内容都是"诽谤"，[36] 他还提交了近千名船长写下的评价，据普莱曾顿说，这些人都能为美国灯塔的照明质量作证（如果普莱曾顿仔细读过这些评价，他就能发现很多人回复的内容其实是对于美国灯塔的抱怨，这些人认为美国灯塔比欧洲的差很多——有一名回复者甚至宣称美国灯塔是"我见过的世上最差的灯塔"[37]）。一直是杰出的政治策略家以及不服输的斗士的普莱曾顿还提交了波士顿海运协会做出的对他有利的证言——这个协会里的很多成员是温斯洛·刘易斯的朋友和支持者。另外一大群做出了对普莱曾顿有利的证言的人是波特兰的船主们，不用问，这些人拥有的大多也是沿海岸航行的船只，根本没有能穿越大西洋的。[38] 在一封写给财政部部长福沃德的信中，普莱曾顿重申了已经成为他口头禅的那一套："我可以毫不犹豫地说，世界上没有什么类似的灯塔设施能够提供［比美国］灯塔提供的更好的照明，也没有哪里的灯塔运行得像美国的一样省钱。"[39] 为了支持自己的立场，普莱曾顿宣称英国灯塔的平均运行成本是美国灯塔的三倍。

刘易斯也不是一个会被指责吓住或能接受批评的人。他出版了一本 60 页的小册子来驳斥自己侄子做出的报告，一面为自己的工作辩护，一面贬低以威佩，称以威佩虽然"能画几幅图"，但"没有任何实际工程方面的知识"，也完全不懂光学，再说就算他真懂点什么，也不过是书本上的知识，而不是从实践中获得的（刘易斯轻巧地避开了自己也没有工程或光学方面背景这件事）。[40] 刘易斯同样收集了对于自己的工作及灯光质量表示支持的证言，还设法让几个守护人声明以威佩援引的他们对灯塔的负面评价并不是他们的原话。

两个刘易斯之间的这些互相伤害的文字也许读来充满戏剧性，但是都没能说服立法者。① 虽然财政部部长福沃德坚定地站在以威佩一边，并建议在指定一名资质合格的工程师

---

① 遗憾的是，无论是温斯洛·刘易斯还是以威佩似乎都没有留下任何能够体现他们之间的私人感情，以及这种公开且激烈的关于美国灯塔的争论怎样影响了他们之间关系（或更大范围的刘易斯家族内部关系）的书信。不过，说这二人互相憎恨应该是合情合理的。

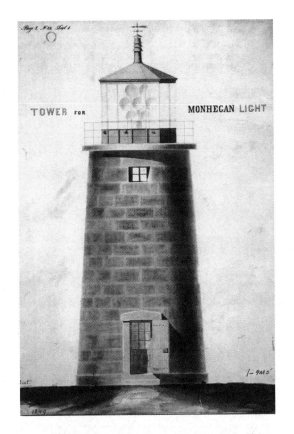

蒙希根灯塔（Monhegan Lighthouse）的概
要图，画于 1849 年前后。位于缅因州蒙希根岛
上的这座灯塔是在 1850 年竣工的，它取代了建
于 1824 年的旧灯塔。

监管灯塔系统之前停止对灯塔进行拨款，但是国会无视了以
威佩的报告和财政部部长的建议。[41]不过，报告终究还是产
生了一些影响。根据《商业日报》（*Journal of Commerce*）
的观点，"对于为旧体系辩护的那些人来说，这是一个严重
的打击……［而且］它迫使那位灯塔总监管人行动起来， 117

149

做出一些改进"。[42]鉴于普莱曾顿的目标是维持现状，那么为了实现这个目标，他做出的不过是一些象征性的举动，比如为几座灯塔安装了新的、设计更合理的灯室，和大一些、有一些改进的反射镜。实际上，他从几年前就在计划进行这样的改进了，为的是显示他至少虚心听取了人们对于灯塔设施的无数投诉中的某些内容。然而，这样的改变对于这个体系来说太无足轻重，美国灯塔的技术水平在当时仍处在一个令人遗憾的水平。

不屈不挠地支持改革的人们继续推进自己的事业。1845年詹姆斯·波尔克（James Polk）总统就职仅数月之后，他的财政部部长罗伯特·J. 沃克（Robert J. Walker）就发起了一项对于欧洲灯塔机构的研究，目的是将其与美国同类机构的运行做比较。两名海军上尉，索顿·A. 詹金斯（Thornton A. Jenkins）和理查德·贝奇（Richard Bache，本杰明·富兰克林的另一个曾外孙）被派遣到法国、英格兰、爱尔兰和苏格兰，对那里的灯塔管理和先进技术进行评估。1846年6月，他们提交了一份内容广泛的报告，盛赞了欧洲的灯塔管理体系，还嘲笑了美国的体系。报告的核心观点是，在欧洲，特别是在法国和大不列颠，灯塔的建造和管理都是由最杰出的科学、工程和管理人才来承担的。所以这些国家灯塔的位置是经过精挑细选的，灯塔的建造质量很高，对于灯塔的视察频繁且全面，灯油的质量有保障，守护人都受过良好的培训，照明装置也都是最先进的（真正的抛物面反射镜和菲涅耳透镜）。在灯光的问题上，詹金斯和贝奇敦促美国立即改用菲涅耳透镜，他们说："商业利益和人类事业不容许我们海岸线上的光线比世界上其他伟大的商业国家黯淡。"然而不幸的是美国灯塔的实际效果正是如此糟糕。[43]最重要的是，两名上尉提出，雇用高水平的工程师是让灯塔体系顺利运行的必要条件。根据这份报告，沃克敦促国会组建一个由普莱曾顿、海岸测量局领导、两名海军军官、两名工程兵军官和一位秘书组成的委员会，并下令由该委员会制定一个改善美国灯塔设施的详细计划。然而，国会再一次没有采取任何措施。

对于灯塔设施的抱怨如倾盆大雨一般落下，这样的情况让人们忍不住要问：为什么一种制度能够维持这么久不变？原因之一是在这个时期的大部分时间里，民主党人在政府中占主导地位，他们一般是反对在诸如灯塔和运河这类市政工程和内部改进上花费钱财的，因为他们不愿意让某一个商业分支或行业比其他分支或行业受益更多。结果就是，他们之中的很多人是支持普莱曾顿缩减开支的方案的，这样能够保持支出一直维持在较低水平。惰性在这里也扮演了一个角色。即便是对于美国这样年轻的国家来说，在政府中进行任何类型的变革也总是很难的。精通业务的普莱曾顿一直是位政治边缘人物，他就如19世纪的任何一位技术官僚一样，遇到问题时非常善于通过组织证言和数据来支持自己的观点。即便是他的反对者有效地驳斥了他的说法，那些努力避免变革的人也仍然可以利用普莱曾顿提供的信息论证灯塔设施能够满足基本需求。针对普莱曾顿和刘易斯的某些激烈攻击在事件发展过程中也发挥了一些作用，尤其是以威佩的报告——它看起来过于针对个人，而且针对的是作者的亲属。这反而让那些反对变革的人可以借着贬低攻击者而贬低攻击者提出的观点。最后一个原因是普莱曾顿无疑拥有无与伦比的政治人脉，这些人会帮助他为灯塔设施进行辩护。普莱曾顿（起码）与多位总统和国会议员维持着良好的关系，他们都要在这位第五审计官负责的各项工作上向他寻求建议。[44]领导了美国南海探索活动（1838～1842 年）的海军少将查尔斯·威尔克斯（Rear Adm. Charles Wilkes）和普莱曾顿是同时代的人。威尔克斯在评价普莱曾顿时说后者"不怎么有趣"，但是威尔克斯还注意到，即便如此，第五审计官仍然"与他在任期间的大多数领导者维持着亲密的关系……［而且］他和他貌美且有学识的妻子都在政府内部错综复杂的事务中具有很大的影响力。凭借他妻子的美貌和令人愉悦的性格，他们与各位尊贵的总统也交情匪浅，无论发生了什么事他们都会得到通报"。[45]普莱曾顿在他位于华盛顿的家中举办的数不胜数的社交晚宴也进一步增强了他和妻子的影响力。

119

面对着政治惰性、国会的拒绝改变，以及普莱曾顿这个顽固不化且人脉极广的对手，以威佩比以往任何时候都更确信自己是正确的一方，他是不会放弃自己的斗争的，看起来普莱曾顿这次终于遇到了对手。在 1843 年的这份言辞激烈的报告依然没能引发变革之后，以威佩去了法国，在那里待了近两年的时间，与莱奥诺·菲涅耳成了朋友，并尽可能多地学习了关于法国新型透镜的知识。1845 年返回美国之后，以威佩重新发起了挑战。这一次他改为向那些能够从更先进的技术中获益的生意人发出号召。出于这种目的，以威佩去到纽约、波士顿和华盛顿的商人组织中，给好奇的商人们演示了先进的技术，还敦促他们给财政部部长写信，鼓动财政部部长支持采用菲涅耳透镜作为美国的标准照明设施。以威佩还到国会进行游说，倡导由已经建造了几座灯塔的陆军测绘工程兵团负责建造更多的灯塔。[46]

当时的国会正忙于应付 1846 年 5 月爆发的美墨战争，这场战争将持续到 1848 年初双方签订《瓜达卢佩－伊达尔戈条约》（Treaty of Guadalupe Hidalgo）。尽管如此，立法委员们还是在 1847 年回复了以威佩真诚渴望改进的请求，授权兵团负责建造四座面临工程技术挑战的灯塔。[47]其中一座是位于特拉华湾的布兰迪万浅滩灯塔（Brandywine Shoal Lighthouse）。负责领导这一工程项目的有两个人，一位是陆军工程师哈特曼·贝奇（Hartman Bache），本杰明·富兰克林的又一个曾外孙；另一位是乔治·戈登·米德（George Gordon Meade），他之后会在美国内战的葛底斯堡战役中因战胜罗伯特·E. 李（Robert E. Lee）而声名大噪。他们在建造灯塔时采用了相对先进的、从英国传入的螺旋桩技术。这项技术是 1838 年由爱尔兰工程师亚历山大·米切尔（Alexander Mitchell）发明的，它通过将多根顶端有长达 3 英尺的螺旋法兰的铁桩钉进海底来稳固地支撑住灯塔结构。螺旋桩特别适用于多淤泥、沙子或黏土的较软的海底，因为这种环境需要法兰提供必需的额外稳定性或抓地力。布兰迪

120

万浅滩灯塔就是被九根铁桩支撑在水平面之上的，灯塔上有一个平台，平台上是一间村舍样式的供守护人居住的小屋，灯室在小屋上方。46 英尺高的布兰迪万浅滩灯塔是美国第一座螺旋桩灯塔，灯塔上的照明装置是一套三型菲涅耳透镜，于 1850 年 10 月 28 日正式投入使用。[48]

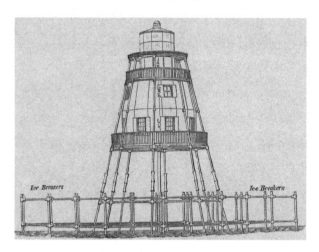

布兰迪万浅滩灯塔，图画创作于 19 世纪 50 年代。

布兰迪万浅滩灯塔上的透镜其实是美国引进的第四套菲涅耳透镜，因为在 1850 年的早些时候，新建成的位于楠塔基特岛东南边缘的桑卡迪海德灯塔（Sankaty Head Lighthouse）上已经安装了一套二型透镜。在 1843 年的报告中，以威佩就提到了将楠塔基特岛浅滩隐藏在水下的桑卡迪海德附近水域，并称那里是"马萨诸塞州海岸线上一个有致命危险的地点，多少英勇的水手和宏伟的舰船都葬身于同一个坟墓之中"。[49]不过，桑卡迪海德灯塔并不是由工程兵团建造的，它的建造者是海军工程师本杰明·F. 伊舍伍德

（Benjamin F. Isherwood）。因为有国会的命令，普莱曾顿被迫为这里购置了一套菲涅耳透镜。灯塔一投入使用就获得了水手们的盛赞，他们称之为"火箭灯"或"耀眼的明星"。[50]渔民们说他们都可以就着灯光给鱼钩上鱼饵了，还有很多人说这是他们见过的最明亮的灯光。菲涅耳透镜还成了旅游景点，到 1856 年，人们不得不对灯室的入口进行加宽改造，好让那些有裙撑的女士也能爬上去参观。[51]

　　另一个由工程兵团建设的项目是卡里斯福特暗礁灯塔（Carysfort Reef Lighthouse），它位于距离佛罗里达州顶端的基拉戈岛（Key Largo）4.5 英里的水域中。[52]从 19 世纪 30 年代中期到 50 年代初期，许多船撞上过这片水域中的暗礁，充分证明了在这里建造灯塔的必要性。工程师原本想将铁桩钉进坚硬的珊瑚礁中以支撑灯塔，但试钻的结果显示礁石表面一层薄薄的珊瑚之下其实是质地很软的沙子，这样的构造承受不了灯塔的重量。最终，工程兵团想出了一个新颖的解决办法。他们在每根被钉进礁石的铸铁铁桩上套了一个巨大的铸铁圆盘（称为垫板），这些垫板能够稳稳地架在珊瑚礁表面，扩大了接触面面积，也就创造出了更大的承重面，从而增加了建筑的稳定性。

　　米德亲自监督了工程的最后阶段。1852 年 3 月 10 日，高112 英尺的卡里斯福特暗礁灯塔开始运行。灯塔守护人的生活区被设置在高出水面很多的平台上，灯室则位于建筑顶端。守护人去灯室时需要沿着从生活区屋顶延伸出来的封闭圆柱形楼梯间内的狭窄楼梯向上爬。由八根铁桩围成的灯塔外层结构类似于一个骨架，因此这种使用螺旋桩建造的灯塔通常也被称为骨架塔。这种开放式的结构还使得塔身对于风浪几乎没有阻力，所以特别适合建造在气候恶劣的离岸水域里。

然而，后来发生的一连串不可思议的事情却让卡里斯福特暗礁灯塔没能装上以威佩专门为它订购的一型菲涅耳透镜。[53]实际上，法国透镜在很早之前就已经运抵纽约市的海关大楼了，可是不知出于什么原因，没有人通知工程兵团透镜已经到了的事。就这样，价格高昂的透镜被分装在 13 个格外大的板条箱里，堆在仓库中整整九个月，等着有人来将它们取走并为它们支付消费税。依照惯例，无人认领的货物会被送去拍卖，由于根本没有人查看箱子里是什么东西，这些箱子就被随意地贴上了"机器"的标签。海关雇员斯蒂芬·卢茨（Stephen Lutz）相信这么巨大的机器一定值不少钱，所以他和几个朋友联合起来以 500 美元的价格拍下了这个拍品，然后用马车将这些箱子运到几个街区之外的一片空地上，抱着极大的期望撬开了箱子。虽然箱子中的内容让他们感到震惊，可是谁也不认识这个东西。直到询问他人之后，他们才明白自己买到了什么。那之后不久，法国制造商在美国的代理人亨利·勒波特（Henry Lepaute）就发现了这件事，对此非常恼火。最终，政府官员从卢茨和他的朋友手中没收了透镜，将它归还政府。不过对于卡里斯福特暗礁灯塔来说这已经太迟了，在此期间，那里已经安装了 18 盏油灯和直径为 21 英寸的反射镜，都是依照温斯洛·刘易斯的专利设计生产的。

工程师参与建造灯塔的情况越来越多，新订购的两套菲涅耳透镜也算是预示了光明未来的吉兆，但是这些就只

卡里斯福特暗礁灯塔，拍摄于 **1962** 年前后。

是兆头而已，人们呼吁的那些本质上的改进仍然没有任何
要发生的迹象。然而，美国灯塔的发展趋势越来越远离现
状这个事实，还是给了人们期待进一步改变很快就会发生
的理由。

美国在 1848 年结束的美墨战争中赢得了胜利，由此获
取了更多领地。到 19 世纪中期，美国已经成了一个新兴的
世界强国。国力增强的动力不仅来自迅速的工业化，更来自
人们对进步，特别是技术进步的信心，因为这些进步已经不

再只是一种可能，而是不可避免也不可阻挡的必然。不过，这个国家的灯塔显然还处于亟待改进的状态。如这一时期刊登在《美国评论》（*American Review*）上的一篇文章指出的那样：

> 我们的整个［灯塔］体系缺乏条理；除了在管理层面系统地引入科学和经验以外，没有什么能弥补这种彻底的缺陷。现存的设施已经不能满足商业需求，也赶不上科学和艺术的发展脚步。在工业和社会经济的其他方面，我们都在积极地利用所有先进技术，我们使用了最好的蒸汽引擎，在制造活动中使用最好的机械，甚至还能发电磁式电报……在这些领域，我们能够正确地认定为省钱而守旧是吝啬和狭隘的做法。所以，我们绝对没有理由对灯塔设施方面的类似改进采取拒绝和无视的态度，它是一项非常重要的公共服务——不仅是我们的船只运送的财富，还有成千上万在海上航行的人的生命安全都取决于这项服务的有效性和完善性。[54]

1851 年，国会终于认定采取改革措施的时候到了，它希望改革结果能够让美国拥有一个与之相匹配的灯塔体系。

1851 年 3 月，国会命令财政部部长托马斯·科温（Thomas Corwin）组建一个委员会对灯塔设施现状进行全面调研，并提交一个改进其运行方式的计划。这个所谓的灯塔委员会（Lighthouse Board）中包括两名海军军官、两名陆军工程师

124

第六章 "无知且无能之人的统治"

和一名有很高科学素养的土木工程师，另有一名海军下级军官担任委员会的秘书。科温是布伦特兄弟的好朋友，他组建的委员会集合了一批令人瞩目的高等人才。被选入委员会的土木工程师是美国海岸测量局（United States Coast Survey）局长亚历山大·达拉斯·贝奇（Alexander Dallas Bache），他是这个国家一流的物理学家，在电磁学基本原理上取得过开创性的成果，引领了电报机的发展。亚历山大·贝奇也是本杰明·富兰克林那似乎数不胜数的与灯塔有关的曾外孙之一，他拥有深厚的工学背景，19 岁时就以全班第一名的身份从西点军校毕业。[55]加入委员会的两位海军军官分别是出身于特拉华州著名火药制造商家族的塞缪尔·弗朗西斯·杜邦中校（Cdr. Samuel Francis Du Pont）和威廉·B. 舒布里克准将（Commodore William B. Shubrick）。两位陆军工程师分别是陆军首席工程师、荣誉上将约瑟夫·G. 托滕（Brevet Gen. Joseph G. Totten）和詹姆斯·卡尼中校（Lt. Col. James Kearney）。海军上尉索顿·A. 詹金斯任委员会秘书。委员会的成员一致尊重科学和工学，而且都支持采用菲涅耳透镜。[56]詹金斯正是 1846 年的那份批评美国灯塔并敦促政府立即采用透镜技术的报告的作者之一。毫无疑问，这些人对于灯塔设施的抨击一定是毫不留情的，他们也确实是这么做的。

委员会花了四个多月的时间考察了近 40 座灯塔，从各个行业的人员口中收集信息，其中既有军舰和民用船只的船长，也有欧洲灯塔的管理者。委员会提交的长达 760 页的报告几乎涵盖了灯塔管理的所有方面，其中很多信息和结论与之前的多份报告中的相同。不过这一次，将这么多证据编写入一份文件中足以令这份报告充满权威性和说服力。

委员会在他们审查的各个方面都发现了严重的问题和缺陷。报告指出几乎所有灯塔的建造水平都很低下，实际上这个国家里最好的几座灯塔反而是在殖民时代建造的，具体说来就是桑迪胡克、亨利角和亨洛彭角的灯塔。虽然这份报告中没有提到温斯洛·刘易斯的名字，但是他和其他承包商一起都被批评为缺乏工学知识，所以他们建造的灯塔"都不能让负责建造这些建筑的人感到光荣"。[57]这样粗制滥造的工程让委员会得出了一个结论："我们的建筑在建造过程中都是不仅考虑眼前，也要考虑长远未来的，但灯塔建筑似乎是唯一的例外。那些人在建造灯塔时可能有一种隐隐的担忧，认为我们的航海和商业活动都维持不了多久。"[58]

调查还发现，大多数反射镜是球面，而非抛物面的，几乎所有受检查的油灯位置都没经过仔细调试。大多数守护人不能胜任照管灯塔的工作，上级也没有给过他们任何指示，或者给的指示很有限。普莱曾顿给守护人发过一份工作指南，但是这种简短至极的说明（只有一页）根本起不到什么作用，而且很多灯塔里就连这一页纸也已经找不到了。上级到灯塔视察工作几乎是完全没有过的事。灯塔灯光的识别特征大多数时候不但不能给水手们提供帮助，反而会令他们更加困惑。人口密集的地方灯塔数量过多，荒芜偏远的海岸线上则没有足够的灯塔，而这些地方往往正是存在巨大危险的地方。

海军的意见也全是批评。大卫·D. 波特上尉（David 126
D. Porter）的评论就很典型："我们现有的灯塔非常糟糕，
所有在海上航行的人都渴望改进。"他还说被他称为"我们
海岸线上最重要的"哈特勒斯角灯塔"毫无疑问也是世上
最糟糕的灯塔……我经过那里的前九次航行中，虽然我多次
航行到了能够看到拍岸浪的地方，但是从没看到过这座灯塔
的灯光"。[59]H. J. 哈特斯坦上尉（Lt. H. J. Hartstene）评论说：
"如果不能对哈特勒斯角、卢考特（Lookout），卡纳维拉尔
（Canaveral）和佛罗里达角上的灯塔做出改进，不如干脆弃
用它们，因为有很多领航员就是为了寻找这些灯塔才导致船
只搁浅在岸边的。"[60]

委员会还抱怨说灯塔设施多年来一成不变，而世界上其
他地方的技术早已超越了它们。以大不列颠和法国为代表的
十几个海洋强国都已经广泛应用了菲涅耳透镜，它们的海岸
线也因此变得更加安全。反观美国，在三十多年的时间里做
出的仅有的改进是在纳维辛克高地、桑卡迪和布兰迪万的灯
塔上安装了菲涅耳透镜，结果就是这个国家的灯塔"无法
满足商业、航海和人性化的需求"。[61]委员会还指出，自第一
套菲涅耳透镜被安装在纳维辛克高地的灯塔上之后，透镜的
技术已经经历了重大发展，中间的一圈透镜板上下又安装了
额外的折反射式棱镜，可以将更多的光线汇聚起来射向海
面。艾伦·史蒂文森（Alan Stevenson）出自建造了苏格兰
大部分宏伟灯塔的极具天分的史蒂文森家族，他在评论当时
世上最大的透镜时说："没有什么比一套能射出稳定的光的
一型透镜更美丽的装置了……我想不出还有比这更美、更需

要设计者的大胆、激情、智慧和热忱的艺术品了。"[62]

至于所谓的菲涅耳透镜过于昂贵的说法也被委员会彻底驳斥了。通过对纳维辛克高地和布兰迪万浅滩上安装透镜的灯塔进行仔细观察，再将其与附近使用了最好的反射镜的灯塔进行比较，委员会得出的结论是，通过透镜射出的光线强度比通过反射镜射出的强四倍左右，但是运行和维护反射镜的费用却比透镜的高四倍左右，这还是在只计算了油耗的前提下。除此之外，使用透镜在其他一些方面也能比反射镜省钱。每套透镜只需要一盏油灯，而每一面反射镜都需要搭配一盏油灯。一座美国灯塔通常要使用 18 面甚至更多的反射镜，也就是说换成透镜可以减少很多包括灯芯和玻璃烟囱在内的物资消耗，也可以省下维护这么多盏油灯需要花费的大部分开支。委员会计算的结果是：为这个国家的所有灯塔都装上菲涅耳透镜需要花费大约 50 万美元，但因此省下的灯油、物资、维修费用和运输物资的费用在五六年之内就可以抵销这个成本。也就是说在那之后，政府就可以因使用了不再那么费钱的透镜而受益了。更何况，反射镜在使用十至十五年后就要更换，透镜却可以无限期使用。[63]委员会宣称菲涅耳透镜能发出更明亮的光线这一点"就足以成为支持使用透镜系统无可争辩的论点"，其巨大的经济效益只是让这个论点更站得住脚而已。[64]

除此之外，委员会的报告里还提到，想让现行灯塔体系"在卓越性和经济性上能够与"法国和大不列颠的体系相提并论，就像是"要从无序和混乱中寻求秩序；从多种多样的瑕疵中寻求完美"。[65]举例来说，苏格兰的灯塔由杰出的工程师世家史蒂文森家族管理；法国的灯塔一直由顶级科学家和工程师通过灯塔委员会和其他专业性机构管理；而美国的大部分灯塔由业余人士负责和管理，所以美国不得不承担这一现状的严重后果。

委员会的报告认为，应该做的是将整个体系推倒重建，把领导权交给最好的科学家和工程师。这似乎是对于普莱曾顿做过的一切的直接驳斥。现存的灯塔管理机构应当被一个类似于灯塔委员会的机构取代，新的机构也应当吸纳涵盖相同领域范围的委员，此外还应增加一名有很高科学技术水平的土木工程师和一名陆军军官作为第二名秘书。因为委员会的办公地点将位于财政部内，所以财政部部长依职权将担任委员会的主席。新组建的九人委员会中，将只有两名秘书能领工资，其余委员没有报酬。委员会每年将召开四次会议，负责为美国灯塔提供最高水平的专业意见。除此之外，灯塔建造计划将由技术娴熟的工程师起草，经过委员会批准之后，才能在工程师的监督之下付诸执行；对于各个灯塔的检查也必须是经常性的，而且必须由具有资质的人进行；体系中的所有灯塔都应当采用菲涅耳透镜。

128

灯塔委员会于1852年1月30日提交了这份内容尖锐的报告。虽然报告呼吁立即采取行动，而且报告中论述的内容具有压倒性的说服力，但国会依然花了很多时间来讨论如何应对。与此同时，担心自己的职业生涯可能就此终结的普莱曾顿毫不令人意外地为自己做出了辩护。他在给科温的信中表达了自己的质疑，称多年来对于他的攻击都被成功击退了，然而人们还要不死心地继续尝试。他对这份最新的报告表示轻蔑，称它不过是老生常谈。普莱曾顿又一次贬低抨击他的人的人品，并重复了那些他已经用了几十年的阐明他管理的体系为什么足够好的理由。他还提供了更多陈旧过时的证词，都是水手们做出的灯塔照明质量很好的担保。[66]总体来说，普莱曾顿的所作所为足以证明，他这样一个几乎可以被写进莎士比亚悲剧中的人眼中的世界与灯塔委员会揭露的现实完全是两码事。普莱曾顿在给米勒德·菲尔莫尔（Millard Fillmore）总统的信中宣称："这场攻击最主要的目的就是在我们的灯塔上安装菲涅耳透镜，但是它并不适合美国，正是由于这个原因我才一直反对，如今也依然反对使用这种装置。"[67]至于刘易斯，他幸运地不用看到灯塔委员会痛击由他参与建立起来的灯塔体系了，因为他在1850年去世了。

到了夏天，有关创建一个委员会的争论还在拖拖拉拉地继续着。有些国会议员不赞成这个提议，认为还是将控制权交给一个负责人更好。另一些人竟然认为需要再做进一步调研。尤其令人吃惊的180度态度大转弯来自马萨诸塞州参议员戴维斯。1838年，正是戴维斯敦促美国政府进口了第一套菲涅耳透镜，如今他却改变了立场，担心透镜太贵，另外如果要在全国广泛应用的话，美国在照明方面可能会变得过分依赖法国人，一旦两国发生冲突，这很可能造成很多问题。戴维斯还说，这个已经运行了三十多年的体系在委员会的报告中竟然没有一个值得赞颂的优点，这足以让他相信这份报告是"不公平、不公正，且言过其实的"。[68]

第六章 "无知且无能之人的统治"

　　最终，还是外部因素促成了报告中的提议得以实行。根据乔治·布伦特的描述，"1852 年，组建灯塔委员会的议案还在等待国会的最终决定，因为遭到打算继续保持糟糕旧体系的党派的反对，议案能否最终获得通过还很难说"。[69]与此同时，一艘从首都华盛顿驶向纽约的蒸汽船"波罗的海号"（*Baltic*）上刚好搭载了一批国会议员。这艘船在距离桑迪胡克仅几英里的地方遇到浓雾，寸步难行。海面上的浮标根本不足以指引船长驶入港口，而这些航海辅助设施正是由普莱曾顿负责的。这次延误，尤其是导致延误的原因令国会议员们大为光火。他们在返回首都之后，全都选择了支持这项一直被拖延，并且看起来似乎濒临被否决的议案。最终，议案在 1852 年 8 月 31 日获得了通过。

　　掌管大权三十二年的普莱曾顿突然没了工作，一个专制且墨守成规的时代也由此画上了句号。《葡萄园岛公报》（*Vineyard Gazette*）得意地公告了这个消息："我们很高兴地得知普莱曾顿不再管理灯塔了，政府竟然让像老祖母一样守旧的普莱曾顿在这个位置上坐了近半个世纪之久。"[70]很多人持有类似的观点，不过在将灯塔设施的糟糕境况全部归咎于普莱曾顿，以及比他责任略少一些的同谋温斯洛·刘易斯之前，人们有必要回想一下国会在这之中扮演的角色。毕竟，掌管着国家钱包并控制着立法议程的是国会，如果国会本身想做出改变，它完全可以迫使普莱曾顿执行。历届总统原本也可以介入其中，有所作为。但是，这些政治人物在这么长的时间里，尽管面对着揭露美国灯塔诸多问题的压倒性证

130

据，还是没有采取任何行动。这足以说明普莱曾顿深谙其道的这个政治体系本身就是应该被谴责的。无论是出于什么原因，这种情况的内在悲剧是，美国的灯塔竟能被允许在如此漫长的时间里始终处于十分糟糕的境况。如灯塔历史学家小弗朗西斯·罗斯·霍兰指出的那样："人们忍不住要问，如果采用了更有效的灯塔照明，在普莱曾顿掌权的这三十二年里，有多少失事船只原本是可以免于灾难结局的呢？"[71]

约瑟夫·亨利（Joseph Henry），摄于约 1860 年至 1875 年。

被罢黜的普莱曾顿遭受了公开的羞辱，但他仍然拒绝停止为自己狡辩。1853 年 2 月，他给自己的朋友詹姆斯·布坎南（James Buchanan）写了一封信。普莱曾顿是在布坎南任参议员的时候和他相识的，普莱曾顿问他能否在候任总统富兰克林·皮尔斯（Franklin Pierce）面前为自己美言几句，好为自己在新总统的行政团队中寻求个职位。普莱曾顿写道："您愿意为我进言的体贴提议让我感激不尽。如今我被免除了职务，我这把年纪已经不可能再去开展什么别的营生了，我的收入有限……这会毁了我。"为了帮助自己重新获得政府部门雇用，普莱曾顿还老调重弹，称自己"管理灯塔体系时至少节省了1000万美元"。[72] 不过这都没什么意义了，皮尔斯总统的政府中没有他的位置，到1855年，78岁的普莱曾顿去世，到死都在为自己事业的结局而愤愤不平。

　　灯塔委员会于1852年10月举行了第一次会议。新委员会的成员包括原本的所有成员和三名新成员。其中最重要的一位当数约瑟夫·亨利。他是委员会的第二位土木工程科学家。亨利曾经是普林斯顿大学的教授，还是史密森尼学会（Smithsonian Institution）的创办者、负责人和秘书，是美国最重要的科学家之一。和他的好朋友亚历山大·达拉斯·贝奇一样，亨利也在电磁学方面取得了突破性的成果，为电报机的发展做出了贡献。另外两位新成员分别是作为工程秘书的 E. L. F. 哈德卡斯尔上校（Capt. E. L. F. Hardcastle）和依职权担任委员会主席的财政部部长科温。委员会面临的工作量是巨大的，他们必须马上开始工作。

第七章
变亮的灯光

哥伦比亚河河口附近的失望角灯塔（Cape Disappointment Lighthouse），创作于 1857 年前后。这幅画是由 T. E. 桑德格伦（T. E. Sandgren）根据哈特曼·贝奇少校（Maj. Hartman Bache）的草图绘制的。

　　普莱曾顿过于专断的管理使美国灯塔陷入了糟糕的处境，如今轮到灯塔委员会来解决存在的问题，并让灯塔设施向着更新且更高效的方向发展。这个任务起码可以用令人畏惧来形容，但灯塔委员会有勇气面对这个挑战。委员会成员不仅十分称职，掌握了全面的灯塔相关知识，而且对于改进航海辅助设施的事业非常投入。更重要的是，他们具备的承担公民义务的决心让他们在工作时多了一份使命感。如亨利在给他的朋友，美国最重要的植物学家阿萨·格雷（Asa Gray）的信中所写的那样："我本来是不会自愿加入灯塔委员会的，但既然［米勒德·菲尔莫尔］总统特别指派我协助重组政府公务中的这个重要部分，我当然不能拒绝。"[1]

委员会的首项工作任务是制定一个管理体系来指引他们的行动。[2]委员们将全国划分为大西洋区、海湾区、太平洋区和五大湖区四个区域，每个区域由一名海军检查员负责。检查员每三个月对本区的所有灯塔进行一次检查，同时还要监督灯塔的维护和守护人的工作。每个区域里还会安排一名陆军工程师负责监管灯塔的建造及塔身和照明装置的维修。检查员和工程师的报告会被提交给委员会，这样委员会就可以监督各地的工作并及时解决出现的问题。

一旦国会根据委员会提交的技术和财务上的全面信息和建议批准建造一座新灯塔，委员会的工程秘书就会起草建造计划书、详细的规格要求和灯塔工程合同，再由委员会对这些文件做出审议和批准。所有合同都由委员会对外授权，他们必须确认承包商具备完成工作必需的技术水平之后才会批准承包。为了处理具体问题及进行试验，委员会将委员们分成了几个执行委员会，有专门负责照明的，也有专门负责工程的。为了确保所有灯塔上都不缺少必需的物资和设备，委员会在斯塔滕岛（当时这里还没有被划入纽约市）上设立了一个中央仓库，租用小型船只将物资分送到各个有需要的

133

地方。再后来，每个区域里都建起了自己的仓库。[①]

委员会意识到只有灯塔的守护人训练有素，灯塔的运行才能高效节约，所以他们给所有守护人分发了极为详细的指导手册，内容涵盖灯塔工作的方方面面，从如何清理灯室和照明装置到点灯和熄灯的恰当时间，应有尽有。另外，与过去不同的是，委员会还开始对守护人进行培训，并将会读写规定为获得守护人职位的必要条件，这样守护人才能更好地履行自己的职责，且有能力填写各种他们必须提交的报告。申请成为守护人的条件是年龄在 18 至 50 岁，身体健康，能够完成大量体力和机械工作，包括粉刷灯塔及相连建筑，还有维修机器。检查员进行巡检前不进行通知，这样才能确保守护人时刻保证灯塔处于最佳状态，那些被发现工作有欠缺的守护人会受到训斥甚至惩罚。夜间灯塔不亮之类严重违反规定的行为则可能导致守护人被立即开除。

旧体系中一个重大缺陷是缺少实用的、将所有航海辅助设施的详细信息都涵盖在内的灯塔名录，比如设施的位置和特点等都是水手在沿海岸航行时需要依赖的信息。委员会每年发布的内容丰富的灯塔名录解决了这个问题。为了尽量消除可能带来致命危险的意外情况，委员会还会散发旨在提前通知水手关于灯塔变化或新建灯塔信息的通知，这样像马萨诸塞州贝克岛灯塔附近发生的"联合号"失事，以及新泽西州巴尼加特灯塔附近发生的"银河号"失事一类的事故就能避免了。

134

---

① 斯塔滕岛仓库的一些原始建筑如今成了国家灯塔博物馆的所在地。

第七章　变亮的灯光

在 19 世纪 50 年代剩余的时间里，南北方各州之间的分歧日益加剧，双方政治对话的音调也从安抚和调和逐渐变得尖锐刺耳。在这样的情况下，委员会还是对全国的灯塔进行了大范围改进，并规定了统一的标准和做法。达不到标准的灯塔要么接受改造，要么被拆掉重建；新灯塔必须依照工程师批准的设计方案进行建造，且要使用能够获得的最好材料，比如加工后的石料、砖块和铁。对于航海活动没有辅助意义的灯塔都被停用了。参考法国的灯塔修建方式，委员会追求的目标是，通过合理安排海岸边灯塔的位置和数量来确保水手们在航行全程中一直能看到灯塔，这意味着要在人口稀少的地方修建更多的灯塔。这样的地方在普莱曾顿的任期内一直是被忽略的，主要是因为这些地区的选区规模小，能够代表他们的利益进行游说的力量也小。为了避免水手弄不清自己处于什么位置、看到的是哪座灯塔，委员会采取了明确的分类方案，让他们能够根据灯光的特点，比如是静止光还是闪烁光来区分灯塔。

委员会宣称"在位置重要的陆岬和海角上建造的灯塔必须高出平均海平面 150 英尺以上，这样水手们才能及时发现危险并有足够的时间来改变航线"，[3]根据这个标准，委员会决定将此类灯塔建造得更高些。高度不足 100 英尺的哈特勒斯角灯塔一直是人们抱怨的对象，1854 年它被增高到 150 英尺，这让许多尝试通过存在致命危险的钻石浅滩的水手大大地松了一口气。[4]位于长岛以南不远处的堰洲岛法尔岛上的灯塔也因原本高度严重不足，后来被大大增高。

始建于 1826 年的法尔岛灯塔（Fire Island Lighthouse,

又译火岛灯塔）高 89 英尺，被认为与 1850 年夏天"伊丽莎白号"（*Elizabeth*）大帆船的失事有关联。遇难人员包括先验论派的著名成员、不屈不挠的女权主义者，同时也是富有洞察力的记者和文学评论家的玛格丽特·富勒（Margaret Fuller），还有她的意大利籍丈夫、他们年仅两岁的儿子和另外五名乘客与船员；另有 17 人在灾难中幸存下来。"伊丽莎白号"是在 5 月中旬从意大利的里窝那（Livorno）起航驶向纽约市的。船上搭载的货物价值高达 20 万美元，包括油画、丝绸、杏仁和为刚刚过世的约翰·C. 卡尔霍恩（John C. Calhoun）制作的一尊大理石雕像。卡尔霍恩生前曾担任副总统、国务卿、南卡罗来纳州参议员，还是奴隶制的坚定支持者。起航七天之后，"伊丽莎白号"即将驶出地中海。此时船长因感染天花丧命，被实行了海葬。相对经验不足的大副亨利·班斯（Henry Bangs）接手船长职责。7 月 19 日凌晨，海上刮起了狂风，班斯虽然看到了海岸，但不幸的是，他错将法尔岛灯塔当成了新泽西州海岸上的灯塔，使得他判断错了船所在位置。结果，大约凌晨 4 点时，"伊丽莎白号"迎头撞上了距离灯塔 3 英里多、距离海岸仅 300 码处的沙洲。

136　　"伊丽莎白号"很快就开始下沉，在无情海浪的重击下，船身也开始解体。根据一些当时的叙述，聚集到岸边的当地人对于船上人员的遭遇没有一丝恻隐之心，对于自己的利益却有着浓厚的兴趣，他们将全部的注意力放在了打捞散落的宝贵货物上，而不是去临近的灯塔取来救生小艇展开营救。意识到没有人会伸出援手之后，"伊丽莎白号"上的不少人选择跳进汹涌的海浪中，尽力游上岸。但是富勒不会游泳，她和她的家人一直留在慢慢解体的船上。最终，在"伊丽莎白号"搁浅超过十个小时之后，他们终于绝望地准备尝试像别人一样跳海逃生，但这时，山一般的大浪将他们全都卷入了水中。[5]

富勒的去世在全世界范围内引发了关注。富勒曾在有巨大影响力的《纽约论坛报》（*New-York Tribune*）工作，报社的传奇编辑霍勒斯·格里利（Horace Greeley）代表报社为他们的明星记者写了一篇讣告，称"玛格丽特·富勒是美国最具智慧和学识的女性"。[6]因为船上乘客的高知名度，再加上法尔岛灯塔对于跨大西洋航行的轮船确实十分重要，所以围绕"伊丽莎白号"失事的报道数量非常多，这样的情况促使国会决定修建新灯塔取代这座旧的。新灯塔建成于1858年，高度接近170英尺，至今屹立不倒。到19世纪50年代末，从法尔岛向南到佛罗里达州德赖托图格斯群岛一线的东部海岸的各个重要地点上，总共竖立起九座砖砌灯塔，高度全部超过150英尺。

与在关键位置建造更高的灯塔同时进行的、对于灯塔体系来说最重要的一个改进是采用了菲涅耳透镜。多年来一直发出昏暗光线的美国灯塔正在因为逐渐改用光芒最耀眼的照明设备而焕发新生。两家法国制造商开足马力为美国制造透镜。虽然速度不算快，但是委员会至少已经开启了为所有美国灯塔配备新透镜的行动。这个过程还意味着许多灯塔的灯室必须进行改造，这样才能容下体积更大的照明装置。

137

173

美国人对于采用这些透镜的骄傲之情在 1853 年的纽约万国工业博览会上显露无遗。博览会的目的是展示各国的工业成就，主办国的进步成果当然是展示的重点。展览的组织者迫切地想要展示一套菲涅耳透镜，灯塔委员会也乐意配合。他们希望向人们展示这个国家正在经历的巨大变革，由此获得人们对于委员会选定的这个令人激动，但也耗资巨大的新方向的支持。为哈特勒斯角灯塔定制的一型透镜正好被存放在纽约海关大楼里，因为哈特勒斯角上正在修建新的、更高的灯塔，所以透镜此时还无法安装。最终这套价值6500 美元的透镜被转送至举办展览会的地点——水晶宫。这个由铁和玻璃构成的华丽美观的建筑就矗立在曼哈顿中心，即今天的布赖恩特公园所在的位置。它是仿照两年前举办的伦敦万国工业博览会的核心建筑水晶宫建造的。[7]

鉴于乔治·戈登·米德具有建造布兰迪万浅滩灯塔和桑德基灯塔（Sand Key Lighthouse）的经验，这两座灯塔里装配的又都是一型透镜，委员会派遣他来负责组装和展览透镜。将要在哈特勒斯角灯塔上使用的壮观的装置包括 24 块透镜板和 1008 个棱镜，点亮油灯之后，耀眼的光线驱散了夜晚的黑暗，令参观者无比愉悦。米德也因为这样有冲击力的展示而几乎陷入狂喜："这个非凡的发明射出了炫目的光线，旋转时带来灯光的闪烁，光明与黑暗的交替令参观者更加震惊。"[8]展览组织者宣称通过这种方式向公众展示透镜，能够让它"在几个月之内就成为整个机械世界中像指南针一样普遍的存在"。[9]

美国开始应用最先进透镜的时机非常有利，此时恰好是

138

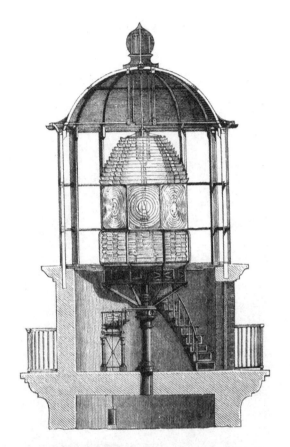

一座安装了可旋转一型菲涅耳透镜的灯塔
的灯室和值班室（位于灯室之下）。

奥古斯汀·菲涅耳的梦想最终成为现实的时候。将法国和苏
格兰工程师的成果结合在一起的结果是，即便是在体积最大
的菲涅耳透镜上也可以安装大量进行内部反射（折反射）和
折射（屈光）的棱镜，用闪亮的铜架将这些装置固定在一起
后，这座闪闪发亮的玻璃塔便可以捕获光源发出的 80% 以上
的灯光，并将这些光线调整为向着地平线射出的光线。很多 139

人认为这种绝妙的光学仪器看起来就像一个闪光的玻璃蜂箱。它不仅是工业革命中最有实用价值、最精致的产品之一，更应当被视为技术上的杰作和精彩绝伦的艺术品。①

为阿拉斯加的圣伊莱亚斯角灯塔（Cape St. Elias Lighthouse）定做的三型菲涅耳透镜，拍摄于 1915 年前后。

① 如今，菲涅耳透镜除了被用于灯塔照明之外，也有很多其他用处。比如不少机动车的前灯和尾灯、高射投影仪，以及一些聚光灯，都是依据菲涅耳的设计原理来将灯光汇聚成一道强烈光线的。

第七章　变亮的灯光

　　菲涅耳透镜至此已经发展出了六种尺寸（型号），分类依据是光源和透镜之间的距离。最大的一型透镜高 12 英尺，直径 6 英尺；最小的六型透镜高度不足 2 英尺，直径接近 1 英尺（几年之后，又增加了三型半这个新型号）。一型透镜 的光线最强，只用于最重要的灯塔，是水手们靠近海岸时最先看到的灯光。尺寸小一些的透镜可以用于很多地方：如在用来警示危险暗礁的灯塔上安装三型或四型透镜就够用了；小一些的港口入口处的灯塔也不需要照亮太远的距离，所以选择六型透镜大概就可以了。

　　除了尺寸之外，透镜还可以有多种配置。一种是固定式，或者说是静止式透镜，可以射出连贯的，最多照射到 360 度的全角度光线，照亮整个地平线。这样的透镜需要在中心安装一整圈凸面镜，并在凸面镜上下安装呈阶梯状排列的屈光或折反射棱镜。另一种是转动式，或者说旋转式透镜。这样的透镜装置安装了多块圆心为透镜、周围围绕着棱镜的透镜板，每块透镜板旋转到光源前方的时候，都能够将一条明亮的光线透射出去。固定式透镜也能够实现这种闪烁效果，只要在光源前面加装一个能够间隔相同时间遮挡一次灯光的移动屏风，或百叶窗就可以了。除这些以外，还有一种透镜能够同时发出固定光线和旋转的闪烁光线。这种透镜通过带圆心透镜的透镜板和透镜板上方的棱镜发出间歇的光线，透镜板下方的一圈棱镜则持续射出静止的光线。这样水手们就能够在始终能看到灯光的同时，根据闪光的特点来确认自己看到的是哪一座灯塔。

　　大多数灯塔的灯光是白色的，但也有一些是红色或绿色的，还有一些是多种颜色混合的。采用带颜色灯光的原因各有不同。如果某一片海岸上的灯塔数量很多，相距较近，改变某座灯塔照明灯的颜色能够将它与周围发白光的灯塔区分开来，从而帮助水手确认自己的位置。红色灯光有时还意味着某种特定的风险，比如警示水下有暗礁。对于这种灯塔来说，灯光照亮的水域还可以根据光线颜色不同被分隔成几个不同的区域，如果船长驶入红光区域，他就知道自己必须十分小心，待他驶入绿色或白色光线照射的区域，他就明白危险已经过去了。让灯光变色的方法很多。

141 可以给透镜上色，可以给灯室的玻璃窗上色，也可以在光源四周或透镜外侧加装带颜色的玻璃板。使用彩色玻璃的一个缺点是大量光线会被彩色玻璃本身吸收，因此射出去的光线强度会变弱。[10]

固定式透镜是直接被立在基座上的，旋转透镜则要被放在转车或支架上，转车就是"位于透镜之下的一系列铜质或钢制的、在圆桌面上不停转动的大轮子"，[11]转车本身也要被放在基座上。旋转式透镜要通过一个发条装置才能转，这个装置的动力来自一个系着绳索缓慢下坠的重物。绳索被缠在一个缆轴上，重物下落会使缆轴旋转，与缆轴连接的驱动

142 轴和齿轮也会跟着旋转，从而推动转车带动透镜旋转。透镜旋转的速度取决于重物下落的速度。灯光闪烁的频率取决于旋转的速度和透镜板的数量：转速越快，透镜板数量越多，单位时间内灯光闪烁的次数就越多。为了确保透镜持续旋转，守护人必须定时转动曲柄来收紧缆轴上的绳索，提高重物，好让它持续下落。重物本身可以从灯塔正中间下落，也

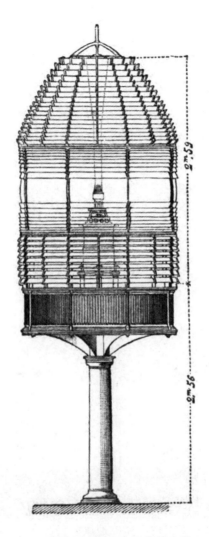

**能够向 360 度全面发射光线
的固定式，或静止式菲涅耳透镜。**

可以从螺旋状楼梯中间的柱子里下落，还可以隐藏在灯塔墙壁内部的竖井里。

辉煌信标

灯塔委员会面对的最大挑战之一——甚至是比让普莱曾顿留下的烂摊子实现现代化还要难的一项任务——其实是让建造灯塔的速度跟上美国的扩张速度。得克萨斯和加利福尼亚分别在 1845 年和 1850 年确立为州，俄勒冈地区也在 1846
143 年成为了联邦的一员，美国的海岸线长度也因此出现了惊人的增长。即便是在委员会成立之前，人们就已经着手进行照亮这些新地方的工作了。

得克萨斯州马塔戈达岛灯塔（Matagorda Island Lighthouse），拍摄于 1945 年前后。

得克萨斯州官员在得克萨斯州成立之后不久就开始到华盛顿游说建造灯塔的事。虽然立法者很快就批准了分别在加尔维斯顿湾和马塔戈达湾（Galveston and Matagorda Bays）入口处建造灯塔的拨款，但是获得土地的缓慢进程推迟了开工时间，以至于得克萨斯州这两座最早的灯塔直到1852年才投入使用。（加尔维斯顿湾的）玻利瓦尔角灯塔（Bolivar Lighthouse）和马塔戈达岛灯塔一样是铸铁结构灯塔，且都在内部砌了砖墙以增加建筑的强度、防腐蚀性和绝缘性。灯室高度同为海平面以上79英尺，各自安装了14套刘易斯的专利油灯和反射镜的这两座灯塔都是为繁忙的港口入口提供照明的。它们服务的港口是当地与英格兰、法国，以及美国其他地区进行活跃贸易的通道的出入口，包括木材、牲畜、糖蜜，和最赚钱的棉花在内的各种货物都是从这里运出去的。接近19世纪50年代末的时候，委员会认定这两座灯塔的高度都不足以为水手提供足够警示，所以他们不仅将两座灯塔各加高了24英尺，还为它们都换上了三型旋转式菲涅耳透镜。到19世纪50年代末，分散在得克萨斯州海岸线上的灯塔和灯船的总数已经超过了一打。[12]

144

　　西部的海岸线给人们提出了新的挑战。从加利福尼亚州尽头到俄勒冈领地最北端绵延1300英里的海岸线十分曲折，多岩石和高耸的陆岬，还有数不清的离岸礁石。这里的洋流很强大，海上经常浓雾弥漫，狂风大作，还有从几千英里之外翻滚而来的滔天巨浪。在所有这些因素的共同作用下，从16世纪到19世纪中期，已经有无数来自西班牙、俄国、英国和美国的船在这里失事。在这段时间里，西部海岸线上没有一座能为水手们提示风险，或指引他们进入风平浪静的港湾的灯塔。

美国在 1848 年对俄勒冈领地进行规划时批准建造两座灯塔,一座位于哥伦比亚河河口附近的失望角①,另一座位于胡安·德富卡海峡(Strait of Juan de Fuca)的新邓杰内斯沙嘴(New Dungeness Spit,这两个地点都位于后来成立的华盛顿州境内)。也是这一年,人们在加利福尼亚发现了黄金,随着淘金热传遍了整个加利福尼亚,然后又席卷了整个国家,政府在西部海岸线建造灯塔的计划也因此大幅扩张。很快就有成百上千艘船从东部的各个港口出发,绕行充满致命危险的合恩角,历经艰难险阻也要前往加利福尼亚;船上的大批乘客都是被加利福尼亚存在宝贵黄金的说法吸引而来的,然而这种说法在很大程度上只是一种妄想。旧金山原本是一个宁静的小镇,到 1849 年年底,这里的人口猛增到超过两万人,而且还在以惊人的速度继续增长。在有这么多船驶向这个新的"黄金国"的情况下,国会决定在加利福尼亚建造几座灯塔给人们提供指引。

在扎卡里·泰勒(Zachary Taylor)就任总统期间,国会于 1849 年下令让海岸测量局确定在西部海岸线上建造灯塔的位置,测量局最后推荐了十六个地点。[13] 虽然国会在 1850 年就批准了其中的八个,但是直到 1852 年,巴尔的摩

---

① 这个地方是由英格兰探险家兼皮毛交易者约翰·米尔斯船长(Capt. John Meares)命名的,他在 1788 年前往太平洋西北地区的航行中,因为没有找到西班牙海图上标注的大河的河口而感到失望(这条河后来被取名为哥伦比亚河)。米尔斯当时航行到这个海角附近,于是他给这个海角取名为失望角。其实这里距离哥伦比亚河已经很近了,可惜米尔斯并不知道这个事实。

建筑师弗朗西斯·A. 吉本斯（Francis A. Gibbons）和弗朗西斯·S. 凯利（Francis S. Kelly）才终于获得工程合同，造成延误的主要原因是缓慢的拨款流程和国会对于合同订立过程中是否有不当行为的调查。

这种拖延让西海岸的商人和政治家们很不满。1851 年，一群旧金山商人给斯蒂芬·普莱曾顿写信，告诉他在港口入口处修建灯塔是"巨大且紧迫的必要举动"，因为"没有[灯塔]已经引发了各种延误和极大的不便，此外还有很多驶向这个港口的船失事了"。[14]同年，加利福尼亚州参议员威廉·麦肯德里·格温（William McKendree Gwin）向国会的其他议员抱怨说，尽管加利福尼亚州在前一年里为财政部贡献了数以百万计的关税收入，且加利福尼亚州的面积是纽约州的四倍还多，拥有的海岸线也更长，然而依然"没有一座对于接近本州海岸的商船来说不可或缺的灯塔"。[15]在格温发表这次慷慨激昂的演讲的一个多月之后，吉本斯和凯利就拿到了合同，西海岸最初的八座灯塔终于可以开工建造了。

八座灯塔中有七座是计划建造在加利福尼亚州的，建造地点包括当时还没有变成监狱的阿尔卡特拉斯岛（Alcatraz Island，在圣弗朗西斯科湾）、碉堡角（Fort Point，在海湾入口处）、东南费拉隆岛（Southeast Farallon Island，在金门海峡以西约 25 英里处）、圣迭戈的洛马岬（Point Loma）、圣巴巴拉（Santa Barbara）的康塞普逊岬（Point Conception）、蒙特雷的皮诺斯角（Point Pinos）和加利福尼亚州北部边界附近的洪堡港（Humboldt Harbor）。唯一位于俄勒冈领地的灯塔计划建在失望角。

146　　　所有灯塔预定采用同样的设计方案，即在地面上建造一个守护人住所，然后从房屋中心向上加盖灯塔。考虑到这些地方的地形条件，灯塔都不用建得很高。东部海岸线上很多灯塔都是建在略高于海平面的地方的，所以灯塔本身要足够高才能让远处的人看到灯光；而西部海岸沿线的地形本身就高出海平面很多，所以相对较矮的灯塔也可以被提升到惊人的高度。如果说有什么问题的话，反而是要注意防止灯塔过高，否则经常笼罩着这一地区的较低云层或浓雾会遮住灯塔光线。实际上，这个原因还真造成几座灯塔不得不被改在海拔低一些的地方重建。

　　吉本斯和凯利在 1852 年 8 月 12 日这天从巴尔的摩派出大帆船"黄鹂号"（*Oriole*），船上载了 28 人及建造灯塔所需的除砖块和石料之外的全部建筑材料，因为砖石可以在建造地获得。"黄鹂号"绕过合恩角，于 1853 年 1 月末抵达旧金山。另一支走巴拿马线路前往旧金山的建筑队伍先于"黄鹂号"抵达，他们已经开始在阿尔卡特拉斯岛和碉堡角上修建地基了。没过多久，皮诺斯角和费拉隆群岛上的工程也开工了。不过，吉本斯和凯利的工人们在弗拉隆群岛遇到了一个问题，这个问题是由鸟蛋引起的。

　　费拉隆群岛的名字在西班牙语（*Farallón*）中的意思是"海上的石头小岛"，[16]不过这个地方还有一个更恰如其分的名字——"撒旦的牙齿"。[17]后一个名字是 19 世纪的水手对这里的称呼，它体现了该岛令人畏惧的模样和可能对船只造成的威胁。费拉隆群岛上有高耸的锯齿状花岗岩山峰和山脊，一直是许多野生动物的聚集地。在 19 世纪初期，俄国人和美国人到岛上捕猎，杀死了成千上万的海豹和海獭，然后将它们的皮毛卖到中国赚了大钱。俄国人还会在岛上捡拾一种被称作崖海鸦的鸟的蛋，因为整个岛几乎都是这种鸟的繁殖地。淘金热开始之后不久，崖海鸦的蛋就在加利福尼亚成了抢手商品。

19 世纪中期，加利福尼亚还没有多少鸡，这里的人在想吃煎蛋卷、蛋糕或任何以鸡蛋为原料的食物时都只能放弃这种美味或想办法找替代物。这时候就轮到崖海鸦登场了。 147
这种鸟的大小相当于小个儿的鸭子，它们的羽毛有着独特的黑白配色，这让它们看起来有点像企鹅，尤其是当它们在岛上摇摇摆摆地行走时就更像了。崖海鸦的肉并不好吃，但是它们产的卵和鹅蛋一样大，用来作鸡蛋的替代品完全没有问题。有些人觉得崖海鸦的蛋有点腥，还有一位 19 世纪评论者说这种蛋"营养丰富、口感好，总体来说受人欢迎——可以打进水里煮①、带壳煮、煎炸，或采用法国人掌握的几百种烹调方法中的任何一种进行加工"。[18]

当吉本斯和凯利的工人于 1853 年 4 月来到东南费拉隆岛时，太平洋蛋业公司（Pacific Egg Company）正在这里进行一项收益颇丰的买卖，公司在岛上捡拾了数以百万计的崖海鸦蛋，然后以一打 1 美元或更高的价格在旧金山出售，公司每年因此获得的收入高达 20 万美元。[19]捡拾鸟蛋的季节是 148

---

① 原文为"dropped"，这个词如今在新英格兰的部分地区依然有人使用，等同于"poached"，都是"水煮"的意思。

5 月初到 7 月中，每到这时，那些被称为捡蛋人的雇员就会来到岛上。他们穿着特制的"捡蛋服"，其实就是把巨大的棉质面粉袋剪开三个口后套在身上，头和双臂从开口钻出来，将袋口在腰部位置扎紧，再在袋子的前方剪出一个 V 形开口，捡到的蛋就从这里放进去。这种内部空间充裕的捡蛋服就像一个巨大的育儿袋，至少能装下 200 枚鸟蛋。捡蛋人穿的鞋也不是皮制鞋底的，而是用麻绳编成的嵌了钉子的特制鞋，为的是增加抓地力，可以让他们在陡峭、尖锐，通常还容易打滑的山坡上走得更稳。装备妥当之后，成群结队的捡蛋人就可以到岛上寻找鸟类巢穴，将里面的鸟蛋洗劫一空了。与此同时，还会有大批贪婪且吵闹的海鸥在人们的头顶盘旋，这些长着锋利的鸟喙和尖爪的家伙也是冲着鸟蛋来的，它们会抓住任何机会赶在捡蛋人把蛋都捡走之前俯冲向目标，叼走岛蛋。一天的捡拾结束后，人们要把收获的蛋装进篮子里，用盐水清洗干净并放到储藏鸟蛋的小屋里，然后将它们每周分几次地运送到旧金山的市场上。捡蛋工作也是有危险的，有些捡蛋人就是因为在山坡上没站稳，结果失足摔死了。[20]

太平洋蛋业公司自然而然地将这座岛视为自己的领地，不希望政府在这里建造灯塔，因为灯光会吓走鸟类，给原本利润丰厚的买卖带来影响。因此，捡蛋人拒绝让灯塔建造者上岸。当地的海关官员得知这一对立局面后，派遣了一艘海岸测量局的船前往该地，船上的一队全副武装的士兵很快就说服捡蛋人放弃了阻拦的打算。

然而，建造者在上岸之后马上就遇到了另一个问题。岛

第七章　变亮的灯光

上最适合修建灯塔的地方是高出海平面 348 英尺的山顶，但是山顶部分的面积太小，无法同时作为守护人居所和灯塔的地基。最终，建造者只在山顶建了灯塔，然后另选了一块接近水面的平地建造守护人的居所。这座灯塔的建造工程尤其艰辛。灯塔的墙壁是用从岛上就地开采的花岗岩垒起来的，岩石外面又砌了一层砖块。要将这些材料运上山顶，工人们需要攀爬 45 度至 65 度的陡坡。为了让这个过程轻松一些，建造者在山坡的岩石上凿出了超过 400 级台阶，打造了一条通向山顶的蜿蜒道路。但尽管有了这条路，工人们还是必须手脚并用地小心攀爬，否则就可能从 200 英尺高的地方摔下去，几乎必死无疑。一个人一次可以背四五块砖上山，到最后一段距离时，则必须使用锚机将砖块吊上山顶。虽然存在这么多困难，但是一座 41 英尺高的灯塔还是于 1853 年 8 月正式完工了。

接下来，"黄鹂号"继续向北前进，到失望角去建造灯塔。但是，在 9 月 19 日这天，帆船撞上了哥伦比亚河的沙洲——考虑到船上乘客的任务正是建造灯塔以避免船只遭遇此类事故，这样的结果不能不说是一个讽刺性的反转。虽然船上人员都获救了，但船上的货物无法挽回了。在接下来的几个月里，工人们又买了新船和物资，同时分成几个小组，分别到失望角、洪堡湾、康塞普逊岬和洛马岬建造灯塔。

截至 1854 年 8 月，最早的八座灯塔全部完工，不过只有阿尔卡特拉斯岛上的一座灯塔立即投入使用了，为这里定制的三型菲涅耳透镜是在 1854 年 6 月 1 日被首次点亮的。其他灯塔没能开始照明的部分原因是从法国进口菲涅耳透镜

南费拉隆岛（**South Farallon Island**）上的捡蛋人，他的捡蛋服里装满了崖海鸦的蛋，这幅画大约创作于 **19** 世纪晚期。

的过程出现了拖延，法国的制造商面临着超出他们生产能力的订单量，因为不仅是美国，其他国家以及法国国内的灯塔也都在购买透镜。除此之外的另一个原因是，部分灯塔的灯室面积太小。

原本的合同条款规定每座灯塔都要安装刘易斯的专利油灯和反射镜，所以灯室的大小也是根据那种装置的规格设计的。虽然财政部部长在"黄鹂号"起航前就已经修改了合同的条款，通知吉本斯和凯利说政府将为所有灯塔安装菲涅耳透镜，但是灯塔的建造参数本身没有得到修改。因为菲涅耳透镜比刘易斯的装置更高、更宽，所以就出了问题。这种计划与变化脱节的情况造成有些灯塔需要改造，至于南费拉隆岛、康塞普逊岬和失望角的三座则需要拆掉重建。毫无疑问，费拉隆岛灯塔的重建工作依然是最具挑战性的。

给费拉隆岛灯塔订购的一型菲涅耳透镜是于 1854 年 12 月由法国飞剪船"圣约瑟夫号"（*St. Joseph*）送达的，一起运抵的还有当地人热切期盼的法国葡萄酒。巨大的透镜被分装在 73 个板条箱里，有些箱子足有 67 立方英尺，相当于一个商用冷藏柜的大小。吉本斯和凯利的工人们立即意识到灯塔的灯室里装不下这么大的装置，所以这些箱子都被留在了码头上。直到第二年夏天，在工程师哈特曼·贝奇就任西海岸的灯塔检查员并亲临现场之后，这个问题才最终得到解决。

贝奇向自己的上级说明了第一次修建这座灯塔时遇到的困难，但是他自信地认为"无论有多大的困难"，他一定能够完成重建灯塔的任务。这个任务中存在的一个巨大障碍是透镜的零件必须被装在箱子里运上山顶，考虑到箱子的尺寸和"笨重的"形状，这恐怕算得上"最接近不可能"的任务了。贝奇说唯一的解决办法只能是修建一条通往山顶的之字形道路，然后由骡子驮着重物上山。当他在华盛顿的上司为需要花费的巨资而犹豫不决时，贝奇的回答是如果不修路，"灯塔上就永远点不了灯"。[21]最终，贝奇获得了资金，修了路，有了骡子，到 1855 年年底，重建完成的灯塔发出了明亮的光。

151

描绘加利福尼亚海岸外东南费拉隆岛上的费拉隆岛灯塔（Farallon Island Lighthouse）的画，创作于1856年前后。人们可以看到最高山峰顶部的灯塔。这幅画是由 T. E. 桑德格伦根据哈特曼·贝奇少校的草图绘制的。

1858 年，"卢卡斯号"（*Lucas*）因为浓雾迷失了方向，在费拉隆群岛附近撞船沉没之后，贝奇认定浓雾警报设施是必不可少的，他对这个问题的解决方式可以说是别出心裁。贝奇在南费拉隆岛的边缘位置发现了一个洞穴，洞穴顶部有一个开口。当天气条件非常恶劣，海浪很大又多泡沫的时候，拍到岸边的大浪就会涌进这个山洞，将洞中的空气猛地挤出去，由于唯一的出路只剩下洞穴顶部的开口，所以空气会以极高的速度从开口冲出来。利用这个天然存在的喷发式出气口，贝奇在洞穴开口处插了一个火车汽笛。当空气被挤出山洞的时候，汽笛就会鸣响。只要有大浪，这个新颖独特的浓雾警报器就会顺利地发出声响。不过，该设计存在几个固有的问题。很多时候，海上虽然风急浪高，但能见度并不差，可是这时候汽笛也会响；更不幸的是，很多时候虽然大雾弥漫，但海面上风平浪静，那么汽笛就不会响。此外，如果赶上潮水极低的时候，那么无论海上的情况如何，警报都

无法鸣响，因为只要洞穴的出口没有被海水完全堵住，空气
就可以从那里出去。这个独特但是无法被控制的警报装置一
直运行到 1875 年才被一场特别猛烈的暴风雨毁掉。又过了
五年，南费拉隆岛上才安装了一个全新的蒸汽动力警笛。[22]

到 1856 年年底，最初一批的八座灯塔都装上菲涅耳透
镜并投入使用了，不过到此时，西部海岸线上已经建起了其
他灯塔，这反映出加州南部以及北方的俄勒冈领地的迅速发
展。"黄鹂号"从巴尔的摩起航不久之后，国会就为剩下的
八座灯塔也拨发了资金，其中三座在加利福尼亚州的博尼塔
角（Point Bonita）、圣巴巴拉和克雷森特城（Crescent
City），另外五座在俄勒冈领地范围内的安普夸河（Umpqua
River）河口、史密斯岛（Smith Island）、新邓杰内斯沙嘴、
威拉帕湾（Willapa Bay）和塔图什岛（Tatoosh Island），塔
图什岛是美国本土（contiguous United States）的西北顶点，
如今这里被划入了华盛顿州。所有这后八座灯塔都是由灯塔
所在地的承包商建造的，到 1858 年年底已经全部投入使用。
　　事实证明，在塔图什岛上修建灯塔是最具争议的一项工
程，至少对于当地的玛卡印第安人（Makah Indians）来说
是如此。[23] "塔图什"（tatoosh）这个词在他们的语言中是
"雷鸟"的意思，这种鸟被当地人奉为神明之一。根据印第
安人的传说，这种想象中的神鸟一张嘴，就能发出雷鸣般的
叫声，还会有闪电划破天际。从远古时期开始，美洲原住民
就开始利用这个距离福拉德利角（Cape Flattery）约 3/4 英
里、面积为 18 英亩的小岛了。他们到这里打鱼、捕鲸、种

地、举行仪式，有时也在这里埋葬逝者。19世纪50年代初期，第一批来到岛上寻找适宜建造灯塔地点的测绘人员遇到了大约150名印第安人的阻拦，可以想见，后者对于白人到自己的岛上随意走动这件事很不高兴。测绘人员中的领队乔治·戴维森（George Davidson）担心印第安人会向他们发起袭击，所以修建了一道防护胸墙，还安排带武器的卫兵在墙后面站岗放哨，通过展示武力来维持和平的状态。

已经在这片地区生活了几千年的印第安人，和越来越多来到这里的美国人之间的敌意日益加深。当第二支测绘队伍于1853年夏天乘坐"活跃号"（*Active*）抵达岛上时，双方之间的紧张情绪再一次爆发了。当年早些时候，天花疫情造成玛卡人（Makah）的人口数量锐减，有超过五百人死于疾病，这个数目相当于该部落人口的一半。（这种疾病很可能是由美国的皮毛交易者传入的，印第安人称他们为"波士顿人"，因为很多交易者都来自那个城市。）这个毁灭性的打击加上新到来的大批白人让玛卡印第安人陷入了愤怒之中，他们迫切地想要发起进攻，为逝去的同胞复仇，同时也是为了保卫他们认为理应属于自己的土地。没过多久，一大批海达人（Haida）加入了他们的阵营，海达人因其在战斗中的勇猛凶残而闻名于世，为人们所惧怕。为了避免打草惊蛇，海达人还把自己装扮成交易者的模样。不过，无论印第安人是否有过任何关于发起袭击的想法，在装备了重型武器的"活跃号"使用船上的多架加农炮同时带有威胁之意地发射了炮弹作为警告之后，这种想法就全消失得无影无踪了。

第七章　变亮的灯光

后面发生的事可想而知，1855 年玛卡人与新近成立的华盛顿领地（Washington Territory）政府签订了《尼亚湾条约》（Treaty of Neah Bay），放弃了对于包括塔图什岛在内许多祖先留下的领地的权利。印第安人获得了 30000 美元，从此到一小块保留地中生活。虽然条约生效了，但是当工人们于 1855 年来到岛上建造灯塔时，这里的局势仍然非常紧张，随时可能爆发危机。印第安人在岛上四处游走，偶尔盗窃一些工具、食物以及工人们的财物。为了保护自己免受可能发生的袭击，工人们修建了一个碉堡，在里面囤积了毛瑟枪和火药——幸运的是情况并没有恶化到需要他们使用这些武器的地步。

虽然有印第安人的干扰，再加上天气情况一直不好，建筑材料也迟迟不到位，但塔图什岛灯塔（Tatoosh Island Lighthouse）还是于 1857 年 12 月底完工了。灯塔上配备了四名守护人，不过在最初的几年里，要留住他们可真是一件难事。灯塔开始运行仅六个月，就有五名守护人相继辞职。除了抱怨艰苦的生活条件和不足的薪水之外，守护人还担心自己会受到印第安人的攻击，因为后者时常会成群结队地来到岛上，甚至硬闯灯塔。灯塔里面的机械装置令印第安人着迷，因为这都是他们从未见过的东西。守护人的恐惧不是毫无根据的。印第安人袭击守护人的情况至少出现过两次，还有几次，他们威胁要杀死一名守护人。不过，新的守护人总会补充进来，再加上有美国军队时刻待命，如有必要就会采取行动，所以双方之间总算是维持了一种不稳定的休战状态。多年后，早已被征服的印第安人与守护人之间的摩擦渐

154

渐消失了，塔图什岛灯塔的名字也被改成了福拉德利角灯塔
（Cape Flattery Lighthouse）。

波士顿的著名律师理查德·亨利·达纳（Richard Henry
Dana）创作过一本轰动一时的成功作品，题为《航海两年》
（*Two Years Before the Mast*）。这本 1840 年出版的书记录了达
纳于 19 世纪 30 年代中期随双桅帆船"警戒号"（*Alert*）在
加利福尼亚海岸沿线收购和加工牛皮的经历。从他的叙述
中，人们能够感受到西部海岸地区发生的巨大转变。多年
后，作者在为这本书补充的附录中回忆说，"警戒号"第一
次驶入"巨大而荒凉的圣弗朗西斯科湾"时，那里没有任
何人类定居的迹象，而且"整条加利福尼亚海岸线上没有
一座灯塔或信标，甚至连一个浮标都没有"。不过 1859 年达
纳重返旧金山时，那里已经成了"全球商业活动的重要中
心"。他还写道："距离这里几英里之外的大海上，在费拉
隆群岛荒无人烟的岩石上，一座世上造价最昂贵、照明效果
最好的灯塔正发射出耀眼的光芒。当我们靠近金门海峡后，
又有另一座灯塔进入了我们的视线。"达纳沿着海岸继续航
行到康塞普逊岬时天色已暗，他说自己看见"最外侧的山
峰顶部有一座高耸的灯塔，从那里射出的令人愉悦的光线照
亮了海面"。[24]

在西部海岸和得克萨斯州建造灯塔只是范围更大的、同
样激动人心的巨大变革的一部分。灯塔委员会在相对不长的
时间里就将运行不畅、管理不善的灯塔体系转变为了高效、
实用并受人赞颂的国家照明系统。1856 年，美国拥有的灯

位于加利福尼亚州圣巴巴拉的康塞普逊岬灯塔（Point Conception Lighthouse），创作于 1856 年前后。在画面前方，人们正在赶着马和牛拉的车把用来发出浓雾警报的铃铛运送到灯塔上。这幅画是由 T. E. 桑德格伦根据哈特曼·贝奇少校的草图绘制的。

塔数量是大不列颠的两倍，是世界上其他所有国家拥有的灯塔数量总和的近 1/3。在这个充满政治动荡的十年接近结束之时，美国的灯塔数量增加到了 425 座，比起灯塔委员会接手时的 325 座有惊人的增长。[25]此时几乎所有灯塔都安装了菲涅耳透镜。如莱维特指出的那样："在短短几年里，美国从拥有［菲涅耳透镜］数量最少的国家……一跃成为拥有数量最多的国家，而且领先的程度还非常惊人。"[26]

　　莱奥诺·菲涅耳虽然身在法国，但是也观察到了这样的变化，并为美国的成就感到震惊。"灯塔委员会只用这么短的时间就在灯塔体系方面实现了惊人发展，这令我瞠目结舌。实际上，根据我以往的经验，我很清楚在如此广阔的海岸地区建起如此完善的体系需要付出多少精力、做多少工作。"[27]此时的灯塔不仅有更亮的灯光，而且运行的费用更低了，这与普莱曾顿宣扬的一切恰恰相反。依据灯塔委员会在

156

1852 年提交的报告中做出的预测，透镜产生的光的强度是被取代的反射镜产生的四倍以上，但消耗的灯油只是原来的 1/4。[28] 因此，随着时间的推移，使用透镜节省下来的费用将抵销为购买和安装这些设备而支出的成本。

在被固执己见的官僚体制和目光短浅的政府官员拖累多年之后，美国的灯塔如今终于达到了应有的水准，不过在这段取得了不少成就的时间里，麻烦将至的征兆早就隐约可见。北方和南方各州之间的冲突已经酝酿了不短的时间，在奴隶制问题上不可调和的分歧更让这种冲突接近了名副其实的沸点，联邦面临着一分为二的危险。在美国内战正式爆发之后，美国的很多灯塔成了这场美国历史上最血腥的战争中的攻击目标，也是各种受损的战略资源中的一项。

第八章
"所有东西都被毫无顾忌地毁掉了"

　　1861 年 12 月，南方邦联军队将查尔斯顿灯塔炸成了废墟，现场只剩下一堆碎石瓦砾。这张达盖尔银版照片拍摄于 1863 年夏。

　　在美国历史上，没有哪次总统选举引发的政治后果比亚伯拉罕·林肯参加的这次更大。这位公开反对奴隶制扩张的总统于 1860 年 11 月 6 日当选。竞选过程中标志性的尖锐斗争在接下来的时间里变本加厉，长期以来在暗中发展的分离主义也走向了公开化。没有什么地方比南卡罗来

158　纳州更深刻或更强烈地感受着这种趋势。南卡罗来纳州在林肯当选六周之后的 12 月 17 日召开了脱离联邦的大会，谁都知道这个州必将从合众国脱离出去，且当这一天到来时，南卡罗来纳州会要求控制本州境内所有联邦资产。这一点让驻守在查尔斯顿的灯塔总检查员、海军中校 T. T. 亨特（T. T. Hunter）深感担忧。鉴于此，亨特于 12 月 18 日给灯塔委员会写信，询问在州政府要求接管灯塔时自己应当怎么做。[1]

　　财政部部长代表委员会回答了这个问题，他简略地告诉亨特说，虽然财政部无法对他做出任何详细的指示，但是亨特仍然对于自己管辖区域内所有灯塔依法负有责任。这种"你只能靠你自己"的回复无疑令亨特感到震惊，它实际上是在说亨特有义务独自抵抗一个对于联邦政府充满敌意的州政府，如果他屈服投降，他就要承担因此造成的损失。

　　不过，委员会中有一个人知道亨特应该怎么做，这个人就是海军中校拉斐尔·塞姆斯（Raphael Semmes）。塞姆斯参加过美墨战争，在 1858 年被任命为委员会秘书之前，他曾担任加勒比海和墨西哥湾海岸沿线灯塔的检查员。塞姆斯是第一个看到亨特的信的人，他立即给财政部部长菲

159　利普·F. 托马斯（Philip F. Thomas）写了一份报告，论证应当将灯塔交由州政府接管的必要性，还说"由联邦政府在违背当地人意愿的情况下，随意控制南卡罗来纳州海岸上的灯塔"将是一个巨大的错误。[2]塞姆斯的想法当然是顺应南卡罗来纳州居民愿望的，考虑到他的忠心属于哪一方

以及他关于自己未来的秘密计划，他会如此提议是再合理不过的了。

拉斐尔·塞姆斯，创作于 1862 年前后。

于 1809 年出生在马里兰州查尔斯县（Charles County）波托马克河（Potomac）岸边的塞姆斯身材瘦小，体重大约130 磅，身高大约 5 英尺 7 英寸，比当时的平均身高略矮一点。他有一双灰色的眼睛，目光深邃，下巴上只留了一小撮山羊胡，嘴唇上方的八字胡却非常显眼，向两边伸展的长度都超出了他的脸颊，胡须末梢还打了蜡，拧成尖尖的样子。他经常修剪自己的胡须，好让它们保持恰当的造型。塞姆斯的性格冷静、强硬，再加上才智超群，所以总令他身边的人对他充满敬意。[3]

1841 年，塞姆斯和他的家人搬到了亚拉巴马州，他对于美国南方腹地可以说是一片忠心。虽然他并不认为北方和南方非要通过开战来实现分离，但是林肯的当选让他深信双方已经没有和解的希望了。当分裂出现时，塞姆斯就计划忠于自己的信念，从联邦政府辞职。早在亨特的信被送到塞姆斯的办公桌上一周多以前，塞姆斯就给后来的南方邦联副总统亚历山大·H. 斯蒂芬斯（Alexander H. Stephens）写过一封信，请求他在时机到来之时支持自己加入"南方共和国海军"。塞姆斯对斯蒂芬斯说："我现在还保留着我在灯塔委员会中的职务，照常履行我的职责，但是我的心中充满期待，随时等待着即将爆发的大分裂发出第一声召唤。"[4] 他所期盼的大分裂过不了多久就会真的爆发了。

因为对林肯充满了强烈的憎恨，南卡罗来纳州于 12 月 20 日成了第一个宣布退出联邦的州。到 12 月底，查尔斯顿港的局势变得非常紧张。负责领导该区域内联邦军队的罗伯特·安德森少校（Maj. Robert Anderson）将军队集结在当时尚未完工的萨姆特堡（Fort Sumter）。这座堡垒是一个三层的五边形防御工事，建在港湾出口处用成千上万吨花岗岩堆成的人造岛上。安德森选择这里是因为相信在本方人数处于相对劣势的情况下，据守堡垒是抵挡来自已经在海岸沿线部署好阵地的南卡罗来纳州军队的攻击的最有效方式。

南卡罗来纳州州长弗朗西斯·皮肯斯（Francis Pickens）是富有的地主，曾经担任美国驻俄国大使一职。因为担心华盛顿会向萨姆特堡派遣增援，皮肯斯决定想办法给援军的航行创造尽可能多的困难。为此，他撤掉了海岸边所有的浮

标，下令自己的军队控制住分布在港口内外的平克尼堡
（Castle Pinckney）、沙利文岛（Sullivan's Island）和莫里斯
岛的三座灯塔，并关闭灯塔的照明设施。皮肯斯还命令亨特
离开南卡罗来纳州，后者在 1 月初照做了。（不过灯塔委员
会最终并没有让亨特为灯塔失守承担责任。）[5]

　　皮肯斯等待的但又让他畏惧的联邦援军于 1861 年 1 月
9 日午夜刚过时抵达。士兵们乘坐的"西方之星号"（Star
of the West）是一艘被军队租下来的民用蒸汽船，是四天之
前从纽约市起航的。港口内唯一还在照明的灯塔是由安德森
少校的军队控制的萨姆特堡灯塔，但那里安装的是四型菲涅
耳透镜，仅靠这一点亮光还不足以指引"西方之星号"通
过城市东南方大约 8 英里之外的一片隐藏在水面之下的查尔
斯顿沙洲（Charleston Bar），不敢冒险的蒸汽船只好等到天
亮以后再继续前进。[6]

　　"西方之星号"的起航本应是保密的，但是这次行动的
消息被媒体知晓了，所以南卡罗来纳州早就做好了准备。皮
肯斯担心莫里斯岛可能会被北方军队占领，所以早就将那座
灯塔上的一型菲涅耳透镜拆下来埋进了沙子里，让敌人无法
利用这些设备。[7]"西方之星号"刚接近港口，南卡罗来纳
州的军队就开始使用加农炮射击，炮弹虽然两次击中目标，
但是造成的损失并不大。因为"西方之星号"没有预见会
遭受攻击，也根本不能组织防御，所以船长决定掉转船头返
回纽约了。

　　在接下来的几个月里，安德森的军队继续在萨姆特堡与　161
数量持续增长的集结到港湾边缘的南方军队对峙。与此同时，

被后人称为南方邦联的政权正式成立了。到 2 月初，又有包括亚拉巴马在内的六个州退出了联邦，此后邦联还设法制定了一份临时邦联宪法，这份文件将于一个月之后被正式采纳。

2 月 14 日下午晚些时候，塞姆斯正和家人一起在位于首都华盛顿的家中。虽然他还在忙于联邦政府的事务，但他对于联邦已经不再抱有任何忠心。塞姆斯不过是在等待行动的时机而已，而此时送来的电报将彻底改变他的人生轨迹。美利坚联盟国的临时海军事务委员会希望塞姆斯尽快前往蒙哥马利。塞姆斯后来写道："这正是我一直热切期盼的召唤。如今退出联邦已经成为现实，我开始行动的时机已经到了。"当天晚上，塞姆斯就给委员会回信说自己会"立即"前往。[8]

第二天一早，塞姆斯切断了自己与北方的所有联系。首先，他向美国海军提交了辞去中校军衔的申请。其次，他向灯塔委员会递交了辞呈，就在两天之前，他刚刚从委员会秘书升职为代表海军的两位主要委员之一，原因是原来担任此职务的一位委员去世了。塞姆斯写给委员会的书信措辞亲切，感谢了委员们多年来对他以礼相待，不过收信方的反应就冷淡得多了。塞姆斯将此部分归因于委员会中还有其他来自南方的委员，比如委员会主席舒布里克准将。他是南卡罗来纳州人，而且也收到了邦联恳求他加入的邀请，不过他决定留在北方，这样的选择在塞姆斯看来当然是应当受到极度鄙视的。[9]

塞姆斯与自己出生在俄亥俄州的妻子及家人含泪告别，独自踏上了前往蒙哥马利的路程，他的家人在接下来的几年里将留在辛辛那提生活。在蒙哥马利的南方邦联总统给塞姆斯安排的任务是到纽约为南方购买武器。那个时候战争还没有真正爆发，南方人和北方人还可以相对自由地前往美国境内的任何地方并进行交易。于4月4日返回蒙哥马利之后不久，塞姆斯被任命为邦联灯塔管理局局长，这个部门是在一个月之前根据塞姆斯本人的建议而创设的。[10]后来他回忆说，他还没来得及安定下来并任命几名办事员，"南方邦联就向萨姆特堡发起了攻击，战争的警报由此拉响了"。[11]

162

1861年3月4日①，林肯在他的就职演讲中宣称他会使用自己的"权力"来"保留、占领和占有属于政府的领地和财产"。[12]在他看来，这里所说的领地之一就是萨姆特堡，但眼下的一个急迫的问题是安德森少校及其部下已经在那里坚守了数月，如果他们不能马上获得增援，那么他们就只能选择投降。4月4日当天，林肯安排了一艘没有携带任何武器的运输船在武装护卫舰的陪同下给萨姆特堡运送物资。林肯不想刺激南方借机宣战，所以他告诉杰斐逊·戴维斯（Jefferson Davis）说这是一次纯粹的人道主义行动，武装护卫舰只有在运输船受到攻击的情况下才会发动反击。然而，戴维斯的政府已经决定他们不能让萨姆特堡重新落入北方的控制，因为如历史学家詹姆斯·麦克弗森（James McPherson）指出的那样："只要还有外部势力控制着位于南

---

① 直到1933年美国宪法第二十修正案获得通过之后，总统就职日才被提前至1月20日。

方邦联重要港口中的堡垒，南方邦联就无法被视为一个能够独立生存的国家。"[13]4 月 12 日凌晨 4 点 30 分，南方邦联向萨姆特堡发起了猛烈的炮火攻击，严重地毁坏了堡垒的大部分建筑，安德森的队伍在抵挡了 34 个小时之后举白旗投降。自此，美国历史上最血腥的战争爆发了。

　　塞姆斯知道自己该做什么。他讨厌坐在办公桌后，他渴望的是获得军事上的荣耀，尤其是在他挚爱的南方已经打响了战争的第一枪之后；他终于可以投身于一项他坚信的事业了。"灯塔管理局已经不再是我要考虑的事了，"塞姆斯后来写道，"如今已经到了任何举得起刀枪的人都必须拿起武器保卫自己的国家的时候，因为大批的北方佬正在威胁我们的安全，和平时期的事只能留到未来再谈了。"[14]4 月 18 日，塞姆斯从刚刚由他创立的邦联灯塔管理局辞职，接受了南方邦联军舰"萨姆特号"（CSS *Sumter*）的指挥权，这艘船也是初成立的南方邦联海军仅有的几艘船之一。在接下来的几年里，塞姆斯还兼任了南方邦联军舰"亚拉巴马号"（CSS *Alabama*）的船长。他指挥着这两艘船在公海上侵扰北方联邦的商船，被他截获或烧毁的舰船总数超过 86 艘，这让他成了南方人心中的英雄，同时也成了北方人眼中的恶棍。

　　塞姆斯辞职的第二天，林肯宣布封锁从南卡罗来纳州到得克萨斯州的大部分南方海岸线。八天之后，他又将封锁范围扩大到将弗吉尼亚州和北卡罗来纳那州的海岸线也包括在内，这两个州分别是在 4 月 17 日和 5 月 20 日宣布退出联邦的。北方的目标并不是封锁绵延 3500 英里的整条海岸线，而是堵死几个重要的南方港口，以此切断南方进口它需要用

163

来发动战争的物资的途径，包括进口武器、铁、机器、药物和食物的途径，同时还能阻止南方向外输出松节油、烟草等产品，尤其是作为南方最主要收入来源的棉花。

南方对于封锁的应对方式就是关掉灯塔的照明，这和美国在1812年战争中的做法一样，也和更早时候的殖民地人民在美国革命中的做法一样。现有的记录无法说明这样的命令到底是由灯塔管理局还是地方军事领导下达的，也可能是双方下达了同样的命令。无论下达命令的是谁，这个命令肯定是出于战略考量下达的。南方邦联派出的那些偷偷通过封锁线的船都很熟悉海岸地形，能够在漆黑的夜晚飞快地驶入或驶出港口，沿海岸航行时也不需要依靠灯塔照明来辨别航向或避开危险。而联邦的舰船对于这里就没那么熟悉了，漆黑一片的海岸让北方陷入了非常不利的境地。没有灯塔的照明，联邦舰船在航行时会遇到更多困难，甚至面临着失事的危险，所以很难落实大规模的封锁计划。虽然熄灭灯塔灯光符合战时逻辑，但是有些灯塔守护人对于执行这样的命令是抵触的。灯塔存在的意义是协助水手航行，这一点对于守护人来说是非常严肃的。熄灭灯塔的行动有违他们的职业操守，对于某些守护人来说甚至有违他们的道德理念。尽管如此，大多数守护人还是立即遵从了命令，还有几个地方的灯塔则是由军队直接派人熄灭的。最终的结果是，到4月底时，整条南方海岸线在夜间几乎陷入一片漆黑。[15]

不少北方人在谴责这种玩忽职守的行为。当时非常流行的周刊《弗兰克·莱斯利的插图报》(*Frank Leslie's Illustrated*

Newspaper）上刊文写道："邦联政府对于人命的残忍漠视一直是其最突出的特点，继炮轰萨姆特堡之后，他们又抱着同样的心理熄灭了所有在其控制范围之内的灯塔。"[16]不过，在南方人看来，这样的做法并不是出于"对于人命的残忍漠视"，而是在战争的紧急状态下做出的合理决定，更何况这个决定还被证明是非常明智的。依据特雷莎·莱维特的观察："漆黑的海岸让联邦方面举步维艰，因为搁浅事故损失的船比这场战争期间所有海战之中损失的船加在一起还多。"[17]

灯塔被熄灭之后不久，邦联的灯塔管理局就下令将灯塔里的油灯、旋转装置，尤其是最贵重的菲涅耳透镜等物品全部转移，以确保这些财产的安全。这也是一个出于战略考量的决定。邦联转移这些物品有两个目的：第一，确保这些物品不会落入北方佬之手，那样就算联邦夺回对南方灯塔的控制，他们也很难让灯塔恢复照明；第二，保证灯塔设备的安全，如果邦联能够如他们自己强烈坚信的那样最终赢得战争的话，他们就可以迅速恢复灯塔的运行，让灯塔重新为促进对于南方来说至关重要的商贸活动做出贡献。在很多灯塔上，守护人、海关官员和军队人员一起转移了所有物品，然后将它们运到内陆的仓库中或是存放到灯塔附近的地方，还有些人选择将物品埋在土里，甚至是河床之下。[18]

165　　在南北双方持续对峙期间，南方的灯塔被卷入了战局。有一些成了战斗的争夺焦点，有一些被点火焚烧或炸毁，还有一些遭到了其他方式的肆意破坏。北卡罗来纳州高耸的哨岗、屹立在东部海岸线上的哈特勒斯角灯塔就是最先遭遇此类破坏的灯塔之一。

在战争期间，哈特勒斯角仍然是这个国家的海岸线上最危险的一段。联邦海军不少于 40 艘军舰在这片区域里搁浅过，以至于有人打趣说"再多几个浅滩，也许南方就能赢得战争了"。[19] 然而，遭受损失的不仅仅是海军。1861年 4 月哈特勒斯角灯塔停止照明之后，这个海角对于北方的商船也变得尤其危险，在这里失事的商船数量开始增多。从里约热内卢出发驶向纽约的"林伍德号"（Linwood）就是受害者之一。这艘船上装载了 6000 袋咖啡，在 7 月 17 日午夜时分航行到哈特勒斯角附近。"林伍德号"的船长安排了一名船员注意寻找灯塔发出的光线，希望借此指引他的船安全通过这片危险的水域。如船长后来作证时说的那样，就是"因为灯塔没有亮，'林伍德号'才沉没的"。[20]

商人和为船只提供保险的公司就这些事故向政府官员提出了强烈的抱怨，并要求政府尽快恢复哈特勒斯角灯塔的照明。联邦官员对于这些要求非常上心，他们自己也很想恢复灯塔照明，更何况他们还有其他希望控制哈特勒斯角，尤其是哈特勒斯水道的理由。这条位于哈特勒斯角和奥克拉科克群岛（Ocracoke Islands）之间的狭窄通道能够联通大西洋和帕姆利科湾（Pamlico Sound）。南方邦联组建了一支所谓的"蚊子舰队"，它得名的原因是组成舰队的军舰都是一些小型炮舰。几个月以来，属于该舰队的几艘南方军舰一直在这条水道上突袭北方商船并将商人劫为人质，这样的情况引发了北方海运行业的愤怒。除此之外，这条水道对于邦联来说还是一条重要的物资运输通道，切断这一通道将大大提升北方的士气。为了消除这片被北方联邦海军部长吉迪恩·韦尔斯（Gideon Welles）称为"海盗老窝"[21]的水域中存在的威胁，重新控制灯塔并恢复灯塔照明，切断南方供给通道，美国海军于1861年8月派出了七艘军舰前去占领哈特勒斯角。

舰队抵达之后向哈特勒斯堡和克拉克堡发起了进攻。这两个堡垒都是邦联最近才在哈特勒斯水道附近修建的，目的就是为了守卫这条航线。不过这两个堡垒都很简陋，外墙是用泥沙堆积的，外面覆盖着一层木板和一些水草草皮。尽管堡垒里的士兵尽了最大努力坚守自己的阵地，无奈双方实力差距过于悬殊。堡垒里的加农炮比较小，射程也很有限，炮弹打出去之后在距离联邦军舰还很远的地方就落进了水里，根本无法造成杀伤。相较之下，军舰上的加农炮要大得多，还能发起密集的炮火攻击，在仅仅三个小时之内，它们就向哈特勒斯堡发射了3000枚炮弹。到8月29日，也就是联邦舰队发动猛攻的一天之后，两个堡垒都投降了，战斗也就此结束。[22]

就残酷的内战来说，对哈特勒斯水道的争夺不过是一场很小的战斗，但是它是联邦第一场真正的胜利，所以对于北方来说还是意义重大的。据传闻说，当林肯被从睡梦中叫醒，听取了有关战斗情况的汇报之后，他穿着睡衣就冲进了内阁会议室，还兴奋地跳了一段吉格舞。[23]另一位向

《纽约晚报》（*New York Evening Post*）提供信息的联邦军官就这场战斗的重要性发表了自己的观点。他称哈特勒斯角"是一个对于我们而言极其重要的地点。那里位于北卡罗来纳州的关键位置，对于该地以南和以北的港口都很重要……控制了这个港口，我们就可以方便地点亮哈特勒斯角灯塔了"。[24]

可惜，这位军官话说得太早了：哈特勒斯角灯塔里的一型菲涅耳透镜在夏天更早些时候就被拆除了。因此，联邦海军中校 S. C. 罗恩（S. C. Rowan）想要马上重新点亮哈特勒斯角灯塔的愿望是无法实现了。他在给韦尔斯的信中写道："我很想让哈特勒斯角灯塔重新发光，但是让我非常遗憾的是这里的透镜已经被拆除，现在可能被藏到［北卡罗来纳州的］华盛顿或罗利（Raleigh）去了。"[25] 寻找透镜的行动还没有来得及展开，哈特勒斯角灯塔本身的安全就受到了威胁。

9 月底，带领联邦军队驻守哈特勒斯堡的拉什·C. 霍金斯上校（Col. Rush C. Hawkins）听说，聚集在此地以北的罗阿诺克岛（Roanoke Island）上的南方邦联军队正在计划夺回哈特勒斯角。为了挫败这场袭击，霍金斯带领印第安纳州第二十团的一支 600 人的队伍向北部一个叫奇卡玛卡米克［Chicamacomico，即今天的罗丹特（Rodanthe）］的小镇进发。这个小镇大约位于哈特勒斯水道和罗阿诺克岛中间。队伍出发后不久，北方联邦的"范妮号"（*Fanny*）拖船也被派遣到奇卡玛卡米克镇为这支队伍提供补给，结果拖船被邦

联军舰截获。驻守在罗丹特的南方邦联中校 A. R. 怀特
（A. R. Wright）在审问了"范妮号"上的联邦士兵之后确信
奇卡玛卡米克镇的军队正在计划袭击罗丹特。事后人们才知
道，无论是联邦还是邦联军队原本都没有攻击另一方的打
算，但是双方持有的各种错误的假设最终引发了一场奇特的
追逐战。[26]

怀特认为有效的进攻是最佳的防守，所以他计划将佐治
亚州第三团派遣到奇卡玛卡米克镇以北，再让增援的北卡罗
来纳军团士兵从奇卡玛卡米克镇以南登陆，从而对印第安纳
州第二十团形成夹击之势。一旦他们控制住这里的联邦军
队，怀特还计划继续南下到哈特勒斯角，毁掉那里的灯塔，
然后夺回哈特勒斯堡和克拉克堡。

不过，事情并没有向怀特希望的方向发展。10 月 5 日
这天早上，霍金斯看到一些邦联的船从北面向自己驶来，另
外一些则向南面驶去，他意识到邦联军这是想要包围自己的
队伍，于是立即下令向哈特勒斯角撤退。邦联的佐治亚州第
三团登陆之后就开始追击已经撤退的印第安纳第二十团。

因为联邦军队原本是要等着"范妮号"拖船增援的，
所以他们在前往奇卡玛卡米克镇时只随身携带了一天的物
资。结果就是他们不得不在几乎没有食物和水的情况下，忍
受着格外炎热的秋季艳阳的炙烤，艰难地从沙滩上撤退。一
名印第安纳州士兵回忆说："起初的 10 英里非常困难，我
168 们没有水，也不习惯长途行军，沙子很厚，每走一步脚都会
陷进沙子里。随着队伍的前进，不断有步履蹒跚的人掉队，
摔倒在被晒热的沙滩上。"[27]

印第安纳州第二十团的联邦士兵在哈特勒斯角灯塔塔底周围驻扎。

计划从南面登陆的另一部分北卡罗来纳士兵根本没能登陆，因为运输他们的那艘船在离海岸还很远的地方搁浅了，这让印第安纳州第二十团有机会在午夜时分赶回灯塔。他们用 15 个小时行进了 28 英里。一名士兵说："我们在这里找到了水，然后利用灯塔为堡垒，当晚就在这里驻扎了下来。"[28] 与此同时，一路追赶的佐治亚州第三团士兵同样精疲力竭，他们在灯塔以北 6 英里的地方扎营了。

第二天早上，纽约州第九团赶到了灯塔，形势发生了逆转。两支联邦军队如今联合起来掉头追击佐治亚州的队伍，佐治亚州的队伍被迫撤退回了奇卡玛卡米克镇，此后联邦军队停止了追赶，再次返回了哈特勒斯堡。这场维持了两天的追击虽然兴师动众，但是没有产生任何实质性的军事后

169 果，后来历史学家将这一事件称为"奇卡玛卡米克赛跑"。邦联最终撤回到罗阿诺克岛，在内战余下的时间里，哈特勒斯角灯塔一直处于联邦的控制之下。

然而，让北方大批保险公司董事长感到惊慌失措的是，灯塔仍然不能发光照明。这些人在 1861 年 10 月初给灯塔委员会写信，指出哈特勒斯角"是我们国家海岸线上的一个非常重要的位置，人们迫切渴望灯塔尽快恢复照明"。[29]虽然人们提出了这样的请求，但是灯塔依然要再过好几个月才会重新发光，这主要是因为战争形势始终动荡，包括灯塔委员会在内的联邦官员都担心如果重新点亮灯塔，邦联军队可能会来袭击并摧毁灯塔。[30]

到 1862 年 3 月中，越来越多的北卡罗来纳州海岸地区回到了联邦的控制之下，委员会决定是时候重新点亮哈特勒斯角灯塔了。灯塔工程师 W. J. 纽曼（W. J. Newman）被派往哈特勒斯角评估那里的情况，他发现那里被拆除的只有一型透镜和油灯而已，至于透镜基座、底盘和旋转装置都完好无损。虽然委员会想要给纽曼提供一套一型透镜，但他们能搜集到的最好的设备就只有一套二型透镜。装置最终于 5 月初被送到哈特勒斯角，到 5 月底，纽曼的团队将透镜安装好，透镜开始运行，这令保险公司、船主和联邦海军都感到非常高兴。一年之后，二型透镜被换成了从法国进口的一型透镜，照明效果获得了进一步提升。[31]

在委员会决定重新点亮哈特勒斯角灯塔的同时，联邦海军也开始搜寻原本安装在这里的那套被转移走的透镜。[32]有

第八章 "所有东西都被毫无顾忌地毁掉了"

人给联邦军队提供消息说透镜在北卡罗来纳州的华盛顿。帕姆利科河（Pamlico River）的入海口在哈特勒斯角正东方，沿这条河向上游走 25 英里就能到达这个叫华盛顿的小镇。然而，当海军派出的队伍于 3 月 21 日抵达这个小镇时，被盗走的透镜已经不在这里了。

1861 年夏，从灯塔上拆下来的透镜确实被转移到了华盛顿，储存在一个名叫约翰·迈尔斯（John Myers）的商人兼造船者的仓库里。本地的灯塔监管人，同时也是一位药剂师的 H. F. 汉考克（H. F. Hancock）负责看管透镜。然而，当联邦军队开始向华盛顿进军时，镇上的邦联军队和居民都逃走了，汉考克也不例外。

这样的情况令迈尔斯很为难。如果把透镜留在仓库里，联邦军队肯定会找到它，对于效忠南方的迈尔斯来说，他甘愿付出任何代价来避免这个结果的发生。所以，就在联邦军队抵达华盛顿仅仅数小时之前，迈尔斯把透镜的所有部件装进箱子，运上舷外轮驱动的轮船"莫尔黑德州长号"（*Governor Morehead*），并亲自护送这些货物向上游 50 英里之外的塔尔伯勒（Tarboro）驶去。

联邦海军中校罗恩听说透镜被运送到塔尔伯勒之后，要求邦联的人将透镜送回，还威胁说"除非当地官员返还透镜，否则我不会承诺保护华盛顿居民的安全"。[33] 罗恩还给他的上级写信说"如果那里的人不把透镜交出来"，自己就带领军舰前往塔尔伯勒，他会"把他们吓到鞋都掉了"。[34] 虽然放下了这样的狠话，但是罗恩并没有真这么做，那些透镜也得以继续行进在它们那向着内陆前进的令人惊奇的旅程上。

　　船行至塔尔伯勒之后，迈尔斯将透镜交给了邦联陆军军需官乔治·H. 布朗（George H. Brown），后者马上给位于里士满的邦联灯塔管理局写信，敦促他们派人来接管这些透镜。布朗还指出，他已经听说联邦军队会使用武力夺回这些透镜，甚至有联邦军官威胁说"如果再不收到这些装置，他们就要毁掉华盛顿镇"。[35] 如果不把透镜转移到安全的地方，布朗担心塔尔伯勒会成为联邦为夺回透镜而进行的军事行动的下一个目标。

　　邦联灯塔管理局派出的人叫 J. B. 戴维奇（J. B. Davidge），一个比起履行自己的职责来说显然更愿意到当地酒馆里喝酒的无赖。他很快就带着用来转移透镜的公款潜逃了。幸运的是，布朗没过多久就结识了一位"非常有责任心的绅士"。[36] 大卫·T. 泰洛（David T. Tayloe）是华盛顿镇的医生，他从镇上逃出来后打算前往靠近弗吉尼亚州边界的北卡罗来纳州汤斯维尔（Townsville）郊外的爱尔兰种植园（Hibernia Plantation）和自己的家人会合。泰洛答应只要给他提供运输工具，他就愿意义务护送透镜转移。邦联马上为他征用了一节火车车厢，将透镜上的棱镜装到 44 个盒子和两个箱子里，除此之外还有 64 个铸件、14 个卡具和两张铜薄板也都被搬上了火车，这些都是透镜的部件。[37]

　　1862 年 4 月 14 日，泰洛带着这些宝贵的货物启程，历经五天艰难的旅程才抵达汤斯维尔。这比预计的时间长很多，因为铁道已经破旧损毁，中途还要换一次车。泰洛到达目的地并和自己的家人团圆之后，马上给灯塔委员会写信，证明了他的确是一个值得信任且有责任心的人。他在信中说，"我已经把装置转移到了乡下的一个不错的仓库里，将其安全妥善地保存起来了"。[38]这些透镜就在那里一直被藏到战争结束。

在1861年8月联邦军队攻打哈特勒斯堡前不久，在佛罗里达州还上演了另一出灯塔大戏。[39]被联邦灯塔委员会称为"一群无法无天之徒"的人自行决定了灯塔的命运。[40]事件最初发生在位于洛克萨哈奇河（Loxahatchee River）北岸的一座小山上的朱庇特水道灯塔（Jupiter Inlet Lighthouse）。灯塔的首席守护人约瑟夫·帕皮（Joseph Papy）和他的一个名叫奥古斯塔斯·奥斯瓦尔德·兰（Augustus Oswald Lang）的助手发生了严重的分歧。兰是坚定的邦联支持者，他注意到整个南方的灯塔都出于战略目的被熄灭了，所以他反复要求帕皮也照做。不过帕皮拒绝了，他说除非收到灯塔委员会的命令，否则他绝不会熄灭灯塔。有些同时期的人认为帕皮不肯妥协并不是为了遵循规章制度，而是因为他希望继续领取联邦政府支付的工资和提供的补给。不管原因为何，帕皮的立场令兰这个坚定的南方效忠者怒不可遏，兰先是在8月9日提出了辞职，然后向北走了40英里去找詹姆斯·E.潘恩（James E. Paine）讨论这个问题，潘恩也是一个忠诚的南方人。两人很快就决定先发制人，如果帕皮不肯熄灭灯塔，那么他们就自己动手。

8月15日，兰、潘恩和詹姆斯·惠顿（James Whitton）一起来到朱庇特水道灯塔。帕皮要求他们说明来意，在得知

172

这伙人的企图之后，他又问是哪一方政府批准他们这样做的。潘恩后来在给南方邦联财政部部长的信中写道："我告诉他我们是以邦联公民的身份来到这里的，我们要履行对自己国家的义务……我们的行动会受到我们国家的认可。"[41]对方人多势众，还带了武器，所以帕皮只能看着这伙突袭者关闭了照明设施。突袭者的战略目标只是熄灭灯光，因为如果南方胜利，邦联也希望灯塔能够立即恢复运行。几个人后来回忆说，"我们没有破坏任何财物，那里的照明设施是旋转型的，非常昂贵，我们只是取走了足以让机械装置无法运行的部件"，然后将这些零件、各种工具和灯油锁在了灯塔附近的一个棚屋里。[42]

这伙人的下一个突袭目标是位于更靠南的比斯坎湾的佛罗里达角灯塔。这次，帕皮的另一名助理弗朗西斯·A.艾维（Francis A. Ivey）也加入了突袭队伍。虽然潘恩没有参与，但是兰、惠顿、艾维和另一个人一起，时而步行，时而乘船，最终抵达了大约90英里以外的灯塔。这段艰辛的旅程足以验证他们对南方邦联的忠心，一路上他们几乎没带什么食物，而且不是顶着烈日炙烤就是被暴雨淋透。

兰和他的同伙听说，佛罗里达角灯塔的几名守护人已经接到联邦官员下达的不能拱手交出灯塔的命令，还为此准备了充足的武器，并"多次宣称自己会死守灯塔到最后一刻"。[43]8月21日接近午夜之时，突袭小队来到灯塔附近，发现两名守护人已经躲进灯塔里，不但给灯塔铁门插上了门闩，还在门后设置了障碍物。不过，这些防御工事都没能发挥任何作用，因为突袭小队用一个聪明的手段就骗得守护人自己开了门。兰认识这里的首席灯塔守护人西米恩·弗劳（Simeon Frow），还知道弗劳正等着从基韦斯特送来的补给。所以颇有胆识的兰朝着弗劳大喊，说自己有来自基韦斯特的消息要传达给他。听到这话的两名守护人一起下了灯塔，打开大门，看到的却是四杆对着他们的枪。最终他们没有进行任何抵抗就投降了。

突袭小队认为光是关闭灯塔的照明还不够。如他们后来在给佛罗里达州州长的信中写的那样："基韦斯特的援兵随时可以赶到这里，而且这座灯塔对于敌人的舰队来说不可或缺，我们知道自己想要占领这里是不可能的，所以决定将装置毁掉，这样才能确保它对我们的敌人毫无用处。"[44]于是突袭者砸碎了透镜，将油灯、灯头、守护人的枪支都装上属于灯塔的小船，然后驾船返回朱庇特水道灯塔去了，那里正是他们存放这些物品的地方。

虽然发生了这样的突袭，但佛罗里达州仍然是内战期间少有的遵循灯塔委员会命令、维持照明的地方之一。到 1860 年 12 月中旬，佛罗里达州显然已经确定要退出联邦了。时年 41 岁的詹姆斯·M. 布兰南上尉（Capt. James M. Brannan）带领第一炮兵部队守卫着基韦斯特，他给首都写信询问自己是"应当不惜一切代价阻止［位于基韦斯特的扎卡里］泰勒堡被夺走，还是不要采取行动阻碍佛罗里达州政府官员控制灯塔？"[45]到 1861 年 1 月 10 日佛罗里达州宣布退出联邦时，布兰南仍然没有收到任何指示。三天之后，不愿再等下去的上尉做出了一个至关重要的决定。布兰南带着一支仅有 44 人的队伍行军 4 英里，从他们的营房前往尚未完工的堡垒。布

兰南的及时行动为联邦保住了基韦斯特，有了这个堡垒作为
作战基地，联邦的海军就可以发起进攻，维持对南方和海湾
沿岸港口的封锁，以及对佛罗里达群岛的大部分地区的控
制。这对于联邦军队来说是战术上的大礼，如果没有这个据
点，战争的结果也许就会完全不同；除此之外，这还意味着
除了被严重破坏的佛罗里达角灯塔之外，群岛上其他灯塔都
受到了保护。[46]实际上，德赖托图格斯群岛、基韦斯特、桑
德基、松布雷罗岛（Sombrero Key）和卡里斯福特暗礁的灯
塔是整个战争期间南方仅有的维持照明的灯塔。[47]它们为联
邦海军提供了在南佛罗里达州海岸边的危险水域中航行时最
需要的指路明灯。联邦海军中校约翰·R.戈尔兹伯勒
（John R. Goldsborough）于 1862 年 1 月视察基韦斯特时就满
意地看到这里的灯塔"是闪亮的安全保障，象征着友好的
贸易与和平的文明"。[48]

174

除了哈特勒斯角和佛罗里达角的灯塔之外，东部海
岸沿线从南到北分布在各地的许多灯塔都成了战时受攻
击的目标。1862 年 3 月末，塞缪尔·弗朗西斯·杜邦视
察了位于属于他管辖的海岸线上的几座灯塔。杜邦是南
大西洋封锁中队的一位英勇无畏、能力卓越的中校，封
锁中队的任务是在南卡罗来纳到基韦斯特之间的海岸线
上巡逻。杜邦将自己的视察结果分享给了灯塔委员会
（他对这项工作的兴趣因他于 19 世纪 50 年代在委员会任
职而增强了）。杜邦发现了一系列灾难留下的痕迹。南卡
罗来纳的罗曼角（Cape Romain）灯塔虽然没有倒，但是

顶部的铁栏杆都已损坏，灯塔上的透镜也被"无情地破坏了"。同样位于南卡罗来纳的布尔湾灯塔（Bull's Bay Lighthouse）也遭遇了类似的对待，"所有东西都被毫无顾忌地毁掉了，连灯油罐都没能幸免"。[49]查尔斯顿的莫里斯岛上的灯塔历史悠久，但是南方邦联在1861年12月炸毁了这座灯塔，因为他们担心联邦军队可能会占领该岛，然后在向城市发起进攻时利用岛上的灯塔作为瞭望塔。《查尔斯顿水星报》（*Charleston Mercury*）刊文报道了这次爆炸，称原本矗立着一座灯塔的地方如今"只剩下一堆碎石瓦砾"。[50]1861年11月，在邦联军队放弃佐治亚州的泰碧岛，撤离到邻近的珀拉斯凯堡（Fort Pulaski）据守之前，他们也没忘记在泰碧岛灯塔内部点一把火。根据杜邦的评估，那里的灯室"受损严重"（这座灯塔上原本使用的二型菲涅耳透镜早已被拆除并送到了萨凡纳）。[51]

　　还有很多灯塔可以被列入杜邦的名单，其中之一就是位于弗吉尼亚州、靠近切萨皮克湾入口处的查尔斯角灯塔（Cape Charles Lighthouse）。这座建造于1828年的史密斯岛上的灯塔高55英尺；到了19世纪50年代中期，灯塔委员会认为，这样一座在至关重要的位置上的灯塔至少应当有150英尺高，并且安装功能强大的一型透镜。在战争爆发前夕，新灯塔刚刚修到83英尺高。到1863年，一队被灯塔委员会称为"游击队"的南方邦联队伍到这里破坏了旧灯塔，同时"没收了"现场工地上的建筑材料，这样的行为无异于"盗窃和抢夺"。[52]

　　战争期间，几乎所有遭到破坏的灯塔都位于南方邦联境

**1861 年 11 月，邦联军队烧毁了泰碧岛灯塔。注意
画中灯塔左侧的是士兵的兵营。**

内，但至少有一座灯塔是个例外。1864 年 5 月，约翰·M.
戈德史密斯上尉（Capt. John M. Goldsmith）带领十二名南方
邦联支持者登上了马里兰州布莱基斯顿岛［Blackistone
Island，即今天的圣克莱门特岛（St. Clement's Island）］，目
的是破坏这里的灯塔，包括守护人的房屋和从房屋中心竖立
起来的塔身和灯室。守护人杰尔姆·麦克威廉斯（Jerome
McWilliams）恳求邦联队伍不要破坏自己的住所，因为他的
妻子即将生产。如果他此时不得不带着妻子启程返回内陆，
他担心自己的妻子和未出生的孩子都会有性命之忧。戈德史
密斯上尉是土生土长的马里兰州人，他的家乡就在距离灯塔
所在地不远的陆地上。战争一开始就加入了南方邦联的戈德
史密斯虽然因为麦克威廉斯的诚恳请求而有些心软，但绝对
不会放弃这次行动的主要目标。最终，邦联队伍打碎了透镜
和油灯，确保灯塔本身无法再正常运行，还没收了 15 加仑
的抹香鲸鲸鱼油。不过，这一胜利被证明是转瞬即逝的，灯
塔很快就恢复了运行，联邦还在附近部署了一艘炮舰以防止

灯塔再次遭到突袭。[53]

战争期间破坏灯塔的浪潮绝不仅限于东海岸,同样受 176
到封锁的墨西哥湾水域中也有灯塔遭受了严重的损毁。
1861 年 9 月,在面对联邦海军舰船的进攻不得不弃守密西
西比河岸外的希普岛(Ship Island)时,邦联军队把木柴
扔进岛上的灯塔底部,然后放了一把大火,烧毁了楼梯和
灯室。邦联军队离开时还一如既往地带走了灯塔里的菲涅
耳透镜。[54]

桑德岛灯塔(Sand Island Lighthouse)是邦联攻击的另
一个目标。[55]这座灯塔位于莫比尔湾(Mobile Bay)入口附
近,这里的港口对于要冲破封锁线、为被围困的邦联的人提
供物资的船来说非常重要。这座 200 英尺高的圆锥形砖砌建
筑高大宏伟,是墨西哥湾海岸线上最高的灯塔,1858 年刚
刚在陆军工程师丹维尔·利德贝特(Danville Leadbetter)的
指导下建成。丹维尔·利德贝特出生在缅因州的利兹
(Leeds),1836 年以全班第三名的成绩毕业于西点军校。自
从 1861 年联邦船只开始封锁莫比尔湾开始,北方的军队就
一直把这座不能提供照明的灯塔当作观察敌方封锁突破船
(blockade-runners)的行动的瞭望塔,同时还在此监视整片
区域里的邦联堡垒中的动静。1862 年 12 月,一名灯塔工程
师在联邦炮舰的护送下给这座灯塔安装了一套四型菲涅耳透
镜,目的是在联邦军队执行攻占路易斯安那州的莫比尔时为
军队提供引导性的照明。

重新点亮灯塔这件事显然是对邦联军队不利的,所以在

1863 年 1 月下旬，约翰·W. 格伦中尉（Lt. John W. Glenn）带领一小支队伍到岛上破坏灯塔。不过，他们刚点燃几栋建筑就遭到了美国军舰"彭比纳号"（USS *Pembina*）的炮火攻击。格伦不是一个会被轻易吓退的人，他保证自己会再次返回这里，到时"无论面临多大困难也要把灯塔夷为平地"。[56]格伦说话算话，不到一个月之后他就重新登上桑德岛，在灯塔底部埋下 70 磅火药，然后点燃了引线。不过格伦错估了引线燃烧的速度，爆炸发生时他才跑出177 了很短的距离。格伦被爆炸的冲击力击倒在地，大块的灯塔墙壁碎片落在他身上，还有一块几吨重的巨石落到了距他仅仅几英寸的地方。灯塔被炸得只剩一道 50 英尺高、1 至 5 英尺宽的墙壁。格伦宣称下一场暴风雨就能把这道墙也吹倒。虽然差点被碎石块砸死，但格伦为自己的成就感到十分骄傲，并写了一份报告给这片区域的邦联指挥官送去。碰巧的是，这位指挥官正是丹维尔·利德贝特准将。虽然利德贝特并没有记录下得知此事时的心情，但不难想象，听说可能是自己最伟大的工程成就的建筑变为废墟一定会让建造者本人体会到哀伤或遗憾带来的刺痛。他建造的灯塔最终成了他狂热支持的分裂大业的牺牲品。

根据灯塔历史学家大卫·L. 西普拉（David L. Cipra）的说法："在有关墨西哥湾沿岸灯塔被故意且相互配合的行动大规模摧毁的事件中，只有一个有档案记录。"[57]这件事发生在 1862 年至 1863 年，当时邦联将军约翰·班克黑德·马格鲁德（John Bankhead Magruder）下令将位于得克萨斯州那略有曲折，但分布着许多堰洲岛的海岸线上的六座灯塔烧毁或炸毁，这样联邦的南方封锁中队就不能将灯塔用作瞭望塔了。马格鲁德的命令得到了执行，大多数灯塔遭到了严重的损坏。以阿兰瑟斯帕斯灯塔（Aransas Pass Lighthouse）为例，破坏者使用了两桶火药，砖砌灯塔顶部的绝大部分被炸没了，还有些报道称爆炸的威力使得灯塔内的螺旋状楼梯直直飞上了天。马塔戈达灯塔也受到了类似的破坏。这座灯塔的结构是内部砌了砖墙，外部有一层铸铁板。爆炸破坏了大部分的地基，但是厚重的金属板受损不严重。[58]

　　将灯塔作为瞭望塔的做法在战争期间非常普遍，因为灯塔的设计宗旨就是要建在关键位置，能够俯瞰周围地区。位于路易斯安那州萨宾河（Sabine River）河口处的萨宾帕斯灯塔（Sabine Pass Lighthouse）是一座修建了很多扶壁作支撑的80英尺高的砖砌灯塔。交战双方都想占据这座灯塔并将其用作瞭望塔，因此灯塔周围自然爆发了许多小规模的交战。在联邦对萨宾帕斯进行封锁时，联邦海军少校阿布纳·里德（Abner Read）经常会派遣小队到灯塔上去监视敌人的行动。邦联军队也会这样做，但是在很长的一段时间内，双方并没有碰面。直到1863年4月10日，里德的一支小队在本杰明·戴上尉（Lt. Benjamin Day）的带领下正在灯塔上进行侦查，瞭望者在灯塔顶部看到一艘敌人的单桅帆船正朝这里驶来。戴立即下令让自己的队员们隐藏到灯塔附近的高草丛中。单桅帆船一航行到距离岸边仅几英尺的地方，戴的手下就立刻站起来举枪瞄准了船上的四名南方邦联人员。毫无防备的几人随即投降并被扣押为俘虏。被俘人员之一查尔斯·福勒上校（Capt. Charles Fowler）尤其具有重要价值，因为他是这一地区邦联舰队的指挥官。

不过，邦联也会获得实施报复的机会。4 月 18 日，就在罗伯特·E. 李将军在爆发于弗吉尼亚州的钱斯勒斯维尔战役（Battle of Chancellorsville）中打败联邦军队、取得自己最伟大胜利的几周前，里德带领 13 名队员到灯塔上进一步观察邦联军队的动向。考虑到之前的交锋，里德这次格外谨慎，在确认海岸边没有任何动静之后才决定登陆。他带领的手下都是全副武装的，这也让他安心不少。几条小船都被拉上岸之后，队员们开始朝灯塔前进，没走多远就遭遇了30 名原本隐藏在守护人小屋背后的邦联士兵。邦联士兵在突然冲出来后朝着联邦军队射击；在随后进行的短暂交火中，大部分联邦士兵被杀死、打伤或俘虏。里德失去了一只眼睛，但最终设法和几名队员一起逃回了船上。从此以后，至少联邦军队这一方再也没有使用过萨宾帕斯灯塔作为眺望塔。[59]

墨西哥湾的灯塔中还至少有一座是遭到了联邦和邦联双方破坏的。[60]葛底斯堡战役（Battle of Gettysburg）是一场至关重要的战役，造成的伤亡人数在惊人的 50000人以上，取得这场胜利对于北方联邦来说意义重大。葛底斯堡战役一周多之后的 1863 年 7 月 12 日，联邦军队视察了位于佛罗里达州阿巴拉契湾（Apalachee Bay）附近的圣马克斯灯塔（St. Marks Lighthouse），并烧毁了灯塔的内部设施，以防止这里成为南方邦联的哨岗。两年之后，当联邦军队在灯塔附近登陆，准备向更内陆的地区发起进攻时，他们发现撤退的邦联军队已经引爆了放置在多个地点的爆炸物，将灯塔底部的1/3塔身炸到了只剩8英尺高，灯塔其他部分的墙壁也出现了裂缝，灯室的玻璃窗都被震碎了。

莫比尔角灯塔（Mobile Point Lighthouse）被损坏的原因不是交战双方的破坏，而是在莫比尔湾战役中受到了牵连。1864年夏天，联邦舰队在海军少将大卫·G.法拉格特（Rear Adm. David G. Farragut）的指挥下通过莫比尔角时遭到了摩根堡（Fort Morgan）守军猛烈的炮火攻击。邦联军队在紧挨着灯塔的地方修建了一个火炉，用它来将加农炮炮弹加热成泛着红光的投射物，这样炮弹在击中敌人舰船后可以引起燃烧——这充分说明了尽管科技已经发展了几个世纪，但有些时候战争的表现形式还是和中世纪的围城战差不多。当法拉格特的舰队开始向火炉和火炉附近的大炮开火时，灯塔虽然不是他们的目标，但没能躲过被击中的命运。之后的交火又进一步破坏了灯塔的建筑结构，不仅炸掉了塔身一侧外层的砖块，还炸出了几个穿透墙壁的大洞。[61]据说法拉格特就是为了激励自己的那些担心碰到水雷的手下而喊出了那句不怎么好听的著名口号："去他的水雷，全速前进！"[62]最终联邦取得了胜利，邦联则惨遭最苦涩的失败之一；联邦的南方封锁中队从此获得了对密西西比河以东的墨西哥湾的控制权。

能体现内战对墨西哥湾海岸灯塔造成影响的最奇特的例子要数位于加尔维斯顿湾的玻利瓦尔角灯塔。在邦联熄灭灯塔灯光并拆除透镜之后，这座灯塔就消失不见了，只剩下一

1864 年联邦舰队轰炸摩根堡时给莫比尔角灯塔造成的破坏。

个水泥底座。显然是有人认为灯塔的铸铁板是宝贵的战争资源，被废弃在这里太可惜了。至于这些铁板究竟是被融了制成武器和子弹，还是用于造船就没人知道了。[63]

到内战结束时，南方邦联共熄灭、破坏或彻底损毁了约164 座灯塔。[64]无论是联邦的封锁中队还是灯塔委员会在此期间都没有对这些行动坐视不理。封锁中队会想尽一切办法寻找丢失的透镜和其他宝贵的灯塔物资。1862 年 3 月，佛罗里达州的圣奥古斯丁市（St. Augustine）向塞缪尔·F. 杜邦投降时就发生了这样一幕。[65]前一年的 8 月，圣奥古斯丁市的海关官员保罗·阿诺（Paul Arnau）带领一群人到圣奥古斯丁灯塔（St. Augustine Lighthouse）上拆除了透镜，阿诺随后把透镜藏到了一个别人不知道的地方。接下来，阿诺又派了几个人向南前往卡纳维拉尔角灯塔（Cape Canaveral Lighthouse），那是全国唯一没有安装菲涅耳透镜、仍然在使用温斯洛·刘易斯设计的反射镜的灯塔。卡纳维拉尔角灯塔的守护人米尔斯·O. 伯纳姆（Mills O. Burnham）积极地配合来人拆除了反射镜、油灯和旋转机械的发条装置。油灯和发条装置被送到了在圣奥古斯丁的阿诺手中，其余的装置和超过 200 加仑的抹香鲸鲸鱼油则被伯纳姆埋在了自家的橘子园中。

杜邦在抵达圣奥古斯丁之后马上逮捕了阿诺，后者宁愿辞去市长职位也不愿作为投降者将城市拱手献给联邦军队。被捕之后的阿诺被带上"艾萨克·史密斯号"（*Isaac Smith*）蒸汽船，接受该船指挥官 J. W. 尼科尔森（J. W. Nicholson）的审问。当阿诺宣称自己对于灯塔物资的下落不知情时，尼科尔森威胁要将他关进船上的监狱，直到这些东西都被找到才释放他。这种不怎么温和的审问 181 形式迫使阿诺转变态度，他立即派手下去取回了藏起来的物资，然后获得了释放。

另一个找回灯塔物资的例子发生在 1862 年 5 月 12 日。[66] 韦德角灯塔（Wade's Point Lighthouse）是一座螺旋桩结构的灯塔，建在水深较浅，但经常遭遇强风的阿尔伯马尔湾（Albemarle Sound）中，那里距离北卡罗来纳州帕斯阔坦克河（Pasquotank River）河口很近。那天，联邦海军上尉 C. W. 弗卢瑟（C. W. Flusser）获得了关于从这座灯塔上拆除的五型透镜下落的情报。当天夜里，弗卢瑟带领 76 名海军士兵和 38 名陆军士兵行军 3 英里，抵达北卡罗来纳州伊丽莎白市郊外，这片地区是最近才被联邦军队夺取的。弗卢瑟的队伍在一个谷仓里发现了透镜和其他灯塔照明装置。之后，弗卢瑟还强迫谷仓主人和其他当地居民将这些设施运送到几艘在附近等待的船上。

  灯塔委员会同样尽了自己最大的努力在第一时间恢复联邦掌控区域内灯塔的照明，这样封锁中队的船就可以更安全地航行了。哈特勒斯角灯塔就是这方面的一个最突出的例子，当然其他类似的情况还有很多。委员会在以 1862 年 6 月 30 日为截止日的年度报告中骄傲地宣称："在通过军事行动将弗吉尼亚州东部海岸地区重新纳入政府控制之下以后，我们立即重新点亮了……切里斯通（Cherrystone）和霍格岛（Hog island）的灯塔，为在切萨皮克湾及附近支流上大幅增长的航海活动提供了意义重大的辅助。"[67]

  1862 年春，南方最大的城市新奥尔良陷落，这对于邦联来说是一个沉重的打击。灯塔委员会派遣了工程师威廉·A. 古德温上尉（Capt. William A. Goodwin）上校去新奥尔良评估情况并着手重新点亮该区域内的灯塔。古德温于 8 月初抵达目的地时，发现德国裔的财政部特使马克西米利安·F. 邦萨诺（Maximilian F. Bonzano）已经在这里积极地展开了工作。邦萨诺除了公职之外还是医师和印刷商。此时他已经找回并修复了之前被藏在新奥尔良造币厂里的价值 50000 美元的透镜及其他灯塔装置。古德温任命邦萨诺为这一地区的

代理工程师兼灯塔监管人，后者只用了不到四个月的时间就
完成了重新点亮新奥尔良和墨西哥湾之间的 11 座灯塔的
任务。

　　由于当时战争还进行得如火如荼，南北双方的敌对情绪
也正高涨，所以在南方邦联的中心地带重新点亮灯塔仍然是
一项非常危险的工作，托马斯·哈里森（Thomas Harrison）
的遭遇就体现了这一点。路易斯安那州庞恰特雷恩湖（Lake
Pontchartrain）最东端附近的西里戈莱特灯塔（West Rigolets
Lighthouse）才重新点亮不久，被任命为灯塔守护人仅仅两
天的哈里森就被人开枪射杀，死在了距离灯塔几步之遥的地
方。杀死他的凶手一直没有被抓获，不过有人认为是一个南
方邦联的支持者因为看到哈里森为敌人工作而感到愤怒，所
以杀死了他。不管原因为何，哈里森成了已知唯一在战争期
间死在灯塔工作岗位上的人。[68]

　　有些情况下，灯塔委员会也做出过仓促草率的决定。
1863 年年初，在找回韦德角灯塔上的透镜之后，委员会认
为这里能够得到军队有效保护，于是修复了受损的灯塔，并
恢复了照明。然而当年 5 月，"一支从内陆前来的游击队再
次将灯塔摧毁了"。[69]

　　还有些情况下，委员会的成果反而是被负责保护修复好
的灯塔的军队破坏的。在南方邦联摧毁了旧的查尔斯角灯塔
并偷走了为新塔准备的建筑材料之后不久，委员会就再次启
动了重建工作。为确保邦联支持者不再来添乱，联邦士兵驻
扎在了灯塔施工现场。不过根据现场工程师反映，士兵们并
没有起到任何作用。"他们完全没有纪律性，"工程师写道，

"他们对政府财产的浪费和损坏比反叛者造成的有过之而无不及。"[70] 虽然士兵们不按规矩行事，但是新灯塔还是于1864年5月7日开始照明了，之后这里没有再受到联邦或邦联军队的破坏。[71]

在联邦的灯塔委员会持续获得实质性成果的同时，邦联的灯塔管理局则几乎完全消失了。在获得了停止照明及转移灯塔物资的命令之后，几乎所有南方灯塔的守护人都被解除了职务，灯塔管理局总部的办公室里也只剩下临时主管托马斯·马丁（Thomas Martin）一人。1864年1月，也就是尤里西斯·S. 格兰特中将（Lt. Gen. Ulysses S. Grant）即将统领联邦陆军之前几个月，马丁撰写了最后一份年度报告，他写道："在过去一年中，与灯塔设施相关的工作非常有限，几乎仅限于照管和保存已经被拆除并转移到安全地方的照明装置。"[72] 马丁仍然对南方获胜充满希望，还相信灯塔管理局会得到复兴，不过这些愿望都不可能实现了。

邦联灯塔管理局甚至没有印制新的带有自己标志的信纸，只是将原本印着美利坚合众国标记的信纸改了改。

内战是于1865年4月9日正式结束的，李将军在弗吉尼亚州的阿波马托克斯法院（Appomattox Court House）向格兰特投降。听到这个消息后,联邦军队的士兵开始鸣枪庆祝,但是被格兰特叫停了。格兰特告诉自己的部下说:"战争结束了,叛国者重新成了我们的同胞,最好的庆祝胜利的方式应当是避免以任何形式表示喜悦。"[73]不到一周之后,北方人对于赢得战争的喜悦和宽慰就被难以忍受的哀伤取代了,因为邦联支持者约翰·威尔克斯·布思(John Wilkes Booth)刺杀了林肯总统,凶手在总统到首都华盛顿的福特剧院观看歌剧时朝总统的头部射击,最终这一令人惊骇的行动使得内战本就多得可怕的伤亡者又增加了一名。

到南方投降时,南方已有几十座灯塔被重新点亮,不过灯塔委员会在南方面临的问题仍然数不胜数,最终委员们抱着极大的热情将这些问题一一解决了。委员会的工程师们分散到各地评估损毁情况并进行修复。与此同时,委员会和军方力量还到乡村里询问曾经的灯塔守护人和任何可能掌握相关信息的人,试图找回在战争期间被藏起来的灯塔物资。 184

最惊人的一次失而复得发生在北卡罗来纳州的罗利。威廉·特库姆赛·谢尔曼上将(Gen. William Tecumseh Sherman)于1865年4月中进驻这个城市之后不久,就让自己的部下对市议会大厦进行彻底搜查。在这一过程中,搜查者们看到了一个很不同寻常的景象。如《费城问询报》(*Philadelphia Inquirer*)的通讯员报道的那样:"在两个会议室之间的圆形大厅里存放着大量的灯塔装置,有价值不菲的阿尔冈油灯和菲涅耳透镜……菲涅耳的玻璃同心圆透镜令西部人〔即来自内陆各州的士兵〕感到新鲜和好奇,对于他们来说,灯塔装置是十分新奇的物件。"[74]

　　本地的工人受雇将这些灯塔装置打包装进板条箱里，联邦陆军的军需处长蒙哥马利·C.梅格斯（Montgomery C. Meigs）则负责将这些箱子运输到委员们手中。在一封给灯塔委员会主席舒布里克准将的信中，梅格斯写道："虽然我们发现街上有些男孩拿着一些破损的棱镜或透镜部件当玩具，但是我认为大部分透镜装置会完好无损地运抵华盛顿。"[75]梅格斯还向舒布里克提及了一个令人诧异的发现：工人们在打包时使用的包裹纸都是议会大厦里随处可见的纸张。梅格斯仔细一看才发现这些纸张其实都是有些年头的文件，有些是革命之前的，还有一些上面甚至有包括托马斯·杰弗逊和大陆会议秘书长查尔斯·汤普森（Charles Thompson）在内的显赫的政治家的签名。换句话说，这些灯塔装置都是用北卡罗来纳州十分珍贵的历史档案文件包裹的。在板条箱抵达华盛顿之后，这些文件被挽救回来，保存在财政部里，但是很快就又被遗忘了，直到四十多年后被一位财政部雇员无意中发现，一大批北卡罗来纳州历史遗产才得以重返该州。[76]

185　　在罗利发现透镜的藏匿地点一事让人们一度充满希望，认为也许哈特勒斯角灯塔的一型透镜也被藏在这里，然而其实不然。不过，四个月后，也就是1865年8月，委员会最想找回的透镜终于被在北卡罗来纳亨德森（Henderson）巡逻的联邦士兵发现了。发现地点距离汤斯维尔不远，正是那位值得信赖的泰洛医生在战争初期把透镜藏在那里的。不过被发现的装置存在一个问题：战争结束之后，当地居民已经自发地把如此宝贵的装置拆分了，他们都指望着在还回部件时获得某种补偿。然而，灯塔委员会完全没有谈条件的心情，他们授意驻扎于那里的联邦军队直接施压迫使当地人返还偷走的部件。几个星期之内，所有装置都收齐了，透镜终于踏上了返回纽约的旅程。[77]

从南方运回的大批受损透镜中很多出现了棱镜破碎或缺失的情况，需要修复的透镜数量是相当惊人的。大部分破损装置被送到了委员会在斯塔滕岛仓库中建立的维修点，但是维修点没有容纳这么多装置的空间，也没有维修所有装置的能力。所以委员会又把很多透镜运回给法国制造商。[78]舒布里克敦促制造商"尽快维修这些装置，以便我们将它们重新安装在南方海岸线的灯塔上，全世界的贸易活动都将因此受益"。[79]除此之外，委员会还订购了一些新的透镜来取代损毁严重或无法找到的那些。

在灯塔委员会监督下进行的灯塔恢复工作进展神速——比南方本身的恢复速度要快得多。到 1866 年年底，委员会已经重建或修复了 94 座南方灯塔。[80]不过，要做的工作还有很多，需要维修或更换的透镜也很多，所以不少在战争期间时被熄灭或损毁的灯塔最终要到 19 世纪 70 年代初期才能被重新点亮。另有许多灯塔被认为没有继续存在的必要了，因为它们对于船只的航行起不了什么辅助作用，最后这部分灯塔也就成了这场给整个国家带来无可估量损失的战争中的牺牲品之一。

第九章
从委员会到服务局

这幅名为《新罕布什尔州朴次茅斯港外》（**Off Portsmouth Harbor, N. H.**）的作品描绘了浅滩岛灯塔（**Isle of Shoals Lighthouse**）附近繁忙的航行活动，这幅雕版印刷品是根据朱利安·奥利弗·戴维森（**Julian Oliver Davidson**）在 **1878** 年创作的画制作的。

内战造成的毁灭和破坏是美国历史上前所未见的，如其他各种基础设施一样，灯塔也遭受了严重的损毁。不过，灯塔委员会在战争期间同样取得了不少成就，不仅在局势刚变

234

得足够安全之后就勤勉高效地恢复了南方灯塔的照明，而且在维护和管理美国其他地区的灯塔上付出了加倍的努力，甚至还修建了几座新灯塔。委员会改进国家灯塔照明体系的决心在战后的几十年中始终坚定。1873 年，委员会主席约瑟夫·亨利恰当地概括了那个时代的特征："一个国家为水手们在起航和靠岸时提供协助的水平显示着这个国家文明进步的水平。"[1] 对这个理念深信不疑的委员会致力于为水手们提供可能实现的最高水平的照明服务。

在这段高速发展的时期里，最充满戏剧性的变化之一是照明使用的燃料。这种变化的起源可以追溯到 19 世纪 50 年代初期，当时委员会认为自己面对着一个无法解决的难题。受到供求关系法则的控制，维持灯塔照明所需的抹香鲸鲸鱼油的价格一路走高。因为美国捕鲸人要花费比以前更多的钱和时间，游遍世界各地去寻找越来越稀少的鲸鱼，所以获取抹香鲸鲸鱼油的成本一飞冲天，运回美国海岸的油量却跌入谷底。与此同时，人们的需求仍在增长，这自然导致价格攀升。大部分抹香鲸鲸鱼油被用于美国家庭、商业场所和城市街道的照明了，还有的用作了工业机器的润滑剂。尽管灯塔照明对抹香鲸鲸鱼油的需求只占市场总需求的很小一部分，但委员会支付的每加仑鲸鱼油均价还是从 1840 年和 1841 年的 55 美分猛涨到 1855 年的 2.25 美元。① 而且所有趋势都表明，随着供给的逐渐减少和需求的持续增加，鲸鱼油的价格必将涨得更高。[2]

---

① 这个价格包含了将鲸鱼油分送到各个灯塔的运输费用。

菲涅耳透镜消耗的抹香鲸鲸鱼油已经比被透镜替换掉的反射镜消耗的少了，但是维持美国整个灯塔体系运行所需的灯油总量还是相当可观的。结果就是委员会必须做出抉择：是冒着耗尽委员会的资源、牺牲灯塔体系其他方面提升可能的风险，继续把占预算比例越来越高的费用都花在购买鲸鱼油上；还是寻找其他价格便宜一些的燃料取而代之。委员会明智地选择了后者。

188　　委员会最初把关注点放在了菜籽油上，这种油是用一种在欧洲大范围生长的甘蓝菜的种籽粒榨出来的。① 法国人从19世纪初期就开始将菜籽油用作灯塔上的灯油了。英国人随后也采用了这种燃料。燃烧菜籽油提供的光亮与抹香鲸鲸鱼油的一样好，且成本低很多。美国人没有使用菜籽油的原因是在美国本土找不到能榨出这种油的作物。委员会在19世纪50年代晚期至60年代初期想要通过向农民分发菜籽并鼓励他们种植这种作物的办法来解决这个问题。³ 少数一些农民尝试了这种新事物，不过最终产出的油量还远远无法令菜籽油取代抹香鲸鲸鱼油。

委员会在推广菜籽油的同时也探索了使用猪油和煤油的可能性。猪油自然是从猪中提炼的，而又被称为矿物油的煤油主要从煤炭中提取，在整个19世纪50年代的大部分时间里，煤油的供应量是非常有限的。不过，这种情况在1859年发生了变化，外号"上校"的埃德温·L. 德雷克（Edwin L. Drake）在宾夕法尼亚州一个名叫泰特斯维尔

---

① 菜籽油的原料与20世纪晚期加拿大人生产的芥花油的原料属于亲缘植物。

（Titusville）的偏僻小镇上钻出了一口 70 英尺深的喷油井。这种被称为黑色黄金的原油为生产煤油提供了新的且储量更丰富的原材料，随着油井数量的爆炸式增长，价格低廉的煤油开始大量涌入市场。

到 19 世纪 60 年代初期，煤油和猪油成了越来越多的家庭和商业场所的照明燃料（其中猪油占的比例比煤油小很多），抹香鲸鲸鱼油已经渐渐被取代了。但是，灯塔委员会并不愿意改用煤油，他们称刚刚兴起的煤油在最初阶段的质量"不稳定且过于易燃，在灯塔上使用不能确保安全"。[4] 相较之下，猪油被证明是非常好的选择，因为它不如煤油易燃，不仅是一种相对安全的燃料，而且它燃烧时发出的光亮比抹香鲸鲸鱼油的更亮，价格却便宜得多。实际上，少数一些灯塔早在 19 世纪 40 年代初期就开始试用猪油作燃料了，试验的结果令人满意。[5] 猪油最主要的缺点在于它会凝固，在温度较低的环境下燃烧效果不好，但是约瑟夫·亨利的实验证明用一个简单的办法就能够解决这个问题——只要使用会产生更多热量的大型号油灯，保证灯油燃烧时的温度够高就可以了。[6] 不过，那些气候寒冷地区的灯塔上的守护人通常还是要先在炉子上加热猪油，将其融化成液体之后再加到油灯里。有了这些解决办法，委员会迅速改用了猪油，到 1867 年，灯塔体系中的全部灯塔几乎都已经改用猪油为燃料了。[7]

不过，供求关系的铁律再一次应验了：因为灯塔消耗的猪油量极大，所以猪油的价格也迅速上涨，导致委员会不得不重新将目光转向煤油。委员会此时对这种燃

189

料仍然充满担忧，更何况 1864 年发生的那场事故仍让人们心有余悸。[8]当时，密歇根湖上一座灯塔的守护人决定用烧煤油的灯取代烧猪油的。起初几天，这种改变似乎非常成功，新油灯发出的光线耀眼夺目。直到一天清晨，当守护人从油灯的烟囱口向下吹气来熄灭油灯时，油灯突然爆炸了，燃烧的灯油喷溅到灯室各处以及守护人的衣服上。守护人刚刚跑下楼梯逃出灯塔，更剧烈的爆炸就炸毁了灯室和透镜。

到了 19 世纪 70 年代，煤油变得更加便宜，而且由于蒸馏过程方面的改进，煤油质量也有明显的提高，不再像几年前那么不稳定了。虽然委员会依然认为猪油是更好的照明原料，但是出于经济原因，他们也渐渐改用煤油了，这样就可以省下大约一半的灯油开销。起初，只有小型号的透镜改用了煤油；随着时间的推移，再加上使用了改良的油灯，大型的透镜也开始改用煤油。到 1885 年，用煤油替代猪油的工作完成了。[9]

不过科技进步的势头还在不断增强，就在用煤油取代猪油的同时，委员会又开始尝试电力照明了。当时能实现广泛应用的商业电灯是碳弧灯，由英国人汉弗莱·戴维爵士（Sir Humphry Davy）在 19 世纪初发明，原理是在两根碳棒顶端之间形成电弧，引起过热的碳蒸汽发出耀眼的光亮，从而形成极为明亮的灯光。因为这种光的亮度极高，所以电弧灯不宜作为室内的生活用灯，但是它很快就被用作道路和工厂的照明工具。[10]委员会评估这一技术的第一次机会是随着自由女神像一起到来的，这尊雕像于 19 世纪 80 年代中期被竖立在了纽约港的贝德罗岛（Bedloe's Island，即今天的自由岛）上。

《伟大的巴托尔迪雕像——自由照耀世界》，
雕像手中高举的就是煤油灯，柯里尔和艾维公司
（Currier & Ives）印刷品，制作于 1885 年前后。

法国人弗雷德里克－奥古斯特·巴托尔迪（Frédéric-Auguste Bartholdi）在 19 世纪 70 年代设计了这座原本名为

"自由照耀世界"（*Liberty Enlightening the World*），但后来常被称为"自由女神像"的雕塑。一方面，它是法国送给美国的礼物，象征着在争取美国独立时曾并肩作战的两个国家之间的伟大友谊；另一方面，它也可以作为一个实用的信标或灯塔，欢迎来自世界各地的船只抵达美国的海岸。为了实现这第二个目的，设计者在自由女神像高举的火炬内部安装了九盏碳弧灯，火炬的火焰造型下部有两圈圆形镂空设计，装了玻璃，光线可以从这里透出去。电灯的电能来自一个放置在现场的发电机。然而，1886 年 11 月 1 日雕像第一次被点亮时，火炬里射出的光线十分微弱，原因是镂空的窗口太小，布局也不合理。[11]公众和媒体对这样的表现大加嘲讽。约瑟夫·普利策（Joseph Pulitzer）的《纽约世界报》（*New York World*）称："与其说那是信标，倒不如说是只萤火虫。"[12]

虽然委员会派遣了一名工程师负责设计火炬的照明，但是，直到点亮雕像两周后的 11 月 16 日，在格罗弗·克利夫兰（Grover Cleveland）总统签署了行政命令，正式委任灯塔委员会将雕像作为灯塔管理之后，委员会才担负起对雕像的管理责任。虽然委员会在接下来的时间里设法提升了照明的质量，但他们始终没有将雕像当作一座有什么实际效用的灯塔。战争部部长伊莱休·鲁特（Elihu Root）赞同这样的想法，1901 年 12 月，他在给西奥多·罗斯福（Theodore Roosevelt）总统的信中说："从指引航行的角度上说，雕像上的灯光至今毫无用处。"[13]鲁特请求罗斯福将对雕像的管理权移交自己掌管的部门，灯塔委员会也完全赞同。1901 年年底，罗斯福批准了这个提议，自由女神像短暂的灯塔生涯就此结束。

委员会在新泽西州的纳维辛克灯塔上试用电灯的活动要比在自由女神像上的成功得多。纳维辛克灯塔建于 1862 年，取代了建于 1828 年的旧灯塔。新旧灯塔都是一南一北双子塔的设计，旧塔的双子塔还在 1841 年被用作第一批进口到美国的菲涅耳透镜的试验塔。近六十年之后的 1898 年，新灯塔的南塔迎来了一项同样新颖的测试。委员会在这里安装了一盏碳弧灯，纳维辛克灯塔由此成为美国第一座使用电灯照明的重要灯塔。

这盏电灯被安装在了一种型号较新的透镜上，这种透镜被称为双壳透镜，由两片蛤蜊壳形状的透镜扣在一起，两片透镜都是由圆心透镜和周围围绕成同心圆的棱镜组成的。整套透镜的重量超过 7 吨，旋转一周的时间是 10 秒钟，每隔五秒向地平线方向射出一道光线。光线的强度非常强，据估算能够达到 2500 万烛光（candlepower）。纳维辛克灯塔是当时美国境内照明亮度最高的灯塔，在 22 英里以外的地方还能被看到，只是再远就会消失在地平线以下了。有些观察者描述说灯塔的暗光——也就是光线照到天空上反射回来的光线最远在 70 英里之外都可以被看到。虽然世纪之交的水手会欢迎这样像太阳一样明亮的光线，但是不难理解，当地的居民对于自己的房子每晚都亮得像被国庆日烟火映照着一般就不怎么高兴了。委员会接到了数不胜数的投诉，最终他们不得不将灯室里朝向陆地一侧的玻璃窗涂黑，才让当地人略感宽慰。[14]

1862 年建造的纳维辛克灯塔的双子塔，位于图中显著位置的是南塔。

这些应用电能的尝试预示了电能将最终成为美国灯塔唯一的照明能源，但是在当时，使用煤油的方式也出现了一项重大的改进——炽热油蒸汽灯（IOV）出现了。这种灯里的煤油受热汽化后和空气混合，再用本生灯（Bunsen burner）点燃罩在灯罩里的这些混合气体，就能得到明亮的白色火焰。炽热油蒸汽灯的亮度是传统煤油灯的八倍，更好的一点在于，它只需要比以往少得多的燃料就能产生同等亮度的光线。如果你觉得炽热油蒸汽灯似曾相识，那是因为它的设计

193

原理与今天的露营灯很像，不过露营灯使用的燃料是丙烷。第一盏炽热油蒸汽灯是于 1904 年被安装在桑迪胡克半岛的诺斯胡克灯塔（North Hook Beacon）上的，此后又被迅速推广到其他很多座灯塔上。[15]

纳维辛克灯塔上的双壳菲涅耳透镜在波士顿科学
博物馆展出，照片拍摄于 1951 年前后。

关于照明设施的其他变化还涉及透镜的旋转方式。无论是由重物下落带动的还是由发动机驱动的发条装置，其转动透镜的速度都是有限的，一方面是因为透镜自身的重量很大，另一方面是由于转车转动时会产生摩擦阻力。为了加快透镜旋转的速度，从 19 世纪晚期起，人们开始使用两种新式的机械装置：有的灯塔把转车换成了滚珠轴承，另一些则采用了水银悬浮系统。根据灯塔历史学家托马斯·塔格（Thomas Tag）的说法："水银盆是一个甜甜圈形状的水槽，194

里面被放入了少量水银。在透镜底部安装一个巨大的甜甜圈形状的圆环，然后把圆环放在水银盆中的水银里。有了水银的支撑，透镜在旋转时几乎不受到任何摩擦阻力，哪怕是几吨重的透镜也可以用一根手指轻易推动。"[16]一个体积巨大的一型透镜在转车上转一圈最多要 8 分钟，所以除非透镜上有很多块透镜板，否则灯光闪烁的速度就会相对较慢，可能会让水手难以确定自己的位置。有了水银悬浮系统，透镜就可以用更少的透镜板产生闪烁速度更快、亮度更高的光线，亮度的变化是因为人们看到快速闪烁的光线时会感觉它比慢速闪烁的光线更明亮。

1934 年 12 月，法尔岛灯塔上的助理守护人格斯·阿克塞尔森（Gus Axelson）正在对炽热油蒸汽灯预先加热。

奥古斯汀·菲涅耳在好几十年前就有过采用水银悬浮体系的想法，但是直到 19 世纪晚期，法国和英国才先后开始生产这种装置。美国购买了外国生产的装置，甚至自己也少数制造了一些，然后于 1893 年至 1920 年把这些装置安装在了大约 40 座灯塔上。[17]当时的人们还不担心水银蒸汽会对人体健康造成影响，因为二者之间的联系尚未被发现。不过，根据我们现在已经懂得的知识，人们可能会问是否有美国灯塔守护人因为接触水银而健康受损。虽然没有关于这种因果关系的文件记录，但是有人推测，少数因为出现了精神问题而被解除职务的守护人很可能就是由于吸入了太多水银蒸汽。①

　　灯塔照明装置的演变过程刚好与灯塔建筑的设计和建造水平的提升同步。有些趋势是由灯塔委员会在 19 世纪 50 年代就开始引领的，在内战结束后得以恢复并一直延续到了 19 世纪末。委员会在 19 世纪 50 年代建造过一些非常高的灯塔，后来在 70 和 80 年代又建造了一些。所有这些巨型灯塔都位于南方，佛罗里达州的庞塞·德·莱昂灯塔（Ponce de Leon Lighthouse）就是其中之一。这座修建于 1887 年的灯塔轮廓优美，高达 175 英尺，是美国第三高的灯塔。哈特勒斯角灯塔在 1854 年改造时已经被增高到 150 英尺，到 1870 年，人们发现塔身出现了裂缝且存在其他结构问题，于是又建了一座新灯塔取代旧建筑。新的石砌哈特勒斯角灯塔使用了超过 100 万块砖，高达 193 英尺，成了当之无愧的

---

① 类似的，"像制帽人一样疯癫"这句谚语起源于 18 世纪的英格兰，那时的人也在制帽过程中使用水银。

美国最高灯塔。

类似的，从 19 世纪 50 年代起，灯塔委员会开始给每座灯塔粉刷不同的标志，好让它们在白天也能更显眼，且更容易被区分开来。在战争结束后的几年里，这样的标记方式还被各地纷纷效仿，其中的典型案例包括如今已经成为标志性图案的哈特勒斯角灯塔上的黑白条纹（或称螺旋条纹），以及北卡罗来纳州的卢考特角灯塔（Cape Lookout Lighthouse）上的黑白棋盘格纹。有一些灯塔被涂上了醒目的红色，比如佐治亚州的萨佩洛岛灯塔（Sapelo Island Lighthouse）的塔身就采用了红白相间的横条纹图案。

委员会还扩大了灯塔建筑上的铸铁板的使用范围，这种建筑部件在当时用途很广。铸铁是一种持久耐用、不易燃、防水，而且比石料价格低的材料。用于灯塔上某些部位的铸铁能够被预先制作成任何指定的形状，然后再被运送到施工现场进行组装。虽然在铸铁板内部往往还要砌砖以增强稳定性和绝缘性，但是铸铁板灯塔肯定还是要比同样体积的石料灯塔轻得多，所以尤其适宜被建造在地基不稳、无法承受沉重建筑结构的地区。当亨利角灯塔的石砌塔身开始出现裂缝时，委员会在 1881 年新建了一座 163 英尺高的铸铁板灯塔来取代旧塔，这座新塔也是美国同类结构灯塔中最高的一座。有趣的是，虽然委员会担心旧塔随时可能坍塌，但实际上它至今未倒，仍然矗立在距离取代自己的新塔约 350 英尺的地方。[18]

铸铁以及后来的钢材也被用来建造陆地上的骨架塔。骨架塔都是事先制作好，然后在施工现场组装搭建起来的。这种构造还可以通过增加部件来方便地提升高度，有些甚至可以被拆解开来运到另一个地点重建。骨架塔的自重相对较轻，尤其适合不稳固的沙地或淤泥区域。美国最高的骨架塔位于弗吉尼亚州的查尔斯角，这座 1895 年建造完成的灯塔高 191 英尺，是美国第二高的灯塔。

弗吉尼亚州查尔斯角的查尔斯角灯塔，拍摄于 1895 年前后。

委员会还继续在水深相对较浅、能够多少受到一些庇护的地方建造带守护人住所的螺旋桩灯塔，这一类灯塔的选址大多是在东北部和中大西洋地区的海岸线上。至于那些更多暴露在外的地方，委员会开始越来越多地选择建造沉箱式灯塔。[19] 螺旋桩灯塔本质上就像是建造在高跷上的小房子，这种相对脆弱的结构容易被狂风骤雨、强大的海流或大片浮冰摧毁，而沉箱式灯塔的建筑结构则结实得多，更能承受住这些自然因素的侵袭。最常见的沉箱是先在陆地上用螺栓把铁板固定在一起，形成一个中空、有底的圆筒。工人将沉箱拖拽到指定地点之后，通过向圆筒中灌注石头和水泥的方式来让它沉入水中。随着圆筒越沉越深，工人会用螺栓固定更多铁板来不断加高筒壁，与此同时向圆筒内灌注更多的石头和水泥，直到沉箱接触到海底，形成一个坚固稳定的基底为止。守护人的住处和灯室就建造在这种沉箱上，通常也使用铸铁材料制成，往往也是圆筒形的，并且要建在高出海平面的高度上。这种形式的沉箱在平坦、相对稳固的沙地或海底淤泥上表现出色，但是在一些地形条件复杂的地方，比如在过于松软的海底，或崎岖不平、有障碍物需要移除的地方，就轮到气压沉箱大显身手了。

建造约翰号浅滩灯塔（Ship John Shoal Lighthouse）所需的沉箱被拖拽到施工现场。这座灯塔位于新泽西州唐尼镇（Downe Township）外的特拉华湾中。

气压沉箱也需要先在陆地上把铁板固定成圆筒状。不过气压沉箱的圆筒不是在底部封死的，而是封在圆筒上部较高的位置，这样就在圆筒下部形成一个有顶的工作室，人们会从这个顶上插入一个铁质的中空竖井。这一整个装置也会被拖拽到指定地点，然后沉入水中。此时，工人要通过竖井向圆筒下部的工作室里不断输入压缩空气，把工作室内的海水从沉箱底部挤出去——这就是"气压沉箱"的名称的含义。之后，工人就可以通过竖井进入已经没有水的工作室，开始进行挖掘工作，他们挖开的沙子、淤泥和砾石也会被压缩空气挤出去，从沉箱底部边沿进入水中。随着工人不断挖掘，沉箱就会慢慢插入海底，同时圆筒上半部分的边沿仍可以不断加高，直到筒沿高出水面为止。待沉箱插得足够深之后，工人就可以从竖井中爬出来了。最后，竖井、工作室和沉箱的上半段里都会被灌入水泥，人们就可以在这个地基上建造灯塔了。

建造气压沉箱是一件令人精疲力竭的工作。在海底进行挖掘工作本来就很艰难，更糟糕的是工人们不仅要承受巨大的气压，通常还要忍耐极度的高温和高湿。当沉箱必须沉到特别深的地方时，平衡工作室内外压力的过程往往会引发剧烈的头痛，还会让工人的鼻子和耳朵出血。在某些极端的案例里，在水下停留时间过长，之后又从被增压的工作室里过快离开的工人还可能因此患上沉箱病，这种令人痛苦的病有着与潜水后上升太快的潜水人员患上的减压病类似的症状。

考虑到沉箱的特殊形状，沉箱式灯塔通常也被称为火花塞塔或咖啡壶塔。很多因浮冰而受到破坏或损毁的螺旋桩灯塔后来都被沉箱式灯塔取代了，马里兰州的夏普斯岛灯塔（Sharps Island Lighthouse）就是这样一个例子。[20]

夏普斯岛位于切萨皮克湾东侧，接近蒂尔曼岛（Tilghman Island）南端，如今已经被侵蚀得不见了踪影。夏普斯岛上的第一座灯塔是于1838年建造的一座简单的木房子，房顶

克雷格希尔海峡矮导航灯前灯（Craighill Channel Lower Range Front Light），绘于 1873 年前后。这座沉箱式灯塔位于马里兰州海岸外的切萨皮克湾中。

有一个灯室。房子下面还安装了轮子，这样如果风浪侵蚀了房子下面的陆地，人们随时可以将房子转移——实际上人们也确实这么做了。这座灯塔在 1848 年被推到了更远离水边的地方。但是无情的自然仍然继续发挥着侵蚀作用，到 1864 年，灯塔所在的位置又岌岌可危了。认为这座灯塔坚持不了多久的灯塔委员会于 1866 年在岛附近水深 7.5 英尺的地方建造了一座螺旋桩结构的灯塔。然而，这座新灯塔注定也坚持不了多久。

　　1881 年 2 月 9 日星期三晚上，夏普斯岛的首席灯塔守护人哥伦布·巴特勒（Columbus Butler）和助理守护人查尔斯·L. 塔尔（Charles L. Tarr）都感到越来越紧张。在过去几年里，已经有好几座建造在切萨皮克湾中的螺旋桩灯塔被浮冰破坏了。眼下，又有一大片密集的浮冰在一股持续不断的东南风的推动下，以越来越快的速度朝灯塔漂来。听着浮冰与灯塔的铁支架剐蹭时发出的嘎吱声，巴特勒确信灯塔很快就会倾倒。他的预言到第二天早上就变成了现实。一块巨大的浮冰以惊人的力度斜着撞上了灯塔，不到五分钟，守护人居住的小木屋就被撞断了铁支架，落入了满是碎冰的海水中。

涌动的浮冰将灯塔团团围住，还堵死了小屋的门窗，灯塔守护人们匆忙爬进灯室。在接下来的十六小时三十分钟里，在没有食物和取暖设施的情况下，巴特勒和塔尔死死抓住灯塔，任凭灯塔载着他们二人在海湾中经历了一场惊悚的漂流。灯塔被海浪抛上抛下，与浮冰发生猛烈的撞击，似乎随时可能被撞成碎片或沉入水底，且灯室里面已经灌进了不少海水。巴特勒担心他们将性命不保，不过，在海上漂流了大约 5 英里之后，他们搁浅在了距离这场折磨人的漂流的起点其实并没有多远的地方。灯塔是在 2 月 11 日凌晨 1 点前后的满潮期间被冲上蒂尔曼岛的。在确定了灯塔不会漂走之后，饥肠辘辘、冷到麻木，且精疲力竭的两个守护人步履艰难地朝岸上走去，在附近的一间房子里暂时休息。令人惊讶的是，在经历了冰冷、艰难的考验之后，他们只是通过食物和取暖措施恢复了一点体力，随后就恪守自己作为灯塔守护人的职责，等潮水退去后回到岸边的灯塔里，拆下并回收了菲涅耳透镜、透镜基座和其他一些物品，然后向上级汇报了损失。坚守在灯塔上并挽救了宝贵的照明装置的行为让巴特勒和塔尔受到了灯塔委员会的嘉奖。

委员会断定建造在这个位置的螺旋桩灯塔必然难逃被浮冰袭击的厄运，所以在 1882 年，委员会明智地建造了一座

201 沉箱式灯塔。这座灯塔是第三座，也是最后一座夏普斯岛灯塔。虽然沉箱结构已经相当稳固，但是在20世纪70年代中期的几个格外严寒的冬季里，浮冰的冲击还是造成灯塔倾斜了15度到20度。

会给螺旋桩灯塔造成威胁的不只是浮冰。[21] 1909年12月27日清晨，四桅帆船"小马尔科姆·巴克斯特号"（*Malcom Baxter, Jr.*）正被拖船拖着返回诺福克（Norfolk），当时海面上波浪翻滚、狂风大作，还下着雪。拖船偏离了航道，朝着位于切萨皮克湾出口处附近的西姆布尔浅滩灯塔（Thimble Shoal Lighthouse）直直地撞了上去。灯塔守护人查尔斯·S.赫金斯（Charles S. Hudgins）和他的两名助理当时都在灯塔里裹着毯子围坐在火炉边取暖，突然一根帆船桅杆撞进了灯塔，几乎将灯塔劈成两半。原本坐在椅子上的人都被抛了出去，火炉也倒在一旁。燃烧的煤球撒到地板上，点燃了木质的建筑，迫使守护人们不得不驾驶灯塔的小船逃生。在"小马尔科姆·巴克斯特号"彻底被火焰包围之前，
202 水流将它朝远离灯塔的方向推去，而此时的灯塔已经成了一个燃烧的大火球，从几英里外就能看到。透镜和用来发出浓雾警报的响铃装置都被烧毁了，只剩下几根被烧得变了形的铁支架还在原地。1914年，委员会在西姆布尔浅滩上紧挨着旧螺旋桩灯塔的废弃铁架的地方建造了一座结实得多的沉箱式灯塔。

在20世纪初期，新的科学技术开始改变美国的工程和建造活动，委员会也随之开始使用相对新颖的建筑材料——比如有铁筋或钢筋加固的混凝土。第一个试验这种材料的机

会出现在 1906 年 4 月 18 日旧金山大地震之后。这场地震至今仍算得上是美国历史上最著名的地震。当天早上 5 点刚过，圣安德烈亚斯断层两边的构造板块在相向运动的过程中，仅在一分多钟的时间里就各自推进了至少 20 英尺的距离，由此引发了一场极为可怕的灾难。据估计这场地震可能接近里氏 8.0 级（这种震级衡量标度到 20 世纪 30 年代才会被发明出来），地震造成接近三万栋建筑被毁，大约三千人丧生，还有数十万人无家可归。[22]

位于加利福尼亚州波因特阿里纳的波因特阿里纳
灯塔（Point Arena Lighthouse）。

　　该地区的灯塔也没能躲过劫难，位于旧金山西北方约 130 英里以外的陆岬上的波因特阿里纳灯塔正好在断层以西，是这场地震中受损最严重的灯塔。根据当时值班的守护人的说法，"灯塔最先受到从南面来的重击……塔身摇晃了几秒，先是向北倒过去很多，然后又晃回来，然后再晃回

203

去，反复了几次。接着又发生了迅速而剧烈的震动，将灯塔整个震裂了，……灯室中的透镜、反射镜等都被震得脱离了底座，纷纷砸到了铁质的地板上"。[23]地震的破坏力造成灯塔和守护人住处严重受损，人们不得不将其全部拆除。重建的灯塔使用混凝土为建筑材料，高 115 英尺，于 1908 年投入使用。随后的几年里，其他很多灯塔，特别是建造在地震多发地区的灯塔都使用了同样的材料。

由于此一时期中新发明层出不穷，委员会在浓雾警报技术方面也取得了极大的改进。到 20 世纪初，发射加农炮、鸣枪或手动摇铃的日子结束了。此时的守护人可以采用多种技术先进的哨子、警笛和喇叭进行预警，这些装置都是靠蒸汽、热空气或电力驱动的。利用落重能量自动敲响的铃铛也是警报的一种，用来提醒在像豌豆汤一样浓厚的大雾中缓慢行船的水手们：前方不远处有陆地，还可能有潜在的危险。[24]

因为只有会被浓雾笼罩的地区才需要警报装置，所以很多灯塔上并没有安装这种设备。切萨皮克湾南部的灯塔上几乎都没有浓雾报警装置，墨西哥湾的灯塔上更是一个也没有。不过，在新英格兰、太平洋沿岸以及五大湖区这些每年起雾时间长达几百或几千小时的地方，浓雾警报则是必不可少的。[25]缅因州的塞金岛灯塔（Seguin Island Lighthouse）位于该州南部的肯纳贝克河（Kennebec River）河口外不远处。1907 年，该地区全年起雾时间达到了破纪录的 2734 小时，相当于一年中 1/3 的时间有雾。[26]

204　　虽然浓雾警报对于水手来说非常有用，但是它无疑会给生活在附近的居民带来很大困扰，因为居民不得不连续几小时，甚至几天忍受这些强力的噪声制造器发出的各不相同，但都令人感觉悲凄的噪声。1905 年，《纽约先驱报》（*New York Herald*）的记者在一篇名为《警笛正摧毁幸福家园》（"Siren is Breaking Up Happy Homes"）的文章中运用了大量修辞手法来形容康涅狄格州格林尼治（Greenwich）海岸外的大船长岛灯塔（Great Captain Island Lighthouse）上新安装的浓雾警报器发出的声音，作者说那起初"像一大群美洲豹发出的嚎叫，怪异且绵长，在持续大约半分钟之后，音调会渐渐走低，变得像上千头疯狂的野牛发出的低吼，中间还穿插着一些能让人联想到迷失的亡魂在哀号的哭声、从无底的深坑中传上来的呻吟声和出现故障的电梯发出的嘎吱声之类的噪声"。[27] 大量的投诉迫使灯塔委员会给浓雾警报装置搭建了操作间，还进行了其他改造以降低噪声。

浓雾警报机器，创作于 1873 年前后。

辉煌信标

受到噪声侵扰的不仅是灯塔附近的居民。灯塔守护人也不得不忍受这些噪声轰炸，何况他们的生活区距离警报装置更近。虽然很多守护人已经习惯了这样的声音，甚至能够在噪声下照常睡觉，但是守护人被这样的听觉冲击逼得崩溃的例子也是存在的。旧金山西北方大约 30 英里处有一个向海中延伸出很远的陆岬，雷伊斯角灯塔（Point Reyes Lighthouse）就建在这个高耸的锯齿状陆岬上。在 1887 年的205 某段时间内，该灯塔的浓雾警报器连续运行长达 176 个小时，每一声警报持续五秒，与下一声警报间隔七秒。仿佛是为了证明水银蒸汽不是唯一一会给灯塔守护人的精神健康带来威胁的因素，一个在现场的记者注意到"疲惫不堪的守护人们看起来像是刚刚参加了一场旷日持久的狂欢"。[28]

实际上，委员会并不是只关注灯塔的改进与提升，他们也很关心负责灯塔运行的守护人。委员会从 1876 年起开始给位于较偏远地区、急需娱乐消遣的灯塔守护人分发书籍，因为这些守护人所在的地方附近没有城镇，不能到城镇中获取书籍杂志。委员会给守护人提供书籍并不是纯粹的利他主义行为，而是因为他们相信这样做能够让守护人"感到更幸福，对自己的生活状况更满足，这样就不会总想着擅离职守了"。[29]

为了避免或减轻守护人很容易感受到的孤独感，委员会准备了 50 个迷你图书馆，每个图书馆里有大约 40 本书。所206 谓的图书馆其实就是一个美观、坚固，且便于流动的大木箱。每个木箱会在一座灯塔上存放六个月，然后与其他灯塔

照片中展示的是当时在各个灯塔之间流动的迷你图
书馆，它能够为守护人提供消遣和学习的材料。

上的木箱进行交换。图书馆中的书籍有私人捐赠的，也有委
员会出资购买的，包括必备的《圣经》和赞美诗集，还有
各种虚构和非虚构类图书，从小说、诗集到科普图书应有尽
有。打开自己新近获得的"私人图书馆"的守护人也许会
在里面发现《鲁滨孙漂流记》、《庞贝城的末日》（*The Last
Days of Pompeii*）以及系列丛书《五个小辣椒的成长过程》
（*The Five Little Peppers and How They Grew*）最新出版的一册
等。由于迷你图书馆格外受欢迎，在接下来的几十年里，流
动书箱的数量逐渐增加到了 500 个以上。[30]

1883 年起，委员会还开始要求男性灯塔守护人穿着统
一的制服（女性守护人不用遵守这条规则，后文会详细讲
述她们的故事）。制服是一套精神的靛蓝色羊毛套装，包括
一件共十个扣子的双排扣上衣、一条裤子和一件背心。除此
之外还有一顶蓝色的遮阳帽，上面别着一枚黄铜质地的灯塔

徽章。守护人在值班时要穿着这套制服，但是在清洁易碎的照明装置时则要脱掉外套，系上围裙。守护人在室外工作的时候也可以脱下制服，换上一套棕色的工作服。秉持人靠衣装的理念，委员会相信这些制服有利于"维持［灯塔体系的］……组织纪律性，提高工作效率，改进形象，增强团队精神（*esprit de corps*）"。[31]

另一个与守护人相关的需要委员会解决的问题是政治恩惠（patronage）。当时政府的各个层面都存在严重的政治偏袒和贪污渎职现象。自灯塔体系建立之初，就一直存在有人因为认识什么人或支持某个党派而获得守护人职位的现象，至于这个人能否胜任这份工作则不在被考虑的范围之内。到19世纪初，在海关官员更直接地插手守护人任命事宜之后，这种现象就更普遍了。海关官员本身就是因政治上的考虑而获得任命的，因此他们通常会将守护人的职位看成可以回馈给党派支持者的肥缺。更何况，有权批准或否决灯塔守护人提名的财政部部长很可能也会从政治，而非能力角度决定雇用哪些人。

207　　虽然有些因为裙带关系而获得任命的守护人出色地履行了自己的职责，但毫不夸张地说，也有很多此类守护人根本胜任不了这份工作。1849年，有一个"在党务工作方面非常有效率"，且"在选举期间……做出突出贡献的"人被任命为缅因州灯塔（Maine lighthouse）的守护人。根据《波特兰广告报》（*Portland Advertiser*）的报道，这个人出生在大陆腹地，对于航海活动一无所知。在他接管灯塔工作之后不久，就开始有水手投诉说这座灯塔的灯每到午夜就熄灭了。

1875 年建造的罗得岛布洛克岛东南灯塔（Block Island Southeast Lighthouse）。

当灯塔管理系统的官员向这名守护人告知投诉内容之后，被激怒的守护人回答道："我当然知道灯灭了，是我亲自熄灭的，我觉得到这个点船应该都走完了，再说我还想省点灯油。"[32]最终这个守护人是被迫改变了自己"午夜熄灯"的原则，还是遭到了解雇就没人知道了。

　　虽然这样的例子很可笑，但政治恩惠并不是一个可以一笑而过的问题，它实际上造成了非常严重且有害的影响：它将关乎许多人生命的重任交到了不称职的守护人手中，而体系中最具才干的雇员们却遭受了冷遇。如委员会主席亨利在 1873 年哀叹的那样："说到灯塔守护人的问题，那些经过多年历练、最有效率、最忠于职守的守护人好不容易掌握了恰当管理灯塔所需的技能，结果却被海关官员们开除，换成什

208

么都不懂的新人，而换人的理由就只是为了兑现政治恩惠的承诺，这样的情况数不胜数。"[33] 以马萨诸塞州温奈克灯塔（Wing Neck Lighthouse）为例，这里的守护人是在 1854 年遭到免职的。当地报纸的报道称："劳伦斯先生尽忠职守，能力出众，从灯塔建成之时就在这里担任守护人。他唯一的罪过在于他是被辉格党人任命的。"[34] 虽然林肯本人经常十分不满地抱怨说前来寻求政治回报、谋求一官半职的人似乎多得数也数不清，但是在他的第一个总统任期内，就有 75% 的守护人被替换成了政府内部人士的朋友。[35] 这种广泛的政治恩惠行为使得一份共和党报刊在 1861 年提出了一个"海岸灯塔新计划"：让所有申请成为灯塔守护人的人"举着一个火把"站在海岸边就够了，"这样政府连灯油钱都省下了"。[36] 记者、短篇小说家及严厉的社会批评家安布罗斯·比尔斯（Ambrose Bierce）会针对此问题发声一点也不令人感到奇怪。他创作的充满辛辣讽刺的文学作品影响了几代美国人，在他最为人所知的著作《魔鬼辞典》（Devil's Dictionary）中，比尔斯将灯塔定义为"海岸边的高大建筑，政府在这里出资维护一盏油灯，并供养某个政治家的一个朋友"。[37] 19 世纪中后期，守护人经常会出于政治原因而遭到解雇。用来通知守护人应当于何时离职的简略告知书可以证明这种现象有多么普遍，告知书上只写着："你在____灯塔的守护人职位将于 18____年____月结束，继任者____。"[38] 在通常情况下，送这份告知书的正是已经准备好住进来的继任者。

委员会想尽办法减轻政治恩惠给灯塔运行带来的影响，措施包括规定灯塔守护人的申请条件，和给灯塔守护人设定

为期三个月的试用期，试用期满时要先测试试用人员的业务
水平，不合格的那些将会被解雇。委员会还为从根本上避开
这些政治诡计做出了努力，方法是剥夺海关官员提名灯塔守
护人的权力，将这项工作逐步移交到灯塔检查员手中。这些　209
措施确实发挥了一些积极的作用。到 19 世纪末，灯塔守护
人先作为学徒接受训练，然后逐步获得晋升的情况越来越常
见，而且助理守护人在工作一定时间之后才能晋升为首席守
护人，随便什么外行人出于政治原因就直接获得任命是行不
通的。

**1898 年在内布拉斯加州奥马哈（Omaha）举办的
跨密西西比河和国际展览会（Trans-Mississippi and
International Exposition）上展示的大批令人印象深刻
的菲涅耳透镜。**

　　然而，应对政治恩惠最有效的武器出现在 1896 年。不
知疲倦地与以权谋私和政治腐败做斗争的格罗弗·克利夫兰

总统签发了一项行政命令，将灯塔守护人归入了公务员的范畴。自此以后，申请者必须满足条件，并通过笔试和口试才能获得灯塔守护人这个职位，政治上的人脉关系将不再是影响任命或解职的因素。除此之外，这项工作还将变为终身制，前提是守护人要通过六个月的试用期。在灯塔委员会的努力和这项行政命令的作用下，因为政治恩惠而任命守护人的情况几乎都消除了。美国的灯塔守护人从此拥有了真正的公职人员身份，他们获得雇用和升职的决定性因素将是个人能力而非人脉关系。这种制度上的进步让守护人，以及仰仗守护人的责任心和工作能力的水手都获得了极大的安全感。[39]

210

在灯塔委员会主管灯塔事务期间，灯塔体系覆盖的地理范围出现了急剧扩张。1867 年，美国国务卿威廉·H. 苏厄德（William H. Seward）与俄国协商购买阿拉斯加地区，最终美国支付了 720 万美元价款，约合每英亩单价才两美分。[40]这样一来，美国的海岸线一夜之间增加了近 7000 英里。当时这一地区仅有一座航行指示灯，它实在很难被称为灯塔。指示灯被安装在锡特卡（Sitka）总督官邸的圆屋顶中。这座大宅通常被称为巴拉诺夫城堡（Baranov's Castle），为的是致敬阿拉斯加这片俄国殖民地的第一位总督兼俄美公司（Russian-American Company）经理亚历山大·巴拉诺夫（Aleksandr Baranov），他从 1799 年开始就在这里经营收益丰厚的皮毛生意。（公司的收益是建立在阿拉斯加地区原住民，或称阿留申人的辛勤劳动上的，他们一直受到俄国人的暴虐对待，且被迫杀死了数十万只海獭以获取这种动物的皮毛。）官邸圆屋顶中的指示灯极为原始，就是在四个铜罐里分别倒进海豹油，再放一根灯芯，最后把点亮的铜罐放在仅有的一面反射镜前。虽然灯光相对暗淡，但是这个指示灯一直深受前往阿拉斯加的俄国海员的欢迎。1839 年在锡特卡看到这个指示灯时，俄国海军军官拉夫林季·扎戈斯金（Lavrentiy Zagoskin）写道："当一个水手看到这个象征着同胞对自己的关爱的标志时，他感受到的那种会促使他做出虔诚祈祷的心情是无法用言语形容的。他突然不再觉得自己正孤身漂荡在无边无际的海洋中；他明白了有人正带着父亲般的关怀牵挂着他的平安。"[41] 驻扎在锡特卡的美国陆军安排了一名中士负责管理该指示灯，到 1877 年军队撤离之时，灯也就被熄灭了。

在政府购买阿拉斯加地区几年之后，海岸测量局提交了一份报告，就该地区最适合建造灯塔的位置提出了建议。这样的建议只是促使政府设置了许多没有照明功能的浮标，阿拉斯加的新灯塔还要等到 20 世纪初才能建起来。造成拖延的具体原因尚不清楚，可能的解释之一是美国其他地方修建灯塔的要求更迫切，因为那些地方的海上贸易需求更大；也有人说可能是因为要照亮一条如此长且在如此偏远的地方的海岸线在当时来说成本太高或难度太大；还可能是因为没有多少政治家认为阿拉斯加作为新增地区对国家有益，他们甚至戏称这里为"苏厄德的蠢事"或"海象国"，更不认为这里有什么开发价值。

然而，到了 19 世纪晚期，在阿拉斯加地区建造灯塔的压力增大到了一个爆发的临界点。这里迅速壮大的伐木业和捕鱼业吸引了大批航船向北驶来，不过真正引起人们驾船蜂拥而至的是 1896 年人们在加拿大西北部的克朗代克地区（Klondike region）发现的黄金。据估计，有超过十万名采矿者在克朗代克淘金热期间前往阿拉斯加，其中大多是先在斯卡圭（Skagway）登陆，然后再尝试徒步翻过海岸山脉前往金矿的。这条道路上充满了艰难险阻，所以绝大部分人其实在抵达目的地之前就不得不原路返回了。当时 21 岁的杰克·伦敦（Jack London）就是蜂拥而至的淘金者中的一员，后来他根据自己在阿拉斯加长达一年的冒险经历创作了经典文学作品《野性的呼唤》（*The Call of the Wild*）和《白牙》（*White Fang*）。

在阿拉斯加海岸外危机四伏的水域中航行的船很多，因此这一水域的沉船事故也很多，尤其是在遍布着岩石暗礁和小型冰山的蜿蜒曲折的内湾航道（Inside Passage）航行的船，遭遇海难的情况更是不计其数。最严重的一次要数 1898 年 2 月从斯卡奎驶向朱诺（Juneau）的蒸汽船"克拉拉·内华达号"（*Clara Nevada*）的沉船事故。"克拉拉·内华达号"当时遇到了像飓风一样强劲的大风，风速最高达到 90 英里每小时。最终这艘蒸汽船在斯卡圭以南约 30 英里之外的埃尔德雷德岩（Eldred Rock）附近沉没，船上人员全部遇难。确切的遇难人数并没有人知道，因为唯一一份乘客名单已经随船一起沉入海底了，估计人数为 60 人至 130 人不等。导致沉船的原因也还是个谜。当时船上似乎发生了火灾，但并不确定起火时间是在船只撞击埃尔德雷德岩附近的暗礁之前还是之后。在回顾这起事故时，《纽约时报》

（*New York Times*）注意到："'内华达号'事件凸显了北方水域中最普遍的情况，即任何类型、任何状况的船都被用来运送数量庞大的淘金者了。"[43]此外，"克拉拉·内华达号"也不是当年唯一走背运的船。仅 1898 年一年，在阿拉斯加东南海岸失事的船的总数就达 39 艘。[42]

这个可怕的灾难纪录激起了要求政府采取额外措施、确保船只在阿拉斯加那景色迷人但充满致命危险的海岸边航行时的安全的呼声。[44]到西奥多·罗斯福总统执政时期，国会终于批准了拨款，1902 年，灯塔委员会在阿拉斯加建造了最初的两座灯塔：位于朱诺以南的弗雷德里克海峡（Frederick Sound）中的五指岛灯塔（Five Finger Island Lighthouse）和位于朱诺与斯卡圭之间的森蒂纳尔岛灯塔（Sentinel Island Lighthouse）。到 1906 年，委员会又在林恩运河（Lynn Canal）上的埃尔德雷德岩上建造了第三座灯塔，映衬这座灯塔的正是高耸入云、气势宏伟的奇尔卡特山脉（Chilkat Range）。

埃尔德雷德岩灯塔（Eldred Rock Lighthouse），拍摄于 1915 年前后。

到 20 世纪的第一个十年快要过去时，阿拉斯加地区总共建造了 13 座灯塔，其中大部分是沿着东南部海岸线和内湾航道建造的，少数几座位于一些偏远得多的地方，包括 1903 年建造的苏格兰帽灯塔（Scotch Cap Lighthouse）和 1904 年建造的萨里切夫角灯塔（Cape Sarichef Lighthouse），后者位于阿留申群岛最东端的乌尼马克岛（Unimak Island）对面。阿留申群岛由许多排列成优美弧形的大小不一的火山岛组成，从阿拉斯加半岛一直延伸到太平洋中，长达 1000 多英里。因为乌尼马克岛上的火山经常喷出浓烟，所以俄国人称这座岛为"地狱的屋顶"。这两座灯塔指明了乌尼马克岛通道的位置，那里是从太平洋进入白令海的主要航运通道。航道最窄的部分只有大约 10 英里宽。这片水域格外危险，不但有强劲的洋流，而且经常浓雾弥漫，这两座灯塔很快就获得了一个"双子墓碑"的称号，因为在这片区域里发生的沉船事故实在太多了。[45]

另外两个新被纳入委员会管理范围的地方是波多黎各和夏威夷，这两个地方都是在威廉·麦金利（William McKinley）总统执政期间的 1898 年成为美国领地的。波多黎各并入美国是以美西战争为表现形式的侵略性帝国主义带来的结果。在这场战争中，美国轻易且彻底地击败了在古巴和菲律宾的西班牙军队，实际上终结了西班牙在西半球的殖民统治。随后双方于 1898 年 12 月签订了《巴黎和约》（Treaty of Paris）。根据和约的规定，美国从西班牙手中夺走的不仅有波多黎各，还有菲律宾和关岛。相比之下，对夏威

夷王国主权的夺取则没有经历战争。美国的做法是挑起一场
政变。几乎全部由美国籍甘蔗种植者组成的一群人，在美国
政府心照不宣的支持下和充满威慑力的美国海军陆战队分遣
队的配合下，于 1893 年剥夺了丽丽乌库拉妮女王（Queen
Liliuokalani）的王权。接管了政权的当地政府到美国国会中
极力游说，要求将夏威夷并入美国。五年之后的 1898 年 8
月，在美西战争即将结束之时，也是夏威夷群岛的战略价值
越来越凸显之日，美国批准了这一提议，因为可以作为军事
基地的夏威夷能够方便美国保护自己在亚洲日益增长的
利益。[46]

　　美西战争结束一年后，灯塔委员会才于 1899 年接管了
在波多黎各修建灯塔的任务。委员会还发现，当地的灯塔体
系已经非常完善。波多黎各全部 13 座灯塔的建造水平都很
高，灯塔上使用的照明设备是西班牙人安装的菲涅耳透镜。
除了对这些在使用中的灯塔进行维护之外，委员会又建造了
两座新灯塔：一座是 1900 年在莫纳岛（Mona Island）上修建
的，另一座是 1908 年在卡布拉斯岛（Cabras Island）上修建
的，这两座灯塔也成了在波多黎各修建的最后两座灯塔。[47]

　　灯塔委员会获得对夏威夷群岛上 19 座灯塔的管理权的
时间是 1904 年。委员会发现这里的灯塔"总体来说非常原
始"，灯塔的建筑有问题，照明设施也相对低效过时。[48]委
员会立即着手进行了维修和升级，给许多灯塔换上了菲涅
耳透镜，还修建了几座新灯塔。其中最重要的新建灯塔之
一位于夏威夷群岛第三大岛瓦胡岛东南端的马卡普角
（Makapuʻu Point）。这个海角高出海平面约 650 英尺，参差

不齐的火山岩在这里直插入海，形成陡峭的悬崖。夏威夷人从 19 世纪晚期就开始呼吁政府在这里建造灯塔，因为在这附近失事的船很多，不过这个计划直到 1906 年才被实行。国会在 6 月底批准给建造灯塔拨款，然而仅两个月之后，马卡普角附近又发生了事故，足以证明批准拨款的决定是明智的。

夏威夷瓦胡岛马卡普角顶端的马卡普角灯塔。

1906 年 8 月 20 日凌晨，天上下着大雨，能见度很低。一艘归太平洋邮船公司所有、长 600 英尺、由 J. W. 桑德斯（J. W. Saunders）任船长的美国蒸汽船"满洲号"（*Manchuria*）正在马卡普角外不远处低速航行。根据桑德斯后来的证言，他当时误将一个小岛当成了另外一个，所以邮船距离海岸的实际距离比他以为的近得多。桑德斯一听到碎浪拍击海岸的声音就大喊倒转主机。可是在那时搁浅在暗礁

215

上的"满洲号"已经动不了了，只有邮船的烟囱还在不断吐出滚滚的浓烟。船上 200 多名乘客虽然受到了惊吓，但是好在没有受伤，并且都被安全地转移了。几周之后，受损严重的蒸汽船被拖回火奴鲁鲁港进行维修。虽然桑德斯将事故归咎于低能见度，但他还提到马卡普角上没有灯塔也是一个重要的因素。

　　马卡普角灯塔高出水面大约 400 英尺，是在"满洲号"发生事故三年之后的 1909 年第一次投入使用的。灯塔本身只有 46 英尺高，但是灯塔上使用的是巨型高亮度透镜（hyperradiant lens，又译佳帕哈迪宏透镜），也是有史以来体积最大的菲涅耳透镜。这套装置由灯塔建造世家史蒂文森家族的成员设计，由法国的巴尔比耶公司（Barbier and Company）制造。透镜重达 14 吨，高 12 英尺，内部直径为 8 英尺 9 英寸，共安装了 1188 个棱镜。委员会是在 1877 年购买这套透镜的，并将它列入了 1893 年芝加哥世界哥伦布展览会（Chicago's World's Columbian Exposition of 1893）的展品名单。这次展览会是为了纪念克里斯托弗·哥伦布发现新大陆四百周年（实际上晚了一年）而举办的。展览会上汇聚了来自 46 个国家的许多最伟大的科技和艺术成就，其中那些来自主办国的展品级别尤其高。人们蜂拥而至，为的就是一睹巨型透镜的风采，这也让灯塔相关展品成了这届展览会上最受欢迎的展品种类之一。在那次展出之后，透镜一直被存放在仓库中，直到委员会决定将其安装到马卡普角灯塔上。历史上生产的高亮度透镜数量很少，而被安装在马卡普角灯塔上的是美国投入使用的唯一一套。[49]

20 世纪初期马卡普角灯塔上使用的巨型高亮度透镜。

216　　委员会用了接近六十年的时间将美国的灯塔体系从普莱曾顿治下的一个饱受诟病的笑话，整顿为跻身全世界最先进行列的，航海辅助设施数量最多、覆盖面积最广的灯塔体系。1852 年普莱曾顿被解雇时，美国有超过 2500 个航海辅助设施，包括浮标、小型信标和灯船，到 1910 年，该数字已经猛增至接近 11000 个。[50] 与此同时，灯塔的数量也从 325 座增长至约 800 座，其中大部分采用了当时人们研制出的最先进、效率最高的照明设备，负责管理灯塔的守护人也都是专业、称职的人员。委员会雇用的工作人员在 5000 名左右——其中 1500 人是灯塔守护人。范围极广的航海辅助设施网覆盖了长达几万英里的海岸线和河流，大部分长期以来一直令水手们困扰的阴暗地区也被灯塔的灯光照亮了。[51] 这样戏剧性的增长反映了，也促进了美国的惊人发展。到 20 世纪初，美国已经成了世界上最大的工业、经济和农业强国。

218

位于纽约州巴克（Barker）的俯瞰安大略湖的三十英里角灯塔（Thirty Mile Point Lighthouse），创作于 1873 年前后。

虽然委员会取得了杰出的成就，但是也有很多人开始担忧灯塔体系已经庞大到无法只依靠一个委员会就能得到有效管理的地步。此时的灯塔委员会还是一个只有九名委员、每年只召开四次会议的组织，很多人认为，有必要设置一个集权管理机构来取代委员会，还应当设立一名全职行政主

位于康涅狄格州新伦敦的新伦敦暗礁灯塔（New London Ledge Lighthouse），该灯塔修建于 1909 年。

管主导日常运行，此人将把工作重心放在更显著地提高灯塔效率和降低运行成本上。委员会中存在的另一个问题是海军和陆军人员的角色问题，委员会的九个委员席位中的七席都被军方占据，同时各地灯塔的检查员（海军）和工程师（陆军）也都是军队人员。虽然多年来这两个分支一直配合得不错，但是随着时间的推移，双方之间的摩擦和分歧也日益增多，因为任何一方都在想方设法获得对于行政决定和工程项目的控制权。[52]

威廉·霍华德·塔夫脱（William Howard Taft）总统就有这样的担忧。1909 年，他在每年向国会发表的国情咨文中敦促立法者彻底重组灯塔管理机构。[53]国会在接下来的一年中展开了这项工作，灯塔委员会被取消，取而代之的是一个非军事性质的灯塔管理局（Bureau of Lighthouse），办

第九章　从委员会到服务局

公地点在商务和劳工部（Department of Commerce and Labor，1913 年改称商务部）内。[54]灯塔管理局后来被人们称为灯塔服务局，由一位局长担任机构领导，灯塔检查员改为从平民中挑选。虽然陆军工程师还可以作为顾问或监督参与灯塔的建造和维修工作，但是他们必须服从平民检查员的领导。

1910 年 6 月，塔夫脱任命乔治·罗克韦尔·帕特曼（George Rockwell Putnam）为第一任灯塔服务局局长。45 岁的帕特曼于 1865 年出生在艾奥瓦州的达文波特（Davenport）。他和一大家子人一起住在能俯瞰密西西比河的悬崖上的一栋房子里。好奇心强且充满冒险精神的帕特曼自制了一条独木舟探索这条壮阔的大河。据他本人说，密西西比河就是"一股令人无法抗拒的神秘水流，翻滚着流过"他的青春岁月。[55]高中毕业后，帕特曼做过很短一段时间的测绘员，后来学习了法律，再后来又在芝加哥铁路管理处做了两年文职工作，之后考入了印第安纳州的罗斯理工学院（Rose Polytechnic Institute）。

取得工程学位的帕特曼已经成了一个衣冠楚楚、自信满满，相貌堂堂，还留着修剪齐整的唇髭的年轻人。他在海岸和大地测量局（Coast and Geodetic Survey）找到了一份工作，一干就是二十年。这份工作让他几乎走遍了合众国的每一个州，包括"最北方的荒原"和"最东端的温暖地区"。[56]最令他激动的一次工作经历是在 1896 年至 1897 年与无畏的探险家、海军军官罗伯特·E. 皮尔里（Robert E. Peary）一同前往格陵兰岛。帕特曼在那里进行

219

乔治·R. 帕特曼，第一任灯
塔服务局局长。

了磁力和重力实验，皮尔里则把精力都投入挖掘工作中，
他发现了拥有 45 亿年历史的阿尼希托陨铁（Ahnighito）
并将之带回了美国。在当时，这块陨铁是世界上质量最大
的，重达 34 吨。后来，皮尔里还被卷入了一场激烈的争
议中，至今仍有人质疑他宣称的自己发现了北极的说法。

220　　在这次前往格陵兰岛的探险活动之后，帕特曼还多次航
行到阿拉斯加地区；1900 年，他被派往在美西战争后刚刚
成为美国领地的菲律宾。作为海岸和大地测量局在菲律宾的
领导者，帕特曼监督了对这个面积广大的群岛的测绘工作，
直到 1906 年才不情愿地返回华盛顿接手另一个测绘项目。

帕特曼就是在菲律宾工作期间结识了后来成为总统的塔夫脱，后者于 1901 年 7 月被任命为美国驻菲律宾领地的第一任总督。帕特曼杰出的管理和专业技能、敬业精神和良好的职业道德令塔夫脱印象深刻，所以塔夫脱在任命帕特曼为灯塔服务局局长时心中没有任何疑虑。据帕特曼说，在他获得这个职位之后不久，塔夫脱曾短暂地接见了自己，总统"除了希望我的工作能够对得起新法案外，没有其他要求"。[57]

　　帕特曼对于灯塔服务局的工作的热情毋庸置疑。他曾写道："灯塔和灯船会引起人们的兴趣和关注，是因为它们象征着永不松懈的警觉、对任何环境的坚定忍耐以及广泛的益处。建造和维护灯塔照明对于国家来说是一项人道主义工程，也能让海岸的风景更加生动别致。"[58]在任二十五年，帕特曼的工作目标就是让美国灯塔体系保持其世界最先进灯塔体系之一的地位，同时实现体系的现代化和节省开支。

　　帕特曼致力于充分利用新兴科技，比如无线电信标，这种技术可以将无线电信号转化成莫尔斯电码传输到几百英里以外的地方。在灯塔上安装了无线电信标之后，配备了无线电罗盘的船上的水手就可以接收这些信号，从而在看到灯塔的光线或听到浓雾警报很久之前就判断出自己与灯塔的相对位置，并依此精准地确定安全的航线。如果水手可以接收到两个无线电信标发出的信号，那么他们还可以根据三角测量的方式来确定自己在海上的确切位置。在天气状况恶劣的时候，无线电信标的作用就显得尤为重要。[59]如帕特曼观察到的那样："只有无线电信号可以穿透大雨和浓雾，这正是无论多么耀眼的灯光都无法实现的效果；信号还不会受到暴风雨的干扰，再响的［浓雾］警报也会被呼啸的狂风淹没。"[60]从 1921 年起，帕特曼就在灯塔和灯船上安装了无线电信标，到 20 世纪 30 年代中期，投入运行的无线电信标超过了 100 个。它们发挥的重大作用可以通过五大湖区的例子证明：在安装了无线电信标之后，五大湖区四年内发生搁浅的船的数量比安装之前四年内的数量少了 50%。[61]

帕特曼还是迅速席卷全国的电气化的坚定支持者，许多城市和乡村都已经开始依靠电力照明，这个国家不断壮大的工业基地也是依靠电力为能源的。多亏了托马斯·阿尔瓦·爱迪生（Thomas Alva Edison）在他位于新泽西州门洛帕克镇（Menlo Park）的实验室里进行了数千次实验，发现了能够长时间使用的灯丝，美国开始越来越广泛地依靠白炽灯发出的温暖光线照明。白炽灯不仅取代了刺眼的碳弧灯，还让整个社会都从人造光源的使用上获益，促进了经济的发展，同时显著地提升了大部分美国人的生活质量。灯塔委员会在 19 世纪末 20 世纪初开始试验性地给一些灯塔换上电灯，而帕特曼大大地加速了这个过程。凭借发电机、电池组和不断扩大的电路网线，越来越多的灯塔实现了电气化。到 20 世纪 30 年代，绝大多数灯塔用上了白炽灯，这种灯泡发出的光线比被它们替换掉的光源明亮得多。[62]

电气化的实现让帕特曼有机会进一步推动灯塔运行的自动化，这也是他缩减开支计划中的关键一步。能够根据预先设定的时间表定时开灯关灯的新型定时器，和可以控制小型浓雾警报的电气装备让很多灯塔的自动运行成了可能。促进这一过程实现的另一项技术是能够自动更换烧毁灯泡的换灯泡机。

不过，促进自动化程度提高的因素并不仅有电气化这一点。大约就在帕特曼接受任命的同一时期，乙炔气体也开始被应用到灯塔的照明上。将增压箱里的乙炔气体灌入照明灯，让灯罩里的乙炔和空气混合在一起燃烧，这就和炽热油蒸汽灯内部的煤油的燃烧方式一样。只要加装一个被称为日光阀（sun valve）的精巧装置，燃烧乙炔气体的灯也可以实现自动控制。

瑞典工程师尼尔斯·古斯塔夫·达伦（Nils Gustaf Dalén）在 1907 年发明了日光阀，并在 1912 年凭借此发明获得了诺贝尔物理学奖。这种装置由一根玻璃管和里面的四根金属棒组成。中心的金属棒表面是暗黑色的吸热材料，它连接着控制乙炔气体从增压箱灌入照明灯的阀门。支撑着中心这根黑色金属棒的另外三根金属棒的表面都是耐热材料，镀了金，打磨得极为光滑。有日光的时候，外部的金属棒温度相对较低，黑色的金属棒则会吸收太阳辐射（热）并膨胀，从而关闭气体通过的阀门，照明灯就熄灭了。随着日光的减少，黑色金属棒冷却收缩，阀门被打开，乙炔气体流入照明灯，灯内的一个持续工作的助燃器就会点燃乙炔气体。对于那些无法轻松获得电力供应的偏远地区的灯塔，或是很难安排守护人常驻的灯塔而言，日光阀、乙炔增压箱和自动换灯罩机在实现灯塔自动化运行方面用处尤其大。[63]

自动化对于节省开支的贡献极其明显。有些原本需要多名守护人运行的灯塔如今只需要一名守护人就够了，还有很多全自动的灯塔甚至不需要守护人（当然还是会有人定期前往这些灯塔进行维护）。在帕特曼的任期内，好几百座灯塔实现了自动化，每年节省开支数十万美元。[64]

然而，自动化对于那些会因此失去工作的守护人来说可能是个彻底的灾难，好在帕特曼对于他们的权益十分关注。通过仔细的计划和谨慎的执行，帕特曼设法将守护人调动到其他有人员空缺的灯塔上工作，从而避免了大规模裁员。即便如此，发展趋势还是显而易见的：自动化是奔向未来的浪潮，帕特曼已经开启了最终将让守护人这个职业彻底消失的进程，他们早晚会永久地成为浪漫过往留下的一点遗迹。

223　　帕特曼不愿意解雇这些已经不被需要的灯塔守护人，这是出于他对守护人的深刻敬意。帕特曼写道："他们依靠微薄的薪水度日，过着孤寂的生活，还要面对工作中时常出现的危险，为灯塔服务局工作的是一群杰出、忠实的雇员（men）①，他们甘愿冒着巨大的风险履行自己的职责，帮助其他身处困境的人。"[65] 随着时间的流逝，帕特曼也一天比一天更为守护人对于这个职业的奉献精神所感动，他宣称让他失望的守护人只有极少的几个。[66] 他将守护人视为灯塔服务

---

① 虽然帕特曼泛指雇员时使用的是"men"（男人们）这个单词，但是当时已经有一些女性守护人存在了，这种指代方式在他所处的时代是普遍用法。

局的中坚力量，他坚信这些人应当被公平对待。这样的观念驱使他在很多重要方面坚持为维护守护人的利益而斗争，其中之一就是养老金。

帕特曼就任局长时，很多守护人已经70多岁了。他们在守护人的岗位上已经工作了几十年，虽然一部分人还想继续工作，但大多是希望退休的。然而当时没有退休体系，因此他们就没有资格领退休金，这造成很多人为了生计而不敢退休。帕特曼认为这样对待守护人是非常恶劣的，尤其是考虑到守护人的工作对于这个国家而言有着不可估量的价值，更何况，世界上其他国家几乎都会给灯塔守护人发放养老金。

年老的守护人给帕特曼造成了一个进退两难的困局，因为很多守护人年纪太大，身体衰弱，已经无法妥善地完成工作。如果解雇这些人，他们的生活很可能马上就会陷入困境；如果继续雇用这些人，那么最终受影响的将是灯塔服务局的整体服务质量。虽然存在这样的风险，帕特曼还是决定在养老金计划落实之前，不强迫任何人退休。帕特曼花了八年的时间，动用了自己庞大的政治人脉游说国会为守护人制定退休养老计划。帕特曼的事业还受到了全国各地的声援，尤其是各地的水手和沿海地区的报社编辑等，他们非常了解这些守护人，可以为守护人的出色工作和为挽救生命而做出的奉献作证，他们认为守护人在离开工作岗位后理应享受合理的待遇，不能靠一个握手道别就把这些人打发了。[67]

这些努力最终取得了成效。伍德罗·威尔逊（Woodrow Wilson）总统于1918年6月20日签署了法律文件，从此以

224

后工作满三十年的守护人可在年满 65 岁时退休，并领取一笔丰厚的养老金（强制退休年龄是 70 岁）。如人们预见的那样，法令一出，很多一直在期盼着这一天到来的守护人立即欣喜地提交了自己的退休申请。养老金法规的通过是一个真正的壮举，也是具有标志性的事件，它是美国实施的第一个为联邦公务员制定的退休体系。[68] 在签订这项法律文件的仪式上，威尔逊告诉帕特曼："能为这些在灯塔上为政府做出贡献的人做点什么令我感到由衷的高兴，我知道他们的工作有多么重要，我认为这样的待遇是他们当之无愧的。"[69]

仅仅一年之后，威尔逊就有了感谢这个国家的灯塔守护人做出的杰出工作的好理由，因为可能正是这样的工作救了他一命。1919 年 7 月，威尔逊出席巴黎和会，他在签署了标志着第一次世界大战正式结束的《凡尔赛条约》之后，乘坐由远洋客轮改造的运兵船"乔治·华盛顿号"返回美国。船行至马萨诸塞州海岸线外的时候，这艘长达 723 英尺的蒸汽船遭遇了浓雾，能见度几乎为零。船长不清楚船的确切位置，也不知道自己的正前方存在危险——如果继续直行，这艘船将直接撞上撒切尔岛参差不齐的多岩石海岸。在这样恶劣的天气条件下，撒切尔岛的双子塔的明亮灯光已经没有任何作用了，但值班水手最终听到了响亮的浓雾警报并及时通知了船长，这让船长获得了充足的时间来调整航线，也让众人躲过了一场看似必然的灾难。[70]

凭借与在争取养老金时抱有的相同的干劲，帕特曼还协助说服国会向那些生病或受伤的守护人支付伤残抚恤金，条

225

件是他们的伤病不是因为"恶习、酗酒或故意的不法行为"造成的。[71]那些在工作期间去世的守护人的家人也终于可以领取遗属抚恤金了。除这些外，帕特曼还对另一个长久以来一直困扰着守护人的问题发起了挑战，那就是守护人的薪酬。

守护人几乎是从联邦政府接管灯塔体系之时起就开始对自己的薪酬表示不满了，到帕特曼就职时，守护人还在继续抱怨。1840 年，守护人的平均年薪是 400 美元。到 1867 年，这个数目涨到了 600 美元，然后就一直保持了五十年。相较之下，一个联邦政府员工的平均年薪在 1900 年就已经达到 1000 美元左右。[72]这里说的守护人工资指的是平均水平，在不同的条件下也会有高有低，首席守护人的工资当然比助理守护人的高一些。举例来说，在 19 世纪 50 年代人们都被淘金热冲昏了头脑的时候，西海岸上一个首席守护人的年薪能达到 1000 美元，因为那里的市场通货膨胀严重，一个家庭用人或低级的办事员可能也挣得差不多。（在随后几年中，西海岸上灯塔守护人的工资虽有所回落，但是仍然比这个国家其他多数地方的守护人的工资高。）那些位于格外偏远或危险的地区的灯塔的守护人，还有那些规模较大、装置较复杂的灯塔的守护人也能够领到相对较高的工资。五大湖地区的水道在冬天结冰之后就无船通行了，所以绝大部分灯塔会关闭几个月，这里的守护人的年薪就会比平均水平低一些。除了工资之外，守护人当然也能得到不少其他福利，包括免费住房和由政府全年定期提供的各种物资补给，在有些偏远地区的灯塔上，连食物都要靠政府提供。即便如此，无论从哪个方面来衡量，守护人的工资从来算不上丰厚，尤其是在保持五十年不上涨的情况下，守护人的生存状况进一步恶化了。

帕特曼相信守护人理应得到更多的报酬，这不仅是为了让已经在做这项工作的人受益，更是为了将守护人这个岗位的整体薪酬维持在一个具有竞争力的水平，这样才能招募到有能力的人。帕特曼年复一年地提出给守护人涨工资的建议，很多守护人也会提交请愿书表达同样的诉求。最终国会给出了回应。1918 年，守护人的平均年薪提高到了 840 美元。在接下来几年里，又经过政府的几次上调之后，守护人的年薪到 20 世纪 30 年代初期已经上升到 1080 美元至 2100 美元。虽然这样的薪酬仍算不上丰厚，但是绝对足以令人满意，尤其在很多人找不到工作的大萧条时期就更是如此了。[73]

帕特曼在为维护守护人权益、提升他们经济状况而奋斗的同时，也不忘强令守护人保持节俭。根据历史学家汉斯·克里斯蒂安·亚当森（Hans Christian Adamson）的观点："灯塔管理局对于花销不只是有节俭意识，而是锱铢必较。节省开支、物尽其用和只修不扔成了一种政策和信条。"[74]守护人被要求尽量节约的详细情节堪称传奇。油漆刷被用到秃得只剩把手，锈了的螺丝刀被重新锉出楔形头，或是用擦拭透镜的旧抹布补衣服之类的情况屡见不鲜。[75]一位区域灯塔监管人在听说守护人要扔掉一个刀片坏掉的开罐器时，立刻制止了这种浪费行为。监管人说："开罐器上面的瓶塞钻并没有坏，还可以用来开瓶子，当然我说的可不是红酒瓶！"[76]
为了省钱，有时候管理局也会对守护人住处之类的灯塔次要
建筑的状况不闻不问。鉴于帕特曼如此强调节俭，他会在办
公室里的显要位置悬挂一幅斯蒂芬·普莱曾顿的画像就不令
人意外了。不过帕特曼和普莱曾顿的节俭有一个本质上的区
别：帕特曼手下有一群能力出众的工作人员，而且他永远不
会为了节省开支而降低水手们仰仗的航行辅助设施的质量。

　　大多数守护人并不介意帕特曼的节俭政策，实际上，这
个政策激发了他们解决问题的创造力，很多人为自己能够用
更低的成本完成更多的工作而感到骄傲。这种自豪感还扩展
到了更广泛的工作层面。帕特曼能让守护人感受到自己工作
的重要性，他在私人或公开场合都不吝于表达自己对于守护
人的信心。作为回报，守护人也对他们的局长满怀敬仰，忠
心耿耿，因为正是帕特曼竭尽全力地提高了他们的生活水
平，还让他们为作为一名公职人员而感到自豪。

　　帕特曼通过各种方式给他的员工们灌输一种共通的自豪
感、归属感和职业精神，比如给表现好的守护人颁发效率之
星，以及每月发行《灯塔服务局公报》（*Lighthouse Service
Bulletin*）这样能够提供教育性和娱乐性内容的刊物。月刊
上刊登的文章涉及内容广泛，包括科技进步、立法动态、新
建工程项目和退休信息等。还有一部分内容是比较轻松的，
比如介绍一个菜谱或分享一件有趣的奇闻逸事。在 1921 年
5 月的一期《灯塔服务局公报》上就刊登了对一位名叫
L. D. 马钱特（L. D. Marchant）的灯塔守护人的采访。马钱
特在切萨皮克湾中的三座灯塔上总共工作长达三十八年之

227

久，其间没有请过一天病假。在被问及是如何实现这样惊人的纪录时，马钱特回答说："我身体健康的秘密就在于我一直生活在医生来不了的地方。"[77]

不过，也有一些故事是充满悲剧色彩的。1925 年 5 月至 6 月的《灯塔服务局公报》上就报道了马卡普角灯塔上发生的骇人听闻的事故。[78]当年 4 月 9 日凌晨，助理守护人亚历山大·图米（Alexander Toomey）和约翰·卡西马努（John Kaohimaunu）正准备换班。在向用来加热炽热油蒸汽灯的点火器里添加酒精的时候，少量酒精被洒到了地板上。后来图米一划火柴，混合了挥发的酒精的空气遇火，发生了剧烈的爆炸。两个守护人都被严重烧伤，图米的情况尤其糟糕，他的衣物被点着，整个人都烧成了"皱皱巴巴的焦黑色"。[79]当首席守护人要将两名受伤人员送去医院的时候，图米的妻子恳求陪同丈夫前往。然而图米坚持让妻子留在灯塔上，因为在三个守护人都离开的情况下，她是唯一能够照管灯塔的人了。根据《灯塔服务局公报》的报道，图米在被送医之前把妻子和孩子叫到身边，与他们一起背诵了主祷文，然后对妻子说："照看好灯塔，别让灯光熄灭。"[80]这也成了图米给妻子留下的最后一句话，他在第二天就去世了。

228　　　如之前美国经历的战争都给灯塔运行造成了影响一样，第一次世界大战也是如此，而且它带来的影响还非常严重。即便是在 1917 年 4 月 2 日正式宣战之前，美国政府就已经指示海岸线上重要灯塔的守护人保持"万分警醒"，注意搜

寻德国潜水艇的影子，一旦发现立即汇报。[81]宣战之后不久，
威尔逊总统就将 21 座灯塔连带这些灯塔上的守护人一起，
在战争期间划归海军管理。海军在灯塔上安排了信号员，让
他们和灯塔守护人一起 24 小时不间断地执勤，在海平线上
搜寻敌方潜水艇的踪影。[82]为了协助这项工作，政府给瞭望
者提供了一份《潜艇轮廓手册》，里面有描绘各种德国潜艇
露出水面部分轮廓的插图，还有潜艇的照片。[83]其他海岸地
区灯塔的守护人虽然没有被划归军方领导，但是也收到了要
时刻警惕，注意搜寻敌人踪影的命令。有些灯塔的灯光还被
熄灭或调暗，为的是防止灯光让美国船只在夜间过于明显，
从而成为德国潜水艇攻击的目标。很多灯塔上还加装了电
话，好让守护人能够在发现敌情或可疑行动时迅速汇报。

灯塔守护人还在缓解战争造成的食物短缺方面做出了贡
献。1917 年 5 月，威尔逊总统任命后来也当选总统的赫伯
特·胡佛（Herbert Hoover）为新创设的美国食品管理局局
长，胡佛的任务就是给美国及美国盟友的军队和国民提供食
物。食品管理局以"食物将赢得战争"为口号，敦促每一
个美国人贡献自己的力量，灯塔守护人也不例外。[84]商务部
部长鼓励守护人在为灯塔所有的土地上尽己所能地进行耕
种，即便是那些位于几乎不宜耕种地区的灯塔的守护人也被
要求栽种作物。[85]为了调动守护人的积极性，灯塔服务局还
刊印了一些有关守护人排除万难获得丰收的报告。其中一个
例子的主人公是楠塔基特岛格雷特角灯塔（Great Point
Lighthouse）的守护人亨利·L. 托马斯（Henry L. Thomas），
他因为在贫瘠的沙地上种出了"优质"马铃薯而受到人们

229 的称赞。[86]华盛顿州海岸线外斯图尔特岛（Stuart Island）上的特恩角灯塔（Turn Point Lighthouse）的首席守护人路易·博彻斯（Louis Borchers）"耕作"的不是土地，而是海洋。斯图尔特岛周围的海水中畅游着品种丰富的鱼，博彻斯喜欢捕鱼并将它们制成罐头。仅 1918 年一年，他就制作了 311 罐鱼罐头，包括鲑鱼、沙丁鱼、角鲨和鲑鱼鱼子酱罐头。胡佛对于博彻斯的成功印象深刻，还敦促其他守护人向博彻斯学习。[87]

灯船在战争期间也被征用了，全部用来警戒海平线上的敌人动向，其中少数一些还被划归海军使用。停泊在哈特勒斯角附近的钻石浅滩灯船就是在执行任务时被击沉的。1918 年 8 月 6 日，灯船上的船员发现一艘德国潜水艇正在袭击一艘美国商船，于是立即通过无线电装置对这一区域内的其他美国船只发出了警报。然而德国人也在监听无线电信号，他们将炮口对准灯船，只是在击沉目标之前，德国人准许了 12 名船员驾驶救生艇逃离。不过灯船发出的警告没有白费。至少有 25 艘美国船因为接收到信号而驶向了近海，逃出了徘徊搜寻中的德国潜艇的射击范围。[88]

1935 年，年满 70 岁的帕特曼退休了。虽然当时这个国家正深陷它历史上最严重的一次经济萧条中，但是帕特曼完全有理由为自己的一系列成就感到骄傲。帕特曼在任期间，航海辅助设施的数目翻了一番还多，其中包括很多新修建的灯塔。与此同时，灯塔管理局的工作人员数量却减少了约 15%。减员的最主要原因是实现了灯塔的自动化运行，有几百座灯塔都不再需要守护人，这样的趋势预示了未来：守护人终将彻底失去存在的必要。[89]灯塔服务局不仅变得更加高效，而且在确保国家水域安全这个最主要的任务方面发挥的作用也越来越大。根据《劳埃德船舶登记簿》（*Lloyd's Register of Shipping*）的统计数据，在 1920 至 1935 年，以在 230 航行事故中损失的船只占船只总数比例为衡量标准，美国从世界上第六安全的国家上升为第二，排在第一位的是荷兰。[90]帕特曼成功的另一个方面在于他告诉他的雇员，通过做好本职工作就可以获得自豪感和成就感。灯塔守护人的士气和斗志前所未有的高涨。《纽约时报》给帕特曼的职业生涯创作了一篇恰如其分的总结，该报在宣布帕特曼退休的社论文章中指出："他是那些一直存在的公共部门的领导中的一员，他沉默、能干且不辞辛劳，他就是那种很少为公众所知，却为公众办了很多实事的人。当我们想到这样的人，想到他们的美德和奉献精神时，官僚这个称谓都变得不那么刺耳了。"[91]

哈罗德·D. 金（Harold. D. King）是一名在灯塔服务局工作了二十四年的工程师，他在帕特曼退休的前几年一直担任副局长，现在接任了局长职位。[92]金和帕特曼是在一起为海岸和大地测量局菲律宾分部工作时相识的，金的目标也是进一步推动灯塔体系的自动化。可惜他并没有获得多少机会来做出成绩，因为灯塔服务局在 1939 年被划归美国海岸警卫队管理，从此开启了灯塔现代历史的新篇章。在开始讲述现代阶段之前，我们有必要回顾一下这个通常被称为灯塔的黄金时代的阶段——也就是从 1852 年灯塔委员会成立至灯塔服务局存在的最后几年。在这几十年中，灯塔体系实现了最大限度的扩展，美国灯塔的光辉比以往任何时候都更耀眼，这既是一个贴切的比喻，也是毋庸置疑的事实。在灯塔的这段历史中，还发生过许多或引人入胜，或令人痛心的故事，故事中有守护人和他们的生活，有惊心动魄的营救，有令人震惊的工程和建筑奇迹，有鸟类，还有一场格外致命的飓风。

第十章

守护人和他们的生活

正在值班的费拉隆岛灯塔守
护人的画像，这幅雕版印刷品创
作于 1892 年。

231

提到 19 世纪末 20 世纪初的灯塔守护人的典型形象，人
们的脑海中浮现的很可能是这样一幅画面：浪漫的田园背景

中，一位留着胡子的男士正坐在门廊上抽烟斗，围绕着他的
232 是如诗如画的风景和海浪温柔地击打海岸的声音。当然，守
护人得照管照明设备，有些也得操纵浓雾警报器，还要维修
自己的住处和看管其他属于灯塔的财产，但是这些都不是什
么费力的工作，而且他们还能有大把的空余时间追求自己的
其他爱好，或思考一下人生，或单纯地欣赏一下自然美景。
这种简单化、理想化的想象中虽然包含一些真实的元素，但
是与历史记录和现实情况差了十万八千里。守护人的生活绝
不是相对轻松的——而且这个职业也不是仅限于男性的。

灯塔守护人最主要的职责是维持照明装置和浓雾警报器
正常工作。[1]在 19 世纪末至 20 世纪初，这可不是什么轻松的任
务。政府给守护人发放了详细的工作手册，用以指导守护人
要做什么、怎么做和什么时候做。1881 年的指导手册有一百
多页的内容，包括文字介绍和图表说明。1918 年的手册页数是
1881 年的两倍。负责这些工作的守护人的数量依具体情况而
定。透镜体积较小且没有浓雾警报器的灯塔只需要一名守护人；
透镜体积较大，又有复杂的浓雾警报器的灯塔最多可能需要五
名守护人，五名守护人中除了一名首席守护人之外，助理守护
人的级别根据工作时长和经验从高到低排序。

有两名或更多守护人的时候，守护人之间会按照不同的
"部门"进行分工。属于第一部门的守护人专门负责照明装置。
每天早上在太阳升起之前，守护人就要沿着楼梯爬上灯室，穿
上一件亚麻围裙，为的是防止透镜被自己身上粗糙的布料或扣
子刮出痕迹。等到太阳出来之后，守护人就会熄灭灯光，然后
拉上灯室内部的窗帘或百叶窗。这样做可以避免阳光直射对透

镜造成损坏，或是使透镜褪色，或是造成一氧化铅降解——这种以铅为主要成分的物质是用来固定透镜的黄铜框架上的大量玻璃棱镜的。不过，更主要的还是出于对于火灾的从未停止过的真切恐惧。人们必须注意，光线是可以从透镜的任何一侧穿透的。夜晚亮灯以后，光线向着海平线方向射出，但是到了白天，如果任凭阳光不受阻挡地射进灯室，光线就会通过透镜的 233 反射和折射将大部分热量汇聚到放置在透镜内部的装满了动物油或煤油的油灯上，最终可能导致起火，甚至爆炸。[2]

　　1933 年，哈特勒斯角灯塔守护人尤纳卡·詹妮特（Unaka Jennette）正在擦拭一型透镜。因为这张照片是有意安排拍摄的，所以詹妮特没有穿围裙。

拉完窗帘以后，守护人要先用羽毛制成的掸子清扫透镜上的灰尘，然后用柔软的亚麻布料擦拭，最后再用已经磨光滑的皮革把透镜擦到发亮。油灯和旋转发条装置也需要清理。守护人要给油灯装满灯油，还要准备一个备用灯，这样一来如果主要的油灯在夜间出了问题，就可以随时更换。另一项极其重要的工作是修剪灯芯。守护人要用剪刀将燃烧后的残留物剪除。修剪灯芯为的是保证夜间灯光的稳定和明亮。在灯塔使用鲸鱼油、猪油、菜籽油或煤油为燃料的各个时期，守护人都要负责修剪灯芯。正是因为这项常规工作，守护人给自己取了个亲切的外号叫"小灯芯"（Wickie）①。

234　　第一部门的工作重点是管理照明装置，第二部门则主要承担各种维护工作，包括清洁灯室的墙壁和地板，打扫楼下的值班室和灯室外的一圈平台，以及擦拭灯室玻璃窗的里里外外。清洗灯室外侧玻璃窗的工作很需要胆量，有恐高症是不行的，因为擦高处的窗格时，守护人通常不得不站在平台的栏杆上，或是蹬着窗格上固定玻璃用的纤细铁条。虽然灯室外面一般都有供守护人抓握的扶手，但这种走钢丝似的活动仍然充满危险，尤其是在灯室外面有水或结冰的时候。守护人在进行这项工作时脚下打滑跌落摔死的例子也是有过的。

　　第二部门负责的最耗费体力的一项工作要数擦亮固定照明设备和旋转机械的黄铜框架，以及各种各样的黄铜工具和

---

　　① 源自灯芯的英文"wick"。——译者注

用品。灯塔机械师弗雷德·莫龙（Fred Morong）听守护人抱怨了这项工作很多年，他在 20 世纪 20 年代晚期写过一首诗，题目为《黄铜制品——灯塔守护者的哀叹》（*Brasswork or The Lighthouse Keeper's Lament*），其中有几个小节的内容绝对能够让人们充分理解守护人的心情。

　　　　是什么成了灯塔守护人的痛苦之源？

　　　　是什么让他劳神费力，愁眉苦脸？

　　　　是什么让他忍不住口吐污言秽语，甚至对自己的妻子拳脚相加？

　　　　是黄铜制品。

　　　　是什么让他形容枯槁，骨瘦如柴？

　　　　是什么让他失去了健康、活力和精气神？

　　　　是什么让他感到绝望，甚至逼得他犯下罪过？

　　　　是黄铜制品。

　　　　……

　　　　我到死都在擦拭黄铜制品，

　　　　然后我会升入天堂，

　　　　那么我的竖琴和皇冠会是纯金的吗？

　　　　不，都是黄铜制品。[3]

　　守护人要在每天上午 10 点以前完成以上全部工作，这样　235
才能做好太阳一下山就开启照明设备的准备。夜间也要有人照管灯光。如果有多名守护人，他们可以安排轮流值班，通常是每班四至六小时，值班的守护人在灯室下方的值班室里值班，其间要保持清醒，有必要的时候去灯室调整一下灯光。在没有助理守护人的灯塔上，守护人在晚上 8 点到次日早上太阳升起的这段时间里至少要去灯室查看两次。如果有暴风雨，守护人就得整晚都待在灯塔里，因为这正是水手最需要稳定、明亮的光线的时候，也是照明设施最容易受恶劣天气影响的时候。守护人还经常要在暴风骤雨肆虐的时候被迫到灯室外面去清理玻璃窗上的积盐、积雪或冰霜。如果说在天气状况良好的完美环境下清理玻璃窗需要钢铁般的意志的话，在暴风雨中进行这项工作就更加令人胆战心惊了。在 1860 年 1 月的一个天气恶劣的深夜，一位名叫乔治·伊斯特布鲁克（George Easterbrook）的守护人就亲身体验了一把。

当时年仅 17 岁的伊斯特布鲁克是失望角灯塔上的第二助理守护人。这座 53 英尺高的砖砌灯塔位于华盛顿州的西南顶点，建在哥伦比亚河河口的一块隆起的岩石上。午夜时分，伊斯特布鲁克顶着倾盆大雨和呼啸的狂风到室外的平台上清理玻璃窗格上的盐雾和尘垢。因为灯室的门闩有点问题，所以他打算在干活的时候用东西把门支住。然而，他刚走出灯室就有一阵狂风刮来，门被狠狠地撞上了，还从里面落了锁。伊斯特布鲁克在用力拉门无果之后，先是尽职尽责地清理了半个小时玻璃窗，然后才开始专心研究要如何脱离困境。伊斯特布鲁克可不想在外面一直待到明早有人来找他，而且他知道要是自己两个小时之内进不了灯室，油灯一定会熄灭。如果发生那样的情况，他就不仅会被扣工资，还有可能失去这份工作，更严重的是，如果因此发生沉船事

236

故，他本人也可能被追究责任。

根据伊斯特布鲁克的回忆，这些涌进他脑海的想法几乎将他"逼疯"，不过他最终从这种由恐惧引发的思维混乱中清醒过来，戴上了厚厚的鹿皮手套，开始抓着仅1英寸粗的铜质避雷针作为救生索，沿塔身向下爬。由于这根纤细的铜线只有接近灯塔顶部的一段是被固定住的，当伊斯特布鲁克慢慢向下移动时，强劲的大风开始将他吹得"像钟摆一样"左摇右晃，有时会让他"在半空中旋转和扭动起来"，还有时会将他吹到危险的悬崖边缘。经过了一段极其漫长的下降过程后，伊斯特布鲁克的双脚终于踏上了地面，然而新的问题又出现了。他是从灯塔面向悬崖的一侧爬下来的，这里的灯塔地基只有很窄的一条，再向外就是斜插入水面的危险陡坡。每当抓着铜线的伊斯特布鲁克想要向着塔身摆荡过去并放开避雷针站直时，大风就会将他和沉重的铜线一起向海洋的方向推去。他知道这时候自己哪怕只有一下没抓紧，都有可能"头朝下坠落悬崖，在一块块岩石上撞个粉身碎骨，最后剩下一具不成人形的尸体落入悬崖下方不深的海水中"。伊斯特布鲁克的体力正在迅速流失，他已经无法再坚持太久了。所以他用上了自己最后的力气，松开了一只抓着避雷针的手，等着"下一阵狂风"将自己朝着灯塔塔身的方向刮去。当他的身体被狠狠地拍向灯塔时，他把避雷针抛到了身后，接着张开双臂抱住砖砌的塔身，慢慢地沿着建筑底部挪到了地基"宽得足够站稳"的地方。精疲力竭的伊斯特布鲁克晕了过去，但是没一会儿就醒了过来。他爬到了灯塔的大门前，打开门闩进入，然后费力地沿着楼梯爬上灯

237

室，迅速调亮了已经开始变暗的油灯。虽然伊斯特布鲁克成功自救，但是这次死里逃生的经历对于他而言影响很大，几个星期之后他就辞职了，转行做了一名医生。[4]

守护人还要负责管理浓雾警报器，这个装置也需要经常清理，确保它时刻保持良好的工作状态。长时间操作浓雾警报器也是一项非常劳累的工作。举例来说，1887 年雷伊斯角灯塔的浓雾警报器持续运行了 176 小时，守护人为此向锅炉里铲了 25000 磅的煤。[5]

从下往上看到的缅因州卡斯廷（Castine）的戴斯海德灯塔（Dice Head Lighthouse）中的螺旋楼梯的样子。

第十章 守护人和他们的生活

19 世纪末至 20 世纪初，灯塔开始用上电之后，那些还没有因为自动化而失去工作的守护人的日常工作流程也随之改变了。他们不用再把沉重的煤油罐搬到灯室里；因为使用了清洁能源，油灯上、透镜上以及灯室的玻璃窗上都不再有煤烟熏黑的痕迹或油渍需要清理。不再需要剪灯芯的"小灯芯"变成了"按开关的人"，只要轻轻一拨，就能够打开或关闭灯光。[6]新安装的一种特殊的感应器能够在灯光熄灭时发出警报，所以守护人也不用再长时间值班了。还有些地方的浓雾警报器也改为电动的了，这就意味着守护人不用再干向锅炉里添煤的体力活了。不过，还有一些例行工作是没有变化的，比如清洁透镜和擦拭黄铜器具。

除了管理照明设备和警报器这些最重要的工作，守护人还有很多其他的职责。他们要维护归灯塔所有的小艇，更换破损的玻璃窗，定期检修灯塔建筑并对其进行重新粉刷。守护人还要填写各种书面文件，包括按月汇报灯塔状况和按季度汇报开支情况，在灯塔出现损坏或附近出现沉船事故时也要提交报告。另外，守护人还要每天填写工作日志，记录天气情况、官员视察情况、灯塔相关的活动及任何不同寻常的事件。

虽然大多数工作日志中的内容是言简意赅但又枯燥乏味的，而且采用的是像警局笔录一样实事求是的陈述方式，但是也有一些内容绝对不是平淡无奇的——它们揭示了守护人生活中的狂喜与悲哀。密歇根州苏必利尔湖的基威诺半岛（Keweenaw Peninsula）顶端约 3 英里之外的海水中有一座骨架塔，名叫马尼图岛灯塔（Manitou Island Lighthouse）。

1875 年，这座灯塔的首席守护人詹姆斯·科根（James Corgan）在他的工作日志上记录了如下内容。"首席守护人从晚间 8 点起驾驶灯塔的小艇带着临盆的妻子驶向（14 英里以外的）库珀港（Cooper Harbor）。科根夫人在位于马掌港（Horseshoe Harbor）以东约 1.5 英里的地方生下了一名活泼健康的男婴；一切都很顺利，船上的人也很安稳，海面极为平静。"[7] 科根兴高采烈地记录下了儿子来到这世上的过程，然而，另一个名叫詹姆斯·A. 麦科布（James A. McCobb）的守护人记录了一则有关亲人离世的悲伤消息。麦科布是本特岛灯塔（Burnt Island Lighthouse）的守护人，这座不高的花岗岩灯塔就建在缅因州布思贝港（Boothbay Harbor）海岸线外。1877 年 3 月 22 日，麦科布在工作日志中写道："［我的］妻子于今天凌晨 2 点前后因肺充血及咽喉、胃和肠道溃疡离世。整个冬天她的身体状况一直不好，但是还能在屋子里做做家务，直到去世两周前才卧床不起……她去世时只有 53 岁 4 个月。"[8]

不管守护人有什么病痛，灯塔必须全年 365 天都有人照管，除非它是自动运行的，或者是位于五大湖上到冬天就关闭灯塔的地区。守护人可以在周日去参加宗教仪式，也可以为了参加其他重要的公共活动，或是为了获得补给等原因而离开灯塔，但是运行中的灯塔是从来不能完全无人照管的。如果守护人需要离开，他就得安排助理守护人值班；如果没有助理，他也要安排家人或雇用一个人留在灯塔上。如果一座灯塔上只有一名守护人，那么他能享受的假期就很少，间隔也会很长，且他在休假前还要看看自己能不能找到替班的

239

第十章　守护人和他们的生活

斯坦纳德岩灯塔（Stannard Rock Lighthouse），创作于 1882 年前后。建立在苏必利尔湖上的斯坦纳德岩灯塔距离最近的陆地也有 23 英里远，这里通常被称为"美国最孤独的地方"。

人。如果一座灯塔上有多名守护人，他们就可以通过轮流值　240
班来让每个人都享受他理应拥有的假期。以位于阿拉斯加的
偏远的萨里切夫角灯塔和苏格兰帽灯塔的守护人为例，他们
实行的是工作三年休息一年的制度；而在另一些更接近文明
社会的地方，守护人能够享受多一些的假期，但假期的时长
要短得多。

　　鉴于灯塔属于公共建筑，而且是受到广大群众尊重和崇
敬的对象，人们会想要来这里参观是预料之中的事。守护人
会轮流扮演热情好客的灯塔大使的角色。他们要谦和有礼地
接待访客，在不影响自己履行灯塔上其他常规职责的前提
下，他们可以带领游客参观。参观活动仅限于在白天进行，

且在任何情况下，守护人都不能允许醉酒者进入灯塔。此外他们还必须盯紧游客的一举一动，严防有人操作照明设备，甚至是将自己姓名的首字母刻在透镜、玻璃窗格或灯塔墙壁上。（幸好这样破坏公物的行为很少出现。）

　　参观灯塔在19世纪上半叶已经是一项非常流行的娱乐活动，到了下半叶直至20世纪早期，这项活动变得更加时髦。在20世纪早期，人们能够接触到越来越多的关于灯塔的故事和图片，并开始以一种充满浪漫情怀的眼光审视灯塔，将灯塔视为美国辉煌航海时代之遗产的迷人象征。媒体也在人们对灯塔激增的兴趣上浇了点油。从19世纪中期开始，报刊的种数出现了爆炸式增长，灯塔成了一个热门话题，各种主要刊物上的著名作者们都会提到它。很多文章将重点放在灯塔的工程奇迹、无畏的营救，以及守护人与众不同的生活上。除了报刊文章，还有很多书也是以灯塔为主题的，其中最受欢迎的要数1890年出版的畅销书《一月船长》（*Captain January*），该书作者是劳拉·E. H. 理查兹（Laura E. H. Richards），她是著名废奴主义者、马萨诸塞州沃特敦（Watertown）珀金斯盲校（Perkins School for the Blind）的创立者塞缪尔·格里德利·豪博士（Dr. Samuel Gridley Howe）和朱莉娅·沃德·豪（Julia Ward Howe）的女儿。[9]朱莉娅也是一位坚定的废奴主义者，她最为人们所铭记的是创作了爱国主义内战歌曲《共和国战歌》（"The Battle Hymn of the Republic"），这首歌还成了内战时期的北方联邦之歌，歌词的第一句是"我亲眼看到了主将降临的荣耀"。

第十章　守护人和他们的生活

在理查兹的故事中，贾纽埃里厄斯·贾金斯（Januarius Judkins）曾经是一名在海上航行的船长，人们习惯于称呼他为"一月船长"①。在书中，他是缅因州一个布满岩石的小岛上虚构的风暴角灯塔的守护人。一场在海岸附近肆虐的狂风暴雨导致一艘船在灯塔附近沉没了。一月船长看到有一些残骸朝着岸边漂来，他注意到有一块缠绕在一段断掉的桅杆上的白色船帆，并发现里面似乎有些动静。想到可能有人生还的一月船长迅速跑到岸边，将桅杆拉出了水面。在剪开包裹着的船帆之后，船长发现里面有一个已经去世的妇女紧抱着一个还在熟睡的女婴。船长刚把奇迹般幸存下来的女婴从母亲已经冰冷僵硬的手臂中抱起来，女婴就睁开眼睛，看着自己的救命恩人笑了起来。一月船长认为这是上帝送给他的礼物，于是发誓要将小女孩养大成人，还给她取名为"星星"。

然而，一月船长与星星的幸福生活被从波士顿来到这一地区探访的莫顿夫人（Mrs. Morton）打乱了，莫顿夫人在大陆上看到了星星，在她身上看到了自己十年前在风暴角附近发生的沉船事故中丧生的妹妹的影子。莫顿夫人确信星星就是妹妹失踪多年的女儿。这一点获得证实之后，莫顿夫人想要带星星回波士顿，但是当她发现星星有多么喜欢老船长的时候，她实在不忍心将他们分开。于是星星一直陪伴一月船长到他去世，然后才到波士顿和她的姨母姨父一起生活。

---

① Captain Jannary，因他的名字贾纽埃里厄斯（Jaruarius）与一月（January）谐音。——译者注

《一月船长》这个故事的文化影响力后来进一步扩大了。担任《愤怒的葡萄》（*The Grapes of Wrath*）和《彗星美人》（*All About Eve*）等著名影片制片人的好莱坞传奇大亨达里尔·F. 扎努克（Darryl F. Zanuck）于 1936 年将这部作品搬上了大银幕，主演正是美国家喻户晓的天才童星秀兰·邓波儿（Shirley Temple）。不过，电影里加入了更多戏剧化的情节，还有一个皆大欢喜的结局，这样才更能吸引刚刚在大萧条中历经了艰辛的美国人。

242 在电影版本中，当地的旷课检查员因为一月船长没有依法正式收养星星而威胁船长说要将星星带走，与此同时，船长还因为灯塔实现了电气化和自动化失去了工作。为了改善这一艰难的处境，一月船长的一个朋友找到了在波士顿生活的星星的姨母和姨父，这对富有的夫妇很乐意收养星星。虽然一月船长知道这是对星星来说最好的选择，但他还是为失去星星而感到无比悲伤。最后星星的姨父姨母雇用老船长作为他们的游艇船长，一月船长终于高兴地和星星团聚了。

公众对于灯塔的兴趣还因为各种关于灯塔历史，以及更多关于灯塔设计、建造和运营技术的专著的发表而被激发到了新高度。一些著名的诗人也将灯塔写进了他们的诗作中，西莉亚·萨克斯特（Celia Thaxter）就是其中之一。在 19 世纪 30 年代晚期至 40 年代中期还是个小女孩的萨克斯特生活在新罕布什尔州海岸外的怀特岛上，她的父亲是该岛上的浅滩岛灯塔的守护人。在萨克斯特于 1872 年创作的诗作《布恩岛守卫者》（"The Watch of Boon Island"）中，有一小节描述了各地灯塔守护人共同的热切祈祷。

> 他们在忙碌地修剪着灯芯的时候会说：
> "甜美的灯光啊，愿你的光亮覆盖到遥远广阔的地方，
> 让世界各地的水手都能平安返航，
> 回到深爱着他们的人身旁——
> 回到妻子、母亲、姐妹或新娘身旁！"[10]

关注灯塔的不只是文学家。随着摄影在 19 世纪晚期的兴起，尤其是在价格相对便宜、使用也很方便的柯达一号相机问世之后，数以百万计的美国人即刻变身为摄影爱好者，满怀热情地对着任何他们认为值得纪念的东西按下快门，灯塔就是被拍摄的对象之一。[11]这种孤单地矗立在海岸边、十分吸人眼球的建筑仿佛是智慧的人类建在美丽但严酷的曲折海岸线上的堡垒，直接呈现了一个完美的构图。到 20 世纪初，明信片风靡一时，景色优美的灯塔迅速成为最受欢迎的明信片图案之一。很多经营者也开始利用灯塔元素来兜售自己的产品。比如阿莫尔公司（Armour Company）的灯塔牌清洁剂标签上就使用了灯塔的拟人形象，灯塔的"手"中提着一个写有"告诉我哪里有污渍"字样的小水桶，灯塔发出的光芒则照亮了可能隐藏着脏东西的地方。[12]吸烟者也免不了接触到灯塔的图像。有些香烟制造商在烟盒里插入了印有灯塔的彩色图像的卡片，卡片背面还有关于灯塔的趣

闻。这些可以收集的硬纸卡片一方面能够吸引吸烟者继续购买香烟，另一方面也能够防止香烟被压扁。

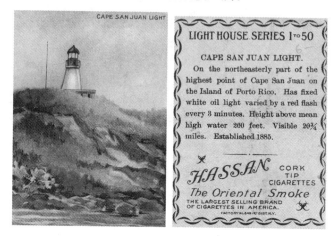

圣胡安灯塔（San Juan Lighthouse）卡片的正面和背面，这张卡片是 1912 年放在哈桑香烟（Hassan Cigarettes）香烟盒中的 50 张灯塔系列卡片中的一张。

在印刷品、广告和电影的影响下，灯塔的形象和对灯塔的描述在人们的想象中变得越发鲜活，有更多的人想要访问灯塔就是再自然不过的事了。除了能满足好奇心之外，灯塔所在地区的风景也是一个吸引人的重要因素，那里不仅有清新的空气、充足的阳光、岸边的海浪，还有如画的灯塔建筑本身，这些都让灯塔所在地成了能够愉悦感官、净化心灵，甚至是修养身体的好去处。偏远一些的灯塔想必接待的访客数量较少，甚至可能无人前往，临近人口密集的核心地区的灯塔上则总是人满为患。随着 20 世纪初汽车的兴起，到本地的灯塔附近进行野餐，或只是在灯塔周围转转这类短途旅行变得更加容易了。

　　游客之中还不乏一些大名鼎鼎的人物。超验主义作家亨　245
利·大卫·梭罗（Henry David Thoreau）在 1849 年至 1857
年先后四次漫步于科德角的漫长海岸线上，其中一次还在高
地灯塔上过了一夜，为的是"充分体验这样新奇的经历"。[13]
梭罗陪同守护人一起值班，他为 15 盏阿尔冈灯和每盏灯配
备的 21 英寸反射镜能产生的光亮感到惊奇。"没让穷学生
住在这里真是太可惜了，"梭罗打趣道，"他们可以利用这
里的灯光，反正也不会对水手们有任何影响。"守护人对此
的回答是："确实，下面太吵的时候，我就会到这里来读报
纸。"对于此番回答，梭罗写道："在 15 盏阿尔冈灯的光亮
中读报纸！烧的是政府的灯油！——那样的灯光，恐怕，足
够读宪法了！我觉得在这样的灯光下，他起码应该读读
《圣经》。"[14]

　　苏格兰人罗伯特·路易·史蒂文森（Robert Louis
Stevenson）著有《金银岛》（*Treasure Island*）和《绑架》
（*Kidnapped*）等作品，他是著名的史蒂文森家族中少有的没
有以建造灯塔为业的成员之一。1879 年，史蒂文森在旅居
美国期间参观了矗立在加利福尼亚州宏伟的蒙特雷半岛
（Monterey Peninsula）顶端的皮诺斯角灯塔（Point Pinos
Lighthouse）。后来他在写到这座灯塔时说："你会看到灯塔
守护人在弹钢琴，制作弓箭模型，创作业余水平的描绘日出
日落的油画，还追求其他各种优雅的兴趣和爱好，无不让来
自他们故土的勇敢的老对手们感到惊讶。"[15]

　　半个世纪之后的 1928 年 9 月，卡尔文·柯立芝
（Calvin Coolidge）总统在威斯康星州休假，其间他与夫人

一起前往苏必利尔湖上的德弗尔斯岛灯塔（Devil's Island Lighthouse）参观，并在灯塔上愉快地享用了午餐。作为参观活动向导的灯塔首席守护人汉斯·F. 克里斯滕森（Hans F. Christensen）评价说："这是我在这里工作四年，以及之前在密歇根州的伊格尔港（Eagle Harbor）［灯塔］工作十二年的时间里，第一次经历这么重大的事件。"根据一名报道这次重要活动的记者说，克里斯滕森还宣称"要给自己的检查员写信，告诉他这座灯塔已经被美国总统本人检查并认可了"。[16]

参观灯塔的人数几乎是成倍增长的，访客数量往往非常
246 可观。从 1896 年至 1916 年，大约有 4000 人参观了俄勒冈州西南部相对偏远的布兰科角灯塔（Cape Blanco Lighthouse），然而仅 1912 年 7 月至 9 月就有超过 10000 人登记参观了更方便抵达的新泽西州大西洋城的阿布西肯灯塔（Absecon Lighthouse），阿布西肯灯塔距离费城和纽约这样的大都市不远，因此成了当时这个国家里参观人数最多的灯塔。相较于这样的热门选择，位于苏必利尔湖畔的明尼苏达州斯普利特岩灯塔（Split Rock Lighthouse）几乎无人问津，不过在灯塔附近的高速公路于 1924 年开通之后，来参观灯塔的游客数量激增，据估计，仅 1937 年一年就有 60000 人选择了前往这里进行短途旅行。这样大规模的游客潮使得服务局不得不为这里加派一名守护人在夏季旅游高峰时期协助应对涌入的人流。不过在守护人发现有访客刮坏了透镜之后，灯室立即成了游客止步的地方。[17]

守护人通常是乐意炫耀他们的灯塔的，但是有些时候，

游客人数多得让他们应接不暇，所以政府不得不限制参观时间以确保守护人有充足的时间完成本职工作。如果守护人可以收小费，那么接待游客的负担还好承受一些，但无论是灯塔委员会还是灯塔服务局都严格禁止这样的行为，这不免令那些认为这种经济补偿完全合情合理的守护人感到郁闷。有些守护人选择无视规定，铤而走险，其中被逮到的都为此受到了训斥。 247

　　吹牛是美国人的一项传统，有些爱打趣的守护人偶尔会与前来参观的游客开玩笑，或给他们讲述与灯塔相关的神奇故事。根据 1883 年的一篇报道，一队游客到位于圣克鲁斯（Santa Cruz）和旧金山之间多岩石的陆岬之上的加利福尼亚州皮金角灯塔（Pigeon Point Lighthouse，又译鸽点灯塔）参观时，遇到了一个"非常健谈的"守护人，他"热衷于夸赞自己的灯塔设施之神奇。我们站在距离油灯最近的一圈透镜跟前时，守护人开始煞有介事地说如果他拉开玻璃窗上的窗帘，光照产生的热量会强大到立刻将玻璃融化，接下来我们的血肉也会被烤焦；游客都被吓得不轻，我们请求他千万不要尝试，他善良地听从了我们的建议"。[18]

　　有一类访客是守护人不怎么乐意见到的——那就是灯塔 248
检查员。检查员每年至少要到灯塔检查两次，以确定守护人是否尽职地完成了自己的工作。[19]虽然检查日期不会事先通告，但守护人也不是完全没有时间准备的，因为载着检查员的小船在接近灯塔时会通过升起检查员的旗帜，并鸣响船上的喇叭来通知守护人检查员即将抵达，好让他们有足够的时间迅速穿好制服，收拾好东西。到 20 世纪 20 至 30 年代，在很多灯塔上安装了电话之后，各地守护人之间建立起了一种非正式的电话广播体系，一旦有检查员抵达某一区域，他的到来就会被通知到各处。[19]

检查员检查的内容包括灯塔的各项规章制度是否得到了贯彻，灯塔内部是否干净整洁，各项事务是否被合理有序执行，比如守护人是否认真填写了工作日志和其他记录。没有什么能逃过检查员苛刻的目光。灯室和照明装置是检查的重点，生活区和储藏室也会受到全面检查。检查员通常会戴上白手套，这样会更容易发现尘土和煤灰，他们甚至会把手伸到厨房炉子下面去看那里是不是干净。检查员在检查守护人的生活区时，几乎和在检查照明装置时一样认真，这似乎有些奇怪，不过它其实反映了政府秉持的一种观念：如果一个人连自己的卫生都搞不好，他在工作方面一定也是马马虎虎的。

检查员都是受人尊敬的，有些甚至是让人惧怕的。菲尔莫尔·B. 沃斯（Philmore B. Wass）于 20 世纪 20 至 30 年代在缅因州马柴厄斯湾（Machias Bay）入口处的利比岛灯塔（Libby Island Lighthouse）上做守护人。后来他在回忆当时还是小伙子的自己对于一位姓卢瑟（Luther）的区域检查员的感觉时这样写道："我在工作的最初几年里，敬畏两股全能的力量——上帝和卢瑟。这两股力量在我的思维中混乱地交织在一起，让我以为它们其实是相同的，唯一的区别是卢瑟有时候会穿着制服出现在我面前。"[20]守护人都会尽全力争取得到检查员给出的 100 分的评分。这不仅是

为了得到检查员颁发的星标荣誉，更是因为低评分可能直接
影响守护人的薪酬，且让他们遭到训斥。严重的失职行为还
会导致守护人被解雇。

关于检查员的最深入人心的故事来自一个名叫安娜·鲍
恩·霍格（Anna Bowen Hoge）的女孩，她的父亲维恩·鲍
恩（Vern Bowen）在20世纪30年代和40年代初期一直担
任距离加拿大边境仅几英里的苏必利尔湖上的帕西奇岛灯塔
（Passage Island Lighthouse）的守护人。[21] 20世纪30年代中
期，被家人昵称为安妮的安娜·鲍恩·霍格还是一个小女
孩，她在检查员到来之后自行接管了招待检查员的工作。不
希望父亲被打低分的安妮在检查员走近时抓住了检查员的
手，请他和自己坐一会儿。检查员刚一坐下，少年老成的安
妮就做起了自我宣传："检查员先生，我想要给你看看这个
岛上和我们的灯塔上那些很棒的地方。你应该关注优点而不
是缺点！"安妮的父母为女儿的行为感到紧张，并让她停止
胡闹。但是检查员说他希望安妮能带他到处看看。安妮于是
带着检查员转了一圈，看了灯塔周边的土地、灯油储藏室和
灯塔本身。她说"灯塔检查员看到了擦得发亮的玻璃窗格，
还有闪闪发光的透镜在灯室里投出的光谱，然后装出很满意
的样子"。结束了这场成功的招待之旅之后，安妮回到了厨
房，检查员则和她的父亲一起完成了检查工作。后来安妮回
忆说："在我为我的光辉时刻而洋洋得意的时候，我唯一注
意到的是母亲的脸色有些苍白。检查员离开之后，我的父母
命令我回到自己的房间，永远不许出来。"虽然安妮被关了
禁闭，但幸运的是检查的结果还算令人满意。检查员尽管向

她的父亲提出了一些批评，但是最终认定他通过了检查。安妮说她"从那以后学会了不掺和大人的事情！"

守护人不是只在要来人检查时才需要遵守规章制度，而是全年任何时间都必须做到这点，否则就要承担后果。被指控篡改记录、不服从命令、醉酒或工作时间睡觉的守护人会立刻受到调查，如果违规行为确实存在，受调查的守护人可能会被训斥、降职或解雇。最严重的、可能导致守护人即刻被解雇的违规行为包括在能见度低的时候让灯塔灯光熄灭或不开启浓雾警报。

250　　大多数守护人对于自己的工作是非常上心的，但是不遵守规章制度的人也不少，他们都受到了相应的处罚。例如，1877 年，一名《旧金山纪事报》（*San Francisco Chronicle*）的记者就报道了关于雷伊斯角灯塔的守护人因为"酗酒"而被解雇的事。"据说他在威士忌喝光了的时候，甚至会喝用来清洗油灯的酒精。附近的农场主经常看到这个和蔼的绅士醉倒在路边，已经不省人事，用来拉灯塔的货车的马则在草地上自由自在地吃草。"[22]早年的《灯塔服务局公报》上总是有一个名为"处罚"的专栏，其中详细列举了各种违规事件，这对可能会不守规矩或爱偷懒的守护人起到了一点警示作用。1912 年 3 月这一期的"处罚"专栏占据的版面格外多，内容包括一个助理守护人因为威胁首席守护人并"在首席守护人和其他人之间煽动冲突"而被解雇；另有一个守护人因为撒谎而遭到训斥；还有一个守护人因为"没有管理好灯塔卫生及衣着不整"而被降职为助理守护人。[23]

在人身安全和灯塔照明孰轻孰重的问题上，政府的表态非常明确。委员会表明："只要灯塔还在，灯光就不能熄灭。这是每一位灯塔守护人的义务。守护人在灯塔陷入危险时逃之夭夭是懦夫行径，就像士兵在面对敌人时缴枪投降一样。"[24]这样的理念在切萨皮克湾的夏普斯岛灯塔守护人身上体现得淋漓尽致。他们在浮冰撞毁了灯塔建筑的支撑结构，整个塔身落入冰冻的海水中后，仍然留在灯塔上坚守岗位，甚至"骑"着灯塔穿过了海湾。当夏普斯岛灯塔的守护人面临危险选择了与自己的灯塔共生死时，同一天在这个海湾的另一座灯塔上的两名守护人则做出了不同的选择。他们在自己的螺旋桩灯塔尚未倾倒的时候就逃走了，直到度过危险之后才返回。最终的结果是，委员会解雇了逃跑的守护人，让已经没有灯塔可守护的夏普斯岛灯塔守护人到螺旋桩灯塔上工作。由于政府秉持强硬的军事化管理理念，守护人之间也有了一个与之一脉相承的非官方箴言："先灯塔，后个人。"[25]

虽然已婚并不是对于守护人的硬性要求，但是大部分守护人是已婚的，无论是委员会还是服务局也都更倾向于雇用已婚人士。这不仅是因为已婚人士被认为更加可靠、踏实和清醒，还因为他们的妻子（有的也包括孩子）几乎总能帮助他们完成各种灯塔相关的工作。因此，守护人的家庭成员常被看作宝贵且免费的劳动力和协助者。

不过，也有一些灯塔是不允许任何女性或其他家庭成员进入的。这种所谓的"男人站点"（stag station）往往位置非常偏远、空间非常狭小，且对于家庭成员来说过于危险。

251

属于此类的主要是那些位于海岸线以外的灯塔或阿拉斯加地区的大部分灯塔。"男人站点"倾向于雇用单身男性，如果雇用了已婚人员，那么他的家人通常就会住到邻近的大陆上，这样他们还可以定期团聚。

福拉德利角灯塔守护人和妻子及宠物狗在
一起的照片，拍摄于 1943 年。

252   有一个有趣的例子很能体现这种倾向于雇用已婚男子为守护人的偏见。苏必尔湖上的罗亚尔岛灯塔（Isle Royal Lighthouse）建于 1875 年，根据这座灯塔的文件记录，建造灯塔的工程队里有一个名叫弗朗西斯·马隆（Francis

詹姆斯敦河狸尾灯塔的鸟瞰图。（©TPG images）

爱德华·霍珀（Edward Hopper）在 1929 年创作的《双塔灯塔之一》（The Lighthouse at Two Lights）。画中描绘的是位于缅因州伊丽莎白角的双子塔中靠东的一座。（©TPG images）

189--Long Point Light at Tip End of Cape Cod, Provincetown, Mass.

绘有马萨诸塞州普罗温斯敦的朗波因特灯塔（Long Point Lighthouse）的明信片，1947年。

1929年凯迪拉克的广告中出现了灯塔的图案。（©TF images）

皮金角灯塔射出的光线。如今这个位于加利福尼亚州佩斯卡德罗的灯塔站点作为旅馆
公众开放。（© TPG images）

一型菲涅尔透镜。（Gabelstaplerfahrer, Wikicommons）

俄亥俄州的马布尔黑德灯塔。（Mike Sharp, Wikicommons）

缅因州约克县的昵称为"小丘"的内迪克角灯塔（Cape Neddick"Nubble"Lighthouse）。（John Phelan, Wikicommons）

　　冬天的暴风雨之后，密歇根州圣约瑟夫港灯塔（St. Joseph Pier Lighthouse）的外部结了一层厚厚的坚冰。（Sandysphotos2009, Wikicommons）

　　马萨诸塞州福尔河支流汤顿河河口的博登低地灯塔。这座灯塔如今归私人所有，对外出租在灯塔上过夜的机会。（Leonardo Dasilva）

　　《新罕布什尔州朴次茅斯港外》，描绘了浅滩岛灯塔附近繁忙的航行活动。

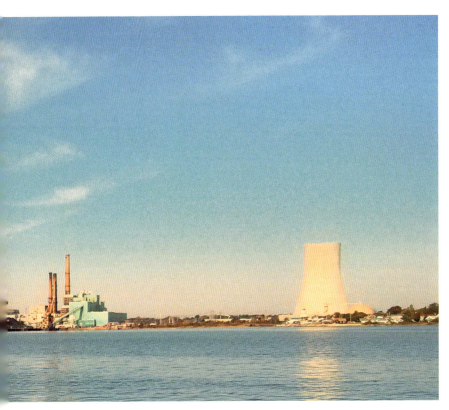

佛罗里达州庞塞水湾的庞塞·德·莱昂水湾灯塔。（Courtesy Library of Congress. © Carol M. Highsmith ）

哈特勒斯角国家海滨区的哈特勒斯角灯塔。（Courtesy Library of Congress. © Carol M. ighsmith）

俄勒冈州亚查茨的赫西塔角灯塔（Heceta Head Lighthouse）。
（Courtesy Library of Congress. © Carol M. Highsmith）

加利福尼亚州派洛斯福德牧场的维森特角灯塔（Point Vicente Lighthouse）。（Courtesy ibrary of Congress. © Carol M. Highsmith）

位于缅因州伊丽莎白角的波特兰角灯塔。（Rapidfire, Wikicommons）

印第安纳州密歇根湖边的东码头顶端灯塔（East Pierhead Lighthouse）。（Matt Morse, Wikicommons）

密歇根州拉丁顿的拉丁顿北防波堤灯塔（Ludington North Breakwater Lighthouse）。（McDuffJon, Wikicommons）

　　莉莉·多林（Lily Dolin）画的马萨诸塞州马撒葡萄园岛的埃德加敦灯塔（Edgartow Lighthouse）。莉莉是本书作者的女儿，十几岁的她创作这幅画的目的是激励自己的父亲成本书！（© Lily Dolin）

Malone）的单身汉，他爱上了这座灯塔及它所在的这片土地，因此在灯塔建成几年后，马隆申请成为这座灯塔的助理守护人。区域检查员告诉马隆说自己只想招聘一个已婚人士填补这个空缺，于是马隆请求他等几个星期再确定人选。志在必得的浪漫青年没过多久就带着新婚妻子返回，并顺利获得了这个职位。马隆似乎本来就在与这个本地姑娘谈恋爱，关于婚姻状况的应聘条件促使他提前实施了向情人求婚的计划。后来，马隆升职为首席守护人。他为自己能获得这个职务而心怀感激，所以他开启了一项传统，就是用在任的区域检查员的名字来给自己的孩子命名。马隆总共有 12 个孩子，这种取名方式一直进行得出奇顺利，同时有两名检查员在任的那一年，马隆家就刚好添了一对双胞胎。直到 1898 年美西战争期间，马隆家才终于遇到了难题。当年共有三名检查员在该区域轮流检查。弗朗西斯异想天开地打算给这一年出生的孩子取名为"三"，但是马隆夫人当即否决了这个提议，最终他们选择了三名检查员之中一人的名字作为新生儿的名字。[26]

家庭成员最重要的作用之一就是在守护人离开时继续维持灯塔运行，此类事例中最有名的一个非阿比·伯吉斯（Abbie Burgess）的经历莫属。[27]1853 年，阿比的父亲塞缪尔·伯吉斯（Samuel Burgess）被任命为缅因州马蒂尼科斯岩灯塔（Matinicus Rock Lighthouse）的首席守护人。这座灯塔位于佩诺布斯科特湾（Penobscot Bay）以外一个遍布着岩石、面积 32 英亩的小岛上，距离大陆 18 英里，距离最近的港口罗克兰港（Rockland）25 英里。岛上最高的地方高出

253

海平面仅 50 英尺。岛上的两座花岗岩灯塔是与守护人住处的两端连接在一起的，分别高出平均高水位海平面 85 英尺和 90 英尺。岛上仅有的其他建筑就是鸡舍和以前的守护人居住的老石头房子，此时那里被用作了储藏室。

马蒂尼科斯岩灯塔，大约拍摄于 19 世纪 90 年代。

塞缪尔带着他病弱的妻子和所有子女中最年幼的四个女儿生活在岛上。女儿中最年长的阿比 14 岁，她成了父亲的非官方助理。塞缪尔经常连续几天不在岛上，要么是去抓龙虾，要么是到 6 英里之外的马蒂尼科斯岛上获取物资并给妻子买药。塞缪尔不在的时候，阿比就成了灯塔的唯一守护人。"我为我在灯塔上做的工作感到无比骄傲，"阿比说，"我在努力履行我的职责。"[28]1856 年 1 月 18 日，塞缪尔照例出去办事了。在划着小船离开前，他对自己此时 16 岁的女儿说："阿比，就靠你了。"[29]

第二天，一场猛烈的暴风雨席卷了佩诺布斯科特湾。汹涌的海水冲上小岛，灌进了守护人的房子。虽然情况危险，

254

但阿比决定必须救回自己养的母鸡，她说那些鸡是她"唯一的伙伴"。阿比的母亲求她不要出去，但是阿比非常坚决。后来她回忆道：

> 不尝试一下就任凭它们被海水冲走……的想法让我无法忍受，于是我等到"翻滚的潮水"退去，海面高度下降一些之后，抓起篮子跑出去，在及膝深的海水中走了几码，来到鸡舍救回了绝大部分鸡，只损失了一只。我很快就返回了房子里，并关紧了大门。就在此时，我的妹妹站在窗边大喊道："看呀！看那儿！最可怕的浪来了。"结果那个大浪从岩石上凶猛地扫过，冲毁了守护人的老房子。[30]

随着水位持续涨高，海面变得更加波涛汹涌，阿比带着她的母亲和妹妹们转移到了北侧的灯塔上，祈祷那里能够安全一些。

几天之后，暴风雨减弱了，但是天气状况仍然不好，海面上风大浪急，因此阿比的父亲直到四个星期之后才返回小岛。在此期间，阿比镇定自若，不但照顾了母亲和妹妹们，还每晚照管两座灯塔上的油灯，直到父亲返回。阿比说："虽然当时那些工作让我精疲力竭，但是我没让油灯熄灭过一次。在上帝的指引下，我完成了我平日里负责的任务，还完成了父亲的全部工作。"[31]

一年多以后，阿比在 1857 年春又经历了一次新的考验。在她的父亲前往马蒂尼科斯岛之后，暴风雨又来了。恶劣的

255　天气持续了很多天，她的父亲始终无法返回。在这段时间里，阿比、她的母亲和三个妹妹，还有在打鱼活动的间隙到岛上探望她们的阿比的哥哥本杰明，眼看着生活物资一点点减少。本杰明担心这样的情况延续太久，所有人都会饿死，于是就驾驶一条小船，装上阿比缝制的船帆出海了，希望能够找到他们的父亲并带回一些食物。阿比看着自己的哥哥驶向远方，但是没过多久就找不到他的身影了，小船已经消失在泛着白色泡沫的如山巨浪中。

　　阿比的父亲和哥哥直到三周之后才再次出现。其间，岛上的五个人不得不定量分配她们的食物，每个人每天就靠一小杯玉米糊和一个鸡蛋度日。在这段艰难的时期里，可敬的阿比像前一次一样尽职尽责地照管灯塔，同时照顾着母亲和妹妹。

阿比·伯吉斯的肖像

第十章　守护人和他们的生活

数千名灯塔守护人中的绝大部分是男性，但是女性守护人的数量也不少。根据灯塔历史学家玛丽·路易斯（Mary Louise）和 J. 坎达斯·克利福德（J. Candace Clifford）的观点，从 1776 年至 1939 年，共有 140 名女性担任过灯塔的主要守护人，也就是说她们要么是自己所在灯塔的唯一守护人，要么是多名守护人中的首席守护人。[32]第一位获得此类职位的女性是汉娜·托马斯（Hannah Thomas）。她的丈夫约翰·托马斯（John Thomas）在 18 世纪 70 年代初被任命为普利茅斯灯塔（又名鲂鱼角灯塔）的守护人，在丈夫入伍去参加美国革命之后，汉娜就接过了照管灯塔的工作，直到灯塔在战争期间被停用为止。约翰在魁北克执行军事任务期间死于天花，战争结束之后，他的遗孀就成了灯塔的主要守护人，不过我们不清楚她在任了多长时间。汉娜的儿子之一约翰，以及其他受雇的帮手似乎分别在不同的时期承担了灯塔上的主要工作。根据某些记录，在 1790 年这座灯塔被收归联邦政府管理时，灯塔的主要守护人还是汉娜，但她于当年把这个职位让给了约翰。[33]

任命女性为灯塔主要守护人是斯蒂芬·普莱曾顿少有的几个有远见的决策之一，他是第一位这样做的美国政府官员。不过他这么做和推动工作环境中的两性平等没有一点关系，而是以此作为避免伴随政治恩惠而来的那些问题的有效途径。1851 年，普莱曾顿在给财政部部长托马斯·科温的信中写道："思考这一问题的人肯定不难看出，我在应对政府人员组成频繁变动这个问题上遇到了很多不便和困难，那些［出于政治原因而受任命的］守护人需要一段时间适应灯塔的运行，他们照管的灯光暗淡，还会浪费更多灯油。"为了解决这个问题，每当有守护人去世，普莱曾顿会尽可能地任命守护人的遗孀接任守护人职位，只要她是"沉着稳健且品格高尚"的人即可。[34]普莱曾顿认为守护人的遗孀远比那些毫无经验的、出于政治原因而受任命的人更能胜任这份工作，因为妻子通常会协助丈夫照管灯塔，她们实际上就像学徒一样，已经拥有了足够的经验。普莱曾顿在自己的任期内一共任命了30名守护人遗孀作为灯塔守护人。

　　任命女性为灯塔主要守护人的做法在委员会和服务局中延续了下来，很多受任命的守护人是接替已去世丈夫工作的遗孀，伊丽莎白·惠特尼·范·里佩尔（Elizabeth Whitney Van Riper）就是其中之一。伊丽莎白的丈夫克莱门特·范·里佩尔（Clement Van Riper）在1869年8月被任命为比弗岛港灯塔（Beaver Island Harbor Lighthouse）的守护人，这座圆柱形砖砌灯塔位于密歇根湖最大的岛上，安装的是能够发出红色固定光线的四型菲涅耳透镜。1872年秋天的一个狂风大作的夜晚，克莱门特在救助一艘于灯塔附近沉没的船上的乘客时溺水身亡，他的尸体一直没有被找到。他的遗孀后来写道："那个时候，生活对我而言比已经在又深又暗的海上肆虐了三天的暴风雨更晦暗无光。哀伤让我变得脆弱，可我意识到，虽然我最爱的人已经永远离开了，但是在漆黑危险的海面上的人们仍然需要我的灯塔上发出的光。这个信念是唯一支撑我的力量。"[35]伊丽莎白对于身处危难之中的水手们的强烈的责任心促使她申请接任亡夫的职位，几个星期之后，她的申请就获得了批准。

257

第十章　守护人和他们的生活

　　1875 年，伊丽莎白决定改嫁给丹·威廉斯（Dan Williams）。改随夫姓的伊丽莎白·惠特尼·威廉斯担心自己会失去灯塔守护人的职位，这样的担忧并不是没有依据的。女性灯塔守护人在改嫁后被新任夫取代的情况在当时是惯例，因为那个时代的女性还被认为应当服从于她们的伴侣。在另外一些情况下，改嫁的女性守护人直接被解雇了。不过威廉斯夫人不需要担忧，她依然是比弗岛港灯塔的守护人，直到 1884 年她和丈夫搬到了位于密歇根湖东北角的利特尔特拉弗斯湾灯塔（Little Traverse Bay Lighthouse）。此后伊丽莎白又在这座灯塔上继续做了二十九年的守护人。[36]

　　另一位从守护人遗孀变为守护人的是凯瑟琳·沃克（Katherine Walker）。[37]在德国出生的沃克于 19 世纪 60 年代末带着年幼的儿子雅各布移民到美国的新泽西州。她在一间寄宿公寓里找到了工作，没过多久就认识了约翰·沃克（John Walker），后者是一个丧偶的退休船长，当时在桑迪胡克灯塔上做守护人。约翰喜欢上了凯特（凯瑟琳的昵称），开始教她说英语。很快二人就结为夫妇，还生了一个女儿。沃克夫人很喜欢自己在桑迪胡克的新生活，她可以自己种种花草。然而到了 1885 年，她的生活发生了天翻地覆的变化。约翰被调往罗宾斯礁灯塔（Robbins Reef Lighthouse）做守护人，那是一座 46 英尺高、四面环水的沉箱式铁质灯塔，位于纽约港西侧、斯塔滕岛以北约一英里的地方。灯塔上安装的四型菲涅耳透镜每六秒钟闪烁一次，以警告过往船只小心水下的礁石，并指引船只驶入或驶出港口。

258 看着自己的新家，凯特·沃克心灰意冷：这里不可能有花园了。她后来回忆道："我们抵达［罗宾斯礁］的那天……我说，'我不会待在这里的，往哪个方向看都只能看到无尽的海水，这让我觉得孤独而忧郁'。起初，我拒绝打开行李箱，后来我一次拿出来一点儿，过了一段时间，我把所有行李都从箱子里拿出来并在那里住了下去。"[38]

凯特·沃克，拍摄于 1909 年前后。

1890 年，凯特再次遭遇了大变故，约翰染上了肺炎，在即将被转移到大陆上接受救治之时，他对自己的妻子说："看好照明灯，凯特。"[39] 这也是约翰留给凯特的遗言，十天之后，约翰去世了。有两个孩子需要照顾的凯特申请继任守护人一职，委员会起初拒绝了，他们认为身高 4 英尺 10 英寸、体重不足 100 磅的凯特太娇小，无法胜任这么繁重的工作。但是在连续几位候选人都拒绝来这里工作之后，委员会的态度出现了动摇，并最终同意任命凯特为守护人。凯特证明了自己和其他任何守护人一样出色，令人钦佩地履行了自己的职责，直到 1919 年 73 岁高龄才退休。她的儿子雅各布在此期间的大部分时间里作为助理守护人协助她。

　　沃克后来爱上了自己的这座灯塔。她说："我像城堡里的女王一样幸福，而我感到幸福的原因是我没有时间忧愁。对于我来说，生活就是工作、工作、工作。灯光绝对不能熄灭，玻璃窗不能变模糊。除了工作，服务于他人是使我感到幸福的秘诀。我的工作为来自全世界的成千上万艘船的安全航行做出了贡献。"[40]

　　灯塔这个海上绿洲是唯一让她真正感觉舒适和安全的地方，是让她在这个国家最大的城市——纽约以外不远处避开喧嚣、获得心灵平静的孤独哨岗。凯特在偶尔需要进城办事的时候总是觉得胆战心惊的。1918 年她对采访她的记者说："我自从摆渡船上走下去的那一刻起就开始恐惧。我害怕机动车。就算给我一大笔钱我也不愿意坐进那里面。"[41]

　　让本地的船夫们高兴的是，凯特绝对不害怕登上灯塔的小船前去协助遇到危险的人。根据凯特自己的估计，她救过 50 人左右，其中大部分是因遇到恶劣天气而触礁的渔船上的渔民。凯特对报社记者说："令我感到惊奇的是这些被我救上来的男男女女对于自己的生命有多么的不珍惜。总共只有三四个人曾跪下来感谢上帝让他们免于丧命。大多数人把这种事当成笑话一笑了之。他们经常会说，'求你千万别对别人说起这件事'，他们觉得控制不好自己的

259

船很丢脸。"[42]更让沃克失望的是，这些人几乎没有对她的英勇行为表示感激。她说实际上"唯一表现出感恩之情的是我救过的一条狗"。[43]

在一个寒冷的冬日，狂风呼啸，巨浪拍打着灯塔，沃克看到一艘三桅帆船直直地撞上了礁石，船身已经横向倾倒。她立即把灯塔的小船放下水，朝着受损的帆船划去。在她的帮助下，五名被困的船员爬上了小船。其中一个人喊着"斯科蒂（Scotty）在哪儿？"混乱之中，人们听到了狗的呜咽声。没过一会儿，一条不大的棕色长毛狗拼命地从水中游过来，最终接近了小船。沃克把它从水中拉了上来，后来她回忆说："我永远不会忘记它褐色的大眼睛抬起来看着我时的神情。"

小船上的人在波涛汹涌的大海上费力地划了半天才返回灯塔。沃克抱着斯科蒂，把它紧紧地裹在自己的斗篷里，然后沿灯塔的梯子爬进了厨房。她刚把斯科蒂放下，它就瘫倒了。沃克轻轻地把它抱到自己摇椅的软垫上，又给它盖上了一条干燥的披肩，还给它灌了一点之前放在炉子上的热咖啡。斯科蒂"喘着气，打着喷嚏，浑身发抖"，同时又朝沃克露出了之前在小船上的那种眼神。至于那些沃克冒着生命危险救上来的船员则连一个谢字都没说。他们休息了一个小时，等暴风雨平息了一些之后就摇着小船上岸了，也没有管斯科蒂。接下来的三天里，斯科蒂在沃克身边寸步不离，当船长回来要把它领走时，它并不想离开，直到船长抱着它爬下灯塔的时候，它还仰头看着沃克，再一次发出了"呜呜声"。

第十章　守护人和他们的生活

1931 年沃克去世，享年 83 岁，她显然成了纽约这个已经开始遭受大萧条重创的大都市中的一位平民英雄或者说传奇人物。《纽约晚报》上刊登了她的讣告，充分赞扬了她那充满价值的一生，与此同时描绘了这个城市本身在困境面前坚忍不拔的形象。文章称："一个伟大城市的海岸边总是不乏浪漫的故事，那里有豪华的班轮，有冷酷的战斗艇，还有数不尽的商船接连不断地通过。在这里，在距离这个有林立的高楼和自由女神像的城市不远处，生活着一位身材娇小、坚强刚毅的女性，她为自己的工作感到骄傲和满足，她确保了灯塔的灯光总是明亮耀眼，灯塔的玻璃总是干干净净，这让纽约港里航行的船只在夜间也能安全通过。她从事的是一项需要勇气的工作，凯特勇敢地履行了自己的职责。在坚守岗位的同时，凯特·沃克本人也成了灯塔一样的存在，她的故事让我们深受鼓舞，为我们指明了前进的方向。"[44]

除了遗孀可以接替亡夫的职位之外，还有很多首席守护人的女儿在父亲去世后接手了这份工作，劳拉·希科克斯（Laura Hecox）就是其中之一。[45]1869 年劳拉 15 岁，她的父亲阿德纳（Adna）成了新建成的圣克鲁斯灯塔（Santa Cruz Lighthouse）的第一位守护人。这座灯塔建在蒙特雷湾（Monterey Bay）北部边缘一个高 30 英尺的悬崖上，由一个供守护人居住的一层半高的木屋、从屋顶上钻出的矮矮方方的塔身和一间八角形灯室组成。和很多守护人的女儿一样，劳拉也会帮助父亲照管灯塔，但是由于她父亲的身体状况，劳拉承担的工作任务更繁重一些。阿德纳在成为灯塔守护人

261

之前是牧师，神职工作的压力和辛劳给他的健康造成了影响，所以在他作为守护人期间，劳拉替他干了很多活。1883年阿德纳去世时，他的女婿阿尔伯特·布朗上校（Capt. Albert Brown）敦促政府许可劳拉接替她的父亲，因为她已经具备了在灯塔上工作的技能。几个星期后，29岁的劳拉获得了这份工作，她一干就是三十三年，直到1916年退休。

按照当时那个男性至上的社会中的习惯说法，希科克斯被形容为"一个讨人喜爱的小女人"，[46]她做事精益求精，她的灯塔总是一尘不染。每年通常会有超过1000人来参观这座灯塔，劳拉总会站在门口迎接游客，手里还拿着一根羽毛掸子。在游客进门之前，她要先给他们掸掸土，免得灰尘被带进室内。

希科克斯还一直是自然历史爱好者，她的工作让她有机会探索灯塔附近的海岸和潮池，收集各种各样的海洋生物。贝壳是最让她着迷的东西，她通过自己的调查研究还成了软体动物学方面的专家。这个学科是动物学中专门研究软体动物的分支，科学家经常会前来向劳拉请教，希望从她的丰富经验中获益。劳拉还将自己发现的无壳太平洋软体动物——一种罕见的香蕉蛞蝓——的样本寄给了辛辛那提大学的动物学教授，并提出了自己对于这种软体动物的行为习性的见解。这位教授为了表示对希科克斯的敬意，就以她的名字命名了加州香蕉蛞蝓的这个新品种（*Ariolimax columbiana var. hecoxi*）。[47]

希科克斯的兴趣也不局限于贝壳，她还收集了丰富的化石、岩石、鸟蛋、甲壳虫、美洲原住民编织的篮子、爱斯基

第十章　守护人和他们的生活

摩人的手工艺品、珊瑚、钱币和其他各种自然或人造物品。她把这些收藏品精巧地陈列在守护人木屋内的展示柜里。对于每个来圣克鲁斯参观灯塔的人来说，欣赏她的收藏品都是行程中一项精彩内容。1905 年，希科克斯将自己的收藏品捐赠给了圣克鲁斯公共图书馆，图书馆于是在地下室里开辟了一个希科克斯博物馆（Hecox Museum），这也是这个城市的第一座博物馆。几经搬迁之后，希科克斯博物馆的藏品最终成了今天的圣克鲁斯自然历史博物馆（Santa Cruz Museum of Natural History）的建馆藏品。 262

　　另一位追随了父亲脚步的女性是特尔玛·奥斯汀（Thelma Austin）。她的父亲在 1917 年被任命为坐落在洛杉矶圣佩德罗湾（San Pedro Bay）沿岸的弗明角灯塔（Point Fermin Lighthouse）的守护人。奥斯汀夫妇立即带着包括特尔玛在内的七个孩子搬进了灯塔所在的这座简洁优雅的维多利亚式建筑中。八年后，特尔玛的母亲离世了，没过多久，深陷于哀伤之中的父亲也随她而去。特尔玛于是给服务局写信申请继任守护人一职。她在信中说："海洋和灯塔对于我来说是神圣之地，离开这里我会非常伤心。无论结果如何，我都会勇敢地面对我的命运，像我的父母一样乐观地生活。对于一个像我这样在灯塔中长大的人来说，改换一种缺乏这里的浪漫和冒险情怀的生活会非常艰难。"[48]服务局为特尔玛的热情所打动，于 1925 年任命她为 263 灯塔守护人；她在这里一直工作到日本轰炸珍珠港的两天前，随后美国海岸警卫队就关闭了灯塔，把菲涅耳透镜换成了雷达天线。

比洛克西灯塔（Biloxi Lighthouse），拍摄于 1901 年。

虽然女儿接替母亲成为主要守护人的情况相对较少，但是确实出现过。玛丽亚·扬汉斯（Maria Younghans）从 1867 年至 1918 年一直担任密西西比州比洛克西灯塔的守护人。她是在自己的丈夫佩里（Perry）去世后继任这个职位的。玛丽亚的女儿米兰达（Miranda）一直在协助母亲完成灯塔上的工作，玛丽亚退休之后，米兰达接替了她的工作。[49]

还有少数几位女性不是通过接任丈夫或父母的职位的方式，而是直接被任命为主要守护人的。[50]埃米莉·梅特兰·菲什（Emily Maitland Fish）是她们之中最不同寻常的一个，因为她是一位远比典型守护人更优雅、有过更多经历、见过更多世面，也更富有的女士。1843 年，埃米莉·A. 梅特兰出生在密歇根州一个叫阿尔比恩（Albion）的小镇上。她的姐姐朱丽叶在 19 世纪 50 年代初期嫁给了梅兰克森·菲什（Melancthon Fish）医生，这件事引发的一系列后续事件最终促成了埃米莉被任命为加利福尼亚州蒙特雷的皮诺斯角灯塔守护人。

婚后的梅兰克森没有马上开始行医，而是带着他的新婚妻子朱丽叶到各处旅行去了。他们去了欧洲、非洲和亚洲，最后在上海定居，并在那里做了六年的大清帝国海关官员。1859 年朱丽叶在分娩时去世，她生下的女儿也被取名为朱丽叶。埃米莉是在姐姐去世前还是去世后抵达中国的这点已经无法确定，但可以确定埃米莉在 1860 年嫁给了梅兰克森。又过了两年，菲什夫妇带着年幼的朱丽叶和一个姓阙（Que，音译）的中国仆人返回了美国。

当时美国内战日趋激烈，梅兰克森加入北方联邦的军队，成了陆军第十六军团的医务主管。梅兰克森随军从弗吉尼亚州前往佐治亚州，埃米莉也追随着丈夫，在距离前线不远的地方为美国卫生委员会（U. S. Sanitary Commission）工作，这个组织就是美国红十字会的前身。战争结束后，梅兰克森被调到了加利福尼亚州贝尼西亚（Benicia）的兵工厂，他在那里没工作多久就到奥克兰开办了自己的私人诊所，同时在加利福尼亚大学伯克利分校医学系任教。菲什一家成了当地上流社会中的显赫成员，他们在奥克兰的豪华宅邸"也是一个社交活动中心，因为其女主人的良好品味和社交圈子的严格排他性而闻名，那里举办的宴席丰盛讲究，那里聚集的人员都是无可挑剔的"。[51] 不过，埃米莉的舒适生活在

264

1891 年 3 月 23 日戛然而止，63 岁的梅兰克森在这一天因心脏病去世了。

"名流守护人"埃米莉·菲什，创作于 1890 年前后。

　　有丈夫的养老金和来自自己其他资产的收益，经济上可以独立的埃米莉在对亡夫的怀念中过了几年清净的生活，身边只有她的中国仆人陪伴着她。直到有一次朱丽叶带着丈夫来探望她，埃米莉的生活才终于走上了一个不同的方向。朱丽叶的丈夫，海军少校亨利·E. 尼科尔斯（Lt. Cdr. Henry E. Nichols）是第 12 区的灯塔检查员，他的辖区覆盖了加利福尼亚州。他向岳母提到了皮诺斯角灯塔守护人即将退休的265 事。埃米莉对此很感兴趣，她向女婿提了很多关于灯塔的情况以及守护人要做些什么之类的问题。女婿的回答最终促使埃米莉申请了这份工作。有了亨利的推荐，1893 年，已经50 岁的埃米莉获得了这份工作，她和阙一起搬进了灯塔，在那里一直工作到 1914 年她年满 71 岁才退休。

　　和加利福尼亚州其他那些在 19 世纪 50 年代由吉本斯和凯利修建的灯塔一样，皮诺斯角灯塔也是由一栋简单的守护人居所和一座从房屋中间竖立起来的灯塔组成的，灯塔上使用的是一套三型菲涅耳透镜。菲什在房子里摆上了精致的家具、油画、银器和瓷器，这些都是从她在奥克兰的大宅里运来的。在阙的帮助下，她还收拾出了一个漂亮的花园，种了树，修整了草坪。归灯塔所有的 94 英亩的专用地变成了她的动物园，里面有良种马、荷斯坦牛、白来亨鸡和大量黑色标准型法国贵宾犬。

加利福尼亚州蒙特雷的皮诺斯角灯塔，创作于1857 年前后。这幅画是由 T. E. 桑德格伦根据哈特曼·贝奇少校的草图绘制的。

　　灯塔历史学家克利福德·加伦特（Clifford Gallant）称埃米莉·菲什为"名流守护人"，菲什也绝对配得上这个头衔。[52]如她在奥克兰的大宅一样，她在灯塔的新住处也成了社交活动的中心。菲什会举办下午茶会，或是仅限于朋友、艺术家、军官和本地要人的小范围（但奢华的）宴会。如一个与她同时期的人注意到的那样，菲什仍然是"一位优雅好客的贵妇人，性格极为随和"。[53]虽然社交活动频繁，还要和阙一起照管动物和花园，但是菲什从来没有忽略过灯塔的工作，她一直都能获得灯塔检查员的高分。

　　很有意思的一点是，菲什的继女朱丽叶·尼科尔斯继承了家庭传统，也成了一名灯塔守护人。1902 年，也就是朱丽叶的丈夫亨利在美西战争期间死于菲律宾的四年之后，她被任命为圣弗朗西斯科湾的天使岛灯塔（Angel Island Lighthouse）的守护人。这座灯塔上有一套五型菲涅耳透镜和一个重达 3000 磅的铜铃，铜铃边上通过发条装置驱动的锤子能自动敲打铜铃，发出浓雾警报。尼科尔斯夫人的守护人生涯中最辉煌的时刻出现在 1906 年 7 月初。当月 2 日，海上起了大雾，她启动了浓雾警报装置，但是没过几分钟装置就坏了。想到水手们需要浓雾警报来警示他们远离危险，尼科尔斯夫人于是拿起已经无法自动运行的锤子，按照自动装置的频率，每 15 秒敲铃两次，连续敲了 20 小时 35 分钟，直到浓雾散去为止。如此折磨人的工作让她双臂抽痛，身体乏力，耳鸣不止。然而，7 月 3 日来进行维修的工人手艺不精，发条装置在 4 日晚间又坏了。这一次，敲铃的锤子还被卡住了。朱丽叶只好拿一把敲钉子用的小锤子继续不辞辛劳地敲打铜铃，直到第二天早上天气转晴才停止。尼科尔斯夫人在这两个晚上几乎持续不停地敲铃的壮举，以及她在遇到问题时表现出的聪明才智和随机应变为她赢得了灯塔委员会的表彰。[54]

除了 140 名作为主要守护人的妇女外，还有超过 240 名妇女当上了助理守护人。[55] 她们都是各自的丈夫或父母的协助者，其中一少部分在亲属去世后被升职为首席守护人。无论是主要守护人还是助理守护人，这些女性守护人领到的工资通常与同等职位的男性守护人相同，她们完成工作的能力也一点都不比男性守护人差。

在当时的社会大环境下，女性灯塔守护人仍然被视为反常规的存在。在 19 世纪和 20 世纪初，大多数妇女没有正式的工作，她们通常留在家里操持家务，也不领受任何报酬。即使是在家庭以外工作的妇女，也很少能从事像守护灯塔一样意义非凡、负有重大责任且独立自主的工作。不过，在将任命女性守护人奉为在工作场所中实现性别平等的重大进步之前，人们应当想到这些妇女是如何获得她们的职位的。几乎所有女性守护人都是因为出身于守护人家庭才获得了任命，这个环境使得她们在无偿的辅助工作中掌握了管理灯塔所需的必要技能。除此之外，无论是委员会还是服务局都意识到，如果守护人的遗孀不能获得这份工作，她们很可能就会在养活自己和家人的问题上面临巨大的财务困难。这种情况在 1918 年守护人有权领取养老金、本人去世的可以由家属代领之前更为突出。因此，任命遗孀为守护人在过去也是一种避免守护人家属遭遇财务

267

危机的充满同情心的举动，同时还能保证接替者是称职的。任命守护人女儿为继任者的情况也是出于类似的确保由能够胜任工作的守护人持续管理灯塔的目的。还有少数女性守护人是因为政治关系或政府人脉而获得任命的，这更多是裙带关系和滥用权力的结果，而不是为性别平等而斗争的结果。不过，就算任命女性守护人往往是由特殊情况造成的，这仍然是一个社会向着工作领域两性平等的方向进步的正面标志。每一个出色完成守护灯塔工作的女性守护人都是一个证明女性可以与男性做同样的工作，而且做得同样好的证据。

　　虽然女性成为灯塔守护人是人们在打破社会中的固有观念的道路上迈出了意义重大的一步，但是非裔美国人在灯塔体系中一直没能得到同样的机会或对待。1972 年，灯塔历史学家小弗朗西斯·罗斯·霍兰在创作他的那本全面介绍美国灯塔历史的著作时没有发现黑人守护人的例子，雇用黑人在灯船上工作的例子也只有几个。鉴于此，霍兰下结论说："既有的证据表明……在整个 19 世纪和 20 世纪初，灯塔系统大体上还是一个全白人的组织。"[56]① 在接下来几年里，霍兰及其他研究人员深入研究了更多的历史记录，发现了黑人作为守护人的记录，但是条目数量依然非常有限。灯塔历史

268

---

　　① 　然而需要指出的是，很多黑人以奴隶或自由人的身份提供了劳力，参与了这个国家中许多灯塔的建造工程；还有很多奴隶作为不领工资的"助理守护人"协助了他们的主人，波士顿灯塔守护人乔治·沃西莱克的奴隶沙德韦尔就属于这种情况。

学家、系谱学家桑德拉·麦克莱恩·克鲁尼斯（Sandra MacLean Clunies）确定了大约 30 个黑人守护人的身份。[57]从 1870 年至 1900 年，他们在马里兰州和弗吉尼亚州的灯塔上做过主要守护人或助理守护人。后续的这方面的研究可能还会发现更多黑人守护人的例子，不过，再多也多不到足以推翻霍兰做出的灯塔系统是由白人主宰的体系的结论。这并不会令人感到惊讶，因为在整个 19 世纪以及 20 世纪初，针对黑人的极端偏见一直存在，黑人在很多职业领域想要获得雇用都是非常难的。

对于很多人来说，管理灯塔成了一种家族事业，成了一辈一辈传递下去的火炬。加拉蒂家族（Garraty clan）就是一个很好的例子。从 1864 年到 1926 年，这个家族中有多人在休伦湖和苏必利尔湖的各座灯塔上工作，打造了一个名副其实的"守护人王朝"。家族元老帕特里克·加拉蒂（Patrick Garraty）和他的四个孩子（三男一女）作为灯塔守护人的工作时长加在一起长达惊人的一百八十四年。[58]

灯塔家族的成员通常会与同行结婚，阿比·伯吉斯再一次为我们提供了一个有意思的例子。1861 年，塞缪尔·伯吉斯遭到解雇，不再担任马蒂尼科斯岩灯塔守护人，他也是在林肯总统的第一个任期内因为政治原因而遭到清洗的众多守护人之一。接替伯吉斯的是他的一个朋友，名叫约翰·格兰特（John Grant）。阿比留下来指导格兰特如何管理灯塔，没过多久，她就爱上了格兰特的儿子艾萨克，两人很快就成婚了。1864 年，艾萨克被任命为

269

马蒂尼科斯岩灯塔的助理守护人，六年之后，阿比也被任命为该灯塔的第三助理守护人。1875 年，这对夫妇带着自己的四个孩子离开了马蒂尼科斯岩，到缅因州斯普鲁斯海德（Spruce Head）的怀特海德灯塔（White Head Lighthouse）定居。夫妇二人分别成了怀特海德灯塔的守护人和助理守护人。直到 1890 年阿比的健康状况恶化，夫妇二人才一起退休。[59]

退休后不久，阿比给自己的朋友写了一封信，回顾了她在灯塔上度过的一生。她知道自己大限将至："有时我觉得我离再也爬不上灯塔楼梯的日子已经不远了。对我来说，灯塔已经成了我的一部分！"阿比说她总是梦到自己在马蒂尼科斯岩和怀特海德之间往返，忙着确保两地的灯塔都被点亮了。"我在梦醒之前一定会确认两个地方的灯光都亮起来了……我在梦里比清醒以后操心多了。"在书信结尾处，她打趣道："我想知道，我对于灯塔的关注是不是会随着我的灵魂一起离开这具倦怠衰弱的身躯！如果我能有个墓碑，我希望把它做成灯塔或信标的样子。"[60]

阿比·伯吉斯于 1892 年去世，但是她的遗愿直到 1945 年才得以实现。著名的新英格兰航海题材作者和演讲者爱德华·罗·斯诺（Edward Rowe Snow）被阿比的故事感动，决定满足她的遗愿。为此，斯诺在缅因州南托马斯顿（South Thomaston）森林山公墓举办了一场小型纪念会，并在阿比的墓前摆放了一个小型金属灯塔模型，这个模型至今还在那里守护着阿比。

阿比·伯吉斯墓前的金属灯塔模型。

　　管理和维护一座灯塔是非常辛苦的工作，不过当时的灯塔守护人还是能找到空闲时间来进行其他活动。有些人发展了自己的兴趣爱好，比如木雕、绘画或集邮。守护人也可以在不影响灯塔工作的前提下接受其他工作。很多守护人利用这个规定来弥补政府工资的不足。他们会兼任鞋匠、裁缝、渔民、港湾领航员、治安法官，甚至还有至少一位守护人同时也是牙科保健员（弗明角灯塔的守护人特尔玛·奥斯汀）。罗伯特·伊斯雷尔（Robert Israel）从 1873 年至 1892 年担任了圣迭戈湾入口处的洛马岬灯塔（Point Loma Lighthouse）的首席守护人，他的妻子玛丽（Mary）也做过几年这座灯塔的助理守护人。他们不仅通过投机圣迭戈的地

270

产赚了很多钱，伊斯雷尔夫人还制作了用贝壳装饰的漂亮镜框，然后把这些工艺品出售给旅客。[61]

很多灯塔守护人热衷于打理花园，这样做一部分是出于对美的追求，也有一部分是为满足现实需求。自己栽种蔬菜水果能够补充食物供给，这对于在偏远地区的灯塔守护人来说尤其重要，因为政府给他们定量提供的食物往往不够他们养活自己的家人。栽种花草及有装饰效果的灌木和树木也能够让灯塔所在地更美观。即便是在海岸线之外、周围没有天然土地的灯塔上的守护人也会有强烈的栽培植物的愿望。19世纪晚期，缅因州东佩诺布斯科特湾入口附近有一块面积仅1/4 英亩左右的光秃秃的花岗岩礁石，礁石上的鞍背礁灯塔（Saddleback Ledge Lighthouse）的守护人是一个乐观的男人。他抱着坚定的信念，通过坚持不懈的照料，终于在某一年种出了"三株没什么生气的豌豆苗、两堆土豆和十几束燕麦"，这些植物就种在灯塔旁边的一堆垃圾上。[62]

271

沙漠山礁石是缅因州的许多岩石小岛之一，这里的灯塔花园可以说是守护人灵感迸发后随机应变的结果。每年春天，灯塔守护人或是某个好心的渔民会从附近大陆上的镇子里把用木桶装的泥土运到岛上，守护人和他的家人则会小心地将泥土撒在岛上的岩石缝隙里，然后在这些土里种花。过不了多久，星星点点的色彩就会绽放开来，让原本灰暗一片的小岛明艳起来。过往的水手从这里经过时也会觉得赏心悦目，很多人称这里为"上帝的礁石花园"。[63]这种美好的景象当然不能维持多久。一场大风暴就能产生足以冲刷整个小岛的大浪，把岩石表面的植物全部卷走。不过，在花还开着的时候，这里绝不愧为一幅动人的美景。

　　想要补充一些肉食的守护人可以向海洋伸手，那里面有很多鱼。在海水咸度更高的地方，守护人还能捞到牡蛎、蛤蜊、贻贝和龙虾等丰富的食材。很多守护人也会畜养家禽和牲畜，比如鸡、奶牛和山羊。除了提供食物之外，牲畜还能提供畜力。牛、马和骡子在运输补给的时候特别有用，其中马和骡子还能够驮人。费拉隆岛灯塔有一头名叫帕蒂（Patty）的骡子，它是在 1913 年去世的，一名守护人为此写了一首诗来赞颂帕蒂多年来为人们做出的贡献： 272

> 骡子帕蒂，一直很棒，
> 自己待着，从不捣乱，
> 随时干活，很少生病，
> 活得长久，从不踢人。[64]

　　宠物在灯塔上也很常见，尤其是猫和狗。它们不仅能为人类提供充满温情的陪伴，还能完成其他重要的任务。猫可以抓老鼠，避免老鼠偷吃灯塔里储备的食物；狗能够时刻注意主人的动向，保护主人的安全。就后一点来说，沙漠山礁石灯塔的一条狗就成了名副其实的救生员。1896 年的一个阳光明媚的夏日，守护人的儿子到室外玩耍，没一会儿就走远了，而他的妈妈并没有注意到这件事。半小时以后，守护人家里养的狗浑身湿透地跑进屋子，疯狂地吠叫着。守护人的妻子认为它肯定又是让自己去看它从海里拖上来的浮木之类的东西，所以就把它赶到室外去晾干身子。可是这条狗很快就回来了，并把叼在嘴里的被海水浸湿的男孩帽子放到了女主人的脚边，女主人这才意识到有可怕的事情发生了，于是立即冲出房间，跟在狗的后面跑到海岸边。她发现自己的儿子躺在沙石上，已经不省人事了。男孩的衣物已经破损，身上还有不少淤青。女主人一下就明白了事情的经过：她的儿子落水了，是狗将男孩拖上岸，救了他一命。据当时的说法，男孩"很快就从这场差点把这座孤独的灯塔变为一个哀悼之地的事故的影响中恢复了过来"。[65]

273　　另一条据说让许多儿童免遭溺亡厄运的狗是名叫米洛的大型纽芬兰犬。19世纪50年代晚期，它和主人乔治·B.泰勒（George B. Taylor）一起生活在马萨诸塞州纳罕（Nahant）海岸外一英里左右的蛋岩灯塔（Egg Rock Lighthouse）上。米洛的救人事迹广为流传，连大西洋彼岸的人都听说了。英国艺术家埃德温·亨利·兰西尔（Edwin Henry Landseer）因其创作的以动物为主角的温情画作而闻名于世。这位受人欢迎的画家被米洛的故事吸引，便秉持自己一贯的绘画风格，创作了两幅关于米洛的画作，其中更富有戏剧性的一幅题为《他得救了》（He Is Saved）。画中精疲力竭的米洛趴在岩石上休息，守护人年幼的儿子弗雷德刚刚被它从海中救出，这个差一点就要被海洋带走的小男孩此时正躺在米洛强壮的前爪上，还处于昏迷状态。这幅画在美国和美国以外的地方都非常出名，柯里尔和艾维公司制作的该画的印刷品也卖得很好，这些都加深了人们对米洛传奇，以及对灯塔守护人生活的浪漫化认识。[66]

19 世纪晚期柯里尔和艾维公司的印刷品，根据埃德温·亨利·兰西尔创作的题为《他得救了》的画作印制。画中描绘了纽芬兰犬米洛救下蛋岩灯塔守护人的儿子的情景。（根据当时的风尚，画中的小男孩穿着女孩的衣服。）

　　至少有一条狗曾经让一整艘船的人幸免于难，它的英雄事迹还被写成了适合青少年阅读的文学作品。[67]点点是一条史宾格猎犬，它属于灯塔守护人奥古斯塔斯·B. 哈默（Augustus B. Hamor）一家。哈默从 1930 年至 1941 年担任缅因州罗克兰附近奥兹海德灯塔（Owl's Head Lighthouse）的守护人。他的孩子们教会了点点用嘴拉动连着铃舌的绳子来敲响发出浓雾警报的铃铛。每当有船经过灯塔时，点点总是会跑出去拉响铃铛。点点对一艘船的感情格外深，那就是每天都驶向马蒂尼科斯岛的邮政船。邮政船的船长名叫斯图尔特·埃姆斯（Stuart Ames）。埃姆斯在经过灯塔时，都会拉响船上的警笛，然后点点就会拉响铃铛作为回应。

274

奥兹海德灯塔，大约拍摄于 19 世纪 90 年代。

建在奥兹海德灯塔的纪念灯塔守护狗点点的标志。

有一天，一场猛烈的暴风雪袭击了这座灯塔所在的地区，埃姆斯没有按时返回罗克兰港。非常担心丈夫安全的埃

第十章 守护人和他们的生活

姆斯夫人给哈默打了一个电话。她说："我丈夫总是提起你的点点，你觉得它能不能听到邮政船的警笛声？"[68]哈默于是把点点带到室外，但是它会马上就跑回屋里，回到自己的毯子上趴着。然而，过了几分钟，点点突然主动爬起来冲向房门，同时大声吠叫着。意识到点点一定是听到了警笛声的哈默再次打开门，点点飞快地跑了出去。积雪堆得太厚，点点无法到达铃铛所在的位置，于是它就跑到了悬崖边上，站在那里一个劲儿地叫。与此同时，在风雪中几乎什么也看不清的埃姆斯船长也在不停地拉响警笛，希望能够获得某种回应好让自己确定方位。在邮政船就快撞上灯塔所在的岬角之前，埃姆斯终于听到了点点的叫声，并及时调整方向避开了礁石。接着船长又拉响了三声警笛，作为受到点点帮助的确认，之后邮政船就继续向着港口平稳地驶去了。几小时之后，终于能放下心来的埃姆斯夫人给哈默打来电话，表达她对警觉的点点的感谢之情。

考虑到灯塔生活区的紧凑程度、守护人的日常工作流程及灯塔相对偏僻的位置，灯塔上的人能够融洽相处是非常重要的。守护人的生活区自然不是什么华丽的宫殿，很多灯塔的生活区甚至非常狭小拥挤。如果一个人不喜欢，或者无法做到尊敬或容忍几乎一周 7 天、每天 24 小时都要和自己一起工作的人，那么他的生活很快就会变成一种折磨。再加上人性的变化莫测和这项工作面临的巨大压力，灯塔上爆发冲突的例子并不罕见。

有些时候，把一个人惹怒并不难。阿拉斯加的欣钦布鲁克角灯塔（Cape Hinchinbrook Lighthouse）是一个只有男性守护人的"男人站点"，一起在这里工作的守护人有三名，这一次引发争执的是食物。就因为一名助理守护人喜欢吃土豆泥，另一名喜欢吃炸土豆，所以两人为此互相不说话了。首席守护人认为这样的行为很幼稚，他想方设法让这两名充满敌意的助手意识到各自行为的不妥之处。在他即将做通他们的工作之时，另一个冲突又将整座灯塔推入了更加混乱的境地。一名助理守护人发现自己的戒指丢了，就认定是另一名助理守护人拿走的。首席守护人尝试再一次做和事佬，反而也被卷入了争执，最后三人互相都不说话了。这场三方冷战持续了六个月，三名守护人之间不曾说过一句话。他们在彻底的寂静中完成各自分内的工作，自己做自己的饭（这下他们大概可以按照自己喜欢的方法做土豆了），同时还要生活在一个屋檐下，极力避免碰面。这场由小事引起的冲突直到给灯塔送物资的小船带来了一名接班的守护人才结束。[69]

在被囚禁一样的环境中，即便是好朋友之间也可能发生争执。圣乔治礁灯塔（St. George Reef Lighthouse）位于加利福尼亚州克雷森特城海岸线以外约 6 英里处的西北锡尔礁（North West Seal Rock）上，这块光秃秃的玄武岩礁石其实是一座古老的火山的山顶。灯塔本身的偏僻环境已经令很多守护人难以承受，但是在天气因素将这里转变成与世隔绝的监狱后，他们的处境还会糟得多。1937 年，连续的恶劣天气使灯塔与外界断绝联系 55 天。在这段时间里，汹涌的海浪和猛烈的狂风让给灯塔送物资的小船无法把补给和邮件送

276

到礁石上。在被迫与世隔绝的第一个月里，在这个"男人站点"工作的四名守护人变得越来越暴躁及易怒，他们渐渐患上了幽居病，相互之间沟通的次数也越来越少。根据首席守护人乔治·鲁（George Roux）的回忆："最初的四周之后，我们已经把能想到的话都说尽了，到那时候连说'请把盐递给我'或'今天天气真糟，不是吗'这样的话都成了严重的冒犯。我们设法忽视别人的存在以避免冲突。虽然我们都是多年的亲密朋友了，但是到最后几天，在我们打开一罐豆子或其他什么食物，不加热便吃起来的时候，所有人都会各自面朝不同的方向，彼此之间没有眼神交流，也不说话，我们厌倦了被困在一起，这样的状态几乎让人无法忍受。我听说有人进监狱之后就成了疯子，没错，那样的事差点也发生在我们身上。"到了第六十天，天气转好，补给船终于能够靠岸了。鲁说："灯塔里的一切都恢复了正常……我们又变回了好朋友，话多得闭不上嘴。"[70]

在一个很罕见的案例中，冲突还发展成了暴力事件。惠尔礁灯塔（Whale Rock Lighthouse）位于纳拉甘西特湾的西航道（West Passage）入口处，1897 年 8 月，这座火花塞形状的沉箱式灯塔上发生了一起几乎闹出人命的暴力事件。[71] 冲突双方是首席守护人贾德森·艾伦（Judson Allen）和助理守护人亨利·尼格伦（Henry Nygren）。艾伦以前就因为尼格伦喝酒的问题而与其发生过冲突。后者会在陆地上喝得满身酒气地返回灯塔，而且变得非常易怒。8 月 12 日晚上，喝醉的尼格伦在他的值班时段开始很久之后才回来，而且整个人处在一种格外激动的情绪中。艾伦想让他冷静下来，反

277

而激怒了尼格伦，尼格伦甚至掐住了艾伦的脖子。虽然尼格伦远比艾伦健壮有力，但是艾伦成功挣脱了。不依不饶的尼格伦继续用船桨击打艾伦，还把一个篮子朝艾伦的头上扔去。在接下来的混战中，艾伦将尼格伦推翻在地，但是尼格伦迅速爬起来，抓起一把屠宰刀一边追着艾伦绕着灯塔跑，一边挥舞着刀子乱砍。艾伦冲进自己的房间，堵住了房门。尼格伦在门外威胁说要把门撞开。当尼格伦去找斧子的时候，艾伦抓住这个机会跑出灯塔，跳上一条小船；虽然夜空被月光照亮了，但是海面并不平静，艾伦只能拼命向陆地划去。

此时尼格伦跳上另一条小船追赶艾伦，甚至还大喊着："我要杀死你！我不会放过你！"[72]艾伦率先靠岸，他逃跑时连鞋都没来得及穿，只能光着脚以最快的速度跑过礁石和碎石路。尼格伦在后面疯狂地追赶，不过艾伦找到一片玉米地藏身，借此甩掉了自己的攻击者。尼格伦后来返回灯塔了，艾伦则手脚并用地爬到附近的一户农民家，借了一匹马，骑着它前往纳拉甘西特码头救生站。根据《波士顿环球报》(*Boston Globe*) 的报道，艾伦抵达时"身上几乎没穿什么衣服，脚上全是血，背上还有一道刀伤"。[73]

8月13日晚上，两名救助站的人员前往灯塔试图跟尼格伦谈话，可以的话就把他带回救助站。但是尼格伦的行为排除了实施这种计划的可能性。根据《波士顿环球报》的报道，当这两个人保持着安全距离从船上观察情况时，显然还处于醉酒状态的尼格伦"砸碎了陶器，朝船上投掷日常用品，还疯狂地跳起了舞"。[74]第二天，从纽波特出发的政府

第十章　守护人和他们的生活

执法船抵达了灯塔，船上的武装人员给尼格伦戴上手铐，把他抓了起来。没过多久，委员会就把他解雇了。

在惠尔礁上发生的这件事是一个由守护人实施伤害行为的例子，但是在一些情况下，危险是由陌生人带来的。没有哪个例子比发生在希普浅滩灯塔上的事件更有戏剧性了。[75] 这座位于墨西哥湾的灯塔距离路易斯安那州海岸线约 4 英里，是一座螺旋桩结构的建筑。如当地媒体，以及其他多家报社（其中总部最远的位于纽约）报道的那样，1882 年 2 月 22 日，星期三，首席守护人爱德华·邓恩（Edward Dunn）和第三助理守护人弗雷德·利奇（Fred Leach）在给守护人住处的屋顶涂抹煤焦油时，发现大约 3 英里之外的海面上有一条小帆船。当时海上风平浪静，所以小船是静止不动的，只是在墨西哥湾如玻璃一般的海面上随意地漂浮着。在用望远镜观察之后，守护人认出那正是属于他们灯塔的小船。一个星期前，另外两名助理守护人驾驶这条船到路易斯安那州的摩根市（Morgan City）取补给了。然而此时小船上只有一个人而不是两个。邓恩猜想他的助理们可能遭遇了事故，于是让利奇划着灯塔的另一条小船前去查看。

在靠近小船之后，利奇发现船上只有一个陌生人，等对方能够听到他喊话的时候，利奇询问对方要去哪儿，以及是怎么获得这条船的。陌生人名叫詹姆斯·伍兹（James Woods），51 岁，他说自己是在摩根市花了 100 美元从三个人手里买下这条船的，现在要去密西西比州墨西哥湾沿岸的帕斯卡古拉（Pascagoula）。利奇几乎无法再保持镇定，他对

278

279

描绘路易斯安那州海岸外的希普浅滩灯塔 （Ship Shoal Lighthouse）的画，1882 年这里发 生了一场针对守护人的恶意袭击。

伍兹说这条船属于灯塔，所以自己要把船带回灯塔。伍兹提 出了抗议，但是因为当时没有风，帆船无法航行，所以他只 好妥协了。利奇在帆船上系上一根绳子，将它拖回了灯塔。

当邓恩看到伍兹的船上没有携带任何衣物或补给的时

候，他认定船是伍兹偷来的。邓恩打算尽快把伍兹送到摩根市的海关官员那里接受审问，要不是因为需要利奇帮忙，邓恩倒是想让利奇马上把伍兹押送过去，但是邓恩担心仅靠自己一人照管灯塔可能有些困难，所以只好不情愿地让伍兹进入了灯塔。他的计划是发信号拦停一艘经过灯塔的船，让船上的人帮忙把伍兹押送海关。

在接下来的三天里，没有一艘船靠近到足以看到信号旗的地方，灯塔上的气氛也一直很紧张。两名守护人和伍兹谨慎地观察着对方，互相提防着，几乎不怎么对话。到了星期六晚上 6 点，邓恩沿着螺旋楼梯爬上灯塔，开始自己六个小时的值班。

晚上 9 点左右，利奇已经睡着了。伍兹拿出他藏在衣服下面的左轮手枪，还有一把在灯塔里找到的短柄斧子，蹑手蹑脚地走进了助理守护人的房间。正当伍兹要发起袭击时，利奇被惊醒了，他看到闯入者后立即从床上跳了起来。伍兹两次挥舞着斧子砍向利奇，但都没有砍中。利奇一边躲避着斧子的利刃，一边大喊"救命！"和"谋杀！"以警告邓恩。 280第三次挥动斧子的伍兹狠狠地砍到了利奇的侧脸，将利奇击倒在地。

听到尖叫声的邓恩迅速跑下楼梯，等他走到上层居住区的时候，那里已经没有了任何声音，而且一片漆黑。邓恩抓起他的左轮手枪，准备去拿一盏灯，但是他还没走到放灯的地方，就被伍兹射中了肩膀。邓恩朝着闪光的方向回击，结果受伤一侧的肩膀再次中枪。邓恩在又射了三枪之后，身体右侧再中一枪。交火中，伍兹还朝利奇的方向开了三枪，打中了他的背部和手臂。不过伍兹自己也不是毫发无损，邓恩的一颗子弹击中了他的右腿，从膝盖骨下方的位置穿透而过。

一切再次恢复寂静。邓恩点了一盏灯，下到底层居住区，并在那里发现了浑身是血、步履蹒跚的利奇。利奇的半张脸都被砍掉了，露出了下颌骨和牙齿。两名守护人在一起寻找伍兹的时候听到了通往灯室的铁门被关上的声音，于是他们立即明白袭击者藏到哪里去了。

接下来的两个晚上，灯塔陷入一片黑暗之中。两名守护人尽力帮助对方处理伤口，同时轮流值班盯着楼梯，警惕伍兹从那里下来。因为邓恩已经没有子弹了，所以两人就准备了一把切肉刀和一把船刮刀作武器。

到了星期一，伍兹从灯室里向下喊话，表示缴械投降。他流了很多血，忍受着巨大的疼痛，已经连续两天没吃没喝，随时可能失去知觉。守护人接受了他的投降，由此也结束了这场可怕的对峙。伍兹从灯室下来之后，守护人甚至帮他处理了一下伤口，还给他吃了东西，然后才把他锁进一间卧室，同时钉死了窗户防止他逃跑。

又过了两天，邓恩依然没能靠信号旗拦停任何船。利奇认定继续苦等医疗救援不是办法。虽然身材高大、体格健壮的利奇身上多处受伤，但他相信自己能够把船划到摩根市。他走的时候还很不情愿地带上了伍兹。

281

3月2日，星期四，利奇带着囚犯离开灯塔来到摩根市。他先将伍兹送交给官方处置，然后接受了手术治疗。原来，伍兹确实是从助理守护人那里偷走小船的（这两名助理守护人在小船被盗之后的这些天里都干了什么仍然是个谜）。伍兹为自己的罪行受到了审判，最终被判十四年监禁。而邓恩和利奇都在恢复健康之后就返回灯塔继续自己的工作了。

直到 20 世纪初期，大多数灯塔还是非常偏僻孤立的，这种情形造成了很多麻烦，其中之一是教育问题。[76]离城镇相对较近的灯塔的守护人至少还可以把自己的孩子送到当地的学校，虽然这也不是一件容易事。比如说，如果岛与陆地的距离还在划船可抵达的范围内，那么住在岛上的孩子们就得每天乘船往返，通常还要由一名家长，或者哥哥姐姐负责划船接送他们。这样的旅程在怡人的天气下可能算得上美好，但是也很累人，然而要是遇到暴风雨就会变成可怕的经历。如果天气极度恶劣，孩子们就只能不去学校了。

与他们比起来，住在距离文明社会很远的地方，无法每天往返于陆地和灯塔之间的守护人就不得不另想办法解决孩子的教育问题了。有些守护人将孩子送到寄宿学校，或是让妻子带着孩子到镇上居住，这样孩子就可以在当地上学。也有些守护人让孩子留在家里自学，较为少见的例子是几名守护人凑钱请一个老师到灯塔上常住。

委员会和服务局也理解灯塔守护人对于让孩子接受教育方面的需求，所以会尽可能地将有孩子的守护人调派到距离学校相对近一些的灯塔上。在一段不长的时间里，服务局还提供了一项有限的财政补贴，帮助守护人支付部分教育开销，不过除此之外，绝大部分守护人还是要自己想办法——

282 只有缅因州的守护人是个例外。20 世纪初，缅因州海岸地区传教士协会（Maine Seacoast Missionary Society）就开始关注本州范围内无数偏远灯塔上的孩子，担心他们"在成长过程中无法接受学校教育，有些孩子还处于无知的可悲状态"。[77]协会试图说服联邦政府着手解决这一问题，但是没能成功。协会于是转而动员州政府填补这个漏洞。1916 年，缅因州开始出资雇用教师驾船在本州境内各座远离海岸的灯塔间流动教学（传教士协会也为这个项目出了力，它派遣多名志愿教师到各座灯塔上教学）。这些教师会在每座灯塔上停留数周，给学生提供书籍，安排学习计划，布置作业，然后再转移到下一座灯塔。家长要负责监督孩子在教师下次返回前完成学习任务。根据一个接受过这种流动教师教育的灯塔上的孩子的说法，"这是一种漫不经心的教学方式，学习效果在很大程度上取决于家长对于孩子获得良好教育这件事有多在意"。[78]

生活在偏远灯塔上的人面临的另一个大难题是医治伤病。与受教育机会及其他资源一样，医生对于灯塔上的人来说也是遥不可及的，所以守护人和他们的家人自己就是在遇到健康问题时的第一道防线，他们主要依赖的是灯塔上的基础药箱中的药品和政府提供的各种指导。然而，如果情况继续恶化，守护人也会向其他人寻求帮助。他们可以通过发信号拦停经过灯塔的船，让船上的人给最近的医生送信；或者让这些船直接将病人送到医生那里。如果这些选项都无法实现的话，守护人就不得不采取一些极端的举动，就像 1898 年在费拉隆岛灯塔上发生的那样。

在那一年的圣诞节，11 岁的罗亚尔·比曼（Royal Beeman）病得非常厉害，这让他的父母担心起来。[79]罗亚尔的父亲威廉·比曼（William Beeman）是灯塔的首席守护人，母亲名叫威廉明娜（Wilhelmina），通常被家人昵称为明妮。二人先是给孩子服下了当时非常流行的杜佛氏散（Dover's Powder），这是一种以鸦片为主要成分的药物，但是它并没有发挥什么作用。第二天，罗亚尔的情况更糟了。他急需医生的诊治，但是最近的医院在旧金山，距离灯塔有 30 英里远，他的父母根本没有办法将他送到那里。当时海岸边狂风肆虐、暴雨倾盆，所以几乎不可能有船只经过，灯塔委员会的补给船近期也没有到岛上来的计划。灯塔所在的岛上唯一可称为交通工具的东西是一条 14 英尺长、带一面简易船帆的平底船，守护人们只在打鱼时才会用它。虽然这条船在风平浪静的情况下可以出海航行，但它很可能承受不住此时这样狂猛的暴风雨。

比曼夫妇尽己所能地照料了罗亚尔三天，但他的生命还是在慢慢流逝。明妮·比曼回忆说："他一直很难受，不断呻吟，可怜地哭叫，我心疼地几乎无法忍受。"[80]最终，孩子的父母在 12 月 29 日这天做出决定，除了送罗亚尔去医院以外他们没有别的选择，即便是顶着仍未停歇的风雨也不得不冒这个险。如果继续留在岛上，那么男孩就必死无疑。

罗亚尔的父母用毯子和油布把他裹严，让他平躺在船底的一张床垫上。灯塔的第一助理守护人路易·恩格尔布雷希特（Louis Engelbrecht）主动提出要帮比曼一家划船。最后的一名乘客是罗亚尔才两个月大的妹妹伊莎贝尔，因为她还没有断奶，所以她的父母不能把她留在灯塔上。在比曼和恩格尔布雷希特都离开的情况下，灯塔就由另外两名助理守护人负责管理。

小船朝着旧金山灯船的方向前进，那艘灯船停泊在距离费拉隆岛灯塔约22英里的地方。这段旅程无比艰难。海浪漫过小船的边沿，把所有人都浸湿了，雨水和冰雹也不断落在他们的身上，摇桨的人越来越疲惫。但是最终，在这场大胆，或者说是孤注一掷的旅程开始大约八个小时之后，在没有任何引航工具指引的情况下，小船竟然安全抵达了目的地。

然而，找到灯船并没有给他们带来多少帮助，因为灯船必须留在原地，不能送他们上岸。比曼和恩格尔布雷希特又奋力划了一个小时，在他们即将开始穿越距离金门仍有几英里远的充满危险的旧金山沙洲时，一艘名为"美洲号"的领航船赶来了。平底船上的所有乘客都被转移到了领航船上，连平底船本身也被拉了上去，然后领航船朝着旧金山的码头飞速驶去，船一靠岸罗亚尔就被送进了医院。

284　　当地报纸在听说了这个故事后，纷纷把明妮刻画成了一位为救儿子不惜冒生命危险的英雄。文章都秉承当时新闻报道喜欢夸大其词的典型风格，《旧金山考察家报》（*San Francisco Examiner*）刊登的头条新闻的标题是《她证明了没有什么比母爱更伟大》。实际上，除了明妮之外，她的丈夫和恩格尔布雷希特在面临危险时也表现出了坚定果决和勇敢无畏，他们同样是真正的英雄。令人遗憾的是，这个故事的结局令人心碎。虽然医疗团队尽全力抢救，但罗亚尔还是在 1 月 3 日不治身亡。这次痛失亲人的经历让比曼一家决定到加利福尼亚州的陆地上工作。威廉先是在隆波克（Lompoc）以南不远处的阿奎罗角灯塔（Point Arguello Lighthouse）做守护人，后来又被调到了洛马岬。

除了生理上的疾病之外，灯塔守护人还要与心理疾病做斗争，这些问题往往不是靠药箱里的常备药或进城待几天就能解决的。与世隔绝会使人感到孤独和抑郁，灯塔守护人也难逃这个法则。切萨皮克湾中的切里斯通沙洲灯塔（Cherrystone Bar Lighthouse）的助理守护人奥斯卡·丹尼尔斯（Oscar Daniels）在 1909 年的工作日志中写道："现在立刻死去，与这个世界再无瓜葛，也比待在这里强。"在这条记录后面的签名处，他写下的是"孤身一人"。[81] 19 世纪晚期，华盛顿州福拉德利角灯塔的守护人之一被孤独感彻底击垮，打算从灯塔附近的悬崖上跳下去。在垂直下落近 100 英尺，跌入隐藏着暗礁的海水中后，这名守护人虽然受了很重的伤，但还是保住了命。其他守护人发现了这个身受重伤、不省人事的同事，就将他带回了守护人住处。没过多久他被送出小岛去接受治疗了，他作为守护人的日子也就此画上了句号。[82]

孤独和抑郁并不只影响守护人，守护人的家人同样可能遭受类似的折磨。19 世纪 90 年代初期，安娜·玛丽·卡尔森（Anna Marie Carlson）的丈夫在苏必利尔湖上偏远的使徒群岛（Apostle Islands）中的外岛灯塔（Outer Island Lighthouse）上做助理守护人。卡尔森夫人曾告诉一位记者说自己在灯塔的第一年里，总共只跟三个人说过话：她的丈夫、首席守护人以及夏天来岸边小棚屋里居住的一名渔夫。"天啊！在外岛上的那段孤独的日子啊！除了湖面，除了薄雾中使徒群岛模糊的轮廓，以及偶尔在远处的湖面上驶过的蒸汽船外，我看不到任何东西。"[83] 卡尔森夫人说支撑自己忍受这种与世隔绝的状态的唯一动力就是她对丈夫的爱。

　　另一个尤其令人痛心的例子证明了严重的孤独感对于守护人的妻子来说是无法承受的。事件发生在纳拉甘西特湾中外形像火花塞的科尼米科特灯塔（Conimicut Lighthouse）上。1922 年 6 月 9 日早上，守护人埃尔斯沃思·史密斯（Ellsworth Smith）告别了妻子内莉和两个儿子——5 岁的罗伯特和 2 岁的拉塞尔，到普罗维登斯办事去了。埃尔斯沃思后来回忆说："在我离开时，内莉看起来还很高兴。她在和孩子们一起玩，她亲吻了我，还在我驾船出发时和我挥手道别。"[84] 妻子这样的表现让埃尔斯沃思放心不少，因为内莉的情绪通常比这阴郁得多。在两人一起生活在灯塔上的这一年里，内莉"因为与世隔绝而变得越来越阴郁和沮丧"。[85] 极度的孤独感让她一直乞求埃尔斯沃思带她离开灯塔，甚至多次威胁说如果不带她走她就自杀。

　　当天早上，埃尔斯沃思离开后不久，内莉就将这样的威胁付诸行动了。她先是给两个孩子服下有毒的氯化汞药片，然后自己也服下了致死的剂量。埃尔斯沃思当天下午返回时

285

发现妻子和小儿子已经死了，只有大儿子罗伯特还有一丝生机。他把还活着的儿子放到小船上，朝大陆划去；最后大陆上的医生成功救活了罗伯特。虽然遭遇了这样的大变故，但是因为这座灯塔承载着埃尔斯沃思的思念，所以他还是带着罗伯特返回了自己的工作岗位。

孤独带来的痛苦当然也不是只有成年人才能体会。1876 年，缅因州布恩岛灯塔助理守护人的女儿安妮·贝尔·霍布斯（Annie Bell Hobbs）14 岁。她给当时很受欢迎的一份青少年出版物《苗圃》（The Nursery）写了一封信，信中描述了她对这个被自己称为家的地方的感受。"布恩岛……在海上很远的地方，"安妮写道，"过去两年里，我就是被关在岛上的囚徒，只能在院子里走走……无边无际的大西洋铺陈在我眼前，将这座岛围在中间。偶尔有船出现在广阔的海面上，提醒我在我所居住的这个小岛之外还有一个广大的世界。"每天跟着父母学完学校的课程之后，安妮会"望着大陆的方向，想象自己该有多喜欢那里，以及会有多喜欢坐雪橇，因为被限制在岛上的人连享受这些活动的机会都没有"。[86]

除了孤独之外，无聊和单调也是同样无法消解的苦楚。南希·罗斯（Nancy Rose）在哈得孙河上的斯托尼波因特灯塔（Stony Point Lighthouse）做了四十七年守护人，当记者问她发生过什么有意思的事情时，她回答说："那里什么事也没发生过。每一年都和前一年一模一样，除了天气，任何事都不会变化。"[87]在马萨诸塞州海岸线外一个靠近波士顿的地方有一座总是遭受海浪侵袭的灯塔，它被称为迈诺特灯塔

286

355

（Minot's Lighthouse）。这里的守护人在回顾自己在灯塔上的无聊时光时说："我们在那上面时的问题就是有太多时间可以用于思考了。"[88]

　　虽然与世隔绝可能引发抑郁、酗酒、神经错乱甚至更糟糕的问题，但是其他人——尤其是置身事外的无关人士——仍然抱着长期以来固有的浪漫化想法，认为灯塔守护人的生活就是简单、宁静而有规律的。诺贝尔奖获得者，物理学家阿尔伯特·爱因斯坦将灯塔守护人"有很多时间可以用于思考"视为一个宝贵的机会。1933年，这位从纳粹德国逃出来的伟大科学家，也是刚刚抵达美国的逃亡者建议给美国的灯塔增加一项新用途。"在我孤独地生活在乡间的时候，"爱因斯坦写道，"我注意到平静单调的生活能够激发创造性思维。"也许是带着一种可以被原谅的天真，爱因斯坦评论说"某些特别的职位……要求从业者生活在孤寂之中"，比如灯塔守护人，于是他提出："有没有可能将渴望思考科学问题的年轻人……安排到这些工作岗位上？"[89]

　　虽然没有记录证明有哪个守护人利用业余时间解决了什么科学难题，但是某些守护人确实利用了这种"平静的生活"，把空闲时间用来追求智慧。梭罗就提到他的一个同学"是就着灯塔的灯光学习，然后考上大学的，我们猜想灯塔的灯光肯定比大学里的灯光更明亮"。[90]1889年，当威廉·亨特·哈里斯（William Hunt Harris）成为卡里斯福特暗礁灯塔的第二助理守护人时，他携带了大量法律书籍前往灯塔。[91]每天在完成灯塔相关的工作后，他都会抱着书自学。

287

第十章 守护人和他们的生活

三个月后，他被调动到基韦斯特海岸外的西北航道灯塔（Northwest Passage Lighthouse），于是哈里斯又带着书来到新岗位，并采取同样的方式自学。这个办法效果显著，哈里斯在灯塔上工作不到一年时间就辞职了，然后通过了律师资格考试，很快就成了一名声名显赫的律师，后来还先后在佛罗里达州议会参众两院任职。

灯塔委员会和服务局都敏锐地发现了孤独和单调经常会影响灯塔上的生活。让流动图书馆流动到更加偏远的灯塔上就是帮助减轻这两种困扰的办法之一。图书能够给很多守护人提供一种沉浸式的转移注意力的途径。不过，抗击这些问题的最伟大的武器是在 20 世纪 20 年代诞生的，随着收音机的普及，人们只要动动手指就可以了解外面的世界了。

乔治·罗克韦尔·帕特曼意识到收音机能够提升与世隔绝的灯塔上的生活质量。可是服务局的预算几乎全部用来实现灯塔装置现代化及增加航海辅助设施了，所以他们没有能力给守护人购买收音机。不过，在 1925 年，一位来自纽约的女士被孤独的守护人的故事感动，于是向多座灯塔捐赠了 25 台收音机。这一善举引起了帕特曼的上司、商务部部长赫伯特·胡佛的注意，胡佛一直大力支持私人捐赠，反对政府拨款，他认定还会有其他慷慨的个人挺身而出。胡佛于是在 1926 年发起了让人们向灯塔服务局捐赠收音机的呼吁。"我认为没有哪个群体比这些离群索居的人更有资格获得这种帮助了，"胡佛这样写道，"政府支付他们的工资很有限，他们买不起这样的设备，然而对于大多数守护人来说，收音机是他们了解外部世界的唯一途径。"[92] 如果这样的号召还不能动员人们有所行动，胡佛还有其他的办法进一步拨动人们的心弦。他写道："最好的情况下，大多数守护人被迫忍受这种枯燥、孤独的生活，几乎被隔绝在普通市民能够享受的所有日常娱乐之外。他们是美国政府忠诚的公仆，承担着必不可少的工作，任何疏忽大意都可能导致严重的灾难。"[93] 胡佛论述说，收音机能够帮助守护人疏解压力。

人们对这项号召的响应是非凡的。捐赠的收音机的数量接近 300 台，都被送到了全国的各座灯塔上。那些接受了捐赠的幸运的守护人从此不仅可以收听娱乐节目，还能了解新闻时事和收听天气预报，尤其是天气预报还有利于他们做好迎接暴风雨的准备并及时向船只发布恶劣天气警告。

佛罗里达州的美洲浅滩灯塔（American Shoal Lighthouse）的守护人为收音机带来的变化感到惊奇。他写道："以前在选出新总统之后，我们有时要过一个月才能知道新总统是谁；如今，当胡佛部长［于 1928 年 11 月 6 日］当选总统并向全世界发出公告时，我们和其他人同时收听到了这个消息。在刚过去的两场重要比赛结束时，我们也能立即听到谁是最终的胜者了。我们还能听到牧师传教，能听到吟唱赞美诗的歌声，就像亲身坐在教堂里一样。"[94]

对于守护人和他们的家人来说，圣诞夜可能是全年最容易感到冷清的时候，因为他们往往不能和亲戚朋友一起庆祝。在这个问题上政府无所作为，于是热心市民再次采取行动，给守护人的节日添上了一抹亮色。1929 年，被昵称为比尔的威廉·H. 温卡普上校（Capt. William "Bill" H. Wincapaw）决定回馈多年来一直为他提供帮助的灯塔守护人们。[95]温卡普是飞行员，他经常驾驶海上飞机和其他飞行器在缅因州罗克兰海岸线外执行任务，且曾经多次参与营救遭遇危难的渔民，或是将受伤或生病的岛民转移到大陆上接受救治的行动，从而成功挽救了无数性命。他在行动中总要依靠灯塔的照明，尤其是在天气条件恶劣的时候。他知道要是没有灯塔的指引，他从事的这项本就十分危险及艰难的工作肯定还会难上百倍。出于对灯塔守护人及其家人的尊敬和对他们所做工作的感激，温卡普选择了一个不同寻常的方式来表达自己的情感。1929 年圣诞节，他准备了 12 个"爱心包裹"，里面装了糖果、杂志、报纸、咖啡和其他小东西，然后驾驶飞机带着这些包裹从罗克兰附近的灯塔上空飞过，把它们空投到了尽可能靠近灯塔的地方。温卡普的欢乐航行的受益者们为这一善举感到无比兴奋，温卡普本人也为自己获得的回应欣喜异常，因此他坚持每年圣诞节都驾驶飞机进行这样的活动。"飞翔的圣诞老人"的传统就这样形成了。随着时间的推移，"飞翔的圣诞老人"能够抵达的范围极大地扩展了。到 20 世纪 30 年代中期，温卡普在儿子小比尔的帮助下，造访了沿新英格兰海岸线从南到北分布的接近 100 个灯塔和海岸警卫队站点。1936 年，历史学家爱德华·罗·斯诺受邀加入这项行动，在那之后斯诺又坚持了近五十年，即便是在 1946 年温卡普一家的最后一次飞行之后，斯

289

诺的行动也仍在继续。

斯诺不是飞行员，起初他搭乘小比尔驾驶的飞机，在1946年之后，他改为雇用飞行员和飞机，而他自己则扮演"飞翔的圣诞老人"的角色，穿上符合角色的服装，还总是与妻子和女儿共享将包裹投向下方的灯塔的快乐。虽然斯诺会收到人们捐赠的各种可以放入包裹的物品，包括香烟、剃刀、口香糖、娃娃、拼图和皮球等，但是90%以上的航行费用是他自掏腰包的。斯诺是作家和高中老师，根本算不上富有，但为这些飞行活动出资让他感到很开心。斯诺写道："守护人站在与世隔绝的灯塔上向我挥手的景象，和他们在事后写给我的信件给我带来的幸福感比我的付出有价值得多。"[96]

到20世纪50年代中期，斯诺已经到访过东部海岸线上从新斯科舍海岸外的塞布尔岛（Sable Island）到佛罗里达州的250个灯塔和海岸警卫队站点。有几年他还去了更远的五大湖区和百慕大群岛，甚至去了西海岸。1981年，斯诺突发中风，第二年就去世了，享年79岁。不过，"飞翔的圣诞老人"的传统延续了下来，最初是由赫尔镇救生博物馆（Hull Lifesaving Museum）接手的，最近则由一个名叫"飞翔的圣诞老人的朋友"（Friends of Flying Santa）的非营利性机构负责组织，他们每年都会造访新英格兰地区的灯塔和海岸警卫队站点，不过飞行工具从飞机改为了直升机。

虽然孤独感折磨着很多守护人，且某种程度的单调乏味

第十章　守护人和他们的生活

也是这个工作不可避免的一方面，但大多数守护人还是对自己选择的职业感到满意，有些甚至很是着迷。很多人在这个岗位上一干就是几十年，几乎没有什么怨言，也没有辞职另谋生路，这不就是最好的证明吗？哈丽雅特·科尔法克斯（Harriet Colfax）在印第安纳州的密歇根城灯塔（Michigan City Lighthouse）上做了四十三年的守护人，她在退休前不久接受记者采访时说："我爱这些灯，爱这座老灯塔，也热爱我的工作。它们成了我的习惯，我的家，是我一直以来最珍爱的一切。"[97]至于守护人的妻子和孩子，有人会抱怨灯塔上的日子，但也有人享受这样的生活。20世纪30年代初，当记者向苏必利尔湖斯普利特岩灯塔守护人的妻子询问她对于灯塔生活的看法时，她回答说："我在这里很幸福。我有一个好丈夫。我们衣食无忧。灯塔上的生活很舒适，我们喜欢这里。"[98]从孩子的角度来说，玛丽昂·汉弗莱斯（Marion Humphries）对灯塔的感觉就与布恩岛灯塔上的安妮·贝尔·霍布斯的阴郁沉思完全相反。玛丽昂的父亲是位于波托马克河马里兰州一侧的皮内角灯塔（Piney Point Lighthouse）的守护人。20世纪初，玛丽昂在从7岁到12岁的这段时间就生活在这里。"你见过皮内角吗？"后来她告诉一个采访她的记者说，"天啊，当我还是个孩子的时候，我是多么喜爱那个地方呀。我不用去上学，因为那里没有学校！皮内角周围的地方也没有学校！我妈妈就是我的老师……我也喜欢帮助爸爸照管灯塔。"[99]

　　从更深的层面来说，很多守护人清楚他们从事的是一种罕见的职业，因此对自己的工作感到格外骄傲，对于保障水手安全这个灯塔设施的核心使命也格外专注。在执行任务的过程中，守护人真心相信自己是在进行一项高尚的工作，一项比他们个人更重要，且具有真正有价值的事业。从 20 世纪 20 年代至 40 年代，埃尔森·斯莫尔（Elson Small）在缅因州的多座灯塔上担任过守护人，他的妻子康妮·斯莫尔（Connie Small）说出了很多守护人及其家人的心声："每当我们走上灯塔，我们并不只是去完成一项工作，而是接受了使命的召唤。"[100] 约翰·J. 库克（John J. Cook）是康涅狄格州斯坦福港灯塔（Stamford Harbor Lighthouse）的守护人，1908 年，有采访者向他提问道，当圣诞节来临时，他却不得不留在灯塔上值班，远离大陆上的一切喜庆的活动，他怎么还能感到快乐？库克的回答传神地捕捉到了守护人那近乎虔诚的崇高的使命感：

> 我也不知道，灯塔上有时的确很孤独，尤其是在冬天，不过我们还是会想办法享受节日。圣诞节我们不能去教堂，所以也听不到优美的吟唱和精彩的布道，不过我们牺牲的一切都是有回报的。有什么圣诞颂歌能比从我们在小屋里听到的狂风的呼啸和海浪的轰鸣更震撼灵魂？高空中的灯塔灯光本身就是一种布道。在暴风雨中看到斯坦福港灯塔红色的光线时，或是在浓雾中听到警铃声时，即便是在陆地上很少这样做的人也会虔诚地说一句"感谢上帝"，并发自内心地祈祷。就像布道台上的牧师有他的使命一样，我这座小小的灯塔也有自己的使命。在猛烈的寒冬风暴中迫切寻找灯光的人都能体会

它的价值，而灯塔的价值决定了守护人的职责。人们的性命，没错，人们的灵魂要依靠这点灯光，在圣诞节的夜晚是这样，在一年之中的任何一个夜晚都是这样。我敢说让灯光稳定、持续地照明足以弥补圣诞节听不到布道的遗憾。[101]

第十一章
灯塔上的英雄们

1869 年 7 月 31 日发行的《哈泼斯周刊》的封面图，题为《纽波特的女英雄——艾达·刘易斯小姐》（Miss Ida Lewis, the Heroine of Newport）

第十一章　灯塔上的英雄们

虽然灯塔守护人的主要职责是管理灯塔，但他们也要为失事船只或在海上遭遇其他危险的人员提供帮助。在这些时候，守护人就像消防员一样，冒着生命危险，救下了成千上万人的性命。也许正是这种无私的品质给美国灯塔守护人镀上了一层浪漫主义光辉，他们受人爱戴的形象永久地烙印在了过往的记忆中。很多守护人都参与过惊心动魄且值得铭记的救援活动，但是在此类历史事件之中，可以当之无愧地排在最前的非艾达·刘易斯（Ida Lewis）和马库斯·A. 汉纳（Marcus A. Hanna）的莫属。他们的故事展现了守护人在工作中表现出的无私奉献和英勇无畏是如何让他们变成真正的英雄的。294

于 1842 年 2 月 25 日出生的艾达沃利·佐拉迪亚·刘易斯（Idawalley Zoradia Lewis）是霍齐亚·刘易斯上校（Capt. Hosea Lewis）和艾达沃利·佐拉迪亚·威利（Idawalley Zoradia Willey）的女儿。[1]为了避免混乱，与妈妈同名的女儿被昵称为艾达，妈妈则常被叫作佐拉迪亚。霍齐亚做过海岸飞行员，还在缉私船上工作过很多年。1853 年，他被任命为位于罗得岛纽波特的莱姆罗克灯塔（Lime Rock Lighthouse，又译石灰岩岛灯塔）的守护人。灯塔的石砌建筑结构很简单，高度不高，顶部的灯室也不大，建在纽波特港中一块凸出的石灰岩礁石上，距离海岸大约 200 码远。当地人在提到这座灯塔时通常将其简称为"石灰岩"。灯塔上没有守护人住处，所以霍齐亚一家都生活在镇上，他每天都得划船往返于灯塔和陆地之间。

霍齐亚忠实地履行着自己的职责，每天两次划船前往灯塔。艾达通常会陪父亲一起,而且她总是负责划船,这样的练习让她掌握了娴熟的划船技术,她学会了观察海面的情况,在任何天气里都能掌控她的小船。据艾达·刘易斯的传记作者莉诺·斯科莫尔(Lenore Skomal)说,霍齐亚会给自己的女儿讲述自己以前在海上航行的经历,以及自己冒着生命危险解救他人的故事。霍齐亚还教会了女儿如何营救落入水中的人:一定要把落水人从船尾拉上来,而不是从船的侧面,否则他们可能会把小船掀翻。斯科莫尔写道:"艾达的父亲就是那个在艾达心中播下英雄主义的种子的人。"[2]

在长达两年多的时间里,无论天气状况如何,霍齐亚都会尽职地前往灯塔,这样的辛劳给他的健康造成了影响。他请求上级在石灰岩礁石上建造一座守护人居所,理由是如果居住在灯塔旁,他就可以更好地完成自己的工作。灯塔委员会同意了这个请求。1857 年,礁石上建起了一栋花岗岩和砖块混合的两层小楼。房子西北角上有一根砖砌的方形柱子,柱子顶端有一个小小的灯室。霍齐亚自此以后就可以从房子二层的一个壁凹里轻松照管灯室中的六型菲涅耳透镜了。

刘易斯一家于 6 月底搬进了灯塔,然而到了 10 月,灾难降临在霍齐亚身上,他突发中风,留下了严重的后遗症,身体部分瘫痪,无法再履行守护人的职责。于是,此时 15 岁的艾达和她的妈妈佐拉迪亚接管了管理灯塔的工作。除了承担灯塔上的大部分工作之外,艾达还要负责划船接送两个年幼的弟妹到纽波特上学,以及从镇上采购灯塔物资。这些工作增强了艾达的体质,也磨炼了她的划船技艺。

第十一章　灯塔上的英雄们

**1869 年 7 月 31 日《哈泼斯周刊》上刊登的描绘罗
得岛纽波特海岸外的莱姆罗克灯塔的雕版印刷品。**

一年之后的 1858 年 9 月，艾达的划船技艺第一次经受
了考验。一天早上，在纽波特的一所私人学校上学的四个男
孩决定驾驶一艘独桅艇穿过港湾，到小岛上野餐。这种带帆
小艇体型不大、吃水浅、船身宽、桅杆位于靠近船头的位
置。野餐结束后，他们又驾着小艇驶到几乎出了港湾出口的
地方才返回。此时天气状况开始转差，几个男孩收起了船
帆，打算依靠潮水带动他们前进。当他们接近"石灰岩"
的时候，刘易斯还看到他们在船上打闹，也能听到他们的笑
声。一个男孩开始抓着桅杆前后摇摆，可能是想逗弄或吓唬
自己的同伴。结果这个恶作剧很快就带来了恶果，小船被掀
翻了，四个男孩都落入了水中。

忠于自己接受的训练的刘易斯立即采取了行动，她跳上
她的小船朝男孩们迅速划去。在她抵达的时候，几个人眼看
就要淹死了。他们的独桅艇已经沉得很深，几乎借不上一点
力，几个男孩不得不在水中拼命扑腾。他们浸在水中的四肢

296

已经麻木，吸了水的衣物很沉，拖着他们下坠。男孩们不断挥动手臂，费力地想要把头露出水面。刘易斯按照她父亲曾经教导的那样保持了冷静。回想着父亲说过的话，她从船尾把男孩们一个接一个地拉了上来，然后划着船把他们带回了灯塔。佐拉迪亚给他们提供了温暖的毯子和热饮。一个男孩"几乎神志不清"，[3] 随时可能昏过去，佐拉迪亚不得不使用一点兴奋剂才让他恢复了意识。他可能是喝了点酒，不过更可能是闻了一下嗅盐。最终他们都慢慢恢复了，在向刘易斯表达了谢意之后就回家去了。

在接下来的十年里，刘易斯继续充当着灯塔的守护人和"石灰岩"的救生员，她在港湾中进行了三次更加惊险的营救活动，不仅救人，有一次还救了一只羊。1867 年 1 月的一个格外寒冷的早上，一场猛烈的东北风席卷了纽波特，为当地一位声名显赫的银行家工作的三个爱尔兰人正赶着银行家的一只高级绵羊沿着镇上的主街道行走，结果羊被向着港湾方向吹的狂风刮走了。三个人追着羊跑，但是羊被刮进海里，转眼就漂得远离了岸边。三个人沿着港湾的海岸跑了没一会儿就到了琼斯桥码头，并发现一条停在那里的小艇。虽然港湾水面的情况很恶劣，三人又没有什么驾船技能，但他们还是跳上了小艇，朝着在海上乱漂的绵羊追去。他们担心如果自己不把羊救回来，可能很快就会失去工作。

如两年后在当地出版的一本传记中介绍的那样，小艇飞快地朝海上漂去，很快就被猛烈的冬日潮水吞没。小船倾覆时，救羊的人们才发现自己也成了需要被营救的对象。艾达当时正坐在窗前缝补衣物，听到几声凄厉的尖叫之后她向外

看去，发现求救者已经身陷险境。艾达朝自己的小船跑去，
然后熟练地驾驶着小船穿过海面，驶向了倾覆的小艇。随着
她逐渐靠近，她甚至可以听到几个人带着浓重的爱尔兰口音
在祈祷，他们正在请求上帝朝他们施以援手。据说其中一个
人在看到刘易斯的时候大喊道："天啊，圣母，耶稣基督，
是你来救我了吗？"[4]（这种老套的用语在 19 世纪中期非常常
见，政治正确的概念还要再过一百年才会出现。）把落水者
拉上船之后，刘易斯把他们送回了琼斯桥码头。这还不算
完，看到绵羊已经在海上越漂越远的刘易斯又划船追上了
羊，在羊的脖子上套了个绳圈，拖着它划回岸边。喜不自胜
的三个爱尔兰人在走之前向刘易斯表示了感谢，他们不但捡
回了命，追回了羊，很可能也保住了工作。

　　到 1869 年年初，刘易斯已经从"石灰岩"附近的水中救
起了九条人命和一只羊，然而除了她的家人及获救者之外，
几乎没有人知道这些事情。虽然有几个人在本地报纸上刊登
过简短的致谢，但刘易斯的英雄事迹对于公众来说还是闻所
未闻的。不过，她的下一次营救活动将彻底改变这一局面。

　　1869 年 3 月的一天傍晚，佐拉迪亚·刘易斯在前去检
查灯光的时候看到了窗外的景象，然后大喊道："艾达，我
的天啊，艾达快去，一条船翻了，有人要淹死了，快去，艾
达！"[5]在灯塔和山羊岛（Goat Island）中间的海面上，詹姆
斯·亚当斯中士（Sgt. James Adams）和列兵约翰·麦克洛
克林（Pvt. John McLoughlin）正在水中绝望地扒着船身。他
们都是驻扎在"石灰岩"以西一座半岛上的亚当斯堡（Fort

Adams）的军人。当天早些时候，他们雇用了一名 14 岁的男孩驾船。男孩吹嘘说虽然海上有暴风雨，但只要他们出点小钱，自己就可以安全地把二人从镇上送回堡垒。然而事实证明，男孩过分自信地高估了自己的能力。当小船倾覆时，男孩为自己的愚蠢付出了生命的代价。他既没有扒住船身的力气，又没有通过踩水让自己浮在海面上的本事，所以很快就沉入浪底不见了踪影，他的尸体也一直没有被找到。

根据刘易斯夫人的回忆，她看到有人遭遇危险的那会儿"风大雨急"，但她的女儿并没有任何畏惧。[6]当时艾达还患着感冒，她来不及穿上鞋或外套，只穿着袜子，又在脖子上围了一条毛巾作为保护就冲出了屋子。她让弟弟小霍齐亚随她一起前去，好帮忙把落水者拉上船，很快，艾达就在弟弟的陪同下朝出事地点划去。

艾达在白浪汹涌的海面上奋力划船，海浪猛烈地击打着船身，随时可能将船淹没。刘易斯和她的弟弟最终接近了遭遇危难的士兵，费了很大的力气才把他们拉上船。营救让艾达精疲力竭，而此时船上乘客的重量还是来时的两倍多。但艾达仍然用尽全力将小船划回了灯塔。小船靠岸之后，全身湿透的亚当斯身体止不住颤抖，"勉强蹒跚着走进了房子"，而已经昏过去的麦克洛克林则是被抬进屋里的。[7]

艾达的脚几乎被冻伤，全身的肌肉也因为用力过度而疼痛，当她在火炉边烤火取暖的时候，家人都忙着照顾那两名士兵，直到他们渐渐恢复。据艾达的哥哥鲁道夫回忆，亚当斯是这么说的："当我看到有一个女人划着船向我们驶来时，我原本的想法是，她只是个女人，她肯定没法在我们淹

死前赶到。但是我很快就改变了看法。"[8]士兵们在灯塔上过
了一夜。第二天早上，因前一晚的过度消耗还很疲惫的艾达
划着船送他们返回了堡垒。

　　与艾达之前的几次营救不同，这次事件很快就人尽皆知
了。我们并不确定营救的消息具体是如何传开的，总之没过
多久，纽波特和普罗维登斯的报纸上就都刊登了故事的详
情，当这些报道最终出现在《纽约论坛报》的编辑的办公
桌上时，编辑立即派记者前往"石灰岩"去采访这位年轻
的"好撒马利亚人"①。相关报道于 1869 年 4 月 12 日被刊
登出来，内容不仅涉及最近这一次，也提到了她之前的四次
救人行动。文章详述了刘易斯的英勇无畏，把她描绘成了一
位英雄，还称她是"纽波特港的守护天使"和"美国的格雷
丝·达林"。[9]

　　最后一个比喻确实是一种高度赞美。格雷丝·霍斯利·达
林（Grace Horsley Darling）是一位受到全世界人民赞颂的人物，
因为她在 1838 年于英格兰诺森伯兰郡（Northumberland）海岸
线外进行的一场惊人的营救行动中发挥了重要作用。时年
22 岁的达林是朗斯通灯塔（Longstone Lighthouse）的守护
人的女儿。9 月 7 日早上，她在观察海面风暴情况的时候发
现一艘船在大哈卡礁（Big Harcar Rock）那里失事了。该岛
距离灯塔大约一英里，触礁的轮船是"福弗尔郡号"

300

────────────

　　①　Good Samaritan，"好撒马利亚人"的说法来源于《圣经》中耶稣讲的寓
　　　　言，后发展为西方文化中的一句惯用语，意为好心人、见义勇为
　　　　者。——译者注

1869 年 7 月 31 日发行的《哈泼斯周刊》上的雕版
印刷图片，描绘的是艾达·刘易斯（中）和他的父母
在莱姆罗克灯塔守护人住处中的景象。

（*Forfarshire*）蒸汽船，航行目的地是苏格兰的邓迪
（Dundee）。格雷丝向她的父亲威廉通知了这一情况，后者
于是拿起望远镜搜寻幸存者。起初他们没有什么发现，然而
过了一会儿，天色转亮了一些，他们发现礁石上有动静。最
常见的故事版本是格雷丝催促父亲和她一起去尝试营救幸存
者，父亲起初认为海面状况还很危险，不能贸然下海，但最
终还是同意与女儿一同前去营救。无论威廉最初的想法是什
么，记录上清楚地写着他和格雷丝一起把属于灯塔的 20 英
尺长的小船推入水中，并立即朝礁石划去。他们在第一次抵
达出事地点时，只能先让九名幸存者中的五人上船并返回灯
塔。格雷丝和三名幸存者下船之后，威廉和另外两名获救人
员又返回礁石营救剩下的四人。

　　这次营救的消息很快就传开了，格雷丝在营救行动中扮

第十一章　灯塔上的英雄们

演的角色让她迅速地成了那些在维多利亚时代的英国刚刚兴办起来的街头小报争相报道的对象。她不再只是灯塔守护人的女儿，而是变身为这个国家的英雄，因其勇敢无畏的精神而为人们所知。格雷丝还收到了维多利亚女王写给她的充满钦佩之情的信件，女王比她还年轻三岁，当时在位才一年多（维多利亚女王在位的时间最终将长达近六十四年，是所有不列颠君主中在位时间第二长的）。达林还被由贵族成立的人道协会（Humane Society）授予了金质奖章和 750 英镑的奖金，奖金的来源是公众捐款。有诗人为她写诗，有画家为这个留着褐色长发的可爱姑娘绘制肖像；除了络绎不绝的求婚者之外，还有很多人向她索要一缕头发珍藏，以纪念她的义举。无所畏惧的达林并不追求这些关注，也不喜欢突然降临的名望。1842 年，也就是营救行动仅四年之后，年仅 26 岁的达林死于肺结核病。[10]

后来的事实证明，27 岁的艾达·刘易斯也将变得如格雷丝·达林一般知名。《纽约论坛报》上那篇热情洋溢的文章掀起了一股媒体报道的狂潮，《哈泼斯周刊》和《弗兰克·莱斯利的插图报》也相继刊登了关于刘易斯事迹的充满溢美之词的报道。《哈泼斯周刊》上的文章称艾达早些时候营救一名即将淹死的落水士兵的行为"是最英勇的壮举，她表现出的果敢和坚韧是很多男性都不具备的"。[11]这些文章还配有描绘"石灰岩"女英雄的插图。很多读者都为自己看到的图像感到震惊，因为画中的女子身高中等、体型偏瘦（她的体重只有 100 磅出头）。如斯科莫尔注意到的那样："光是她的身材就让她救人的故事变得更加轰动了。"[12]

301

373

　　通过这些主要的全国性报刊的报道，以及遍布全国的几百个规模较小的出版机构的宣传，艾达·刘易斯成了美国截至当时最著名的灯塔守护人，以及这个国家最具知名度的女性之一。和她具有同等历史重要性的女性包括克拉拉·巴顿（Clara Barton），这位护士界的先驱因为其在美国内战期间的英勇事迹而赢得了"战地天使"的美誉；以及小说家路易莎·梅·奥尔科特（Louisa May Alcott），她因为创作了《小妇人》（*Little Women*）而举世闻名。1869 年的春季和夏季，刘易斯被各种奖励、礼物和赞美包围了，以下只列举了其中的一部分。5 月，纽约救生慈善协会（Lifesaving Benevolent Association of New York）授予刘易斯一枚银质奖章和 100 美元奖金。同时，罗得岛州议会为向她表示敬意而通过了一项决议，内容是通过授予她荣誉和奖励来表彰她的英雄事迹。没过多久，亚当斯和麦克洛克林两人合买了一块金怀表送给刘易斯以感谢她的救命之恩。紧接着，亚当斯堡的军官们又筹集了 218 美元的捐款作为礼物，以表达对刘易斯的感激之情。纽波特宣布 1869 年 7 月 4 日为艾达·刘易斯日。当天有 4000 人聚集在一起向她致敬，并观看了她接受公众捐款购买的全新小艇的仪式。这条小艇还被恰如其分地取名为"营救号"（*Rescue*）。摄影师把刘易斯团团围住，带有她照片的肖像卡（cartes-de-visite）畅销全国，进一步巩固了她的名气。与格蕾丝·达林遇到的情况一样，也有很多求婚者写信给刘易斯，请求与她结为夫妻。[13]

　　根据艾达父亲的计算，那个夏天共有 9000 至 10000 人前来一睹这位美国新明星的风采，访客中不乏许多声名显赫之人：威廉·特库姆赛·谢尔曼上将，这个北方联邦的将军因为在内战中实行的大扫荡战术而受南方人唾骂，同时也受到北方人的敬仰；妇女参政论者伊丽莎白·卡迪·斯坦顿（Elizabeth Cady Stanton）和苏珊·B. 安东尼（Susan B. Anthony），她们在当年早些时候建立了全国妇女选举权协会（National Woman Suffrage Association），主要宗旨是推动立法机构通过授予妇女选举权的宪法修正案。[14]斯坦顿和安东尼认为刘易斯是证明妇女可以取得伟大成就的好榜样，并以她那广受赞颂的英雄事迹作为另一个论证妇女应当享有与男性同等的待遇，尤其是充分的选举权的理由。尤里西斯·S. 格兰特总统也亲自前来拜访。他坚持要见见这位年轻的女英雄，据说他的原话是："我来拜访艾达·刘易斯，哪怕是需要游过深至腋下的海水我也要见到她。"[15]如果他真的说了这样的话，那么他大可不必担心下水的事，实际上两人只是在纽波特的长码头（Long Wharf）上按照事先安排好的行程短暂面谈了一会儿，总统对刘易斯说："见到你很高兴，刘易斯小姐，你是当代最英勇、最高尚的女性之一。"[16]

保持着对于自己职业的专注，谦逊的刘易斯没有被这些赞颂冲昏头脑。在她心中，这几次营救行动不过是她工作内容的一部分。她在后来接受采访时对记者说："如果海上有人需要帮助，我就会划着我的船去帮助他们，就算我知道自己可能为此丧命也在所不惜。难道你不会吗？"[17]经过了1869年夏天的几乎是史无前例的名声大噪之后，刘易斯的生活渐渐恢复了平静。这才是她喜欢的样子，比起被当成一个名人对待，她更愿意去照管灯塔，沉浸在灯塔的光辉中。刘易斯一直在"石灰岩"待到 1870 年 10 月 23 日她和威廉·赫德·威尔逊（William Heard Wilson）结婚为止。威尔逊是来自康涅狄格州布里奇波特（Bridgeport）的水手，三年前与刘易斯相识。然而这段短暂的婚姻并不幸福，刘易斯在康涅狄格州生活了两年就离开丈夫返回了"石灰岩"，这在当时也是有违世俗常规的。

在刘易斯返回家中后，她的父亲去世了，按照委员会的传统，她的母亲接替了亡夫的工作，被指定为守护人，不过完成灯塔上绝大部分工作的人还是刘易斯。没有被指定为守护人还让刘易斯感到有些受轻视，但是到 1879 年，她终于接替了母亲，然后一直做了三十二年的灯塔守护人，直至 1911 年她去世为止。而且，1869 年 3 月的那场著名的营救并不是刘易斯最后一次见义勇为。1877 年，她又救了三名醉酒的士兵，他们是在尝试驾船穿越港湾、从镇上返回亚当斯堡的过程中遭遇翻船的。四年之后，艾达·刘易斯又进行了一场足以让她获得人生中最负盛名的嘉奖的营救。

1881 年 2 月 4 日傍晚，亚当斯堡军乐队的两名成员弗雷德里克·O. 塔克（Frederick O. Tucker）和朱塞佩·詹内蒂（Giuseppe Gianetti）从镇上出发，打算从港湾结冰的水面上走回堡垒。两人肩并肩一直走到了大约处在灯塔和堡垒中间一个叫布伦顿湾的地方，这里的冰面开始变薄，甚至出现了冰水混合的地方。堡垒里的人都知道这片区域的冰面非常危险，但这两个人要么是不知道这一点，要么是不在乎

（后来有目击者说两个乐队成员都喝醉了），总之他们继续向前走，没走几步就踩进了冰窟窿，落入了下面冰冷刺骨的海水中。

刘易斯母女俩一直从厨房的窗口关注着两名士兵的动向，据称当两人落入水中并开始尖叫时，佐拉迪亚被吓昏了过去。艾达的姐妹哈丽雅特留下照顾母亲，艾达则抓起晾衣绳跑上了冰面，很快鲁道夫也跟了出来。艾达先跑到了落水人附近，她站在冰面坚固一些的地方扔出绳子。塔克抓住了绳子，艾达用尽全力才避免了自己在冰面上打滑并被带进水中，最终把塔克拉了上来。等鲁道夫赶到后，他帮助妹妹一起把詹内蒂也拉了上来。两个被救人员此时连站都站不稳了，被兄妹二人搀扶着走回灯塔。他们在灯塔中休息了一会儿才被送往堡垒的医院接受治疗。[18]

这次营救受到了媒体的广泛关注，更重要的是，刘易斯因此获得了美国政府颁发的金质救生奖章。这项荣誉是国会于 1874 年通过立法设立的，旨在奖励"冒着生命危险或尽了极大努力拯救在海上遇险人员生命"的个人。金质奖章只"授予最危险情况下的见义勇为者"。[19]刘易斯是第一位获此殊荣的女性。与奖章本身一样意义重大的是她在施救一周之后收到的塔克母亲写给她的信。信的开头这样写道："善良无畏的女士，我能说什么？我能做什么？在纸上写下千言万语也不足以表达我对你救下我宝贝儿子一命的感激之情，连一半都抵不过。"[20]

在档案记录中刘易斯最后一次救人是在 1906 年，她已经 63 岁高龄的时候。当时她的两个朋友划着船到灯塔上来

304

看她，其中一人在船上没站稳落入了水中。刘易斯立即划着自己的小船赶去，把这位女士从水中拉了上来。这样的行为对于她来说可能已经成了条件反射。到刘易斯的职业生涯末期，官方数据显示她营救过 18 名落水人员。1911 年 10 月 24 日，69 岁的刘易斯去世，很多人向这位英勇无私的守护人表达了敬意。最振奋人心、最具有爱国热情的文章之一是《纽约时报》在刘易斯去世一周后刊登的，文章借此机会弄清了一场跨越大西洋的竞争的结果。"为什么要称艾达·刘易斯为美国的格雷斯·达林？"《纽约时报》提出了这样的疑问，"应该说格雷丝·达林是英国的艾达·刘易斯……格雷丝·达林可没有救过这么多人……美国的格雷丝·达林？笑话。无论是在英国，还是在其他任何国家，有谁是能够和我们的艾达·刘易斯相提并论的呢？"[21]

超过 1400 人出席了刘易斯的葬礼。她被安葬在纽波特公墓里，虽然有《纽约时报》的尖锐评论，但刘易斯的朋友和仰慕者们还是在她的墓碑上刻了这样的铭文："艾达·刘易斯，美国的格雷丝·达林，莱姆罗克灯塔的守护人。"1924 年，这座刘易斯挚爱的灯塔被重新命名为"艾达·刘易斯灯塔"（Ida Lewis Lighthouse），以表达人们对她的敬意，这座灯塔也成了美国唯一一座以守护人名字命名的灯塔。三年之后，灯塔委员会停用了这座灯塔，取而代之的是一座金属塔，塔顶有一个全自动的信标。1928 年，旧灯塔成了纽波特的艾达·刘易斯游艇俱乐部的会所，为此还修建了一条连接小岛和陆地的木质走道。俱乐部的三角形会旗上的图案也与俱乐部的名字极为相称：旗帜上画着一座灯塔，共有 18 颗星星装饰在灯塔两侧，象征着艾达·刘易斯救过的 18 个人。[22]

　　如果艾达·刘易斯出名的部分原因在于她进行过的营救行动次数之多，那么让马库斯·A. 汉纳从其他守护人中脱颖而出的原因，则是他仅有的一次营救行动就是一场不可思议的与大自然的惨烈对抗。故事要从一艘被称为"澳大利亚号"（Australia）的纵帆船讲起。[23]1885 年 1 月 28 日傍晚，这艘帆船停在缅因州布斯湾的一个码头边。船上的货物包括鲭鱼、鱼干和海鸟粪（农民用它做肥料）。在下午 5 点的时候，天气还很晴朗，有轻微的东风，"澳大利亚号"出发了，当时船上共有三人：船长 J. W. 刘易斯（J. W. Lewis）及两名船员欧文·皮尔斯（Irving Pierce）和威廉·凯勒（William Kellar）。到了晚上 11 点，"澳大利亚号"航行到了半路岩（Halfway Rock）附近，这个名字的来源是这块礁石正好位于卡斯科湾中的斯莫尔角（Cape Small）和伊丽莎白角（Cape Elizabeth）中间的位置。就算半路岩灯塔的灯光让船长刘易斯感到了某种程度上的安心，这种感觉很快也被越来越多的担忧取代了，因为裹挟着雪花的强风已经向着他的帆船席卷而来。

　　刘易斯决定到伊丽莎白角西北 10 英里以外的波特兰港避风，然而 1 月的天气瞬息万变，加上海面上波涛汹涌，皮尔斯对刘易斯说他认为前往波特兰港的计划太危险了，不如就停船等待风暴减弱。刘易斯接受了这个建议。然而他刚刚掉转船头，一阵强风就把主帆撕成了碎片。刘易斯将前桅帆也

305

收起了一些，然后控制着帆船一会儿朝岸边走一点，一会儿朝海上走一点，希望能够借此让它基本保持在原地等待天亮。

当受损的帆船在开阔的海面上与风雪做斗争时，原本就只有 4℉（－15.6℃）的气温下降到了－10℉（－23.3℃）。大浪拍碎了船舷，潮水涌入了船身，所有暴露在外的船体表面都结上了越来越厚的冰，船上人员担心帆船会沉没，就开始将所有没被固定在甲板上的东西都扔出船外以减轻重量。刚过午夜不久，伊丽莎白角灯塔（Cape Elizabeth Lighthouse）的浓雾警报的尖锐哨声就穿透了暴风雨的咆哮传进了刘易斯的耳朵里。位于波特兰东南不远处的一片巨大的多岩石陆岬上的伊丽莎白角灯塔由两座同为 67 英尺高的铸铁灯塔组成，每座灯塔上安装着一个二型菲涅耳透镜。灯塔的蒸汽动力浓雾警报器被单独安装在一个靠近海岸的机房里。

一整夜，船长刘易斯和他的水手都在努力使"澳大利亚号"保持在能听到浓雾警报的范围内。1 月 29 日早上，天刚亮，船员就看到了不远处的陆地和伊丽莎白角灯塔的东塔楼。他们尝试驾船绕过伊丽莎白角，但是强风和海浪总是将船向着靠近岸边的地方推去，所以他们认为最好的保命机会是故意让帆船搁浅。几分钟之后，"澳大利亚号"朝着灯塔附近的礁石撞了过去。

从午夜到早上 6 点，伊丽莎白角灯塔的首席守护人马库斯·A. 汉纳一直在负责操作浓雾警报。时年 43 岁的汉纳对于灯塔上的工作再熟悉不过了。他的祖父是布恩岛上的第一批守护人之一，汉纳出生后的最初几年就是在富兰

306

克林岛灯塔（Franklin Island Lighthouse）上度过的。富兰克林岛灯塔位于缅因州布里斯托尔（Bristol）海岸外不远处的马斯康格斯湾（Muscongus Bay）中，汉纳的父亲是那里的守护人。1869年，汉纳追随着祖父和父亲的脚步，成了马斯康格斯湾西部入口处的佩马奎德角灯塔（Pemaquid Point Lighthouse）的守护人。该灯塔位于一个风景优美的岩石壁架上，壁架以较缓的坡度伸入海中，是由一层层均匀分布的片麻岩构成的，每一层的颜色各不相同，有黑色、白色、灰色和锈色。在这里工作了四年之后，汉纳于1874年被调到了伊丽莎白角灯塔。[24]

关于1月的那个天气恶劣的深夜，汉纳后来回忆说是他经历过的"最寒冷，也是狂风、暴雪和雾气都最严重的夜晚之一"。在第二助理守护人海勒姆·斯坦普斯（Hiram Staples）来接班之后，汉纳就回守护人住处去了，一路上他不得不顶着狂风暴雪费力前行，有时甚至得手脚并用。他的妻子，同时长期作为助理守护人的路易丝在守护人住处等着丈夫归来。当时汉纳还患着重感冒，六个小时的值班加上刚刚在暴风雪中的跋涉让他感觉"虚弱而疲惫"，到住处后只想早点去休息，于是他让妻子负责在太阳升起时熄灭灯塔上的照明设施，然后就沉沉地睡着了。

上午8点40分，汉纳夫人打开了守护人住处的侧门，看到"澳大利亚号"在远处停着不动，桅杆已经有些倾斜。她马上跑回屋内朝丈夫大喊道："浓雾警报器机房附近的海岸上有一艘船！"汉纳立即从床上跳起来，戴上帽子，穿上外套和靴子，在漫天大雪里以最快的速度朝搁浅的帆船跑　307

去。当他跑到浓雾警报器机房时，汉纳无比惊讶地发现，尽管失事地点距离机房还不到 200 码，但在机房里值班的斯坦普斯完全没看到搁浅的帆船。

斯坦普斯跟着汉纳一起来到潮水的边缘处，他们在那里看到了可怕的一幕。皮尔斯和凯勒都被冻在了前桅索具上，几乎无法动弹。他们都在呼喊救命，其中一个人轻微地抬了抬手臂。至于船长刘易斯，他在船搁浅后不久就被大浪卷入了水中，他那受损的尸体是几天之后才被海浪冲回岸边的。汉纳在回忆自己看到皮尔斯和凯勒的情景时说："我感觉到一种强烈的责任感，我决心不惜冒任何危险也要解救他们。"

马库斯·A. 汉纳

这已经不是汉纳第一次受责任感的驱使，为了帮助别人而甘冒风险了。在内战期间，也就是大约二十七年前，汉纳曾是马萨诸塞州第五步兵团B连的中士。1863年5月底至7月初，汉纳所在的连队参与了围困南方邦联在路易斯安那州哈得孙港据点的任务。这个密西西比河上的据点位于巴吞鲁日（Baton Rouge）上游约20英里的地方。7月4日上午，B 308
连按照命令进入步兵射击掩体——一种较浅的壕沟，躲在里面向敌人射击的步兵可以获得一些掩护。他们的任务是给一支从纽约前来的士兵队伍提供支援。

B连当天早些时候已经参与了一次行动，之后一直没有时间灌满水壶。结果他们就只带着很少的水进入了掩体。7月的天气非常闷热，到了下午，这些马萨诸塞士兵几乎都处于危险的脱水状态，他们的中尉只好批准他们去灌满自己的水壶。由于最近的水源距离他们也有500码远，而敌人控制着高点，向水源冲锋会将取水人暴露在敌人的枪口之下，让敌人有机会进行一场名副其实的火鸡活靶射击竞赛。尽管这个任务极度危险，汉纳还是自愿前往，只是当他请求别人辅助的时候，没有一个人敢于站出来。不肯退缩的汉纳于是一个人挂着15个水壶，冒着南方邦联的枪林弹雨，毫发未损地取回了泉水。因为这项英勇的壮举，汉纳被授予了国会荣誉勋章。[25]

由于“澳大利亚号”的残骸距离海岸还有一段距离，汉纳认为解救船上人员的唯一办法就是把绳子扔给他们。灯塔上没有合适的绳子，汉纳就从浓雾警报器机房里拿了一把斧子，在深深的积雪里艰难地前进了300码，打算找到操舵室后破门而入，因为他知道那里一定有绳子。但在找到操舵室时，汉纳发现门已经被一堆厚重的积雪堵死了，于是他又跑回浓雾警报器机房，让斯坦普斯拿着铲子跟他一起回去。斯坦普斯挖出了一条通往操舵室门口的通道，汉纳就用斧子砸开门，进去拿了绳子，再跑回灾难现场。此时，斯坦普斯15岁的儿子纳撒尼尔·斯坦普斯也赶到了，汉纳立即让他到最近的邻居家寻求帮助。

汉纳在绳子一端系了个金属物体，然后爬上结着冰的礁石，站在翻腾的潮水中反复尝试将绳子抛到帆船残骸上，海勒姆·斯坦普斯则站在一旁准备随时帮忙。但抛过去的绳子总是落在距离目标10英尺左右的地方，且汉纳每次把绳子拉回来时，绳子上都会结冰，握起来很僵硬，也更不容易抛投了。在尝试了近20次之后，汉纳已经冻得麻木，不得不返回附近避风的地方跺跺脚、甩甩手让自己暖和一点，同时还要解开缠绕在一起的绳子，抖落结在上面的冰。因为向待解救人员抛绳子的办法一直不成功，冷得发抖的斯坦布斯先返回浓雾警报器机房了，只留下汉纳一人继续尝试。

在汉纳重新走回帆船残骸时，一个惊人的大浪将"澳大利亚号"托起，然后抛在了更靠近岸边的地方，汉纳说"船重重地砸在地上，发出雷鸣般的巨响，船身左舷整个被穿透了，整艘船完全向侧面倾倒"。令人惊奇的是，皮尔斯和凯勒仍然扒在索具上，不过他们的处境已经比之前更加危险了，汉纳再次抛出的绳子落在了两人之间的甲板上，但是他们还没来得及抓住，绳子就滑进了水中。汉纳于是踩着冰冷刺骨的海水向前走了些，然后重新抛出绳子。这一次绳头正中目标，扒在索具上的两人先把绳子系到了皮尔斯腰上。已经耗尽力气的汉纳从水中走出来，爬上结冰的礁石，大声叫喊着让别人来帮忙，可是没有人听得到他的呼救。

汉纳再次跳回水中，费了九牛二虎之力才把皮尔斯拉上岸。据汉纳说，"皮尔斯牙关紧咬，因为长时间暴露在严寒中已经完全看不见东西了，短期内我肯定无法忘记当时他脸上的表情"。接下来，汉纳又返回去救凯勒。

汉纳还是试了几次才终于让凯勒接到绳子，后者把绳子系在腰上，然后示意汉纳可以拉绳子了。不过，汉纳已经力竭。他全身都被海水浸透，失温症的症状开始显现，再加上过度疲劳和感冒，他感到全身疼痛，不知道自己还能不能再拉一个人上岸。然而汉纳还是开始往回收绳子，就在他快要坚持不下去的时候，纳撒尼尔·斯坦普斯带着两个邻居赶到了。他们帮助汉纳把凯勒拉上岸并抬回了浓雾警报器机房。在这仅仅几分钟之后，"澳大利亚号"的残骸就被大浪彻底冲毁了，岸边到处漂浮着船体碎片。

施救者们将皮尔斯和凯勒身上已经冻硬的衣物脱掉，给他们穿上干燥的法兰绒衣物，让他们喝了热饮，吃了东西。汉纳也受到了同样的照顾。继续肆虐的暴风雪封堵了他们的道路，汉纳和其他人直到第二天才设法将皮尔斯和凯勒送到守护人住处，由汉纳和妻子继续照料两人。又过了两天，前往波特兰的道路才能够通行，汉纳和他的助手们一起到这个本州最大的城市里请了几位医生一同返回。来自美国海军医院的医生们将皮尔斯和凯勒转移到城里，受到严重的冻伤和

310

惊吓的两人终于得到了妥善的治疗。

1885 年 4 月 29 日，也就是载着自由女神像的法国海军军舰"伊泽尔河号"（*Isère*）声势浩大地抵达美国之前不到两个月，政府向汉纳颁发了金质救生奖章，以奖励他在 1 月的暴风雪天气中见义勇为的英雄事迹。这枚奖章与艾达·刘易斯获得的一样，但马库斯·A. 汉纳是美国历史上唯一既获得奖励给军人的国会荣誉勋章，又获得同等级别的奖励给平民的救生奖章的人。[26]

在灯塔服务局成立后，守护人给在海上遭遇危险的人提供了多少帮助这一点变得更加明确可知了。每年的《灯塔服务局公报》上都会简要地列举灯塔服务局雇员——主要是灯塔守护人——挽救生命和财产的事件。仅在服务局成立后的最初十年，就有超过 1234 起此类事件被记录在案。[27]不过参与营救的并不仅限于守护人，有时灯塔本身也能救人，得克萨斯州玻利瓦尔角（Bolivar Point）的灯塔和夏威夷基拉韦厄角（Kilauea Point）的灯塔就提供了这样的例子。

1900 年 9 月 8 日是星期天，太阳刚升起不久，一个名叫比福德·T. 莫里斯（Buford T. Morris）的房地产和保险经纪人就在自己位于得克萨斯州加尔维斯顿的周末度假别墅中醒来。他向窗外望去，看到的是一片惊人的美景。后来他回忆说："天空就像是用珍珠母做成的，呈现出一种灿烂的粉色，还有鱼鳞状的波纹反射出彩虹一样的颜色。我从没见过比这更漂亮的天空。"[28]这个如梦似幻的清晨美景随后被证明是可怖的凶兆。没过多久，这些艳丽的颜色就退去了，取而代之的是密布的乌云和倾盆大雨。一个破坏力无边的杀手正朝这里逼近。[29]

　　加尔维斯顿的居民并没有特别关注当天早上的天气状况。虽然在过去一周里，强大的暴风雨先是在古巴降下了带来超过 2 英尺深积水的雨水，然后席卷了佛罗里达州顶端，接着直奔墨西哥湾，给路易斯安那州和密西西比河沿岸带来了重大损失；但是美国气象局的预报员并不认为这场风暴达到了飓风的程度，也不认为加尔维斯顿的居民会遭到过于严重的打击。这里当然会刮场大风，可能还会出现轻微内涝，但是不会有这里的人们没经受过的大灾难发生。

　　然而，到了上午晚些时候，天气状况急剧恶化。生活在玻利瓦尔半岛上的人们开始担心起来。这个泥沙堆积而成的细长条带状半岛就位于加尔维斯顿对面，两者之间仅隔着一条通船的水道。此时的风速达到了每小时 50 英里，墨西哥湾中的海水已经涌入了一些地势较低的地区，而且水位上升速度很快，有些居民被迫离开家，前往位于半岛顶端的玻利瓦尔角灯塔上寻求庇护。他们的想法是：如果这片地区里还有什么建筑能够抵挡住这么强烈的暴风雨，那就一定是这座灯塔了。

　　这座建于 1872 年的新玻利瓦尔角灯塔取代了在内战中被摧毁的旧灯塔。建筑高出海平面 117 英尺，有一个铸铁外壳，内部还砌了砖墙。到正午时分，首席守护人哈里·C. 克莱本（Harry C. Claiborne）和他的助理守护人已经接收了超过 100 名暴风雨避难者。此时他们关闭了灯塔大门。因为灯塔底部的积水也有几英尺深了，所以这些难民只好沿着灯塔中心的螺旋状楼梯分散开来，插空坐在台阶上。

　　就在克莱本关闭灯塔大门的时候，灯塔不远处还出现了戏剧性的一幕。从得克萨斯州博蒙特（Beaumont）驶来的一列火车正在被洪水淹没的铁轨上艰难地向着加尔维斯顿缓慢前进，即将抵达距离灯塔约 1/4 英里处的终点站。这趟火车由一个火车头和两节车厢组成，总共搭载了 95 名乘客。乘客们下火车之后要转乘"夏洛特·M. 艾伦号"（*Charlotte M. Allen*）渡船，穿过两英里宽的水道抵达对面的加尔维斯顿。在乘客们充满担忧的目光的注视下，"夏洛特·M. 艾伦号"费力地与暴风雨做斗争，尝试从加尔维斯顿驶向位于水道这一面的玻利瓦尔角的船坞，然而最终还是没能成功。又高又猛的海浪拍打着渡船的船头，呼啸的狂风总是将渡船吹离航线。最终渡船的船长放弃了挑战，掉头返回加尔维斯顿了。

312

玻利瓦尔角灯塔，大约拍摄于 20 世纪初。

第十一章　灯塔上的英雄们

　　铁轨上的积水持续上升，几乎和车轮上沿一样高了。打算返回博蒙特的列车长下令让司机调转方向，但是火车刚开始往回行驶，洪水就漫进了车厢。火车短暂地停了一会儿，有十名乘客趁机下了车，他们刚才就看到了远处结实的灯塔，认为自己到灯塔里避雨一定比在火车上安全。当他们费力地在湍急的水流中向着他们希望能够拯救自己于危险之中的铁塔跋涉时，火车再次启动，很快就驶出了人们的视线。走到灯塔之后，乘客们一边敲门一边大喊，于是克莱本让他们进入灯塔，这几个人也是最后一批进灯塔避难的人。

　　气象局这一次错得离谱。席卷加尔维斯顿地区的这场暴风雨按照今天的萨菲尔－辛普森飓风等级衡量已经达到了四级（这种分级方式是 20 世纪 60 年代晚期才发明的）。当时的持续风速超过 130 英里每小时，阵风速度最高可达 200 英里每小时，足以刮掉大树的树皮。不过，气象局会犯错误也不是什么令人意外的事，考虑到 1900 年还很初级的气象预报水平，再加上飓风是出了名的难以预测，从古至今预测飓风肆虐的轨迹一直都是让人们头疼的难题。只是这一错误的预报让不得不挤在灯塔里一起等待风暴停息的 125 人更加焦躁和担心了。

　　当天夜里，灯塔也在狂风中摇晃起来，但克莱本还是点了灯，因为他觉得即便是在这么恶劣的天气里，也可能有水手在海上需要灯塔灯光的帮助。克莱本在灯室里努力维持着灯光不灭，有时需要抓着铁扶手才能站稳。在暴风雨来临前，他刚刚补充过物资，就是因为担心洪水会比预计的程度严重，所以他现在有食物可提供给避难者们。然而事实证明，供应饮用水是一个困难得多的问题。有人自愿帮忙探身到灯室外面的狭小通道上，举着木桶接雨水。但是击打着塔身的海浪已经升到了很高的位置，溅起的飞沫混到最初的几桶水里，让雨水也变咸了。好在经过几次尝试之后，他们终于取到了可以喝的水，然后把水桶一个个传给了下面口渴难耐的避难者。

到第二天洪水退去之后，灯塔的大门终于可以打开了，人们欣喜地走出灯塔，走进灿烂的阳光中。然而，迎接他们的是一副阴森可怖的景象。灯塔周围堆着十几具尸体。实际上，到处都能看到在恶劣天气中丧生的人。这场加尔维斯顿大飓风将数千幢建筑夷为平地，造成至少 6000 人丧生，甚至还有人称遇难人数可能达到 10000 人。这场灾难至今仍算得上美国历史上最严重的自然灾害。遇难者中也包括那 85 名选择留在火车上，而不是去灯塔中避难的乘客。在返回博蒙特的途中，火车及车上的所有乘客都被飓风吞没了。

十五年之后，玻利瓦尔角灯塔再一次成了名副其实的拯救者。[30]1915 年 8 月 16 日下午，另一场飓风席卷了得克萨斯州海岸，60 名生活在玻利瓦尔角附近的居民迅速跑到灯塔上避难。仍然担任着首席守护人的克莱本接纳了他们。据助理守护人詹姆斯·P. 布鲁克斯（James P. Brooks）说，"高大的灯塔在强风中摇晃得像一根巨型芦苇"。[31]刚过晚上 9 点，灯塔的剧烈晃动就损坏了驱动透镜旋转的机械装置，布鲁克斯只好手动旋转透镜。到了 10 点，灯塔晃动得更加剧烈，连手动旋转也无法继续下去了。布鲁克斯只好将透镜固

314

定住，确保它不会从基座上掉下来，同时让油灯一直烧着。当布鲁克斯离开灯室走下楼梯时，他又遇到了一个问题。强风吹开了灯塔的铁门，有洪水从那里灌进来，塔底的积水已经有 5 英尺深了。于是布鲁克斯拽着一条绳子跳进水中，尽管他被水流冲得东倒西歪，还撞得满身淤青，但他最终成功关紧了铁门。

第二天，洪水慢慢退去，但风还是很大，人们只能留在灯塔里再过一夜。因为灯塔上的煤油用光了，所以这座灯塔自其投入使用那天起第一次没有在夜间亮灯。最终，到 8 月 18 日早上，60 名饥饿的避难者走出灯塔，煎熬就此结束。[32]

十二年之后，基拉韦厄角灯塔（Kilauea Point Lighthouse）拯救的对象从躲避飓风的避难者变成了一架飞机和飞机上的两名飞行员。[33]1927 年 6 月 27 日，接近早晨 7 点的时候，美国陆军的两名中尉莱斯特·J. 梅特兰（Lester J. Maitland）和阿尔伯特·F. 黑根伯格（Albert F. Hegenberger）登上一架全新的福克 C - 2 莱特 220 马力三引擎运输机，飞机的名字是"天堂鸟"（*Bird of Paradise*）。两名中尉希望自己能成为第一批从加利福尼亚州不间断飞行至夏威夷的飞行员。他们的尝试完美地契合了那个时代的主题。当时正处于载人飞行不断革新的最初阶段，飞行员和飞机制造商无时无刻不在挑战自己的极限，总想要飞得远一点、快一点，希望以此向公众证明飞行器在军事和商业领域的巨大潜力。就在"天堂鸟"起飞仅一个多月前，查尔斯·林德伯格（Charles Lindbergh）刚刚创造了属于他的历史：他驾驶 220 马力单引擎飞机"圣路易斯精神号"（*Spirit of St. Louis*）从纽约长岛的罗斯福机场起飞，飞行 3600 英里之后降落在巴黎的勒布尔歇机场。他由此成为第一个独自飞越大西洋的人，还得到了一个"幸运的林德"的绰号。不过幸运并不是他获得成功的主要原因，他为这次飞行进行的训练和准备都是一丝不苟的。

"天堂鸟"的翼展是 72 英尺，在 6 月的那个清晨，它装了 1120 加仑燃料，载上了各种器械和两名飞行员，最后总重达 14000 磅。早上 7 点 09 分，飞机从奥克兰机场起飞，梅特兰是驾驶员，黑根伯格是领航员。按照他们的飞行计划，飞机将于第二天清晨在海上飞越 2400 英里的距离之后，最终在夏威夷瓦胡岛的惠勒机场降落。黑根伯格的领航能力将是这次飞行获得成功的关键，因为只要他们的航线向任意方向偏 3.5° 以上，他们就可能错过这个群岛。

所谓的墨菲定律在他们的航行期间不幸地应验了：几乎所有可能出问题的地方都出了问题。飞机刚起飞一个半小时，飞机上所有先进的导航设备就全失灵了，包括无线电信标接收机和利用地球磁场判断方向的感应罗盘。由于当天风大浪急，他们携带的用于测量航道偏离程度的烟雾信号弹也不能用。然而，被认为是陆军最出色的导航员的黑根伯格没有因此绝望，而是想了各种办法解决问题。他透过飞机底盘上的活板门观察和跟踪海浪顶端的白色泡沫，然后利用普通罗盘来测量风力影响；另外他还利用航位推算法判断飞机的位置。

到晚上 10 点，梅特兰和黑根伯格决定飞到厚重的云层

315

之上，采用天文导航的方式定位，然而新的问题又出现了。
当飞机接近 11000 英尺高度的时候，飞机中央引擎的汽缸
和化油器进气口结了冰，导致中央引擎失灵。直到飞机重
新下降到 3000 英尺的高度时，引擎才恢复工作，飞机重新
获得了充足的动力。但是飞行员们还是希望能够采用天文
导航，于是梅特兰慢慢将飞机拉升到 7000 英尺的高空，这
是能够避免结冰的最高高度了。在这个高度上，黑根伯格
找到了北极星的位置，这让他更加确信飞机正航行在正确
的航线上。

6 月 28 日凌晨 3 点刚过，梅特兰说他"看到了一束灯 316
光，颜色比星星发出的光更黄"，光源在飞机左前方很远的
地方。[34]起初他以为那束光来自一艘轮船，但随后他意识到
光应该是从基拉韦厄角灯塔上发出来的，这让他长长地舒了
一口气。高 52 英尺，采用钢混结构建造的基拉韦厄角灯塔
位于夏威夷群岛中最靠北的考艾岛上一个高出海面很多的陆
岬边缘。考艾岛距离他们的目的地瓦胡岛仅约 75 英里，但
是因为当时下着雨，梅特兰又担心在黑暗中飞越瓦胡岛上的
山脉不安全，所以他们就在考艾岛上空盘旋到太阳升起之后
才向着惠勒机场飞去。几乎耗尽燃油的"天堂鸟"最终于
早上 6 点 29 分安全降落。

谁也无法知道如果梅特兰没有发现灯塔的光线，故事的
结局会是怎样。在考艾岛之外的几千英里内，除了大洋什么
也没有。如果他们在黑暗中飞过了考艾岛，然后继续向前飞
行，最终必然会耗尽燃料掉入海中。根据有些记录的说法， 317
梅特兰和黑根伯格意识到飞机的位置比正确航线偏北，如果

不是在那个时候看到了灯塔，他们本打算向南方绕回来，那样可能会——当然也可能不会——发现群岛中的某个岛，从而发现惠勒机场。

无论这些"如果"的结果是什么，灯塔的光线无疑是确保这次飞行成功的因素之一。如1927年8月1日发行的《灯塔服务局公报》注意到的那样："飞行员们在大约90英里之外发现了灯光，很快就意识到这是从灯塔上发出的，随后又根据灯光闪烁的模式确认了这是哪一座灯塔。如果梅特兰中尉和黑根伯格中尉没有看到基拉韦厄角灯塔，他们就有可能飞过夏威夷群岛而不自知，然后彻底错过降落地点。"[35]在梅特兰的一次私人谈话中，他对灯塔的作用做出了更高的评价。两位飞行员着陆后不久就参加了为他们举行的欢迎会，其间梅特兰对灯塔服务局的一位高级官员说"是基拉韦厄角灯塔救了他一命"。[36]

第十二章
工程和建筑奇迹

接近完工的圣乔治礁灯塔周围的脚手架，拍摄于 1891 年。 318

　　每一座灯塔都会给它的设计师和建造者提出不同的挑战。设计方案必须周全合理，施工地点必须处理妥当，建筑材料必须品质优良，环境障碍必须设法克服；此外，工程师和负责施工的工人必须是技巧娴熟且能够胜任自己的工作的。而

395

且，并不是所有灯塔的建造难度都相同。有些地方给人们提出的挑战是无与伦比的，以至于最终的成果完全可以被视为工程和建筑上的奇迹。迈诺特暗礁灯塔（Minot's Ledge Lighthouse）、蒂拉穆克岩灯塔（Tillamook Rock Lighthouse）和圣乔治礁灯塔就是三座配得上此等赞誉的美国灯塔。

实际上，迈诺特暗礁上有过两座灯塔。第一座建成于1849 年；第二座，也就是堪称工程奇迹的这一座，是在仅十一年之后的 1860 年，即林肯第一次当选总统那年建成的。要理解为什么需要建造第二座灯塔，就必须从第一座灯塔的故事讲起。和很多其他灯塔一样，迈诺特暗礁灯塔的建造也源于一场灾难。

距离马萨诸塞州科哈塞特（Cohasset）的海岸线约 2 英里、波士顿港入口东南 9 英里处有一片岩石暗礁。几百年来，它一直是水手们的噩梦。在这片被统称为科哈塞特岩礁的暗礁中，最恶名远播的就是迈诺特暗礁，该暗礁的名字来自声名显赫的波士顿商人乔治·迈诺特（George Minot）：18 世纪中期，一艘属于迈诺特的船就是因为撞上这块暗礁而沉没的。[1]迈诺特暗礁特别危险的原因在于它在大部分时间里是完全隐藏在水下的。只有在潮水退去时，暗礁顶端的一小部分礁石才会露出水面。

1838 年，波士顿海运协会为迈诺特暗礁造成很多船只沉没、无数人员丧命而深感忧虑，协会领导于是开始游说联邦政府在暗礁上建造灯塔。不过，当时力求节省开支，且对西部扩张更感兴趣的国会完全没有理会这个请求。[2]之后，被称为以威佩的刘易斯也加入了这项事业，他就是那个发起了灯塔改革运动、带头反对继续使用温斯洛·刘易斯那表现平

319

平的"增强和反射灯"并倡导引入菲涅耳透镜的人。在他的那份于 1843 年提出的严厉批评缅因州、新罕布什尔州和马萨诸塞州灯塔状况的报告中，以威佩响应了协会敦促政府采取行动的号召。在列举了刚过去的短短九年间发生在迈诺特暗礁附近的 40 起沉船事故之后，以威佩提出"新英格兰地区的海岸线上没有哪个地方［比这里］更需要"一座灯塔。至于在这样一个毫无遮蔽、常年被海浪冲刷的地方建造灯塔的可行性问题，以威佩自信地认为目标是可以实现的。他的结论是："虽然会遇到一些严峻的挑战，但这些困难不会比斯米顿或史蒂文森已经成功克服的那些更复杂。"[3]

　　以威佩提到的斯米顿指的是英国工程师约翰·斯米顿（John Smeaton）。[4]这位工程师因为在 18 世纪 50 年代晚期建 　320 造了位于英格兰普利茅斯海岸外的第三座埃迪斯通灯塔而成了灯塔建造界的传奇。第一座由亨利·温斯坦利建造的埃迪斯通灯塔在 1703 年毁于"大风暴"，第二座在 1755 年被大火烧为灰烬，于是就有了由斯米顿带头修建的第三座。斯米顿决定以石头为建筑材料，由此建成的高塔拥有前所未有的结构，堪称 18 世纪工程技术的杰作。根据斯米顿的设计，人们会对每一层的石块都进行切割，使它们的边缘能够互相吻合，然后就像拼拼图一样把它们拼起来。每一层石块与上下层之间的连接是通过在石块上钻洞，然后把橡木棍插进去别住实现的。最终建成的灯塔不是圆锥形，而是类似于一棵橡树的样子，用设计者的话说是"底部宽阔，腰部向内缩进，越向顶部越细"。斯米顿的设计理念源于他对于自然界的深刻理解，他的理论依据其实很简单："英国橡树能够承受恶劣的自然条件，我们几乎没听说过有成年橡树被连根拔起的案例。"[5]所有这些独特的设计最终成就了一种出奇坚固的结构，使灯塔不仅能够经受最剧烈的海浪拍击，还能抵挡最狂猛的暴风骤雨。在 1759 年完工之后，斯米顿的杰作在整个欧洲及 18 世纪 50 年代中期的殖民地都受到了广泛的赞颂，成了建造于会受海浪冲击之地的灯塔的经典样板。[6]

　　苏格兰工程师罗伯特·史蒂文森（Robert Stevenson）就是受到这种设计启发的人之一。罗伯特正是著名的史蒂文森灯塔世家的开创者。19 世纪初期，英国的北方灯塔委员会（Northern Lighthouse Board）聘请史蒂文森在贝尔礁（Bell Rock）上建造灯塔。贝尔礁是一片砂岩暗礁，位于多峭壁的苏格兰东部海岸线外约 11 英里处，在大部分时间里是完全隐藏于水下的。史蒂文森严格地效仿了斯米顿的设计，最终在拿破仑时代末期的 1811 年 2 月 1 日首次投入使用的贝尔礁灯塔（Bell Rock Lighthouse）算得上史蒂文森的代表作之一。[7]

　　以威佩提到"斯米顿或史蒂文森"就是在向美国的国会议员们下战书。他想要利用激将法激起报告审阅者的爱国热情。如果英国人可以在被海浪冲击的地方建造灯塔，以威佩问，那么为什么美国的工程师不能在迈诺特暗礁上完成同样的任务呢？

　　被与墨西哥的战争占据了绝大部分注意力的国会直到 1847 年 3 月才被说服，命令美国陆军测绘工程兵团在暗礁上建造一座灯塔。兵团立即派出了一位工程师，46 岁的威廉·亨利·斯威夫特上尉（Capt. William Henry Swift）前往科哈塞特评估施工地点情况并提出施工计划。[8]出生在马萨诸

321

塞州汤顿（Taunton）的斯威夫特是出色的测量员、海岸工程师和运河建造者。他最先要决定的问题是灯塔该建在哪里。迈诺特暗礁分为内外两个部分，两部分之间的距离约300英尺，最终斯威夫特决定在外侧暗礁上建造灯塔，因为那里的礁石更坚固，礁石上的裂缝也比内侧暗礁上的少。

斯威夫特接下来要决定的是灯塔的样式。供他建造灯塔的地基面积不大。退潮时露出水面部分的礁石直径约25英尺，虽然斯威夫特相信在面积这么小的地基上建造石砌灯塔也是有可能的，但是他估计那样做的成本恐怕需要25万至50万美元。鉴于这笔开销太过巨大，他不认为建造斯米顿或史蒂文森式石塔是可行的。但他并不为此感到困扰，原因是他已经想好了一个便宜得多的计划，而且他认为自己的计划足以满足这里的需要。

斯威夫特的计划的核心理念是只要保证守护人住处和灯室尽可能比海浪能够到达的位置高就可以了，所以他打算在礁石上嵌入类似高跷的铁桩来支撑上部结构。斯威夫特倾向于这样的铁桩灯塔不仅是因为它更经济实惠，只需要2万到5万美元，还是因为他相信这样的结构也能够像石砌灯塔一样抵挡住自然因素的侵袭。他依据的理由和后来很多年里其他美国工程师支持在海岸外建造铁质骨架塔时依据的理由一样，那就是开放性的灯塔结构对风和浪都没有什么阻力，风浪可以从铁桩之间和周围穿过。兵团的上级批准了斯威夫特的计划，并许可他开工。

这项工程面临的最大障碍是时间紧迫。因为马萨诸塞州的冬天太冷，又频发风暴，所以施工活动只能在春季至初秋

进行。在这个时间段里，还只有在潮水退去、暗礁露出水面
322 的时候才可以施工，满足这个条件的时间一天里只有两三个
小时，而这两三个小时也不是一定有保障的，施工机会随时
可能因为大西洋上天气情况的变化无常而泡汤。如果海浪太
大，或者遇到暴风雨就更糟糕了，连建造成果也随时可能遭
到破坏。为了获得尽可能多的施工时间，在天气情况许可的
时候，施工方会在施工地点附近停一艘纵帆船，让工人们睡
在船上，一旦条件合适，他们就可以立即到暗礁上施工。

1849 年前后创作的描绘第一座迈诺特暗礁灯塔的画。

灯塔是在 1847 年 7 月开工的，工期历时两年多，最终于 1849 年 10 月建成，成本共计 39500 美元。建成的灯塔高 70 英尺，守护人住处位于高出暗礁 55 英尺的铁质平台上，平台直径 14 英尺，由九根铁桩支撑，铁桩一头插进了在暗礁上钻出的 5 英尺深的洞中，每个洞里都灌了水泥加固。为增加稳定性，铁桩之间还固定了水平方向和对角线方向的铁条。守护人住处的屋顶上方是灯室，守护人住处以下、被铁桩围绕起来的地方还有一个储存灯油、物资和其他补给的储藏室。

1849 年夏天，亨利·大卫·梭罗在乘坐一艘帆船从普 323 罗温斯敦前往波士顿的航行中第一次看到这座灯塔，那时距离灯塔完工还有几个月的时间。"这就是那座新建的铁灯塔，"他写道，"当时还没有完工，看起来就像是一个被刷成红色的蛋壳被放在了高高的铁桩上，仿佛某种海怪产的卵漂浮在波浪之上一样；它注定要在黑暗中发光。我们从它旁边经过时是半潮，我们看到海浪拍击的飞沫几乎接近了蛋壳的高度。将来有一个人会每日每夜地住在这个蛋壳里。"[9]实际上，这座灯塔上总共住了三名守护人。艾萨克·邓纳姆（Isaac Dunham）于 1849 年年底被任命为这里的守护人，他和他的两名助理守护人会轮流在这里值班，每次两人在灯塔上工作，一人在岸上休息。

邓纳姆在 1850 年 1 月 1 日这天第一次点亮了灯塔上的油灯，不过没过多久他就开始担忧了。他在 1 月 8 日的工作日志上写道，海面上刮起了"一场大风，灯塔好像要被从石头上吹跑似的"。从此以后，邓纳姆的日志上就经常出现他担心自己生命安全的内容，而且每一条都比前一条含有更多忧虑。到 3 月 31 日，在经历了多次恶劣天气之后，邓纳姆认为自己居然能平安熬过一个冬天真是奇迹："这个月要结束了，我感谢上帝让还我活在人世间。"然而，4 月的暴风雨又给他带来了全新的恐怖体验。4 月 6 日上午，邓纳姆先是写下又一场大风"在海面上掀起了巨浪，灯塔晃动得像一个醉汉——我希望上帝能够仁慈地让波涛汹涌的海面平静下来——否则我们肯定性命难保"。当天晚些时候，他又补充道："我们活不过今晚了——如果是这样的话——看在我信着耶稣基督的份上，愿上帝接纳我无足轻重的灵魂。"[10]不过大风后来停息了，邓纳姆有幸活了下来。

　　连邓纳姆养着解闷的小猫也被暴风雨吓得不轻，灯塔上的危急情势要把它逼疯了，每当灯塔晃动起来，小猫都会在值班室里紧张地上蹿下跳。小猫作为灯塔守护者的任期没有持续太久。终于等来风平浪静、阳光明媚、万里无云的一天之后，邓纳姆觉得让受惊吓的小猫到灯塔值班室外的平台上走走，呼吸呼吸新鲜空气，也许能抚慰一下它紧张的神经。邓纳姆于是打开通往平台的门，招呼小猫出来。小猫迅速地跑了上来，绕着值班室内部转了两圈，但每次都从敞开的房门前跑过了，直到第三圈时，这只明显已经精神错乱的小猫冲出了门，接着又冲出了平台，跃入了半空中。等邓纳姆追出去看的时候，小猫已经摔到下面的礁石上一动不动了。一个海浪打来，小猫的尸体就从礁石上消失不见了。它就这样结束了自己短暂而备受煎熬的一生。[11]

　　熬过了最危险的冬天之后，邓纳姆于 1850 年春敦促他

324

的上级加固灯塔的建筑，称如果不马上进行这项工作，下一场大风暴绝对会毁灭灯塔的。邓纳姆的要求被无视了，斯威夫特根本没把守护人的意见放在心上，还重申自己坚信这座灯塔能够抵抗人们想象得到的最恶劣天气。要求被拒绝的邓纳姆不愿用自己的性命去冒险挑战下一个注定还会险象环生的新英格兰冬天，于是在 1850 年 10 月 7 日提出了辞职，随后他的两名助理守护人也跟着辞职了。

接替邓纳姆职位的是约翰·W. 贝内特（John W. Bennett），贝内特雇用了两名新助理，约瑟夫·威尔逊（Joseph Wilson）和约瑟夫·安托万（Joseph Antoine）。邓纳姆在离开灯塔前向很多人提过他对于灯塔的担忧，迈诺特灯塔的安全问题已经成了波士顿和科哈塞特及周边居民热议的话题。贝内特本人也听到了这些谈论，不过他根本没把这些话当回事，还轻蔑地称前任守护人是在杞人忧天。

不过，1850 年深秋的一场猛烈东北风就让贝内特改口承认邓纳姆的说法是正确的了。暴风雨刚一过去，灯塔终于停止剧烈的摇晃之后，贝内特就立即给波士顿的海关官员写信，提出了和邓纳姆提过的完全一样的要求：加固灯塔，否则一定会出事。然而这一次依然没有人采取任何行动。

距离圣诞节还有三天的时候，强风再次席卷了迈诺特灯塔所在地区，贝内特彻底陷入了慌乱。在持续了两天的狂风刮得最猛烈的时候，他给《波士顿日报》（*Boston Daily Journal*）的编辑写了一封充满痛苦之情的信件，他担心这可能就是他的遗书了：

> 强风的间歇中会有骇人的短暂平静，这种平静令人毛骨悚然，[我们]每个人都屏住呼吸望着彼此；下一刻就又会听到大浪翻滚而来，仿佛要将我们正下方的礁石拍碎——整座灯塔都在剧烈地抖动，每次都是晃动刚刚停歇，就要准备迎接下一个带着难以抗拒的力量源源不断地涌来的大浪了……我们的处境非常危险。如果在黎明之前再有恶劣天气，我们根本无处可逃。如果这是上帝的旨意，我一定会至死坚守在工作岗位上。[12]

为了确保就算自己不幸遇难，这封信也能抵达收信人手中，贝内特还抄了一份副本放进漂流瓶中，然后把瓶子扔进了大海。

与邓纳姆一样，贝内特也熬过来了，几天之后他的信被刊登在了《波士顿日报》上。斯威夫特马上也在《波士顿每日广告报》（*Boston Daily Advertiser*）上发表了一篇长长的回应文章，他从与石砌灯塔相比的经济性和铁架灯塔本身的安全性两方面为迈诺特灯塔进行了辩护。在文章结尾他写道："时间是验证一个观点究竟是真理还是谬论的伟大评判者，它会判定迈诺特灯塔是好是坏。既然灯塔已经几乎通过了三个冬天的考验，我完全有理由认为它再经历一两个冬季是没有问题的。"[13]斯威夫特的想法太过乐观，或者是他对于自己的作品太过骄傲，事实证明，1850 年年底至 1851 年年初的这个冬天就是灯塔熬过的最后一个冬天了。

1851 年 4 月 14 日至 17 日，轮到贝内特上岸休息，威尔逊和安托万在灯塔值班。一场历史性的暴风雨就在这几天里

第十二章　工程和建筑奇迹

侵袭了马萨诸塞州海岸，在某些地区引发了当地前所未有的最高海浪；洪水冲毁了铁轨，淹没了建筑，卷走了房屋，给整条海岸线造成了严重的破坏。对于威尔逊和安托万来说，最可怕的时候出现在 16 日夜晚。他们都认定灯塔不可能经受住这样的暴风雨，于是也写了一封信放进漂流瓶里，这个瓶子在第二天就奇迹般地被一个格洛斯特的渔民发现了。信上写的是"灯塔熬不过今晚，它现在左右摇晃的程度达到了一边 2 英尺。"[14]

没人知道灯塔具体是在何时被自然力击倒的。岸上有些人说自己在晚上 10 点的时候还看到了灯塔微弱的灯光，还有人在三个小时之后隐约听到灯塔上 600 磅重的铃铛发出的浓雾警报。然而，在那之后不久，迈诺特灯塔就被从礁石上拦腰扯断，像一个火柴盒玩具一样被抛入大海，只剩一些铁桩的残根还插在礁石上，露出礁石表面的部分仅剩几英尺。当贝内特在凌晨 4 点赶到海岸边的时候，到处都是灾难留下的痕迹。他发现了守护人住处和灯室的残骸，还有一些他本人的衣物。两名助理守护人的已经残缺不全的尸体是后来才被发现的。[15]

灾难之后人们都在相互指责。斯威夫特毫不意外地把责任推给了守护人，说他们对灯塔进行的各种改造是导致灯塔倾覆的原因，比如在平台下方增加一个储藏室放置物资就是给海浪创造了一个可冲击的表面。而贝内特则提出灯塔的设计有缺陷，那么小的地基支撑不了灯塔上半部分结构的重量，而且建造灯塔使用的铁桩也有质量问题。[16]

无论问题究竟出在哪里，总之灯塔彻底倒下了。水手们

326

405

再次失去了提示礁石的指示灯，不过，这种状况不会持续太长时间。暴风雨结束仅几周之后，几个波士顿保险公司派来了一艘蒸汽轮船停泊到暗礁附近，船上自带了一盏照明灯。这艘蒸汽轮船很快就被财政部提供的灯船取代了。不过灯船仍然只被视为临时的解决办法。随着迈诺特暗礁附近失事船只数量的持续累积，政府认为在原址上再建造一座灯塔是完全有必要的，这一次，他们要建造一座石塔。

美国陆军工程兵团（Army Corps of Engineers）指挥官、灯塔委员会委员约瑟夫·G. 托滕上将在研究了斯米顿和史蒂文森的作品之后，亲自设计了一座新灯塔。不过他设计的建筑不是类似橡树的纤细形状的，而是采用了圆锥形，他相信这种造型同样坚固稳定。[17]然后他选定了经验丰富的巴顿·S. 亚历山大上尉（Capt. Barton S. Alexander）负责监督建造工程。1855 年 6 月 20 日，亚历山大先派了一些工人到迈诺特清理礁石上的海藻和贝类，同时将残留的铁桩从洞里取出。7 月 1 日，他本人和工程队伍第一次来到礁石之上。在开始工作之前，亚历山大将他的队伍集结到一起做动员，他说他们要面临的工程将是漫长而艰辛的，可能会遇到各种难以预料的障碍和拖延，不过他确信他们能够坚持到灯塔建造完成，"无论那需要两年还是十年"。[18]

和建造铁桩灯塔时的情况一样，施工只能在春季和初秋之间进行。最艰巨的挑战在于对暗礁的处理。灯塔的底部将有 30 英尺宽，而即便是水位最低的时候，暗礁露出水面的部分也才 25 英尺宽。这就意味着部分需要被填平的地基是永久泡在水里的，就算是露出水面的部分，工人能够在上面施工的时间也非常有限。如亚历山大所说："在同时满足一系列条件的情况下，工人才能登陆迈诺特暗礁施工——平静的海面，无风，潮水水位低……通常的情况是总有这项或那项条件不满足，有时候，这样的状态会持续数月……这段时间里我们根本无法登上暗礁。"[19]

鉴于工人们每个月里能够工作的时间最多只有几天，亚历山大让工人们同时进行两项工作，以确保他们不闲着。上不了暗礁的时候，工人们就到科哈塞特的政府岛（Government Island）上做处理石料的繁重工作。政府岛①是一个集结待命区，工人们在这里对建造灯塔所需的石料进行切割、敲凿、钻孔和捶打。这些纹理极其细致的花岗岩石料采自距此不远的马萨诸塞州昆西（Quincy）的采石场，每块石料大约有两吨重，都是用船运到政府岛的。

亚历山大租了两条小船，负责将他和他的工人们送到迈诺特暗礁上。据一位工人说，他们时刻保持着警觉，以免错过任何可以上暗礁工作的时机。"我们会在海湾处观察潮水的情况，"他说，"只要潮水退到了合适的位置，我们就会乘船出发，只要有一平方码的暗礁露出水面，就会有一个石工先跳下船开始工作，很快再有第二个，只要还有活动得开的地方，其他人就会纷纷登上暗礁，直到暗礁变得像一具被成群的乌鸦占满的尸体一样。"[20]

1856 年，20 英尺长的锻铁铁桩被插进了为建造前一座灯

328

---

① 政府岛如今已经与大陆连接在了一起。

塔而在礁石上钻出的洞里。这些铁桩之后会成为石砌灯塔塔身的一部分，将塔身固定在礁石上。铁桩顶端被与铁质框架固定在了一起，形成一个脚手架的样子，从架子上垂下的绳子就是保险绳，让工人在面临被海浪冲下礁石的危险时有东西可抓握。不过，即便是有了这些绳子，工人们还是可能随时被海浪卷入水中。这就是为什么亚历山大要雇用一个救生员。这个救生员名叫迈克尔·尼普顿·布拉多克（Michael Neptune Braddock），他坐在船上时刻留意着工人们的情况，有需要的时候就立即跳下水去救人。布拉多克的中间名尼普顿恰好就是海神尼普顿的名字，还有谁比他更适合这个任务呢？[21]

这个艰难的工程一直进展得很顺利，直到 1857 年 1 月 19 日才经历了第一次重大挫折。当时正刮着东北风，三桅帆船"新帝国号"（*New Empire*）撞上了科哈塞特的外侧暗礁，然后搁浅在不远的岸边。暴风雨刚一停歇，亚历山大就朝迈诺特的方向看去，让他震惊的是没有出现在视野中的一切：他精心搭建的且自认为格外坚固的铁质脚手架和铁桩。他猜想这些东西都被暴风雨吹走了，于是第一次开始怀疑这个工程是否明智。"如果坚固的锻铁都不能承受住这样的暴风雨，"亚历山大说，"我担心石砌灯塔也不能。"[22]不过，在调查结果确认造成铁桩脱离原位的是"新帝国号"帆船的撞击，而不是天气因素之后，这样的绝望就烟消云散了。[23]

329　　重拾信心的亚历山大于 1857 年春再次派遣工人前往迈诺特暗礁。他们重新在礁石里插入铁桩，还重新切割了在撞击中受损的石块。到春天快过去的时候，工人们已经铺下了最初的四块基石，每一块基石都是用长长的铁栓和质量最好的波特兰水泥固定在礁石上的。接下来的一年里，工人们完成了地基的建造，并砌起了六层石砖。

灯塔的花岗岩石块都是按照明确的规格切割的。每块石料都要能与它两边的石块严丝合缝地拼接在一起。石块上下还钻了孔，里面插入了镀锌铁栓，这些铁栓的作用是将不同层的石块牢牢地固定在一起。为了确保所有石块都能完美接合，亚历山大要求自己的工人们在政府岛上先把石块组装好，运到施工现场以后，再用竖立在建筑中心的桅杆起重机将石块放到准确的位置上。为了进一步固定石块，且让插入石块上钻出的洞里的铁栓更牢靠，组装石块全程都会用到水泥。[24]

在暗礁上进行的大部分初期工作是在最低水位之下进行的，但是亚历山大设计了一种具有创造性的方法，能够让部分工作在相对干燥的环境下进行。他让自己的工人们用上百个沙包，绕着工作区堆起了若干临时围堰。沙包堵严之后，围堰之内的水就可以被舀干净，有渗漏的地方可以用海绵吸干。通过这种方法，小范围的区域可以在短时间内从水中暴露出来，让工人们有机会弄平坑坑洼洼的礁石表面，并把石块放置到恰当的位置。

不过，这种方法也不是什么时候都能用的。有些地方的水深达到了3英尺，平整这里的礁石表面的工作就是使用专门设计的锤子和凿子在水下进行的。同样的，一部分最底层的基石也是要被放置在水中的。这就带来了一个问题：石块周围的旋涡总会在水泥凝固之前就把水泥冲走。为了解决这个问题，工程师又想出了一个具有创造性的技巧。工人们先在暗礁的操作平台上铺一张巨大的薄棉布，上面涂

330 满厚厚的水泥，然后放上石块。接着在石块两侧涂上水泥，再把富余的布料兜起来包住水泥。静置十分钟左右，水泥开始凝固，这时便将石块放到水下恰当的位置上就可以了。包裹石块的棉布一方面能够防止水泥被水冲走，另一方面又因为它的质地足够薄且多孔，能够让水泥从布料中渗透出来，从而使石块和它下层及左右两边的其他石块黏合得更加紧密。

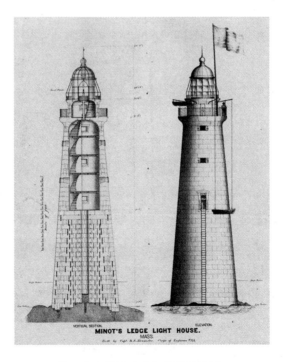

第二座迈诺特暗礁灯塔的设计图。

第十二章　工程和建筑奇迹

　　1858 年 10 月 2 日，科哈塞特为纪念灯塔奠基举办了一场大型庆祝仪式。包括市长、多名市政官员、各个保险公司的董事长和船主在内的显赫人士纷纷出席，都将内战之前已经开始影响波士顿的紧张局势暂时抛诸脑后。为了让现场观众相信历史不会重演，亚历山大告诉他们不要把曾经的那座灯塔与此时在建的这一座相提并论。"几年前这里建过一座铁桩灯塔，"他说，"人们都还记得它可怕的命运。如今我们在这里重建灯塔，但是这一次我们用的是花岗岩，灯塔的地基是花岗岩的，塔身也是一层摞一层的花岗岩，塔身与地基牢固紧密地连接在一起，整座灯塔都是花岗岩的。"[25]

331

　　当天的最后一位发言者是著名的演说家爱德华·埃弗里特（Edward Everett），他担任过国务卿和马萨诸塞州州长，做过众议员和参议员。他利用这个机会，将灯塔比喻为他迫切渴望能够维持团结的联邦，因为联邦的团结如今受到了严重的政治分歧的影响，而这些分歧最终会在内战期间让这个国家分崩离析。"我们要记住，"他说，"如果［国家出现分裂］……此时不分东西南北，保护着我们的守护能力就将永远消失；正如这位先生告诉我们的那样，这座建筑拥有的坚固地基是靠完美接合的花岗岩石块和镀锌铁栓固定住的，所以永远不会移动。凭借共同的语言、亲缘关系和相互之间的感情，愿美国的各个州也能这样永久地团结在一起。"[26]

　　到 1859 年施工季的末尾，工人们已经砌起了 32 层石块，高出低潮水位 62 英尺。到 1860 年 6 月 29 日，也是开工几乎整整五年之后，全部 1079 块花岗岩石块中的最后一批也都砌到了塔身之上。接下来几个月的工作主要是建造和装备灯室。11 月 15 日，林肯当选总统不到两周，这座灯塔第一次被点亮了。

这座惊人的建筑从暗礁到灯室顶端的总高度有 114 英尺，其中 40 英尺以下的部分是花岗岩石块组成的塔身，只留出了一个直径 3 英尺的饮用水储水井。塔身上部有储藏室、守护人住处、工作间和值班室，最顶上是灯室，灯室里面原本安装的是一套发射静止白光的二型菲涅耳透镜。灯塔的建造成本是 30 万美元，这让迈诺特灯塔成了美国至此时建造过的最昂贵的灯塔。

托滕和亚历山大的杰作足以匹敌斯米顿或史蒂文森建起的典范之作。如深受尊敬的 19 世纪陆军工程师约翰·格罗斯·巴纳德（John Gross Barnard）所说，迈诺特暗礁灯塔"从建造过程中克服的重重困难，及建筑细节上体现出来的技巧和科学水平来说，称得上世界上最伟大的暗礁灯塔之一"。[27]在内战爆发前最后的和平岁月里完工的迈诺特暗礁灯塔本身既是一个象征，也是一道激动人心的奇景。亨利·沃兹沃思·朗费罗第一次看到这座灯塔时说它"屹立在海面之上，像一架漂亮的石头加农炮，炮口朝天，只喷射友谊的火焰"。[28]

血腥的内战结束很久之后，灯塔委员会于 1894 年引入了一套新的灯塔识别体系，每座灯塔都获得了一个独特的闪光模式。迈诺特灯塔就是第一批接受此类改造的灯塔之一。当年，这里换上了新的二型旋转式菲涅耳透镜，透镜中安装着多块透镜板，从此灯塔发射出的灯光不再是静止的，而是改为 1 – 4 – 3 闪烁模式，即先闪烁一下，然后变暗，接着迅速闪四下，再变暗，最后闪三下，以此为一个循环。这种新 333 的模式应用之后不久，一个有浪漫情怀的观察者就从中发掘出了更多意味：1、4、3 这三个数字正好分别对应了英语中最为人们所珍视的"我爱你"（I Love You）这句话中三个单词的字母数。从此以后，迈诺特灯塔也被称为"我爱你灯塔"，不过，当初设置信号灯模式的古板的政府官员肯定没想这么多。[29]

海浪拍打着迈诺特灯塔。

与迈诺特暗礁隔着北美大陆的太平洋西北地区有一个哥伦比亚河河谷。这里的经济从 19 世纪 70 年代开始兴盛起来，而促进该地区迅速发展的主要商品包括鲑鱼、谷物、木材和黄金。进出河谷进行商品贸易的主干道当然就是哥伦比亚河。这条超过 1200 英里长的河是太平洋西北地区的第一长河，从流量上计算则是北美地区第四大河。守卫着这条河的河口的不仅有凶险的水流和狂猛的巨浪，还有暗藏在水下的沙洲。数不清的船在尝试通过河口时失事，一系列悲剧是这片海岸线的延伸之地被称为"太平洋坟墓"的主要原因。虽然 1856 年在失望角建造的灯塔和 1875 年在亚当斯角（Point Adams）附近建造的灯塔都能为要通过河口的船只提供一些帮助，但到 19 世纪 70 年代末，西海岸的商人和航运人都在督促政府在这片区域再建造一座灯塔，给接近这条大河的水手们提供额外的安全保障。国会在 1878 年 6 月 20 日给出了答复，下令在蒂拉穆克角（Tillamook Head）建造一座灯塔，这片突出的陆岬位于哥伦比亚河以南 20 英里的地方。[30]

然而，被派遣到建议施工地点考察情况的陆军工程师 G. L. 吉莱斯皮（G. L. Gillespie）认定国会的选择是错误的。他争论说蒂拉穆克角高出海平面 1000 多英尺，并不适宜建造灯塔，而且还非常危险。这里太高，建造在陆岬顶部或接近顶部位置的灯塔容易被浓雾笼罩。此外，在蒂拉穆克角最高点上建造灯塔就意味着要先在树木茂盛的山坡上修建一条 20 英里长的道路，这项工程不仅令人望而却步，而且必然耗资不菲。至于在蒂拉穆克角朝海一侧的山坡上低一些的位置建造灯塔的建议，也被吉莱斯皮认定为同样不切实际，因为这里经常会发生山体滑坡。

不过吉莱斯皮并没有就此放弃，而是推荐了蒂拉穆克岩作为新的候选地点。[31]它距离蒂拉穆克角有一英里多远，这块给人一种不祥之感的礁石是一块面积仅一英亩的玄武岩，凸出海面120英尺，且被一道深深的裂缝分成了大小不等的两部分。围绕在礁石周围的海水深度从100英尺到240英尺不等，在太平洋释放自己全部的愤怒时，击打在岩石上的狂猛海浪通常能够将这一小块岩石彻底淹没在汹涌的波涛之中。

吉莱斯皮提出的在这块礁石上建造灯塔的建议受到了人们的嘲笑和质疑。[32]就人们所知，还没有人涉足过这片礁石，就连当地的蒂拉穆克印第安人都没有，因为他们认为这里是被神诅咒过的。虽然灯塔委员会在迈诺特暗礁的工程获得了成功，但是要让工人登上蒂拉穆克岩，并在这样一个毫无遮蔽、易受海浪侵袭的地方建造灯塔，这项工程所需的后勤准备是不可想象的，更何况从礁石到离它最近的俄勒冈州阿斯托里亚（Astoria）① 的港口有20英里以上的距离。尽管这个项目存在很多后勤方面的困难，但委员会还是决定信任自己的工程师做出的判断，并下令让他设计一个能够战胜这块令人畏惧的礁石的方案。吉莱斯皮于是将这项任务安排给了该区域的灯塔工程监管人 H. S. 惠勒（H. S. Wheeler）。

335

---

① 阿斯托里亚是以皮毛商人约翰·雅各布·阿斯特（John Jacob Astor）的名字命名的。阿斯特是美国历史上第一位拥有数百万家产的大富豪。他曾经想在哥伦比亚河岸边建立一个皮毛交易帝国，然而这种尝试以失败告终了。

辉煌信标

1879 年 6 月 17 日，吉莱斯皮派惠勒到阿斯托里亚去，命令他不登上蒂拉穆克岩并测量完数据不许回来。不到一星期之后，缉私船"托马斯·科温号"（*Thomas Corwin*）载着惠勒和他的几个队员驶向了暗礁。虽然当时的海面比较平静，但拍打在蒂拉穆克岩边缘的海浪看起来还是非常凶险的。队员们在爬上礁石的过程中，不得不艰难地在碎浪产生的大量白色泡沫中挣扎。"科温号"的冲浪艇小心翼翼地靠近了礁石边海面略平静一点的地方，然而想要从这里登上礁石依然不是一件容易的事。因为每一次浪涌都会将小艇推高，然后又迅速抛下，所以队员必须抓住完美的时机起跳，否则就可能落入水中。经过几次失败的尝试之后，惠勒的两名队员摆出了像老虎准备扑食一样的蹲伏动作，从小艇上一跃而起，成功跳到了礁石上。此时他们需要的就是那些测量仪器了，然而，仪器还没来得及被转移，海面状况就变得更加糟糕了。冲浪艇不得不驶离礁石边缘，以免被海浪推到礁石上撞成碎片。担心被孤立无援地丢在礁石上的两名队员急忙跳进水中，然后被小艇上扔下的救生绳拉了上去。

惠勒在四天之后重返礁石，这一次他本人也成功地跳上了礁石，但依然无法卸下测量器材。于是他就靠一个卷尺进行了粗略的测量，测量结果已经足够他向委员会提交一份概要计划了。要将灯塔建造在哪里是最重要的问题，但要解答这个问题需要克服的困难可不止一点点。因为蒂拉穆克岩的最高点是"一个巨大的像树瘤一样的球状凸起"，[33] 从用作灯塔地基的角度来说，既不够大也不够平。惠勒于是提议施工队伍把最上面的 30 英尺高的岩石炸掉，这样可以在高出水

面约 90 英尺的地方打造出一个平台，然后把灯塔建在这个
平面之上。一旦平台准备就绪，建造灯塔的工程就可以开始
了，所有的建筑材料都会在陆地上筹集好，然后用船送到礁
石上。1879 年 9 月 11 日，委员会批准了这项计划，国会也
认可了这个新地点。

建造灯塔前蒂拉穆克岩的侧面轮廓。

　　为了掌控这个无比艰难的工程，惠勒任命约翰·R. 特
里瓦弗斯（John R. Trewavas）为工程监管人。出生在英格
兰的特里瓦弗斯曾于 19 世纪 60 年代参与建造了沃尔夫岩灯
塔（Wolf Rock Lighthouse）。这座庞大的花岗岩灯塔高 115
英尺以上，建在英格兰康沃尔郡兰兹角（Land's End）海岸
外 9 英里处一块长期被海浪冲刷的礁石上。礁石约为 130 英
尺长、100 英尺宽。当惠勒找上特里瓦弗斯的时候，后者已
经来到俄勒冈州的波特兰生活，并且被认为是西海岸上最好
的石匠之一。[34] 特里瓦弗斯的第一个任务是全面考察蒂拉穆
克岩的岩石状况。他计划于 1879 年 9 月 18 日这一天开始工
作。当"科温号"的冲浪艇重返礁石之后，特里瓦弗斯先
是稳住身体，然后朝礁石上跳去。他虽然落到了礁石上，但
是脚下一滑又摔了下去，然后被一个大浪冲进了海中。一名

水手系着救生绳跳入水中，可是他还没游到特里瓦弗斯附近，这个有天赋的英国人就已经消失在水面之下了。

337　　特里瓦弗斯的死讯在大陆上引发了强烈的针对这个灯塔项目的反对声浪。早在宣布要进行该项目的时候，大多数本地居民就认为在蒂拉穆克岩上建造灯塔是愚蠢的冒险，如今还出现了人员死亡的事故，很多人认为应当马上废弃这个危险的项目。委员会担心如果让这样的舆论持续下去，他们就无法在当地雇到劳动力了，因为到那时工人们都已经被反对这个项目的观点洗脑了。为了避免出现这种结果，委员会立即任命亚历山大·巴兰坦（Alexander Ballantyne）接替特里瓦弗斯的工作，并命令他雇用一批采石工人，然后马上前往阿斯托里亚，那里会有一艘船等着将他和他的队员直接送到礁石上。

　　任命巴兰坦是一个明智的选择。他此时 50 多岁，肌肉发达，身高略矮于平均水平，留着修剪细致的范戴克式胡须；他和特里瓦弗斯一样来自不列颠，只不过前者是苏格兰人，后者是英格兰人。巴兰坦和特里瓦弗斯从一起建造沃尔夫岩灯塔时起就是朋友了。特里瓦弗斯来美国之后不久，巴兰坦也来了，到 19 世纪 70 年代晚期，两人在波特兰附近做起了兴隆的石工生意。巴兰坦不仅是有才华的石匠，还是天生的领导者，他总是充满自信，而且能够以身作则。[35]

　　巴兰坦很快就与八名工人签订了合同，但是到他于 9 月 23 日抵达阿斯托里亚时，委员会原本的立即启程的计划遭遇了意外的困难。秋天的狂风一如预期地席卷了海岸地区，海面状况非常恶劣，"科温号"已经不适宜离岸。巴兰坦无法知道这样的天气状况还要持续多久，这令他备感担忧。如果他的工人继续被困在阿斯托里亚，他就无法限制他们光顾当地的一些场所。这样一来，他们难免会听到"镇上的闲话"，尤其是特里瓦弗斯丧命的耸人听闻的故事，以及前往蒂拉穆克岩有可能遇到的各种危险，然后就会被吓跑。[36]巴兰坦不能冒以这种方式损失工人的风险，于是把所有人都带到了位于失望角上的灯塔守护人的老房子里，也就是隔着哥伦比亚河与阿斯托里亚相对的华盛顿州一侧。

这种与世隔绝的状态一直持续到 10 月 21 日，天气状况突然转好，"科温号"随即起航。巴兰坦知道自己必须想出一个能将人员和材料转移到礁石上的更好的办法，而不是继续让他们从起伏不定的冲浪艇上往下跳，毕竟这种方法已经夺去了一条生命。他想出来的明智替代方式是建造一个类似空中缆车的装置。巴兰坦先是安排了一艘船停泊在礁石附近，然后在桅杆和礁石上一个高点之间牵了一条粗绳，再在绳子上装一个传送环——一个下面带大钩子的滑轮。在传送环的钩子柄上系一根长绳，并将这根长绳绕在一对滑轮上，这样就可以拉动传送环在整条粗绳上双向移动。向一个方向拉绳子能够将传送环拉回船上；向另一个方向拉绳子则能够将传送环送到礁石上。凭借这个装置，任何挂在传送环的大钩子上的人或物就都能被送上礁石或拉回船上了。

在传送工人的时候，巴兰坦使用的是一个裤形救生圈，也就是在一个圆形橡胶救生圈下面连一条仅到膝盖长度的马裤（或普通裤子）。工人钻进用钩子吊着的救生圈就可以出发了。这个传送过程无疑是惊险疯狂、令人不安的。有大浪

338

经过时，船会上下起伏，连带着传送绳上上下下快速地晃动，传送中的乘客有时会被抛向天空，有时会浸入海中。除了少得令人郁闷的海面特别平静的日子以外，绳子晃动的幅度总是特别大，被传送的乘客会被反复浸泡到冰冷的海水里，有时甚至会完全没入水中一会儿，每个工人在到达终点时都会变成一只落汤鸡，而那里唯一能够帮助他们暖和起来的就只有一个小型炉灶发出的微弱热量。

向或从蒂拉穆克岩运送工人的裤形救生圈和传送环的示意图。

大多数工人能够勇敢地接受这种传送方式，起码不会抱怨什么，甚至还能拿它开玩笑，不过值得一提的例外还是存在的。有一个姓格鲁伯的采石工人身材肥胖，体重超过 300 磅，他根本钻不进救生圈，也套不上马裤。巴兰坦提议把他捆在救生圈上面，但是格鲁伯坚决不同意。立场坚定的巴兰坦不愿放弃，而是把格鲁伯送回了阿斯托里亚，让他在那里定做一个大号的裤形救生圈，做成之后带着新救生圈一起返回。

339

第十二章　工程和建筑奇迹

格鲁伯带着特大号救生圈返回之后，却因为突发的恐惧感而不肯钻进去。为了缓解格鲁伯的担忧，巴兰坦亲自钻进了这个巨大的救生圈，然后下令让工人拉绳子。巴兰坦本意是让格鲁伯看到这种方式有多么简单和安全，那样后者就会勉强同意进入救生圈了。不过事态并没有朝巴兰坦希望的方向发展。"礁石的诅咒"再一次显露了威力。因为绳子绷不紧，所以巴兰坦在传送的大部分时间里是被泡在水里拖着走的，这反而让格鲁伯更加害怕了。最终，在巴兰坦不再和颜悦色的劝说下，格鲁伯才不情愿地同意穿着救生衣、坐着吊椅被传送到礁石上，这个为他制作的吊椅实际上就是用多根绳子吊起来的一块木板，比起救生圈，这种传送方式能够让他有略多一些的活动空间。让格鲁伯大松一口气的是，他完全没有沾到水就顺利走完了全程，因此也成了第一个全身干燥着登上礁石的人。

大海并不是引发恐惧的唯一因素。礁石上的工人们还遇到了数千只大声吼叫的海狮，它们就像皱巴巴的棕色地毯一样铺满了礁石，而且对于人类入侵它们领地的行为颇为不满。起初海狮坚守自己的阵地，一旦有人接近就变得具有攻击性，以至于工人们在礁石上走动时不得不时刻保持警惕。不过爆破工作开始之后没多久，海狮们就纷纷跳进水里，朝当时还没有遭到人类侵扰的另一个南边的栖息地游去了。

工人们登上礁石之后面临的最紧要的任务就是给自己搭建一个庇护所，这不仅是让自己有地方遮风避雨，也是为了储存物资。他们把剪裁好的帆布支起来后再用绳子绑紧就搭成了一个 A 字形简易帐篷，然后把绳子的另一头系在插进石缝里的螺旋桩上。据巴兰坦说，帐篷内部的状况"相当糟糕"，狂风会把帆布吹得翻起来，雨点和浪花会把帐篷里的人及他们的物品打湿。[37]不过，帐篷只能是暂时的解决办法。冬天就快到了，他们急需一个更坚固的容身之地。在高出海面约 90 英尺的地方弄出一块平地之后，工人们就在那里建了一个小木屋作为住处。

340

工人们在礁石上安顿下来的同时，爆破工作也开始了。起初工人们采取的是绳索下降法，即把螺旋桩凿进高处的石缝里，然后靠绳子把自己悬垂到礁石两侧。有些人选择坐在吊椅上，也有些人选择直接将绳子简单地系在身上。摆荡在高出水面近 100 英尺的地方，还经常要和凛冽的寒风做斗争的工人们冒着很大风险，总是惊险地在空中晃来晃去。他们的任务是在石壁上凿出一些浅坑，再在坑里放上装了一磅黑火药的小匣子，然后在引线燃尽之前躲到安全的地方去。爆炸会把碎石喷向空中，令碎石最终落进下面的海里。（难怪海狮都明智地选择逃到安宁点的地方去了。）

这项工作的目标是在礁石上炸出一些不宽的平台，让工人们可以站在这些平台上面工作，从而增大爆炸的强度。这一目标迅速实现了。外层的礁石长久以来一直经历风吹日晒、受到暴风雨和海浪的冲击，已经变得薄而脆，所以相对容易被炸掉。但是越向内部的岩石密度越大，也就越难移除。到此时，工人们必须凿出更深的洞，放入多达 100 磅的黑火药，引发威力更大的爆炸，这样最多可以一次炸掉 250

立方码的礁石。

　　当工人们在缓慢地从外向内炸掉礁石的时候，天气状况仍然是他们最难缠的敌人。风和日丽的好天气及良好的工作环境维持不了几天就一定会被狂风暴雨取代，这让爆破工作充满困难，甚至有时根本无法进行。坏天气不仅会让工人面临从礁石上被炸落的危险，还会导致火药进水，变得毫无用处。不过，没有什么比于 1880 年新年之时降临的暴风雨更让工程队措手不及的了，天气仿佛是在用这种最暴力的方式揭开 19 世纪 80 年代的序幕。

　　这场暴风雨是从 1880 年 1 月 2 日开始的，在接下来的四天里，大雨一直没有停，海浪也没有断，狂风强劲到让工人们几乎握不住手里的工具。即便如此，他们还是忍耐着双手被冻僵的疼痛和逐渐散布到全身的疲劳坚持工作。到 1 月 6 日，暴风雨变得更加猛烈了。巴兰坦于是让工人停止工作，给所有能被固定的东西加固之后就返回住处去。

　　当天晚上，暴风雨升级为一场罕见的西海岸飓风。到午夜时分，带着咸味的碎浪飞沫和拳头大小的碎石在蒂拉穆克岩上乱飞。巴兰坦下令让自己的手下用钻头和钢条加固木屋的房顶和墙壁。两个小时后，漆黑的海面上卷起了大浪，裹挟狂风中飞旋着的海水泡沫狠狠拍向工人们搭建的简易房屋，小木屋勉强经受住了这样的袭击。不过，挨着小木屋的铁匠棚在劫难逃，整个房顶都被卷走了。

　　工人们惊慌失措，但巴兰坦这个适应能力极强的苏格兰人保持了镇定，他凭借自己的刚强意志打消了工人逃离住处、跑到更高一些的地方去的打算，考虑到呼啸的狂风和反

341

423

复拍打着礁石的巨浪，那样的举动无疑是自寻死路。到了凌晨四点，巴兰坦尝试性地来到室外，想要去检查一下位于礁石斜坡下方的储藏室的状况，那里仅高出海面 35 英尺。在黑暗中几乎什么也看不见的巴兰坦顶着狂风和碎浪摸索前行，大约半个小时之后才返回住处。随着黎明的到来，他终于弄清了状况：储藏室已经被毁掉了，里面的一切都没了。幸运的是，巴兰坦在他们的住处存放了许多饮用水，还有能够满足大约三个月需要的面包、培根、豆子和茶叶，所以他和自己的队员至少没有挨饿的危险。

　　暴风雨又持续了两天还不肯停歇，工人们只能郁闷地躲在木屋里。到他们终于可以走出屋子时，仍然不理想的天气让他们无法立即重新开工。与此同时，陆地上的人们也开始担忧这些工人的命运。礁石上的一些建筑材料在暴风雨中被冲到了附近的海滩上，让很多人认为最坏的情况已经出现了。直到 1 月 18 日，也就是差不多两周后，海岸边的水面状况才允许救济船载着新鲜的补给品驶向礁石，并给岸上人带回了工人们都还安康的好消息。[38]

342　　在这之后，工程项目一直进展得很顺利，只遭遇过一次坏天气的轻微影响。有更多采石工匠加入了这支队伍，每周都有更多的岩石被炸掉。工人们最高兴的变化莫过于礁石上设置了一个有巨大吊杆的蒸汽动力起重机，工人们终于不用再使用裤形救生圈了。吊杆上有一个用绳索拴住的铁轿厢，起重机能把轿厢吊到蒸汽船的甲板上，工人们就可以乘坐铁轿厢登上或离开礁石，而不用再担心被海水浸湿了；用吊杆运送物资也比之前方便许多。

描绘蒂拉穆克岩灯塔施工情况的图画，创作于 1881 年。

　　到 5 月底，将要作为灯塔地基的平台准备就绪了。礁石被炸掉的部分约有 4700 立方码，蒂拉穆克岩的高度从 120 英尺降低到了 91 英尺。巴兰坦检查了工作成果，然后用他那标志性的干脆明快的风格宣布他们的任务圆满完成。之后不久，礁石上又安装了一个体积更大、吊杆更长的蒸汽动力起重机，它的工作是把建造灯塔所需的沉重的建筑材料吊到平台上来，其中最重要的莫过于在泰伯山（Mount Tabor）上开采的细粒玄武岩石块。泰伯山是波特兰附近的一座长期休眠的由火山灰堆积而成的锥形山，从那里开采的石料将被用来建造灯塔的外壳。

　　工人们于 6 月 22 日铺下灯塔建筑的奠基石，塔身到年底时接近完成。然而 1881 年 1 月 3 日发生的一场灾难再一次让人们明白为什么蒂拉穆克岩迫切地需要一座灯塔。[39] 当天全天都刮着强风，浓雾和大雨造成能见度极低。晚上 8 点，蒂拉穆克岩上的工人们听到远处有呼喊声，于是从他们的住处走出来查看。他们很快就发现晦暗的海面上有模糊的

343

灯光，紧接着又听到一句清晰的"左满舵"，也就是让船只紧急左转的口令。[40]此时正在蒂拉穆克岩上的惠勒看到这一切后下令让工人们点灯提醒正驶向这里的船避开礁石。他们甚至能够听到船桅杆上的索具发出的嘎吱声，还能够看到在大约 200 码以外的海面上有一艘船的模糊的轮廓，直到它渐渐消失在深黑的夜色中。

这些人能做的只有盼望那艘船躲过一劫，但是当清晨来临，浓雾散去，出现在他们眼前的是悲剧的结局。在蒂拉穆克角高耸的悬崖下方，人们可以看到船体只剩部分桅杆露出水面。后来人们才知道，这艘船是英国的三桅帆船"鲁帕迪亚号"（*Lupatia*），它是从日本驶向哥伦比亚河去运小麦的。船上共有 16 人，但唯一活下来的只有船上的一条澳大利亚牧羊犬。船撞上礁石后不久，有人发现它正趴在礁石上呜咽。

蒂拉穆克岩灯塔，拍摄于 1891 年。

这场事故给建造蒂拉穆克岩灯塔的工人们带来了很大冲击，他们忍不住设想如果灯塔当时已经投入使用，这艘船的命运是否会完全不一样。他们之中有一个人后来回忆说："从那一刻起，完成灯塔的建造，点亮照明灯，鸣响浓雾警报就不再只是工作而已了。"[41]不到三周之后的 1 月 21 日，灯塔第一次把它的光亮投向了这片水域。

灯塔建筑包括一个守护人住处和一个浓雾警报器机房，两者都只有一层，而且是连接在一起的，墙壁全是 2 英尺厚的花岗岩。塔身是一个正方体，每面宽 16 英尺，建在第一层建筑中心的上方，有两层高。塔顶上是灯室，灯室里面安装了一套一型菲涅耳透镜，能够发出每五秒钟闪烁一次的白色灯光。建造蒂拉穆克岩灯塔总共耗时 575 天，耗资123493 美元，还有一人为此献出了宝贵的生命。

一直侵扰着蒂拉穆克岩灯塔的糟糕天气和危险环境促使水手和灯塔守护人给灯塔取了个绰号叫"可怕的蒂莉"（Terrible Tilly）。1934 年 10 月袭击这里的暴风雨只是诸多灾难中的一次，但很可能是最严重的一次，这些灾难仿佛就是要证明这个绰号有多么的恰如其分。[42]10 月 21 日清晨，席卷海岸的狂风时速最高可达 109 英里。然而，室外一直不曾停歇的呼啸声并没有阻止助理守护人亨利·詹金斯（Henry Jenkins）在辛苦照管灯塔整夜之后美美地睡上一觉。可是到了上午 9 点 30 分左右，刚睡下不久的詹金斯就因为一种窒息感而惊醒了：一个大浪刚刚拍上蒂拉穆克岩，冲破了防风百叶窗，冰冷的太平洋海水直接灌进了詹金斯睡觉的房间，把他从床上冲了下去，然后毫不温柔地将他抛到了壁橱里的一堆东西上。

灯塔也受到了暴风雨的袭击。巨大的海浪反复将整个建筑吞没，海浪高度甚至超过了灯室，而灯室的高度超出了平常满潮时的海面 133 英尺。像锤子一般砸向灯塔的威力巨大的海浪冲走了一块 25 吨重的巨石，摧毁了灯塔站点的大型起重机，还扯断了联通蒂拉穆克岩灯塔与陆地的海底电话电缆。

345　　灯塔上的四名守护人在打着旋涡的海水中费力地爬上灯室，结果发现那里已经一片狼藉。杂物和石块被狂风和海浪裹挟着肆意飞舞，其中一块石头足有 60 磅重。它们不仅砸碎了灯室的 16 块玻璃嵌板，还把一型菲涅耳透镜上的很多棱镜撞出了裂纹或缺口。此外，油蒸汽灯损毁严重，转动透镜的机械装置也失灵了。灯室里到处都是玻璃碎片、海藻，甚至还有小鱼。

　　守护人们在几乎深到脖子位置的海水中艰难工作了大半天。他们设法修复了防风雨的百叶窗，以抵御从天而降的新袭击。当天夜里，灯塔没能实现照明，不过到了第二天晚上，守护人们设法组装了一盏应急小灯，它能够发出一道固定的白光。詹金斯还勉强修复了一台短波收音机，这能让他与陆地上的业余无线电爱好者通上话，后者可以代替他们把礁石上的情况转达给当地的灯塔监管人。

　　暴风雨一直持续到了 25 日，这之后又过了两天，海面上的状况才平稳到允许补给船"曼撒尼塔号"（*Manzanita*）驶向礁石。灯塔上的人们获得了补给，灯塔设施也获得了初步的修复。在刚刚过去的这个艰难时期里，守护人们没有供暖设施，只有很少的睡眠时间，只能使用喷灯来加热罐装食物。但是除了第一天夜里之外，他们保证了每晚都有应急灯照亮海面。当墨西哥灯塔服务局局长从《灯塔服务局公报》上得知这个令人震惊的事件后，他让人把这篇文章翻译成西班牙语，然后分发给本国的灯塔守护人，让他们把事件中的守护人当作"英勇尽职的榜样"来学习。[43]

蒂拉穆克岩灯塔建成不久，巴兰坦就到这座灯塔以南300多英里的地方接受了一项更大的挑战。这一次他的任务是建造圣乔治礁灯塔。[44]北加州海岸线上的圣乔治角（Point St. George）以外约6英里处，接近俄勒冈州边境的地方有一片礁石链，其中一些礁石露出水面，另一些则隐藏在水下。英国海军军官兼探险家乔治·温哥华（George Vancouver）在1792年远航至西北太平洋地区时就发现了这片礁石，他说这里"非常危险"，所以为其取名"龙岩"。[45]虽然这片礁石一直威胁着船运的安全，但是直到1865年发生的那次事故之后，人们才开始公开讨论在此区域建造灯塔的必要性。

1865年7月30日，内战刚刚结束一个月，一艘220英尺长的蒸汽动力舷侧明轮船"乔纳森兄弟号"（Brother Jonathan）载着244人和一船的黄金在圣乔治礁的某块礁石上撞毁沉没。这艘船只用了不到45分钟就彻底沉入了水中，船上人员仅19人生还。这次事故是西海岸至今为止在和平时期内发生的伤亡最严重的海难。全国的新闻媒体都对这次事件进行了报道，避免类似灾难再次发生的愿望刺激了对于在礁石上建造灯塔、警告船只避险的号召。[46]

灯塔委员会认为这个想法非常好，所以在事故发生后不到两年就向国会申请了开启这一项目的资金。不过国会对此犹豫不决，一部分原因在于很多资金都被用于内战之后的重建工作了，其中就包括修复东部和南部的多座灯塔。另一部分原因是国会对于在这样一个常年被海浪冲击的礁石上建造灯塔的提议持谨慎态度。虽然迈诺特暗礁上的工程获得了成功，但是国会对于在这个完全暴露于太平洋狂怒之下的礁石上建造灯塔的计划仍然抱有疑虑，既有经济方面的考量，也有工程技术方面的担忧。

整个 19 世纪 70 年代，委员会一直在游说国会为建造这座灯塔出资，但始终没有成功。在此期间，委员会已经考虑了两个可能建造灯塔的地点——要么是在某一块礁石上，要么是在圣乔治角上。最终，委员会否决了第二个选项，认为那里距离暗礁太远，无法发挥有效的警示作用。相反，他们认为灯塔应当被建造在圣乔治礁中距离海岸最远、距离海运航道最近的西北海豹岩（Northwest Seal Rock）上，那里也很接近"乔纳森兄弟号"带着船上乘客一起被复仇心重的大海吞噬的地方。这块礁石的面积大约是 1 英亩，直径不足 300 英尺，高出海面仅 54 英尺。

委员会在 1881 年再次与国会进行了接触，这次他们选择的时机非常恰当。[47]巴兰坦刚刚征服了蒂拉穆克岩——一个曾经也被人们认定为不可能建造灯塔的地方。国会的结论是，如果建造者能够解决蒂拉穆克岩的问题，那就一定也可以解决西北海豹岩的问题。就这样，在"乔纳森兄弟号"海难发生十七年之后的 1882 年，国会批准了委员会的提议，并拨发了建造这个后来被称为圣乔治礁灯塔的建筑的项目启

347

动资金。灯塔委员会随即任命巴兰坦负责监督建造工程。

　　圣乔治礁灯塔与蒂拉穆克岩灯塔有很多区别。这里不需要炸掉岩石来打造灯塔落地的平台，相反，这里的工程计划是将西北海豹岩的部分岩体包含在灯塔地基内部，好让建筑更加坚固稳定，从而抵抗海浪无情的攻击。工人们要通过爆破在礁石中心炸出一根石柱，然后在石柱上削凿出一些平台或阶梯。随之他们要在石柱四周和顶部建造一个椭圆形的石墩，或者说沉箱。这个直径 90 英尺、由花岗岩石块垒成的沉箱建成后的高度接近 50 英尺。外部的沉箱和内部的支柱之间的大部分空隙会被碎石和水泥填实，但是在靠近沉箱顶部的地方要留出充足的空间用于建造几个房间，作为灯塔的引擎室、煤炭储藏室和物资储藏室。最后还要把沉箱顶部用铺路石铺平，因为在这上面要建一座七层高的灯塔。

　　不畏困难的巴兰坦要决定的第一件事就是工人们的居住问题。距离西北海豹岩最近的港口克雷森特城在 13 英里之外。让工人们住在城里意味着很多宝贵的时间都会被浪费在往返于城市和礁石之间的路上。但是在工程初期就让工人们住在礁石上也不可行，因为此时在这样一个有限的空间里要进行很多爆破工作。最终巴兰坦想出的解决办法是在礁石附近系泊一艘船，在 5 月至 9 月的工期里，工人们可以先住在船上。

　　曾经用来捕海豹的纵帆船"宁法号"（*La Ninfa*）成了工人们的住处。1883 年 4 月 3 日，蒸汽船"怀特洛号"（*Whitelaw*）拖着"宁法号"从旧金山出发，驶向西北海豹岩。"宁法号"上共有 25 人，包括船员、采石工人、石匠和一个铁匠。此外，船上还装载了炸药、物资和工具。暴风雨迫使"怀特洛号"两次掉头返回，直到 4 月 9 日才终于抵达礁石。

最急迫的工作是将"宁法号"停在距离礁石约 350 英尺的海面上。用来系泊"宁法号"的是四个杆状浮标，每个浮标上都绑着蘑菇状铅锤，用来让浮标保持在固定的位置。四个铅锤中有一个的重量是 6 吨，另外三个都是 4 吨。在"怀特洛号"刚放下 6 吨的铅锤，并将"宁法号"系在浮标上之后，海浪就又狂猛了起来，"怀特洛号"不得不赶快驶离，等暴风雨结束后再返回。结果这一等就是一个星期。当"怀特洛号"终于返回，准备放下剩余的系泊工具时，人们才发现这里的水深远远超过了他们的预计。结果是体积不够大、浮力也不够强的杆状浮标被沉重的铅锤坠进了水中，只剩很小一部分能露出水面。

巴兰坦把"宁法号"上的人都转移到了"怀特洛号"上，然后乘船返回大约 75 英里以外的洪堡湾购买更大的浮标，空无一人的"宁法号"则被留在了原地。难以找到合适的浮标及持续的恶劣天气将"怀特洛号"的返程时间推迟到了 4 月 28 日。然而迎接人们的是一个大问题——"宁法号"不见了，用来系泊的浮标也没有了踪影。

一周多之后，消失的纵帆船被发现漂浮在克雷森特城外不远处的海面上。巴兰坦认定，就是害自己不能带着新浮标及时返回礁石的那场暴风雨造成系着"宁法号"的 8 英寸粗的系泊缆脱落，所以"宁法号"才自己漂走了。"怀特洛号"把"宁法号"拖回礁石附近后，工人们重新把船与四个系泊浮标连在一起，为了加倍保险，他们还用两根缆绳把"宁法号"系在了礁石上。

工人们是于 5 月初第一次登上礁石的。在最初的几天里，他们把钻孔设备和切割石料的工具，还有火药及其他物资和补给品都搬上了礁石。最初的登陆是通过工人们划着冲浪艇靠近礁石后从船上跳到礁石上实现的——只要海面相对平静，这个方法倒是完全行得通。但巴兰坦需要的是即便海面状况恶劣也能够让工人登陆或上船的方式。同样重要的还有，他必须保证一旦暴风雨来袭，或是这里常见的能够将礁石上的一切都冲走的大浪涌起时，工人们能够迅速从礁石上撤离。

巴兰坦想出的解决办法利用了他在蒂拉穆克岩积累的经验。他在"宁法号"的桅杆和西北海豹岩顶端之间连了一根绳索，然后在绳索上穿了一个传送装置，不过这个传送装置与他在蒂拉穆克岩使用的不一样。在西北海豹岩使用的传送装置下面没有钩子，而是"由两块用螺栓栓起来的锅炉钢板组成两对带凹槽的炮钢制轮子轴的轴承，四个轮子上下各一对，将缆绳约束其中"。[48]一个直径 4 英尺的铁环呈水平方向吊在传送装置下面，铁环上固定着木板，形成了一个足够四至六人站立的轿厢。传送装置上连着一根头尾相连的绳子，通过拉绳子可以将轿厢拉向礁石或"宁法号"。

现场很快还有了一台驴式引擎，也就是蒸汽动力绞盘。这个机械装置可以用来拉绳子送工人登上礁石。工人从礁石上返回"宁法号"时则不需要机械动力，因为礁石顶峰到

349

"宁法号"有一个向下的坡度，轿厢可以以很快的速度滑下来，这对于乘坐缆车的人来说也是一种刺激的经历，有点像今天的高空滑索。在工人工作的时候，巴兰坦要时刻留意善变的天气。只要海浪一开始爬上礁石的边缘，他就会招呼工人停下手头的工作，把工具捆绑到钉进岩石里的带环螺栓上，然后迅速跑向轿厢。将所有工人从礁石上安全转移到船上需要不到半小时的时间。

在礁石上作业的第一个施工期内，工人们就遇到了造成工程延误的猛烈暴风雨。不过到了 7 月，夏季的到来使天气变得平静，爆破工作也正式开始了。作业的流程与在蒂拉穆克岩上的类似，在点燃引线之前，工人们会跑到安全的地方躲避好。后来巴兰坦回忆说："我一喊'洞里点火'，他们就会像螃蟹一样找各自的洞躲起来。"[49] 不过，安全是一个相对的概念，横飞的碎石还是令很多人出现了淤青甚至流血的伤口。有些爆炸的威力太大了，把大块的碎石炸得飞起来，再让它们像雨点一样落到 300 多英尺以外的"宁法号"上，给船体表面留下了各种痕迹，不过还不至于造成什么严重的损毁。[50]

除了躲避飞溅的碎石，工人们还要与总处于凶险恶劣状态中的海洋做斗争。在大部分时间里，他们身上的衣物是被拍击在礁石上的碎浪飞沫打湿的。9 月 10 日这一天，还有两名在接近礁石顶部工作的采石工人被一个巨浪击中，沿斜坡被冲出了 30 多英尺，最终停在一块平地上，好在他们只受到了一点挫伤。

到 1883 年 9 月底，爆破工作全部完成，人们可以开始

第十二章 工程和建筑奇迹

描绘圣乔治礁灯塔施工景象的图画，画面中展现的
就是将"宁法号"上的工人送到礁石上的方法。

建造石砌的沉箱了。在 1883 年秋到 1884 年春这段时间里，
好几项工程内容是同时进行的。其中之一是确定了沉箱上每
一块石料的确切体积、形状和它最终放置的位置。制定完规
格后不久，建造者就选定了洪堡湾附近不远的马德河（Mad
River）沿岸的一家采石场为灯塔项目提供工程所需的花岗
岩。与此同时，工人们在洪堡湾北侧陆岬上开辟了一大片工
作和储存区域，石匠们在这里将原石削凿成最终需要的形
状。同样是在此期间，工人们还在陆岬岸边建造了一个码
头，完工的石块可以被送到这里装船然后被运往礁石。

正当巴兰坦期待着开始建造沉箱的时候，工程进度又被
拖延了。从 1884 年到 1886 年这三年间，灯塔委员会向国会   351
申请了 15 万美元来维持这个灯塔建设项目。不过深陷持续
经济萧条之中的美国本就财力衰微，1884 年几家银行破产
引发的一场席卷华尔街的金融恐慌更是加剧了这一困境。越
来越多的生意难以维系，政府的收入也大幅下降，因此国会
对于支出非常谨慎。结果是灯塔项目在 1884 年只收到了 3

万美元的拨款，1885 年收到了 4 万美元，1886 年则一分都没有。

因为灯塔委员会估计礁石上的一个工程季就需要耗费至少 7.5 万美元，所以在这三年里，暗礁上所有的作业几乎都暂停了。仅有的拨款都被用来让采石工人和石匠在大陆上准备石料，即便如此，在 1884 年和 1885 年，他们的工作量也很有限，到 1886 年更是彻底停工了。这样的情况让巴兰坦悲伤地感叹道："在长达四年的时间里，只有一个工程季，总共一百来天的日子被有效地用来在礁石上进行作业。"[51]

1887 年，随着经济状况的复苏，国会给灯塔项目拨款 12 万美元，工人们终于可以开始建造沉箱了。处理好的石块被大批装船运往礁石，其中有些重达 6 吨。这些石块被网子兜起来，靠起重机的巨大吊杆吊到码头上，然后再由小一些的起重机将它们逐一放置到恰当的位置。每块石料上都有编号，所以工人们很清楚哪块石头应该被放到哪里。为了增加强度，相邻石块之间还会以榫卯连接，榫（凸出的部分）要被插进卯（凹陷的部分）里，形成稳固的结构。上下层石块之间则依靠插在事先凿好的孔洞中的铜质销钉固定。最后，所有石块还要用水泥固定在一起，石块之间的空隙只有 3/16 英寸。到 1887 年工程季即将结束时，沉箱已经建到了 22 英尺高。

可想而知的是，1887 年这个工程季里自然也不会缺少戏剧性事件。在工人们忙着将石块放置到预定位置的过程中，几场大风给他们的工作增加了难度，更提高了危险性。礁石上几乎每天都要上演工人为了避免被巨浪卷入大海，冲

向轿厢紧急撤离的场景。巨浪的威力在 6 月的一场暴风雨中
得到了充分的体现。一块被放置在高出海面 30 英尺处的
3.5 吨重的花岗岩石块被海浪卷起，抛到更高处的工作台上
撞碎了。

参与圣乔治礁灯塔建造工程的工人们，拍摄于 1888 年前后。

　　在接下来的两年里，国会总计拨款 35 万美元，确保了
工程的全速推进。工人们用上了更大的起重机，还在礁石上
建造了更大的码头以方便卸载建筑材料。到 1888 年，巴兰
坦让工人们在礁石上建造了固定的住处，此时参与灯塔工程
的 52 名工人都可以住在这里。此前，工人们已经开始在礁
石高处的临时建筑里睡觉了，但是一旦天气状况转差，他们
还是必须使用轿厢返回停泊在附近的船上。如今有了坚固的
住所，轿厢和船就没有用了。工人们可以把更多的时间用在
建造工程上，提高了工作效率；遇到坏天气时，他们也能够
更快地返回安全地带。不过现实情况是，礁石上没有任何一
个地方可以被认为是真正安全的，尤其是当太平洋上风起云
涌的时候。1889 年 5 月，一场可怕的暴风雨袭击了礁石，

海浪拍打着工人的住处，让直径 2 英尺的木质横梁都颤动起来。还有一道特别凶猛的碎浪冲开了住处的大门，打着旋的海水一下冲了进去，有几名工人立刻被卷出了门外，他们不得不抓紧礁石才免于被冲进大海。巴兰坦这个永远保持镇定的苏格兰人在日记中提到了这次事件，他只是简洁地写道："虽然工人的住处已经建造得很坚固了，但它还是于 5 月某日凌晨 2 点被暴风雨破坏，没有人受伤，但有几名工人从自己的床上被冲了下去。"[52]

到 1889 年，使用了 1339 块花岗岩石块的沉箱基本上建好了，只剩少量的顶部铺平工作没有完成。因为 1890 年又出现了资金不到位的情况，所以灯塔塔身的建造工作是于 1891 年才开始的。这座四方形灯塔的第一块石料是在 5 月 13 日这天放下的，最后一块则是在 8 月 23 日砌上的。整个工程中唯一的因公殉职事件就出现在这段时间内。一个工人抓着吊货网的绳子，当货物从他头顶上方被吊走的时候，他没能及时放开绳子，结果被拖到了沉箱边缘，落到下面的礁石上摔死了。考虑到这里极端的天气状况，危险的爆破工作，空中索道上的疾速飞驰，还有无数块笨重的花岗岩被吊起、移动、放置到预定位置，整个过程中仅有一人丧命的事实足以证明 19 世纪晚期美国工程技术的卓越、巴兰坦的监管得当以及工人们的技艺精湛。

到 10 月 29 日，工人们在灯塔顶部安装了铁质灯室，完成了最后的收尾工作，灯塔终于彻底建成了。这可以说是神话传说一般的工程壮举。但是，正当工人们准备离开之时，圣乔治礁上出现了荷马才会创作的剧情。一场猛烈的暴风雨持续了一周多的时间，滚滚巨浪让沉箱和灯塔都颤动起来，工人们被困在了他们自己建造的建筑里。11 月 8 日暴风雨停歇下来，海浪也渐渐平息，松了一口气的工人们这才得以离开礁石，他们此时比以往更加确信，这座灯塔一定能够承受住任性的太平洋在此施予的任何挑战。

　　1981 年 12 月 1 日，灯塔上的浓雾警报开始工作，不过又过了将近一年的时间，为这里量身订造的一型菲涅耳透镜才从法国运来，并被安装到灯塔上。1892 年 10 月 20 日，灯塔第一次被点亮，从高出海面 146 英尺的灯室里发出的强光最远在 20 英里外都能够被看到。

354

圣乔治礁灯塔，拍摄于 1963 年前后。

　　从开始到结束，这座灯塔的建造工期几乎长达十年，总耗资 75.2 万美元，绝对是美国历史上建造过的最贵的灯塔。为了便于理解，可以参考 1886 年建成的自由女神像的造价，自由女神像连基座等全部设施在内才花了 60 万美元。[53]

第十三章
关于鸟和蛋

355　　描绘了即将撞进灯塔灯室的鸟群的雕版印刷品，创作于 1870 年前后。

灯塔守护人对于野雁飞过灯塔附近时发出的鸣叫声并不陌生，因为他们经常能听到。不过，1900 年 2 月 22 日的一个傍晚，在霍格岛灯塔（Hog Island Lighthouse）上值班的守护人突然意识到自己遇见的不是寻常的雁群飞越灯塔的情况。这座 150 英尺高的铁质骨架塔位于弗吉尼亚州东海岸一

第十三章　关于鸟和蛋

个将切萨皮克湾与大西洋分割开来的郁郁葱葱的半岛上。当
时守护人正坐在值班室里，他听到雁鸣的声音越来越大，甚
至到了震耳欲聋的地步。突然之间，灯塔就被野雁包围了，
空气中充满了它们撞碎玻璃的声音。守护人顺着楼梯冲上灯
室，想要看看发生了什么，迎接他的是一片混乱吵闹的景象： 356
一波接一波的野雁和野鸭正持续不断地从窗户冲进灯室。

　　值班守护人通知了其他守护人，他们纷纷拿着霰弹枪赶
来。在接下来的一个半小时里，几名守护人不停地通过射击
来抵挡这场空中袭击，直到子弹用光。第二天早上，灯塔看
起来就像战场一般，地面上全是散落的弹壳，灯塔周围的地
面上和灯室外的平台上有大概 68 具鸟类尸体。大部分鸟是
由于自己撞向灯室的玻璃或金属部件，遭受了钝器损伤而丧
命；有一部分是被碎玻璃割伤了要害部位；剩下的一部分则
是被子弹打死的。

　　几名守护人刚刚集中处理完所有尸体，另一波袭击又开
始了，此时距离第一次袭击仅仅过了三个晚上。因为守护人
们在抵挡第一次袭击时已经用光了所有子弹，所以这次他们
只能举着棍子站在平台上把鸟赶走。然而越来越多的鸟持续
朝灯塔飞来，其密集程度迫使守护人进入灯塔躲避这些向着
他们冲来的飞禽导弹的袭击。等到他们从自己的临时碉堡里
出来之后，他们发现这次的伤亡比前一次还要惨重，灯塔附
近散落的受伤或已经死去的鸟足有 150 只。[1]

　　是什么让鸟类做出这样自我毁灭的行为至今仍是个谜。
有些人认为是灯光使它们失明或失去方向感，所以它们才会
飞进灯室；或者是它们受灯光吸引，就像飞蛾扑火一样主动

飞向光源。考虑到鸟类袭击的时间之长，以及整个过程持续不断的特点，有没有可能是这些鸟出于某种不为人知的原因，以灯塔为目标发动了攻击？实际上没人知道这种奇怪的袭击的原因，即便是到了今天，我们依然不能确定各种鸟为什么总是会与灯塔发生碰撞。[2]

357　　灯塔位置无疑是一个关键的因素。美国所有的灯塔几乎都位于北美洲四条候鸟迁徙路线之中的某一条上——这四条路线分别是太平洋迁徙线、中部迁徙线、密西西比迁徙线和大西洋迁徙线（夏威夷群岛和那里的灯塔位于中太平洋迁徙线上）。这些迁徙路线是鸟类往返于夏季的繁殖地和冬季的觅食地之间时习惯采用的飞行路线。结果就是，有无数候鸟要从灯塔上方或旁边飞过，甚至还有些会在灯塔周边的地方捕食或筑巢。虽然绝大部分的鸟能够避开灯塔，不受影响地按照自己的路线飞行，但会朝着灯塔撞来的鸟的数量也不少，而且这种撞击往往是致命的。为了避免遭受鸟类空袭，灯塔委员会和灯塔服务局都会在易受影响的灯塔的灯室周围安装保护性金属铁丝网，不过依然会有鸟向这里飞。

　　许多年来，很多观察者都评论过这种奇怪且令人不安的行为。诗人及散文家西莉亚·萨克斯特非常喜爱灯塔和鸟类。她对于二者之间过于频繁的致命接触感到十分绝望。"灯塔对于人类大有益处，对于鸟类来说却是毁灭者，"她在自己于1873年出版的作品《浅滩岛之间》（*Among the Isle of Shoals*）里写道，"鸟类进行迁徙时，有大批个体会［因为撞上玻璃窗而］丧命，这种情况在春天最常见，秋天也偶有发生……想到这一点让我感到很难过。"[3]

第十三章　关于鸟和蛋

著名科学家，后来成为史密森尼学会秘书的斯潘塞·富勒顿·贝尔德（Spencer Fullerton Baird）在 1876 年 10 月的一个有风的夜晚爬上了哈特勒斯角灯塔，亲眼看见了萨克斯特提到的那种惊人的情景。"天一全黑，"贝尔德写道，"我就看到成千上万的小鸟在灯塔的背风处环绕飞行。这个场面很壮观，灯塔的透镜稳定地旋转着，投射出耀眼的光线。一旦灯光打在靠近灯塔背风处盘旋着寻找庇护所的鸟身上，它们就会顺着光朝灯室飞去，最后与灯塔碰撞时用力之猛足以使它们当场毙命。有时候灯塔四周全是鸟，在光线中闪烁的群鸟看起来就像满天繁星或飞驰的流星一般。"[4] 距贝尔德估计，这一个晚上就有接近 500 只鸟死去。

守护人当然是最近距离接触这些以毁灭为飞行终点的鸟群的人。他们的工作日志和书信中也常有关于鸟类袭击灯塔事件的评述。比如，1920 年 12 月，撒切尔岛灯塔的守护人就描述了一群野雁猛撞双子塔之一的情况。[5] 五只鸟因撞击死亡，三只鸟在撞碎两块玻璃窗后进入灯室，严重损毁了菲涅耳透镜上一些贵重的棱镜。此类事件既令人难过又惹人厌烦，因为这不仅会给守护人增添清理血淋淋的鸟类尸体的工作，更可能破坏灯塔设施，由此引发的修复工作不仅费时，还有可能花费不菲。不过，也有一些守护人对鸟类撞上灯塔表示欢迎，19 世纪末至 20 世纪初在缅因州布恩岛灯塔当守护人的威廉·C. 威廉斯（William C. Williams）遇到的就属于这种情况。

19 世纪晚期某一个感恩节的前几天，威廉斯正在发愁自己该为即将到来的节日晚宴准备些什么。在过去的几周里，无论是他本人还是他的助手都没有机会到大陆上去，他

358

443

1887 年 10 月 15 日发行的《弗兰克·莱斯利的插图报》的封面，描绘的是自由女神像手举的火炬引发大量鸟类死亡的情景。原图的说明文字称一个晚上就有 1375 只鸟丧命。

们的食物储藏室已经空了。这天晚上，威廉斯一边在值班室值班，一边思考着自己该怎么办。就在这时，他突然听到外面有撞击声，仿佛是有什么东西在捶打这座建筑。他打开门出去查看，结果发现灯塔平台上躺着四只已经断气的黑

鸦。但是，他相信仅仅四只黑鸦不可能制造出那么大的动
静，于是他又下到灯塔底部，果然在那里又发现了四只。有
了这些名副其实的上天赐予的礼物，布恩岛灯塔上的人们在
当年感恩节享用了一顿近年来最美味、最丰盛的大餐。[6]

　　守护人的特殊身份让他们不仅能亲眼看到这些撞击，还
能帮助科学家研究鸟类的习性并收集样本。鸟类学家很清楚
灯塔在鸟类死亡事件中扮演的角色，所以有些学者干脆和灯
塔守护人一起工作以获得有用的数据。后来参与创立美国奥
杜邦学会（National Audubon Society）并担任学会第一任主
席的威廉·达彻（William Dutcher）对于长岛上的鸟类非常
感兴趣。19 世纪 80 年代，达彻是美国鸟类学家联合会
（American Ornithologists' Union，AOU）的官员，当时他与长
岛当地的一些守护人建立了联系，并从他们那里得知了于
1887 年 9 月 23 日发生在法尔岛灯塔的超大规模鸟类死亡事
件。该灯塔的守护人 E. J. 尤德尔（E. J. Udall）给达彻写
信，告诉他"有大批……沿着大西洋向南飞行的鸟"在夜
晚的时候经过灯塔，最后灯塔脚下出现了 595 具鸟的尸体。[7]
尤德尔还把所有死鸟都给身在纽约市的达彻送去，让他作为
研究之用。达彻在其中发现了 25 个鸟类物种，包括一只棕
榈林莺的雌性西部品种，在此之前，尚无记录证明长岛出现
过这种鸟。

　　在美国生物调查局（United States Biological Survey）工作
的鸟类学家威尔斯·伍德布里奇·库克（Wells Woodbridge
Cooke）因其在鸟类迁徙和分布问题上的研究而闻名。1904

年，库克盛赞了佛罗里达州南部的灯塔守护人为协助他研究鸟类迁徙活动做出的宝贵贡献。他总结说："对鸟类沿美国南部边界迁徙活动研究的最大补充，来自佛罗里达州南部海岸外灯塔上关于鸟类袭击灯塔事件的记录。"[8]位于佛罗里达群岛中部一片大多数时间里都藏于水下的暗礁上的松布雷罗岛灯塔（Sombrero Key Lighthouse）的守护人之一，就是库克所指的记录员和通信者的典范。这名守护人花了很多时间统计撞向这座骨架塔的鸟类的数量，并确认它们的品种，然后把自己的报告寄到华盛顿供专家研究。在五年的时间里，这名守护人提供了数量惊人的 1816 份报告，涵盖了 2011 只鸟的死亡案例。不过，也不是所有撞击都必然导致死亡。守护人还注意到有超过 10000 只撞上灯塔的鸟只是晕了一会儿，醒过来之后还可以继续自己的迁徙之旅。后来生物调查局通过在鸟身上捆绑标记带来追踪它们的行动，守护人也参与了这项工作，他们会检查在灯塔丧命或受伤的鸟身上有没有此类标记带，然后将标记带取下寄给调查局。[9]

除了收集鸟的尸体之外，有些守护人还会采取措施保护活着的鸟。19 世纪，特别是 19 世纪下半叶被人们称为"灭绝时代"，令人遗憾的是这个叫法名副其实。数量惊人的动物被人类以各种目的屠杀，有些是为满足因人口增长而日益扩大的对食物的需求，有些是为满足人类时尚潮流的需求，还有些发生在仍然被视为休闲娱乐的打猎杀生中。仅野牛这一种动物被屠杀的数量就达到了几千万头。鸟类遭受的创伤同样巨大，那些紧跟市场动向的猎人造成的影响尤为严重。

他们专以交易野生动物为业，会毫无顾忌地杀死野鸭、野雁和其他可猎取到的禽类，然后把狩猎成果卖给商店和餐馆作为食用肉。在一个特别令人发指的案例中，1893 年，一个独自狩猎的猎人在一天之内就在切萨皮克湾里打死了超过 5000 只野鸭。[10]紧跟市场动向的猎人还会为获得漂亮的羽毛而杀死大量鸟类。这些羽毛都会被用来装饰女性的帽子，当时的人对于这样的装饰物非常热衷。1886 年，弗兰克·查普曼（Frank Chapman）在纽约最时髦的商业区里散步时观察到：700 顶帽子中有 542 顶装饰了各种各样的羽毛，至少涉及 40 种鸟。[11]捡蛋人对于鸟类来说也是一个极大的威胁，他们会收集鸟蛋拿去卖。对于北极海鹦这样的鸟来说，它们遭受的威胁是全方位的——人们会拔它们的羽毛、吃它们的肉，还要抢走它们的蛋。

　　从 19 世纪晚期起，美国兴起了各种保护主义运动，野生动物终于开始被视为是值得保护的了。很多州在当地的奥杜邦学会和其他鸟类观察组织发起的群众游说的鼓励下，开始颁布鸟类保护法以禁止对鸟类的大规模屠杀。联邦政府也采取行动进一步提升了此类法律的影响力。于 1900 年 5 月 25 日通过的《莱西法案》（Lacey Act）禁止跨州运输在违反各州法律的情况下猎杀的野生动物，鸟类也被包括在内。不过，这些法律没有得到很好的执行。虽然有些州雇用了狩猎监察员，但还是有很多地方只是在最低限度地执行这些规定，或者干脆不执行。鉴于此，私人鸟类协会挺身而出，试图填补这种无人监管的真空，这其中还少不了灯塔守护人提供的关键协助。

361

  1900 年，身为热诚的动物保护主义者以及颇具感召力的领袖，达彻推动了一个由美国鸟类学家联合会资助的项目，内容是使用私人捐赠的资金来雇用狩猎监察员，在鸟类繁殖期内保护东部海岸上的海鸟，尤其是燕鸥和海鸥，因为它们的羽毛在女帽行业内是价格极高的交易对象。大多数此类监察员与灯塔并没有什么关系，不过存在少数一些例外。因为很多燕鸥和海鸥的栖息地位于灯塔附近，所以达彻接触了灯塔委员会，提议让灯塔守护人兼任狩猎监察员。委员会批准了这个提议，在接下来的几年里，有少数几位守护人承担了有报酬的狩猎监察员的工作，还有一些则自愿免费提供帮助。灯塔委员会对这些守护人的唯一限制就是不能因为鸟类相关的工作而影响他们在灯塔上的本职工作。[12]

  这种方法的结果非常令人满意。以缅因州富兰克林岛灯塔的守护人乔治·波特尔（George Pottle）为例，他所在的这座 45 英尺高的圆柱形砖砌灯塔位于佩马奎德角和克莱德港（Port Clyde）之间，所以波特尔能够密切关注到邻近的三个岛上的燕鸥栖息地的状况。在项目实行的第一年，波特尔向达彻汇报说有一次自己制止了一个猎人开枪打鸟，还有十次制止了人们捡拾鸟蛋。更令人高兴的是，在繁殖季结束时，波特尔估计在这三个栖息地进行繁殖的成对燕鸥比前一年多了 1000 对。[13]美国鸟类学家联合会在狩猎监察员项目上的成功促使好几个州的奥杜邦学会纷纷效仿，有些地方也雇用了灯塔守护人为监察员。[14]

  灯塔委员会不仅真心支持守护人兼职狩猎监察员，而且鼓励所有守护人都尽自己所能保护鸟类。1900 年，委员会安排各个区域的委员会官员给所有灯塔守护人发去一份提醒他们遵守各州狩猎法律的宣传单，这同时也是为了向他们灌输一种"保护鸟类的精神，即无论是受到猎捕的鸟类，还是其他鸣禽，所有鸟类的生命都是值得保护的"。[15]两年之后，委员会将保护鸟类的指示正式写进了他们发给守护人的官方工作手册中，还补充说如果守护人发现有人违反狩猎法律，应当立即举报。[16]

1905 年美国国家奥杜邦学会成立之后，达彻成了第一任主席，他把自己在美国鸟类学家联合会时创立的狩猎监察员项目引入了奥杜邦学会。在随后几年里，奥杜邦学会指定的不少狩猎监察员都是灯塔守护人，这些人选并不局限于在东海岸的灯塔上工作的人，有一些在墨西哥湾沿岸，还有一些在五大湖区。这些监察员保护了大量的鸟类，尤其是那些极其容易受到羽毛猎人和捡蛋人侵害的鸟。随着越来越多鸟类保护法的通过，各州和联邦政府在执行法律方面也加大了投入力度，奥杜邦学会狩猎监察员存在的必要性逐渐降低，最终都被政府委派的狩猎监察员取代了。灯塔守护人不再作为狩猎监察员的具体时间无法确定，但起码在 1930 年，马蒂尼科斯岩灯塔的守护人还在接受奥杜邦学会的雇用。[17]

关于灯塔和鸟类的最具戏剧性的故事大概要数发生在加利福尼亚州费拉隆岛灯塔的鸟蛋事件了。[18]灯塔所在的南费拉隆岛正是可以带来丰厚利润的崖海鸦蛋的捡拾地。从 19 世纪 50 年代晚期到 60 年代初期，人们一直在为对这片地区的控制权而争斗。① 太平洋蛋业公司一直表现得像自己拥有这座岛的所有权一样，还宣称自己的所有者身份是受到州政府承认的。公司确信自己拥有在这里捡拾鸟蛋的独家权利。为了使捡蛋人在岛上的作业更有保障，公司为这个岛修建了登陆设施和道路，还在岛上建造了员工住处。虽然也有竞争群体常常来岛上偷捡鸟蛋，有时候甚至会与公司员工发生暴力冲突，但是太平洋蛋业公司在这个行业中的统治地位还是极为稳固的。涅尔瓦·瓦恩斯（Nerva Wines）在 1855 年至 1858 年担任费拉隆岛灯塔上的首席守护人，他对于人们在岛上捡蛋的事没有任何意见，因为据当时一个观察者说："他本人就持有太平洋蛋业公司的股份，而他唯一关心的是自己能不能按时得到分红。"[19]

363

到 1859 年夏天，詹姆斯·布坎南总统签署了行政命令，宣布费拉隆群岛归联邦所有，而且只能用于灯塔相关活动。尽管宣称了所有权，政府却没有采取任何措施来驱逐蛋业公司或对公司的活动做任何限制。不过接替瓦恩斯成为费拉隆岛灯塔首席守护人的阿莫斯·克利夫特（Amos Clift）将联邦政府宣称所有权的表态看作对于他自行采取行动的号召。既然这些岛都为联邦政府所有，克利夫特认为自己作为联邦雇员有权接管这项利益丰厚的鸟蛋交易。1859 年 11 月，他给自己在康涅狄格州的兄弟写信，说他希望公司的人很快就会被从岛上赶走，然后他就可以得到自己理应拥有的利益了。"我希望能够独占鸟蛋交易，哪

---

① 关于这场争斗的背景以及崖海鸦蛋贸易的内容可参见本书第七章。

怕只有一个繁殖季也好，"克利夫特写道，"那时候就要换政府来'巴结我了'。"[20]

在克利夫特给兄弟写信的同时，岛上的情况也变得更充满火药味了。旧金山的《上加州日报》（*Daily Alta California*）报道说由一群捡蛋人组成的一个与政府敌对的团体已经控制了部分南费拉隆岛，破坏了政府道路，还"划出了领地界限，并竖起标志牌警告灯塔守护人一旦越界就可能有性命之忧"。[21]到了 1860 年的繁殖季，紧张的气氛进一步加剧。如报纸上报道的那样，太平洋蛋业公司和其敌对方"全副武装地对峙着，呼气时吐出的都是对对方的蔑视"。[22]随身带着枪的蛋业公司员工甚至一度命令所有灯塔守护人离岛，不过无论是出于对于灯塔的责任感，还是对于通过捡蛋牟利的期望，守护人们并没有被吓到，而且拒绝离开。

在这一时期，克利夫特又给他的兄弟写信说："蛋业公司和灯塔守护人正处于交战状态……公司想尽办法要把我赶走，但是至今没有得逞。现在我已经下定决心，只要我还在这里，我就要把蛋业公司'扫地出门'。"[23]然而，最终被迫离岛的并不是蛋业公司，而是克利夫特。1860 年 6 月，委员会因克利夫特存在"不恰当的……想要垄断并分包捡蛋权利的想法"而解雇了他。[24]

围绕着鸟蛋而起的纠葛在 1863 年春末发展到了高潮顶点，另一个竞争群体在此时向这座岛发起了猛烈的攻击。6 月 3 日晚间，三条共载了 27 名携带着武器的意大利渔民的小船在一个名叫大卫·巴彻尔德（David Batchelder）的人带领下，驶入了东南费拉隆岛的费希尔曼湾（Fisherman's Bay）。

364

公司的员工于是也带上武器前去与闯入者正面对峙。蛋业公司一方的工头名叫艾萨克·哈林顿（Isaac Harrington），他告诫巴彻尔德带着他的人离开，还说如果他们试图登陆，就会"面临危险"。[25]巴彻尔德则回应说"等到了早上，他无论如何也要登陆"。[26]

巴彻尔德的三条船在破晓之后不久就开始向岸边移动。随着船距离岸边越来越近，巴彻尔德的队伍中突然有人大喊："该死的，不要开枪！"[27]关于接下来究竟发生了什么是存在争议的。双方都宣称是对方先开枪的。不管战斗是如何爆发的，其过程确实是短暂且激烈的，并造成了伤亡。在短短15分钟之内，公司员工爱德华·珀金斯（Edward Perkins）被射穿腹部，躺在地上一命呜呼；船上人员中也有五人受伤。这样的杀戮足以让巴彻尔德放弃战斗，掉转船头返回旧金山。他们这伙人里有一个成员颈部中弹，后来在当地医院里经救治无效死亡。[28]

1863年的鸟蛋争夺战结束了。巴彻尔德被判过失杀人罪，要进监狱服刑，不过在他上诉后这个判决被推翻，他被释放。[29]至于蛋业公司方面，捡蛋人不惜代价保卫自己利益的架势吓跑了其他竞争对手，确保了公司对岛上的捡蛋活动的垄断。这种垄断一直持续到1881年5月，造成公司最终败落的原因是它的狂妄自大，和关于岛归自己所有便可以为所欲为的固执信念。

到19世纪70年代晚期，公司通过捡蛋获取的利润已经远远不及往年。部分原因在于几十年来无所顾忌的捡蛋活动造成了崖海鸦数量锐减，公司每年收集的鸟蛋数量已经从近

365

100万枚下降到不足20万枚。除了鸟蛋的数量大幅下降之外，市场对于鸟蛋的需求也下降了。西海岸的鸡的数量逐年上升，鸡蛋产量也越来越多，给口味越来越挑剔的人们提供了更好的选择。12个崖海鸦蛋原本能卖到1美元，此时能卖到25美分都算高价了。随着利润的下降，公司决定寻找其他生意机会。为了实现这个目的，1879年，公司把在费拉隆群岛上猎捕海豹、海狮，以及建造将海狮和海豹的脂肪提炼成油的设施的权利出租给了另一家公司。

这样的举动让灯塔委员会怒不可遏。委员会一直主张东南费拉隆岛归政府所有，太平洋蛋业公司根本没有权利到这里来。如今，公司竟然将岛的一部分租赁出去，这种行为显然太过分了。公司有什么权利把根本不属于自己的东西租出去呢？到1880年，在岛上开展的炼油活动让委员会更加忍无可忍。腐烂的海豹尸体和烧灼皮肉的过程都会发出令人作呕的恶臭，但委员会更担心的是炼油产生的烟雾，已经有守护人抱怨说这些烟雾遮挡住了灯塔的灯光。与此同时，公司又采取了令局势更加紧张的措施。依照惯例，守护人有权在岛上捡蛋以供自己食用，但是如今公司连这项权利也剥夺了。当一名助理守护人去捡蛋的时候，公司员工袭击了他。蛋业公司甚至要求守护人关掉浓雾警报以免吓跑岛上的鸟。

公司的所有放肆行径终于让政府下定了依法驱逐蛋业公司的决心。1881年5月23日，联邦法警A. W. 普尔（A. W. Poole）带领21名全副武装的士兵，乘坐灯塔的"曼撒尼塔号"补给船来到岛上下达驱逐通告。[30]只有一个名叫拉弗·伍德（Luff Wood）的捡蛋人不愿离开，他是公司的一名看管员，已经在岛上生活了十多年。对他来说这里就是自己的家，伍德乞求让自己留下，但是被礼貌地拒绝了。根据另一个捡蛋人的叙述，大部分人其实是松了一口气的："我们乘着船离开了那些暴露在狂风中的礁石、荒凉的岩洞、翻滚的海浪、令人畏惧的峡谷、海鸟、鲍鱼、野兔和让人沮丧的小木屋……我们的船在如镜面一般的海面上起起伏伏，所有人都心情大好，随着费拉隆群岛被抛在身后，离我们越来越远，我们眼前的景色都变得美好起来……旧金山捡蛋人占领费拉隆群岛的最后日子就这样结束了（不再有利益可言）。"[31]

366

虽然捡蛋公司离开了，但捡蛋活动并没有就此停歇。渔民和灯塔守护人往往会相互配合，继续捡拾并销售崖海鸦的蛋。虽然鸟蛋的价格还在持续下跌，但守护人们仍然将这项副业视为弥补工资不足的好办法。最终，灯塔委员会在加利福尼亚州科学院（California Academy of Sciences）和美国鸟类学家联合会的督促下彻底禁止了捡蛋行为。这两个机构对于在费拉隆群岛上筑巢产卵的海鸟数量急剧下降这件事极为担忧，而这样的结果就是由几十年来人们贪婪地捡拾鸟蛋造成的，其中受到影响最严重的是崖海鸦，但是其他鸟类也没能幸免。1896 年 12 月，委员会颁布了禁止守护人"以任何形式参与在岛上捡拾及售卖野生鸟类鸟蛋活动"的禁令。[32] 守护人虽然不能再售卖鸟蛋，但是在随后很多年里，他们依然会出于个人食用目的捡拾鸟蛋。在岛上进行的出于商业目的的捡蛋行为，最终因为鸟蛋价格的持续下跌及联邦政府进一步限制人们前往鸟类筑巢区域才正式宣告终结。今天的费拉隆岛灯塔及整个费拉隆群岛都属于费拉隆国家野生动物保护区（Farallon National Wildlife Refuge）的一部分，由美国鱼类及野生动物管理局（U. S. Fish and Wildlife Service）负责管理。这片受到完善保护的群岛是阿拉斯加以南规模最大的海鸟繁殖地，如今有大批健康状况良好、数量不断上升的崖海鸦。

　　虽然费拉隆岛灯塔的个别守护人行为不端，但是在19世纪晚期到20世纪初期这段时间里，鸟类与灯塔守护人通常维持着一种和谐共存的关系，即便是在灯塔本身常常给鸟类带来毁灭性危害的情况下。灯塔守护人，特别是那些担任过狩猎监察员的守护人都以一种不起眼，但是意义重大的方式为美国保护主义思潮的盛行做出了贡献，由此受益的不仅有鸟类和以它们为不可分割的部分的自然环境，更有整个社会的品格和福祉。

第十四章
残酷无情的狂风

1938 年大飓风期间，海浪拍打在马萨诸塞州伍兹霍尔的防波堤上。

飓风是灯塔守护人面临的职业危害之一，位于东海岸和墨西哥湾地区的灯塔守护人更是深受其苦。有些飓风因为造成的破坏之严重而在灯塔历史上留下了引人注目的记录。关于这种灾难侵袭佛罗里达群岛的最早记录出现在 1846 年 10 月。[1]这场飓风摧毁了位于基韦斯特和桑德基的灯塔，当时正在灯塔中避难的 20 人因为被洪水冲走而丧命。1906 年 9 月登陆墨

456

第十四章　残酷无情的狂风

西哥湾沿岸的飓风摧毁了密西西比州的伯恩湖灯塔（Lake Borgne Lighthouse）和霍恩岛灯塔（Horn Island Lighthouse），也给包括亚拉巴马州的桑德岛灯塔在内的其他灯塔造成了严重损坏。[2]狂风骤雨还导致两名守护人及他们的三名家属遇难。1938年在美国东北部海岸肆虐的飓风可以算作最令人难忘的"灯塔"飓风，它之所以令人无法忘怀不仅是因为它造成的损害之大，更在于它带给那些不幸遇难及侥幸生还的人的影响之深。

那天，常常被朋友们昵称为"芭比"的埃德温·S. 巴布科克（Edwin S. Babcock）身心疲惫，只想快点回到家中。他在大陆上经营着一个名为"芭比服务中心"的综合性服务中心，里面有杂货店、加油站、餐馆，还提供小屋租赁服务。除此之外，他还是普拉姆海滨灯塔（Plum Beach Lighthouse）的替补守护人。这座火花塞形状的铁质灯塔建成于1899年，位于纳拉甘西特湾西航道的中心位置，介于罗得岛的北金斯敦（North Kingstown）与詹姆斯敦之间。芭比已经在灯塔上工作三天了，1938年9月21日下午正是他要离开的时候。2点30分左右，他跟助理守护人约翰·甘兹（John Ganze）道了再见，登上了灯塔的平底小船，开始向大约半英里之外的陆地划去。[3]

虽然芭比很想返回妻子和女儿身边，他的生意也需要他回去打理，但是他完全无法应付此时呼啸的狂风和波涛汹涌的海面。所以出发之后没多久，芭比就掉头返回灯塔了，即使是这一小段距离也让他费了不少力气。甘兹和芭比把小船系在灯塔码头的铁栏杆上，然后向南看了看海湾出口处，发现

3 点出发的渡轮正从詹姆斯敦驶向桑德斯敦（Saunderstown）。不过渡轮不但没有全速前进，反而可以说是寸步难行。

担心天气状况会迅速恶化，甘兹和芭比对灯塔进行了各种加固，他们锁上了门，紧闭了窗子和观察孔。等他们再看向海湾出口的时候，能见度已经差到根本看不见渡船了。如果他们能够看清，就会发现一个不同寻常的情况：渡船正在掉头返回。还没有走完近两英里的水道的一半时，船长就意识到天气状况已经恶劣到不能再前进了，他于是把船开回了詹姆斯敦。

369　　无论是甘兹和芭比还是渡船船长此时都不知道，1938年大飓风正在朝他们逼近。[4]实际上，纽约州或新英格兰南部地区整条海岸线上的人在飓风来袭之前都对此毫不知情，但等他们知道的时候，想躲避也来不及了。在飓风沿着东部海岸线向北疾速推进的时候，预报能力还非常有限的美国气象局（后来的国家气象服务局）实际上预测此次飓风不会登陆，而是将减弱并转向北大西洋的冰冷海域。就在飓风侵袭东北部沿岸时，该地区接到了强风预警，不过因为强风在当地较为常见，所以并没有引起什么警觉。人们没有接到要为最坏的情况做准备的提醒。

然而，飓风推翻了所有预告。它不但没有安全地进入海洋，反而突然转向了海岸线，在长岛的萨福克县（Suffolk County）登陆。这次飓风的速度比以往任何飓风的都要快，达到了时速 60 至 70 英里，而且它的威力还在不断增强，速度也越来越快。飓风以令人无法想象的 121 英里每小时的速

第十四章　残酷无情的狂风

度席卷了新英格兰南部，瞬时风速甚至高达 186 英里每小时。飓风来袭的时机糟得不能更糟了。当时不仅是满潮期，还刚好赶上秋分，也就是月亮运行到离地球最近位置的时候，因此产生的格外强大的引力引发了当年水位最高的潮水，再加上强风的作用，就形成了惊人的风暴潮。飓风还在很大程度上摧毁了当地包括电话和电报线路在内的通信系统，以至于最先遭到袭击的地方无法警告飓风的下一个目的地，所以所有人对于这场突然来袭的大灾难都是同样的毫无准备。

甘兹和芭比在尽最大努力确认所有东西都被固定之后，就回到了厨房。厨房的位置和环绕着灯塔的平台在同一层，这里比平时满潮的潮水高度高出足足 10 英尺。然而这一天的海浪很快就爬上了平台，为了躲避迅速上升的海水，两个³⁷⁰人沿着灯塔的螺旋铁楼梯爬上了更高一层的守护人住处。甘兹和芭比上去的时候只带了一瓶水、一台收音机，以及一小瓶威士忌，两人很快就都大喝了几口酒来放松自己绷紧的神经。不过，随着飓风的威力越来越强，海水上升的速度也越来越快。当海水涌进他们所在房间的窗户时，两人又继续向上爬了一层来到甘兹的房间。

芭比已经吓坏了。虽然这片地区以前也遭遇过暴风雨，但是眼下这一场似乎比以往他经历过的暴风雨都危险。甘兹没有芭比那么担忧。虽然甘兹只有 29 岁，但是他担任灯塔守护人已经超过十年了，他守护的上一座灯塔是罗得岛上的萨康尼特角灯塔（Sakonnet Point Lighthouse），那也是一座沉箱式火花塞状灯塔，四周都被海水围绕。甘兹安慰芭比说自己在萨康尼特角经历过比这更猛烈的暴风雨，最终都能安然无恙。不过在这一天结束之前，甘兹就不会再这么认为了。

在无情的狂风和海浪的打击下，两个人都感觉到灯塔晃动得越来越剧烈。他们还从观察孔里看到有房屋的残骸、小船和树木在海面上忽远忽近地漂浮着。此外，他们还听到了更不吉利的声音从灯塔下方传来，厨房门和下面几层的窗子已经被汹涌的波涛冲开，大量的海水灌了进来。最后，他们还从观察孔里看到属于灯塔的两条小船也被冲跑了，不一会儿就消失得无影无踪。

甘兹和芭比此时已经没有任何后路。灯塔内的水位上升得很快，外面的海浪高度也还在继续上涨。他们所在的位置以上仅剩两层——浓雾警报器机房和最顶上的灯室。他们决定不去灯室，因为那里直接暴露在狂风暴雨的袭击中，所以两人进入了浓雾警报器机房，并把那里当成最后的阵地。甘兹拧紧了通往灯室的铁制活板门螺栓，然后既是认命也是绝望地将自己和芭比背靠背系在一起，再把绳子的另一头拴在房间中心的金属柱子上，柱子里是为转动灯塔的四型菲涅耳透镜提供动力的铅锤。根据多年后采访了甘兹的历史学家劳伦斯·H. 布拉德纳（Lawrence H. Bradner）的说法，这两名守护人当时的想法是："如果灯塔如他们担心的那样被冲跑了，那么他们两人的尸体至少能够被一起发现。"[5]

371　　随着强风的威力越来越大，海浪也越掀越高，几乎升到了这座 54 英尺高的建筑顶部，突然间灯塔在一道像一面墙一样巨大的海浪的冲击下剧烈晃动起来。与此同时，灯塔内部的气压急剧下降，据甘兹回忆，当时灯塔内部的水泥墙开

第十四章　残酷无情的狂风

始"像蛋壳一样"裂开。[6]担心灯塔可能会被向内挤压至爆裂的两人于是解开身上的绳子，打开了下层房间墙上的观察孔，让灯塔内外的压力趋于一致。之后两人又返回浓雾警报器工作间，这一次他们没有再把自己系起来，而是找到能抓的东西牢牢抓紧。在整个过程中，每次有大浪袭来，灯塔都会颤抖并发出嘎吱嘎吱的响声。在很多年后再回想起那一刻时，甘兹说："如果那种情况多持续10分钟，我们可能就都没命了！"[7]

当时的甘兹和芭比还不知道，最糟糕的时刻已经过去了。到21日傍晚，狂风和大浪都转弱了，海湾涨起的海水也开始退去。到第二天早上，灯塔受到的破坏清楚地摆在了守护人眼前：所有房间都一片狼藉，守护人的大部分财物被冲进了水中。铁制的煤炉曾经被海水冲得在房间里滚来滚去，主平台上的栏杆不是扭曲变形就是干脆被扯断了，铺就平台地面的水泥也大多被冲跑了。用最重达到4吨的大圆石堆成的石基，也就是灯塔的碎石保护带也已经移位，部分石块被彻底冲跑了。在灯塔的铁制外壳上还能看到很多显而易见的裂纹。

虽然芭比和甘兹熬过了飓风，但是他们的苦难还没有完结。两人此时没有水也没有食物，只能盼着有人前来营救，然而他们从早等到晚也没有等来希望的结果。芭比和甘兹原本以为灯塔委员会[①]或海岸警卫队一定会来把他们接走，可

---

① 此处可能是作者笔误，此时灯塔委员会已经被灯塔服务局取代。——译者注

是谁也没有来。在大陆上的芭比的妻子和女儿担心最坏的情况已经发生，她们恳求警察派一艘小船到灯塔上确认守护人们是否还活着，警察虽然满口答应，但没有付诸行动。在此时挺身而出的是两个二十出头的本地青年：吉姆·库克和查理·库克兄弟（Jim and Charlie Cook）。在芭比的妻子和女儿向他们说明自己的困难之后，兄弟俩当晚就划着一艘 14 英尺长的捕蟹船朝灯塔出发了。晚上 11 点刚过，也就是在飓风席卷这里超过 24 小时之后，他们带着芭比安全返回岸上；甘兹则决定留在灯塔上等待第二天的进一步救援。

惠尔礁灯塔的助理守护人沃尔特·埃伯利（Walter Eberle）就没有这么幸运了。[8] 这座火花塞形状的灯塔也位于纳拉甘西特湾入口处，距离普拉姆海滨灯塔不远。芭比和甘兹在 9 月 22 日早上检查灯塔损毁状况的时候朝海湾方向看了看，结果看到了一幅令人震惊的景象。惠尔礁灯塔的整个铁质塔身已经不见了踪影，剩下的只有原本支撑着塔身的沉箱，看起来就像一棵参天大树被从根部砍断之后剩下的树桩。

埃伯利是一名有二十年海军服役经历的退伍老兵，他被任命为惠尔礁灯塔的助理守护人才不到一年。他的妻子和六个孩子就生活在附近的纽波特。9 月 21 日早上，埃伯利感觉到天气状况正在恶化，于是就比平时更早一些出发去接替首席守护人丹·沙利文（Dan Sullivan）。我们可能永远也无法知道惠尔礁灯塔在飓风中战败的具体时间了，但最可能的情况是就在普拉姆海滨灯塔受到像一堵墙一样巨大的海浪袭击的那个时刻；因为甘兹和芭比后来回忆说，在暴风雨刚刚结束的时候，他们就已经看不到惠尔礁灯塔的灯光了。埃伯利的家人忍受了充满担忧、焦灼的漫长一夜之后，终于在早上 5 点 30 分接到了电话，接电话的是埃伯利的妻子阿格尼丝。沙利文告诉她"灯塔被冲跑了"，沃尔特的尸体一直没能找到。[9]

　　在纳拉甘西特湾更北部的普鲁登斯岛灯塔（Prudence Island Lighthouse）上也发生了充满戏剧性的故事。[10]1852 年建成的这座八角形花岗岩建筑位于海湾的中心。乔治·T. 古斯塔夫斯（George T. Gustavus）成为灯塔守护人已经很多年了，他在 1937 年被任命为普鲁登斯岛灯塔守护人之前在六座灯塔上工作过。9 月 21 日下午，他和自己的妻子及 14 岁的儿子埃迪正待在灯塔守护人的住处里，突然听到有人疯狂敲打前门。古斯塔夫斯一开门，灯塔的前任守护人马丁·汤普森（Martin Thompson）立刻冲了进来。汤普森住在距此不远的一栋被他命名为"避风港"的小木屋里。和汤普森一起来的还有一对姓林奇的夫妇。这对夫妇原本是到岛上度假的，此时他们和汤普森一样想找个安全点的地方躲过暴风雨。马丁相信守护人的住处是附近最安全的建筑，他曾经在这里生活了二十五年，确定"它能够抵挡任何冲击"。

　　海水很快就冲向了房子的外围并涌进了一楼，于是所有人都爬上了二楼。又过了没多久，两道比房子还高的巨浪和强风结合在一起摧毁了这栋建筑。"我们就像被困在陷阱里的老鼠"，古斯塔夫斯后来回忆说，所有人都被卷进了裹挟着各种杂物的洪水中，他记得自己是于第二天早上，在距离灯塔大约半英里的地方被救起来的。一个十几岁的男孩走在海岸边时发现了混在各种残骸中的古斯塔夫斯，便递给他一块板子。古斯塔夫斯说自己"死死地"抓住板子，从水中被拉了上来，然后又被送到了附近的一座小木屋里。

普鲁登斯岛灯塔在1938年大飓风之后的样子。

374　　虽然古斯塔夫斯完全不知道妻儿是生是死，但他第一时间想到的还是自己照管灯塔的职责。因为灯塔的供电已经被切断了，所以古斯塔夫斯和另外几个人一起从附近的发电厂连了一根线过来，令灯塔恢复工作。之后，他才开始寻找自己的亲人。他的邻居都安慰他，说他的家人一定能躲过一劫，此时肯定有人在照顾着他们，不过古斯塔夫斯记得自己当时的想法是："我心里有数。"又过了两天，人们在纽波特附近

375　的海岸上发现了他妻子的遗体，汤普森和林奇夫妇的尸体是在接近一周之后才被冲上普鲁登斯岛岸边的。和沃尔特·埃伯利一样，古斯塔夫斯的儿子埃迪的尸体一直没有被找到。

第十四章　残酷无情的狂风

类似的灯塔故事在整条新英格兰海岸线上上演着。9月21日当天早些时候，飓风正朝着位于马萨诸塞州达特茅斯（Dartmouth）的海岸线外不远处、巴泽兹湾（Buzzards Bay）入口西侧的饺子岩灯塔（Dumpling Rocks Lighthouse）进发。[11]在飓风抵达前，灯塔里弥漫着一种充满期待的激动情绪。灯塔的首席守护人奥克塔夫·蓬萨尔（Octave Ponsar）正准备带着全家出去度假，他们已经好几年没度假了。大萧条给蓬萨尔一家造成的冲击非常大，不过如今他们终于攒够钱买了一辆新车和一些新衣服。奥克塔夫和妻子埃玛，还有他们的女儿贝特及贝特的表亲康妮都做好了出发准备。他们的行李箱已经被搬上了平底小船。不过，飓风在他们离开小岛之前赶到，把所有人都困在了岛上。

饺子岩灯塔，拍摄于 **1889** 年前后。

蓬萨尔和他的助理守护人亨利·方特诺特（Henry Fontenot）立即让埃玛、贝特、康妮及方特诺特的妻子梅都躲到与木质灯塔相连的双层木质守护人住处里。守护人们则 376

前去确保小船的安全,不过外面的风浪已经大到让他们无力抵挡,只能任由小船被卷入海中。在迅速检查了一下灯塔和灯油储藏室的大门都已经用门闩别紧之后,两名守护人也返回了住处与家人待在一起。此时,房屋的一层已经进水,妇女和孩子们去了位于二层背风面的助理守护人卧室,那里是距离猛烈的狂风最远的房间。站在一层朝外看的两名守护人几乎不敢相信自己透过雨帘和海浪的飞沫看到的景象。一个接一个的大浪正朝着他们的方向奔涌而来,每一个似乎都比前一个更猛烈。方特诺特对蓬萨尔说:"我估计灯塔保不住了。"

两名守护人迅速沿着楼梯跑上二楼找到自己的家人。鉴于他们平时总是在助理守护人的房间里干活,这里正好有很多钉子和木板。他们充分利用这些材料,用木板把窗户钉严,还在地板上多钉了一些钉子使其更稳固。随着飓风不断增强,房屋开始四分五裂。房顶的瓦片和隔板都飞上了天,窗子的玻璃都碎了,一面墙倒塌了一部分。如埃玛·蓬萨尔后来回忆的那样:"我们真的以为自己必死无疑。最多还能活几分钟。"

后来这些人听到了一声巨响,埃玛说那就像"货运列车或地震发出的声音"。紧接着房间开始剧烈摇晃,坐在床上的三个人都被摔到了地板上。守护人们打开卧室房门查看,弄清了引发刺耳噪声的撞击物是什么。在几乎已经被水淹没的客厅里突然出现了一块巨大的卵石,显然是被狂猛的海水从房子侧面冲进来的。蓬萨尔的女儿西蒙德·蓬萨尔·罗伯茨(Seamond Ponsart Roberts)是在大飓风两年之

第十四章　残酷无情的狂风

后出生的，她经常听父母讲述这次惊心动魄的经历。根据她的观点，那块石头可能刚好救了所有人的命。罗伯茨说石头"在房子的墙体上砸开了一个出口，让海水能够顺利地从房子内部流过"，而且它还像船锚一样"把房子和灯塔固定在了饺子岩上"。

在助理守护人的房间里抱成一团的六名幸存者整夜都提心吊胆，就算睡着了也会很快醒来。第二天早上，他们到楼下查看情况，发现一层几乎不剩什么了，差不多所有东西都被冲跑了，然而灯塔里养的狗雷塞娜奇迹般地安然无恙。它被发现时仍然躲在放桌布的架子仅剩部分的顶层。蓬萨尔那辆停在大陆上的新车被猛涨的海水托起，冲到海岸之外水很深的地方，最后陷在了泥里。全家人的度假基金也不见了。蓬萨尔把钱给了妻子，让她放在衣兜里，可是埃玛担心钱被打湿，就放进了行李箱里。载着行李箱的小船被海水冲跑后，蓬萨尔一家的存款也无处可寻了。

经历过 1938 年飓风的人都见证了当时天气状况的变化有多快。萨伊布鲁克防波堤灯塔（Saybrook Breakwater Lighthouse）的守护人西德尼·Z. 格罗斯（Sidney Z. Gross）就是其中之一。[12]这座火花塞形状的灯塔位于康涅狄格州的老萨伊布鲁克，在康涅狄格河流入长岛海峡的河口处。9 月 21 日下午快 2 点的时候，格罗斯看到的河流和海峡还是平静无波的。2 点时一阵东南风突然开始越刮越猛，不到 15 分钟后，一切都变得模糊不清，格罗斯和他的助理守护人 S. L. 贝内特（S. L. Bennett）于是开启了浓雾警报。又过了 45 分钟，也就是下午 3 点的时候，强风已经大到无论是格罗斯还是贝内特都无法打开灯塔的大门到外面去把灯塔周围的东西固定好。每一次他们尝试出去，都会被大风逼回灯塔之内。

到 3 点 30 分的时候，翻滚的海水几乎涨到了灯塔主层外的平台处，连接着灯塔和防波堤的铁桥也被冲走了。到 4 点，灯塔外围的整个平台被扯离了塔身，随着海水而去的还有灯塔的小船。到 4 点 30 分，一个装了 1500 加仑煤油的油桶和另一个装了 600 加仑灯油的油桶也不知漂到哪里去了。又过了 30 分钟，一个大浪冲破了引擎室的窗子，四处乱飞的玻璃碎片在贝内特的左手上划了一个大口子。引擎是为浓雾警报器提供动力的，在引擎室被灌入几吨水之后，浓雾警报器因电路短路而无法再发出声音。格罗斯给警报器外接了电池，不过警报才恢复没多久，电池开关就过热自燃了。格罗斯只好断电灭火，浓雾警报声再次停息了。一小时之后，也就是下午 6 点，储存电池的小屋被冲出了裂口，所有的电池以及一架舷外发动机都被海水吞噬了。此时海水已经升高到灯塔的第二层，并从一个破碎的窗子涌进了灯塔内部。格罗斯后来回忆说："我确信自己再也看不到第二天的日出了，因为整个建筑都在海浪的拍击下剧烈晃动。"

黄昏时分，格罗斯进入灯室点亮照明灯，因为没有电，他只能拆掉电灯，换上一盏炽热油蒸汽灯。灯塔的四型菲涅耳透镜晃动得非常厉害，格罗斯担心它随时会掉下来摔个粉碎。幸好透镜勉强坚持住了，不过光线的强弱主要还是由光源决定，而格罗斯在这个问题上又遇到了困难。每次他给灯

378

套上新的灯罩，灯罩都会因剧烈的晃动而掉下来。因此格罗斯只能采用更原始的工具，用靠灯芯燃烧煤油的煤油灯替换了炽热油蒸汽灯。整个晚上他都在守护油灯，防止它熄灭。 379
格罗斯说："天终于亮了之后，我们看到的一切更像一场噩梦而非现实。灯塔周围什么都没有了，所有东西都被冲走了，只剩下存储电池的小屋，不过就连它也已经严重变形了。"

　　沿海岸继续向北，可以看到距离萨伊布鲁克防波堤灯塔大约 80 英里、位于新贝德福德港的帕尔默岛灯塔（Palmer Island Lighthouse），它也没能躲过飓风的狂怒。守护人阿瑟·斯莫尔（Arthur Small）是经验丰富的水手和职业渔民，曾经在商船上工作，还在海军服过役，并随西奥多·罗斯福总统的"大白舰队"（Great White Fleet）一起环游了世界。罗斯福总统的这支由 16 艘军舰组成的舰队的任务是向其他国家传递善意，并且展示美国卓越的海洋实力。9 月 21 日这天，斯莫尔在多年出海经历中积累的对于海上天气的深刻理解告诉他，暴风雨即将来袭。虽然他不知道暴风雨会有多严重，但是空气中的闷热感和天边显露的淡淡的黄绿色都是让他提早做好准备的征兆。于是斯莫尔把当天的大部分时间用来加固灯塔附近的东西，还往灯塔上搬运了额外的煤油和备用的照明设备。[13]

　　帕尔默岛的面积不足 6 英亩，距离新贝德福德港的入口很近。岛上除了一座 24 英尺高的圆锥形石砌灯塔外，还有守护人住处、一个储油室和一个船库。斯莫尔已经做了十九年的灯塔守护人，在飓风灾难发生时，他和妻子梅布尔以及他们最喜爱的宠物猫们都生活在帕尔默岛上。

斯莫尔是一位颇有声望的画家，擅长航海主题作品，尤其是经过严谨调查后创作的刻画得细致入微的船只画像。他为成为灯塔守护人而感到非常自豪，他认为人们应当更加尊重守护人所做的重要工作以及肩负的重大责任。有一天，斯莫尔向爱德华·罗·斯诺倾诉了自己的无奈。"人们普遍认为守护人没什么事做，只要一天划一根火柴点亮一次灯塔就行了，"斯莫尔这么说道，"没有几个旱鸭子意识到如果半夜起雾，守护人就必须立即开启浓雾警报，警报只有一会儿不响都不行，因为在那一会儿就可能有一艘大船需要靠警报判断如何安全驶入港口。"斯莫尔还指出，对于新贝德福德港的狭窄水道来说，一艘大船搁浅，就可能造成"所有进出港口的船都无法通行……在短时间内，整座城市就会陷入严重瘫痪。所以当我听到那些只在风平浪静的水面上航行过的水手，或是内陆居民说守护灯塔是一份多么清闲的工作时，我会感到非常气愤"。[14]

帕尔默岛灯塔，拍摄于 1919 年前后。

第十四章　残酷无情的狂风

斯莫尔追求的并不是别人的吹捧，实际上，他认为守护人完成自己的本职工作就被奉为英雄是很可笑的。斯莫尔对一名记者说："人们提起灯塔守护人时，总把守护人说得像某种英雄似的。我们不是英雄。我在这座岛上生活，这里非常安全，工作之余我还可以画画，而你却要在新贝德福德到处走动，穿过有机动车和有轨电车的街道，它们从你身边飞驰而过的时候离你才几英尺远。你们在一星期之内冒的风险比我十年之内遇到的都多。"[15]不过，9月21日这天的帕尔默岛跟"非常安全"的评价可是差了十万八千里。

到下午晚些时候，帕尔默岛已经完全被海水淹没了，斯莫尔立刻把妻子带到岛上最高的储油室里，因为他认为妻子在那里能够安全些。之后，斯莫尔又蹚着汹涌的海水费力地朝灯塔走去，结果被四处漂浮的残骸撞倒了。一直从储油室里关注着丈夫的斯莫尔夫人发现丈夫受了伤，正在水中努力挣扎，就立即跑向船库，想要拉出平底船前去营救丈夫。斯莫尔先生好不容易在水中重新站稳，刚好看到妻子进入了船库，可是她刚一进去，一个大浪就拍碎了小屋，斯莫尔夫人也被困在了里面。接着又是一个大浪，船库的残骸碎片全都被冲进了大海。

在后来回忆起这场可怕的经历时，斯莫尔说："她知道我受了伤。大浪拍向船库是我记得的最后一个景象。我一定是被飞来的木材碎片打晕了。几个小时之后我才醒来，如今我能想起来的是我当时躺在一片残骸之中。之后我可能又失去了意识，因为我什么也不记得了。"[16]令人惊讶的是，虽然受了伤，还亲眼看见了妻子几乎必死无疑的遭遇，但是斯莫尔仍然设法返回灯塔，确保了照明灯和浓雾警报器整夜都正常运行。

382　　　灯塔和储油室是第二天早晨帕尔默岛上仅剩的两栋建筑，其余的都被冲跑了。斯莫尔的两个在新贝德福德的朋友看到这样的惨状后划着船来到岛上，把斯莫尔接回大陆送往医院。过度疲劳和冻僵了的斯莫尔在那里接受了治疗。不过，当时斯莫尔在离开岛前还必须先获得上级的批准，因为灯塔服务局的一条规定是："只要守护人还能走，他就不能在没有许可的前提下离开工作岗位。"[17]斯莫尔的一个朋友替他打了电话，服务局派来了一名代班守护人，此后斯莫尔才得以启程。

飓风给罗得岛东普罗维登斯的布洛克斯角
灯塔（Bullocks Point Lighthouse）造成的损坏。

第十四章　残酷无情的狂风

飓风几乎吞没了斯莫尔的所有财物，包括他的许多油画和素描作品、丰富的藏书，还有七八千美元的存款。不过最令他悲痛的损失莫过于失去陪伴自己三十多年的爱妻。梅布尔的尸体后来被冲上了费尔黑文（Fairhaven）的海岸。9月26日，灯塔服务局局长哈罗德·D.金（Harold D. King）向斯莫尔致敬，称斯莫尔在飓风期间的举动是"本局所知的最突出地代表了忠诚和奉献精神的案例之一"。[18] 在医院休养结束，又获得了一个延长的带薪休假之后，斯莫尔被任命为马萨诸塞州贝弗利的霍斯皮特尔角灯塔（Hospital Point Lighthouse）的守护人。他在那里一直工作到1945年退休。

总的来算，1938年大飓风造成了超过25座灯塔严重损毁，惠尔礁灯塔是这其中唯一一座被彻底冲走的。此外还有7人在灾难中丧生。从长岛东部和康涅狄格州到马萨诸塞州的格洛斯特都是满目疮痍的景象。灯塔服务局接到的关于灯塔栏杆和平台被冲走，小艇丢失，地基出现裂缝，门窗被毁，墙壁坍塌以及私人财物被冲进海里的报告数不胜数。[19]

不过，灯塔服务局遭受的损失只是更大范围的灾难和毁灭景象中的一小部分。1938年飓风共造成了682人丧生，1754人受重伤，大约20000座房屋和超过3000艘船受损或彻底被毁（另有2500艘船漂到海上无处可寻）。这次飓风是历史上袭击新英格兰地区的最具破坏力的自然灾害，也是历史上袭击美国的最恶劣的风暴之一。[20]

第十五章
新守护人

马里兰州圣迈克尔（St. Michaels）的切萨皮克湾海事博物馆
（Chesapeake Bay Maritime Museum）公开展示的胡珀海峡灯塔
（Hooper Strait Lighthouse）。

　　1939 年春天，灯塔服务局上上下下都沉浸在巨大的喜
悦中。所有人都在翘首企盼即将到来的 8 月 7 日，这一天是

乔治·华盛顿总统签署将全国灯塔的管理权收归联邦政府所有的法案的 150 周年纪念日。乔治·帕特曼在灯塔服务局的继任者哈罗德·金与国会合作，请求政府公开认可这个具有历史意义的日子。1939 年 5 月 15 日，金局长的努力获得了成功，富兰克林·德拉诺·罗斯福总统签署了一份两院联合决议，指定 1939 年 8 月 7 日所在的那个星期为"灯塔周"。届时还将举办全国性的庆祝活动，美国人民可以借此机会表达他们对自 1789 年建立起的灯塔体系做出的"高效、可靠、专注和杰出的工作"的感激之情。[1]

385

　　不过，这次庆祝活动最终演变成了某种意义上的追思仪式，因为在 1939 年 7 月 1 日，国会通过了罗斯福总统提出的《第二项重组计划》（Reorganization Plan Ⅱ），内容是解散灯塔服务局，并将其雇员和职权即刻起转移至美国海岸警卫队。这项措施被视为一个明智之举，因为这两个机构的任务都是确保本国的水面安全，合并重组可以提高行政和经济效率。[2]

　　不过，重组计划令服务局的员工非常震惊，尤其该计划又是在他们准备庆祝服务局的辉煌历史之际宣布的，这不能不说是一个自相矛盾的表态。有些守护人选择辞职而非转换雇主，留下的都被给予了选择的权利，可以保持平民身份，也可以加入海岸警卫队，按照军事等级划定身份。大约有一半守护人选择了保持平民身份，其余的选择加入军队，取得军籍的绝大部分守护人获得了三级军士长或上士的军衔。[3]

　　那些整个职业生涯都在为一个他们尊敬的，更多时候真心爱戴的行政服务部门效力的守护人，是这次变动中最不安，甚至感到心灵受创的群体。如今他们突然被归入了高度结构化的军事组织，要接受不同的规则、流程和等级秩序，因此他们会感到混乱也是必然的。个性鲜明的守护人和纪律严明的海岸警卫队成员之间会出现不合拍，甚至一定程度上的摩擦也很平常。有的守护人会因为不得不接受年轻的海岸警卫队军官的命令而怒发冲冠，因为他们觉得这些军官根本不懂如何管理一座灯塔。尽管有各种抱怨，但重组还是很快就完成了，美国的灯塔体系也继续顺畅地运行着。[4]

386 重组过程中还产生了一种新的灯塔守护人类型。如果原本属于灯塔服务局的守护人退休或辞职了，他们的职位通常会被当时被短期部署在该灯塔上的海岸警卫队队员接替，这些队员一般在几年之后就会接受其他的任务。这样的制度持续了一定时间后，选择将守护灯塔视为终生职业的那一代守护人渐渐都被临时守护人取代了。

不过，罗斯福定下的节省开支的目标确实很快就实现了。重组之后的第一年，政府就节省了100万美元的开支，这个数目接近灯塔服务局年度预算的10%。[5]对于享受了一百五十年相对自主权的灯塔服务局来说，这个结局似乎是喜忧参半的；但是全新的高效且军事化的体系在一年多之后会被证明是实用的。那时日本轰炸了珍珠港，令这个海军港口变为一个充满死亡和毁灭的发光火球，美国随即加入了第二次世界大战。灯塔再一次被卷入了战乱。

很多灯塔的照明灯和过去一样被熄灭或调暗了，各座灯塔采用了通讯方案来及时通知守护人在必要时熄灭灯光。灯塔守护人还参与了海岸巡逻，协助观察敌人的舰船、飞机和潜艇的动向。一些灯塔被刷上了伪装色以融入周围环境，还有一些灯塔上部署了军队和大炮，以抵御敌人的入侵。[6]灯塔在战争即将结束时恢复了正常运行，因为那时海岸地区受到的威胁已经减小了。然而在战争结束七个月之后，海岸警卫队遭遇了美国历史上最严重的灯塔灾难之一。

于 1903 年建成的第一座苏格兰帽灯塔是木结构的，位于阿拉斯加乌尼马克岛的一面悬崖之上。1940 年，旧灯塔被一座 60 英尺高的钢筋混凝土建筑取代，新灯室高度超过高水位线 92 英尺。这座新建的堡垒式灯塔看起来固若金汤。然而在 1946 年 4 月 1 日的早上，自然的威力证明了这座灯塔并非坚不可摧。[7]

五名海岸警卫队队员负责管理这座灯塔，以及灯塔后方更接近悬崖顶部的一座无线电定向台（radio-direction-finding station）。4 月 1 日午夜开始值班的人在最初的一小时二十九分钟内没有遇到任何状况。然而一分钟之后，大地开始颤抖。定向台的值班人在工作日志中写道："1 点 30 分——感受到强烈地震。建筑剧烈晃动。架子上的物品都掉了下来。持续时间约 30 ~ 40 秒。建筑出现裂痕并发出嘎吱声，但无明显损毁。天气晴朗，海面平静。" 此后，值班人用无线电话联系了自己在灯塔上的同事，他们同样感受到了晃动，但都平安无事。

震源在位于灯塔 90 英里以外的阿留申海沟（Aleutian Trench），震源深度是海面以下约 18000 英尺。引发地震的原因是两块巨大的构造板块相互碰撞，一块插进了另一块的

387

被 1946 年 4 月的地震波摧毁之前的苏格兰帽灯塔。

下方。凌晨 1 点 57 分，构造板块再次发生撞击，引发了一场新地震，这次的持续时间虽然较短，但强度比第一次强得多。定向台和灯塔都出现了剧烈震动，但是屹立不倒。不过，值班人员不知道，致命的危险正在以惊人的速度朝他们逼近。

　　第二次地震引发的海啸，或者说地震波此时正在以每小时几百英里的速度向各个方向传播。在接近乌尼马克岛附近的浅水区时，地震波的速度下降了很多，但是它在接触到海

388

底时，还是激起了高达 100 英尺的巨大海浪。

　　凌晨 2 点 18 分，定向台的值班人听到外面传来震耳欲聋的涛声，接着就有"滔天巨浪"拍在了定向台上，建筑下层被洪水淹没，造成了巨大的损失。担心还会有大浪袭来的定向台高级军官立即下令让当时不值班的六名部下撤退到高一些的地方。正当他们在暗淡的月光下沿着山坡岩体向上攀爬时，其中一人扭头望向海面并大喊道："灯塔！——苏格兰帽灯塔！灯灭了！"[8]

受地震波袭击之后的苏格兰帽灯塔。

　　几分钟之后，定向台的高级军官发出了无线电报，部分内容如下："海啸——可能需要撤离此地。确信 NNHK［苏格兰帽灯塔］已毁。"凌晨 3 点，在海面趋于平静之后，军官下令让自己的人返回定向台。他们看到下面的灯塔仍然没有亮起来，经过进一步调查，他们确认最坏的结果已经发生。3 点 45 分的日志内容记录了宣布灯塔命运的结论："灯塔已经彻底被毁，所有人员遇难。"几个小时之后，夜晚的黑暗渐渐退去，黎明的光亮揭示了一幅可怕的毁灭景象。定向台的人员在搜寻废墟后只发现了一只人脚，还有一小块看起来像是小肠的人体碎片和一块膝盖骨。

389

余震持续了几周，搜寻五名守护人遗体的行动也是。虽然人们找到了不少身体部位，包括一具已经没有头、内脏也流了出来的尸体，但是最终只有一名死者的身份得到了确认。无论是此前还是此后，没有哪一场灾难造成过这么多灯塔守护人死亡。不过，这些守护人还不是全部的遇难者，在第二次地震大约五个小时之后，海啸袭击了夏威夷，群岛遭受重创，共有 159 人丧生。

苏格兰帽上很快建起了一座临时灯塔，到 1950 年，这座临时灯塔被一座建在山坡更高处的钢筋混凝土灯塔取代，人们希望新位置距离大海已经远到再大的海浪也够不着了。

战争结束后的几十年里，海岸警卫队又修建了一些新灯塔，其中最后一座，也是最不同寻常的一座是位于南加州沙利文岛的查尔斯顿灯塔（Charleston Lighthouse）。灯塔建在查尔斯顿港入口的北侧，以取代位于入口南侧、遭受了严重侵蚀威胁的莫里斯岛灯塔。建造于 1962 年肯尼迪总统执政期间的查尔斯顿灯塔高 140 英尺，有一个三棱柱外形，采用了钢筋混凝土的结构，且有一层铝制外壳。除了拥有打破常规的设计之外，它还是美国唯一的同时拥有电梯和空调的灯塔。灯塔上安装的碳弧灯原本能够发出 2800 万烛光的强光，

可以算是全世界最亮的灯塔照明灯之一。因为灯光产生的热
量太大，亮灯时，守护人得穿石棉材质的焊接用防护服进入
灯室。当地居民对此有诸多不满，再加上对守护人安全的持
续担忧，照明灯的强度被降低至 150 万烛光，即便如此，27
英里外海面上的人依然能够看到灯塔的光亮。[9]

　　海岸警卫队虽然修建了一些新灯塔，但是被他们弃用的
灯塔数量更多。随着无线电信标的推广，再加上二战后开发
的近程无线电导航系统（shoran）和远程无线电导航系统
（loran）的应用，无不预示着一个时代的结束。很多灯塔失
去了存在的必要，因为这些新技术能够帮助船只更精准地确
定自己的位置，并帮助它们找到沿海岸的航道。很多停用的
灯塔被直接拆除了，见证了它们的历史的实体由此被消除，
而不是被保留起来。其他一些就被扔在原地无人问津，还有
一些被出售给私人，或移交给当地政府、国家公园管理局
（National Park Service）之类的联邦机构。还有很多灯塔被
拆除不是因为那里不再需要灯塔，而是因为在那些位置上可
以使用造价低廉、易于维护的高科技浮标或顶端挂灯（如
有需要也可以挂浓雾警报器）的金属杆代替灯塔。

　　除了建造新灯塔和拆除旧灯塔以外，海岸警卫队迫于财
务吃紧，将主要精力花在了灯塔的自动化上。1946 年，美
国有 468 座灯塔至少需要一位守护人。海岸警卫队有充足的
理由渴望这些灯塔能尽快实现自动化。自动化能够节省下来
的开支非常有吸引力，因为一方面海岸警卫队的财政预算有
限，另一方面海岸警卫队其他方面的任务也需要资金，比如
搜寻和救援、确保行船安全、保卫国家安全等。自动化能够

390

391

位于南加州查尔斯顿沙利文岛上的查尔斯顿灯塔。

消除对于守护人的需求，由此解放出的海岸警卫队人员就可以被派去从事其他重要的工作了。[10]

在整个 20 世纪 60 年代，自动化进程在稳步地向前推进，需要守护人的灯塔的数量下降到 300 座左右。虽然这个缩减幅度已经颇为可观，但是海岸警卫队对于当时的自动化速度仍不满意。为了加速这个进程，灯塔警卫队在 1968 年发起了灯塔自动化和现代化项目（LAMP）。到 1990 年，美国几乎所有的灯塔都实现了自动化，唯一的例外是于 1998 年才最终实现自动化的波士顿灯塔。[11]

第十五章　新守护人

不过，战后这些年里推行的自动化也不是完全不受非议的。很多人担心将人的因素彻底去除之后，灯塔的效率和可靠性可能会降低。海岸警卫队消除这些担忧的办法是指出自动化技术是值得信赖的，装置的冗余也提高了其稳定性。精准的计时器、敏锐的浓雾感应器、光感开关、远程遥控运行体系和自动换灯泡机都能够确保灯塔的稳定运行。至于那些不在电网覆盖范围内的灯塔则依靠大负荷发电机和备用电源，或是最先进的太阳能供电系统提供动力。通电地区的灯塔上也有备用发电机，因此即使供电线路出现问题，灯塔也可以继续工作。海岸警卫队还提出，就算自动化灯塔和由守护人控制的灯塔相比，在为水手提供服务方面略有差距，自动化灯塔节省下来的开支也足以弥补其工作表现上的这一点点不足。让一座灯塔实现自动化的花费是 10 万美元，但是在实现自动化后，灯塔每年可节省 2.5 万美元的开销，也就是说，灯塔自动化和现代化项目的投资在四年之内就可以回本。[12]

伴随自动化一起出现的另一项改变是大多数经典的菲涅耳透镜退役了。这种设备虽然算得上一项工程奇迹，但是它庞大笨重，维护成本又高，所以越来越多的灯塔都换上了新型光学器件。如今广泛应用的照明设备是钨卤素灯和亚克力透镜的结合。这种装置依靠的也是菲涅耳发明的棱镜技术，它发出的强光同样能传播到很远的地方。很多海岸外的灯塔还采用了太阳能 LED 灯与亚克力透镜的搭配。这种光源相当便宜，效果好，几乎不需要进行维护。[13]令人遗憾的是，一些被替换下来的菲涅耳透镜被废弃并最终销毁了。不过，也有很多如今被保存在了博物馆或海岸警卫队的仓储设施中。

　　自动化全面推进的同时，守护人的数量越来越少了，守护人队伍内部结构也随之发生了变化，那些曾经为灯塔服务局效力的平民守护人后来都被海岸警卫队的年轻士官取代了。有些海岸警卫队守护人并不喜欢这份工作。庄严宏伟的新伦敦暗礁灯塔坐落在康涅狄格州泰晤士河河口处的人造岛上，1987 年在这里当值的守护人在接受采访时被问及他们是怎么看待这个职位的，受访人给出的答案再清楚不过了。编选之后的部分内容如下："这个地方比监狱还糟糕"；"我再也不想做灯塔守护人了"；"恕我直言，女士，我［必须］告诉你，这个地方太糟糕了！"[14]不过也有一些海岸警卫队守护人非常珍视这一工作，也很尊重他们的前辈创造的值得尊敬的历史。托尼·图兰诺（Tony Tuliano）就是其中之一。他是海岸警卫队实习消防员，于 1977 年被安排到普拉姆海滨灯塔工作。这座灯塔的底部是用灰色花岗岩建造的两层建筑，建筑的斜屋顶上架着铸铁铁塔和灯室。灯塔建于 1869年，位于长岛北叉顶端。虽然图兰诺最初也对这样的安排感到失望，但是他很快就改变了想法。他写道：

　　　　每到晚上值班的时候，我很喜欢提早一些爬上灯塔，坐在塔身外围的狭小平台边缘，双腿悬在半空中。此时的寂静和美景能够抚慰我的灵魂。在那上面的时候，时间似乎也慢了下来。通过灯塔的水手们会朝这里招手，我仿佛能听到他们在说"谢谢你的存在"。这句

第十五章 新守护人

感谢不是对我说的，而是对这些由人控制的灯塔说的，它们长久以来不曾改变的唯一目的就是引领水手们安全返航。就是这样的时刻让我体会到了灯塔和在我之前的那些灯塔守护人的真正传统。[15]

1989 年，弗兰克·舒伯特（Frank Schubert）成了最后一个平民守护人。他所在的科尼岛灯塔（Coney Island Lighthouse）坐落在科尼岛西部顶端布鲁克林区的海门社区，是一座 68 英尺高的铸铁骨架塔，与它相邻的是一栋有七个房间的砖砌守护人住处。舒伯特身材瘦高，饱经风霜的面容证明了他是一个一辈子大部分时间在海上或海岸边与严酷的自然条件做斗争的人。1937 年，年仅 15 岁的舒伯特就开始为灯塔服务局效力了。他曾经是灯塔补给船"郁金香号"上的水手。在海岸警卫队接管了灯塔服务局之后，舒伯特选择保持平民身份，并成了老果园浅滩灯塔（Old Orchard Shoal Lighthouse）的守护人。这座灯塔是一座火花塞形状的沉箱式建筑，距离斯塔滕岛很近。后来舒伯特又在位于曼哈顿顶端海岸之外的总督岛（Governors Island）上做了一段时间维护各种导航辅助设施的工作。1942 年，他应征入伍。394
战后他又回到总督岛上继续工作，并于 1960 年被任命为科尼岛灯塔守护人。

除了他的妻子玛丽和三个从小在守护人住处里长大的孩子，舒伯特最热爱的莫过于照管灯塔，以及生活在能够感受到带着咸味的海水飞沫的海岸边。无论是他还是他妻子都全身心地投入守护人的工作中。在 1986 年接受记者采访时，395

科尼岛灯塔，
灯塔右侧的建筑
是守护人住处。

1961年，弗兰克·舒伯特
在擦拭科尼岛灯塔上的四型
菲涅耳透镜。

弗兰克坦白说他们二人从 1946 年起就没去看过一场电影，而且在长达二十年的时间里没有休过假。听到这里，玛丽温柔地纠正他说其实是二十五年。

虽然海岸警卫队在 1989 年对这座灯塔进行了自动化改造，但是他们保留了 73 岁的舒伯特的守护人职位。与其说舒伯特是传统的灯塔守护人，倒不如说他是一个看管者，因为灯塔已经不需要持续的操控了。即便如此，舒伯特依然进行着灯塔维护工作，他每天都会爬上有 87 级台阶的灯塔查看照明灯和浓雾警报器的运行状态。[16]

从 20 世纪 80 年代晚期到 21 世纪初期，舒伯特作为最后一位平民灯塔守护人，被很多报刊媒体竞相报道。1989年，在庆祝灯塔体系建立 200 周年的活动上，他还受邀到白宫的椭圆形办公室与乔治·H. W. 布什（George H. W. Bush）总统见面。后来他评论说总统"对于灯塔非常痴迷"。[17]［布什总统会有这样的表现并不令人奇怪，他有很多个夏天都在缅因州肯纳邦克港（Kennebunkport）沃克角上的布什家族住宅群度假，他尤其喜欢在那里蜿蜒曲折的海岸线附近钓鱼、划船，那里就以很多美丽的灯塔闻名。］不过真正让舒伯特成为举国皆知的名人的事是 2002 年 2 月美国国家公共广播电台《万事皆晓》（*All Things Considered*）节目对他的采访。

这期题为"最后一位灯塔守护人"的访谈节目是一个向所有处于消失边缘的职业致敬的系列节目中的一期。在采访过程中舒伯特说海岸警卫队养着他"就是为了维护公众形象，仅此而已，因为他所在的灯塔总是会有人前来拜访"。不过，如果这真的是唯一原因的话，那他的老板一定会被他接下来的话气得脸色煞白："访客、访客、访客——他们都快把我逼疯了。甚至有人……想要在那里度周末。他们还想付钱让我给他们提供食宿。他们就想整个周末都待在灯塔附近。我不明白他们为什么喜欢灯塔。你上一次登上灯塔是什么时候？对你来说那可能很浪漫，但是对于一个天天看着它的人来说，它一点也不浪漫。"[18]

对于舒伯特来说不幸的是，在这次直言不讳的采访之后，他的境况反而更加糟糕了。似乎所有人都想来拜访他，想和他对话，好像他是动物园里的某个稀有物种。他家的电话一天到晚响个不停，大批的访客占满了他每天所有的时间，从纪录片制片人和记者到灯塔爱好者，还有单纯出于好奇心前来参观的游客。"我的头都要炸了，"他告诉一位记者，"我没有什么有意思的事可讲。"[19]不过，舒伯特实际上有很多传奇的经历，比如他多年来共拯救过 15 个人的性命。

虽然有些固执——很可能还是由晚年受到的他并不想要的过度关注引起的——但舒伯特一直是一个尽忠职守的公务员，也是一个慷慨的主人。在过去这些年里，他的家门曾经向几千个学生、灯塔迷和其他前来参观灯塔的人敞开。2003年 12 月 11 日，88 岁的舒伯特在多年来被他称为家的守护人住处中与世长辞。该地区的海岸警卫队中校在舒伯特的葬礼上做了最恰如其分的悼念："海岸警卫队为失去最勇敢的海上哨兵而哀伤。他对工作的无私奉献和英勇无畏的精神无人能及。"[20]

虽然舒伯特是最后一位为灯塔服务局工作过的平民守护人，但他并不是这个国家的最后一位灯塔守护人。这个荣誉应当归属于波士顿灯塔的守护人。1989 年，联邦立法机构在如今已故的参议员爱德华·肯尼迪（Edward Kennedy）的倡议下，要求为波士顿灯塔保留一个守护人，以保持其历史特征，并将这座灯塔打造为一个"活的博物馆"，用以向公众介绍灯塔在美国历史上发挥的至关重要的作用。到今天为止，海岸警卫队依然会安排一个平民守护人在这里履行这个重要职责。

　　自动化为海岸警卫队省下了上千万美元，并解放了许多人员去执行其他任务。不过，它也给灯塔本身带来了一些严重的问题。自从没有守护人每天来检查灯塔的财产之后，灯塔建筑本身、守护人住处，以及其他相关设施都不可避免地开始出现损毁。掉漆、瓦片变松、木材腐烂、石墙开裂以及其他各种衰败的迹象都成了常态。故意破坏公物的人也留下了各种明显的痕迹，他们不但损毁灯塔的外观，还会偷盗这里的财物。虽然海岸警卫队会定期派人到自动化灯塔进行保养工作，但他们的主要任务是维护照明灯和浓雾警报器之类的航海辅助设施，而不是建筑本身。很多灯塔都算得上历史建筑了，海岸警卫队尽己所能修复时间对灯塔的摧残。他们对迫切需要处理的建筑进行加固，还会修复侵入者和盗贼造成的破坏，不过在资源有限的情况下，他们能做的很有限。至于那些已被弃用，因此根本不会有海岸警卫队队员定期维护的灯塔，它们的境况已经到了毁灭的边缘。

397

　　美国海岸上的这些哨兵为人们服务了很长时间，此时却陷于濒临衰落、消失和被人遗忘的境地。不过，好在人们已经开始着手解决这个问题了。从 20 世纪 60 年代中期至今，大批非营利性组织和政府机构都在关注着灯塔的命运，并且纷纷采取各种行动来保护灯塔。这也反映了公众对于美国历史上这些信标日益加深的着迷和喜爱。这些组织成了灯塔的新守护人或管理员，它们的工作目标不仅是确保灯塔不会衰败或损毁，更要让灯塔焕发出新的生命力，照亮今天和未来的世世代代。

此类行动是有先例可循的。在 20 世纪 60 年代以前，就有一些非营利组织或政府机构开始投入灯塔的保护工作中。斯托宁顿历史学会（Stonington Historical Society）就是其中之一。该学会位于康涅狄格州斯托宁顿，那里距离罗得岛州边境不远。早在 1925 年，财力雄厚、有公德心的学会成员们就从政府手中购买了被弃用的斯托宁顿港灯塔（Stonington Harbor Lighthouse），并于 1927 年将其改造为老灯塔博物馆（Old Lighthouse Museum）。六年之后的 1933 年，国家公园管理局接管了位于圣迭戈湾入口处的老洛马岬灯塔，将其翻修后重新对参观者开放。1946 年，费尔波特历史学会（Fairport Historical Society）将位于俄亥俄州伊利湖畔的费尔波特港的费尔波特港灯塔（Fairport Harbor Lighthouse）改造为费尔波特港灯塔和博物馆（Fairport Harbor Museum and Lighthouse）。[21]

为了公共利益而拯救濒临毁灭的灯塔的行动在 20 世纪 60 年代大大提速了，这一变化的部分原因在于此类活动受到了于 1966 年通过的《国家历史保护法案》（National Historic Preservation Act）的鼓励。这项法案将注意力放在保护具有重大意义的美国历史遗迹上。长期以来被忽视的许多灯塔都在迫切需要获得保护的建筑名单上位居前列，它们之中的大部分后来还被归入了依据该法案制定的《国家历史遗迹名录》（National Register of Historic Places）。

位于康涅狄格州斯托宁顿的石砌老灯塔博物馆。

马里兰州圣迈克尔的切萨皮克湾海洋博物馆里展示了该地区丰富的航海历史遗产，这座博物馆也是最先有所作为的新型守护人之一。到 1966 年，切萨皮克湾内很多标志性的村舍样式的螺旋桩灯塔被拆掉了，取而代之的是最简单的信标，也就是一根顶端吊着一盏灯的坚固的金属杆。胡珀海峡灯塔原本是下一个被拆除对象。但博物馆在保护海湾重要历史遗迹愿望的驱使下，以 1000 美元的价格从受雇拆除灯塔的工程承包商手中买下了灯塔。新主人将灯塔建筑一分为二，分别装上驳船，运送到 60 英里以外的圣迈克尔，在那里将灯塔重新组装起来并放置在了为其修建的新地基上。完工后的灯塔立即成了博物馆最具吸引力的展品之一。[22]

另一个保护灯塔遗迹的案例是加利福尼亚州的东兄弟岛

灯塔（East Brother Lighthouse）。²³东兄弟岛位于圣巴勃罗海峡（San Pablo Strait）中，这条海峡连接了圣弗朗西斯科湾

399　和圣巴勃罗湾。建造于1874年的东兄弟岛灯塔由一栋精致的维多利亚风格的守护人住处和与房屋相连的塔身组成。海岸警卫队于1969年对这座灯塔进行了自动化改造，还计划随后用一座钢质灯塔或简单的水泥建筑取而代之。不过当地人和其他一些团体都认为毁掉具有如此悠久历史和迷人魅力的建筑太可惜，所以强烈反对拆除灯塔的提议。当地的民间组织恳求海岸警卫队重新考虑这一决定。后者欣然同意，表示愿意将该岛及岛上的灯塔捐赠或租赁给某个政府机构，并由其负责维护该历史遗迹。

　　1971年，致力于保护历史遗迹的康特拉科斯塔海岸公园委员会（Contra Costa Shoreline Parks Committee）成功地让东兄弟岛灯塔登上了《国家历史遗迹名录》。不过，虽然很多机构都表达了接管这座灯塔的愿望，但是它们都发现这个项目的开销令人望而生畏。就这样拖了几年之后，灯塔建筑的状况由于天气因素和人为破坏一天比一天糟糕，唯一定期前往这里的只有负责维护照明灯和浓雾警报器的海岸警卫队队员。

400　　　直到1979年，一群当地居民组建了东兄弟岛灯塔股份有限公司，这个非营利组织唯一的目的就是修复灯塔，使其能够重新向公众开放。海岸警卫队和这个组织签订了为期二十年、可免费续签的租赁合同。之后，公司就立即在岛上展开维修工作，将灯塔改造成了一座豪华的提供住宿和早餐的旅馆，经营收益都将被用于灯塔的维修和维护。有了联邦政

胡珀海峡灯塔，拍摄于 1916 年前后。

府的巨额拨款和个人、企业及当地政府的大力支持，再加上超过 300 名辛勤工作的志愿者的付出，灯塔的修复工作只用了不到一年就完成了。1980 年 11 月，灯塔旅馆迎来第一批付钱入住的客人。

灯塔外墙被粉刷成了它在 1874 年的样子，内部格局则是 20 世纪初的风格。客人们可以在五间客房中进行选择，有的房间一晚收费 400 美元以上。相应地，客人们可以享受到在陈设精美且具有重要历史意义的灯塔上过夜的无与伦比的体验。灯塔提供的小船会专门接送客人登岛和离岛，客人在这里还能享受免费香槟、丰富的早餐、含四道菜的晚餐，不过最棒的当然是能够参观整座灯塔。

401 　　在东兄弟岛灯塔获得拯救的同时，大陆另一端的另一群人也团结起来拯救了同样被他们视如珍宝的标志性建筑——法尔岛灯塔。[24]这座 168 英尺高、外墙被刷上了黑白相间条带图案的宏伟灯塔，位于长岛以南不远处的一个由不断变化的沙丘、海滩和灌木林组成的细长堰洲岛上。海岸警卫队于 1973 年弃用了这座灯塔，改为在附近的罗伯特·摩西州立公园（Robert Moses State Park）的水塔上加装一盏闪光灯作为信标。海岸警卫队要拆掉灯塔的消息甫一传出，从小在法尔岛对面的贝肖尔（Bayshore）长大的著名银行家托马斯·罗伯茨三世（Thomas Roberts Ⅲ）就立即采取了行动。他不能接受长岛将失去其历史中如此重要的一部分的想法，于是在 1979 年创建了法尔岛灯塔保护协会（Fire Island Lighthouse Preservation Society）。这个组织的目标就是让灯塔免于被拆除的命运，同时恢复它往日的荣耀。鉴于灯塔处于法尔岛国家海岸自然保护区之内，协会与海岸警卫队协作，最终于 1981 年将灯塔的所有权转移给了国家公园管理局。不过国家公园管理局的财政预算和海岸警卫队的一样有限，无法为灯塔提供必需的维修资金，尽管在被忽略近十年的状态下，灯塔的破损程度已经变得十分严重了。

　　1982 年，法尔岛灯塔保护协会发起了一个大型募集资金活动来为修复灯塔筹钱。协会出资组织了正装晚宴、海滨宴会、慈善跑和音乐会等。仅一场鸡尾酒会就筹集到 13000 美元的善款。儿童在该地区海滩上捡拾可回收的铝罐，换得

186 美元用于支持这一项目。第七大道上的服装设计师丽诗·加邦（Liz Claiborne）和她的丈夫兼生意合伙人阿瑟·奥滕伯格（Arthur Ortenberg）曾经在灯塔附近度假，他们不但鼓励公司捐款，自己也捐赠了同样的数目。在短短几年内，协会从成千上万的捐助者那里筹集了 130 万美元善款。另外一个令人喜悦的好消息是，法尔岛灯塔于 1984 年被列入了《国家历史遗迹名录》。

402

协会的高光时刻出现在 1986 年 5 月 28 日晚间，数千名围观者仿佛来参加华丽的联欢晚会一般，聚集到沙洲和附近的小船上，为的是见证海岸警卫队重新点亮被装修一新的灯塔、恢复其官方导航辅助设施身份的历史时刻。在接下来的十年里，国家公园管理局在协会持续的财政资助下负责运行访客中心，并安排游客去守护人住处和灯塔上进行参观。1996 年，管理灯塔的全部责任被移交给协会，又过了十年，灯塔的照明也改由协会负责，如今这里已经转变成了一个私人所有的航海辅助设施。

在协会的管理下，灯塔如今全年对外开放，由两名带薪员工和 120 名热心志愿者负责接待每年人数在 11 万上下的游客。游览项目中最令人兴奋的莫过于参观灯塔上使用过的一型菲涅耳透镜。协会在海岸警卫队和国家公园管理局的配合下，从费城的富兰克林学会（Franklin Institute）取回了这套已经在那里展示多年的透镜，并将它安置在专门的展室里。这间展室当然也是由协会建造的，纽约州政府和协会都为此出资，价值数十万美元的建筑材料和人工则分别来自捐赠和义务劳动。

403　　沿着东部海岸继续向北就到了罗得岛的纽波特。这里是著名的夏季度假胜地，也是很多镀金时代①豪华宅邸的所在地，比如科尼利厄斯·范德比尔特（Cornelius Vanderbilt）的听涛山庄就是其中之一。这里的罗斯岛灯塔基金会（Rose Island Lighthouse Foundation）在追求保护历史古迹的过程中采取了一种略微不同的方式。[25]海岸警卫队在1970年弃用了这座于1870年前后建造的灯塔。当时横跨纳拉甘西特湾东航道的大桥刚刚建成，大桥上的明亮灯光足以满足船只的照明需要，所以灯塔就没有存在的必要了。被闲置了十四年的灯塔长期遭到故意破坏。这栋有双重斜坡屋顶、屋顶一端竖立着一座八角形灯塔的宏伟历史建筑在此期间受损非常严重。直到1984年，一群热心群众组建了罗斯岛灯塔基金会，决心修好灯塔并定期维护。1985年，联邦政府将已经破烂不堪的灯塔的所有权免费转移给了纽波特市政府。经市政府许可后，基金会立即展开了工作。

　　在接下来的八年时间里，依靠政府拨款和无数志愿者的
404　义务劳动，灯塔被翻修一新，恢复了其在1912年的样子。翻建的总费用在120万美元左右，其中包括物资和劳务等形式的贡献。1993年8月7日，灯塔作为私人航海辅助设施被重新点亮。在一段时间内，基金会要依赖当地居民自愿作为灯塔守护人并负责接待游客，后来他们想出了一个更具创

---

①　Gilded Age，指美国历史中南北战争和进步时代之间，美国财富突飞猛进的时期。时间上大致是从19世纪70年代到1900年。——译者注

第十五章　新守护人

罗斯岛灯塔

造性的替代性运营计划。基金会开始将灯塔上的房间出租给想要体验守护人工作的游客，期限可以是一晚，也可以是一周，这个项目被称为"守护人假期"。体验者不仅要付钱获得成为守护人的特权，还要每天花最少一小时来完成守护人的杂活，包括监控海洋天气预报、接待访客和执行特别任务等。这个项目运行得非常成功，由此获得的收入可以满足大部分的灯塔开销。

缅因州灯塔项目（Maine Lights Program）的展开给在国境最北方为保护灯塔而努力的人们带来了巨大的鼓舞。[26]这个创新型项目是于 1996 年由联邦立法机构创设的，最终成功将 28 个缅因州灯塔站点（包括建筑及与灯塔相关的土地）的所有权从海岸警卫队无偿转移到非营利组织。这些新的所有权人有义务维护灯塔站点的运营，确保这些站点向公众开放，与此同时，海岸警卫队仍有义务维护那些依然作为有效航行辅助设施的站点上的照明装置和浓雾警报器。

如今，全球定位系统和雷达的广泛应用已经可以让航海者精确地定位船只的位置，保留灯塔作为航行辅助设施的做法似乎与时代格格不入。然而，很多水手，特别是地方商船和游船上的水手都仍然在依赖灯塔作为指引。尽管有了那些高科技航海仪器后，利用灯塔确定位置的方式可能略显多余，但灯塔仍能提供帮助，且令人感到熟悉和亲切。再说，如果船上的设备出现故障，知道灯塔还在那里指路这一点一定会让人备感安心。

1998 年，在向为通过《缅因州灯塔法》（Maine Lights legislation）而做出努力的时任缅因州参议员奥林匹娅·斯诺（Olympia Snowe）表示感谢时，前任海岸警卫队指挥官詹姆斯·M. 洛伊上将（Adm. James M. Loy）的话指明了缅因州灯塔项目如此重要的原因。"你为海岸警卫队和缅因州政府解决了一个难题，"上将说道，"我们承诺只要水手还需要灯塔，我们就会一直让灯塔亮下去。但是我们有限的预算让我们无法就保护历史建筑做出同样的承诺。要知道我们现役的舰船差不多跟这些建筑一样老。"[27]

受到缅因州灯塔项目的启迪，2000 年立法机构又通过了《国家历史灯塔保护法案》（National Historic Lighthouse Preservation Act）。该法案相当于将缅因州灯塔项目复制到了全国层面。依据《国家历史灯塔保护法案》，被海岸警卫队认定不再有必要执行照明任务的灯塔可以被无偿转交给联邦

405

缅因州克莱德港的马歇尔角灯塔（**Marshall Point Lighthouse**）。看过电影《阿甘正传》的人一定对这个场景很熟悉。电影中由汤姆·汉克斯扮演的男主角曾在这条坡道上跑上跑下，作为他穿越全国长跑的一部分。灯塔是阿甘长跑征程的最东端。

机构、州政府、地方政府或非营利组织管理。[①] 不过，此类转移也是受到各种限制的。只有被列入《国家历史遗迹名录》的，或符合被列入条件的灯塔才能进行所有权转移。政府机构或非营利组织想要接手灯塔，必须先提交一份公众认可的规划，以确保灯塔能维持其原有的历史特色，并在合理时间后将灯塔对公众开放。如果该灯塔站点还在继续提供航海辅助，新所有者还要保证海岸警卫队能够到灯塔站点进

406

[①] 虽然其他联邦机构，如国家公园管理局和美国土地管理局（Bureau of Land Management）等，也拥有一些灯塔的所有权并可以依照《国家历史灯塔保护法案》对其进行处置，但海岸警卫队拥有绝大多数仍在使用中的灯塔的所有权，这些灯塔占据了所有权转移案例中的大部分。

行必要的维护。

海岸警卫队确定了可以转移所有权的灯塔之后会将名单交给美国总务署（General Services Administration），也就是美国联邦政府中分管不动产的部门。总务署会向公众通告这些灯塔的名字，还会组织感兴趣的人员进行参观。国家公园管理局会对提出接管申请的机构进行审核，然后由总务署负责将灯塔的所有权移交给通过审核的新守护人。对于没有机构申请接管的，或是申请者均被认定为不适宜的灯塔，其所有权会通过网上公开拍卖的方式由出价最高者获得，拍卖所得款项归属海岸警卫队，但是只能用于灯塔相关工作。私人所有者也必须保证维持灯塔的历史特色，如果接管的是在运行中的灯塔，还要许可海岸警卫队前来维护。

到 2015 年，已有 73 座灯塔的所有权依据《国家历史灯塔保护法案》被转移到政府或非营利组织手中。[28] 其中大部分接管机构是原本就已经在进行灯塔保护工作的机构。比如，佐治亚州的泰碧岛灯塔兼博物馆在 2002 年获得泰碧岛灯塔的所有权以前，就已经通过与海岸警卫队签订租赁合同的方式，接管了该灯塔并运营了十多年。与此同时，《国家历史灯塔保护法案》还促成了 41 座灯塔被公开拍卖，由此产生了 400 万美元的收入。各座灯塔出售的价格差别很大，至今为止售价最低的灯塔是伊利湖上的克利夫兰港东防波堤灯塔（East Breakwater Lighthouse），成交价仅 10000 美元；售价最高的是波士顿港入口处的格雷夫斯灯塔（Graves Lighthouse），成交价为 933888 美元。

不过，支付拍卖价只是成为灯塔所有人的第一笔开销。

很多成交价建筑都已经被废弃多年，翻修工程的费用可不是小数目，有些需要数十万，甚至上百万美元。工程内容涉及方方面面，包括替换下水管道、供暖管道、除锈、修复地板、重新粉刷等。如一位负责翻修灯塔的建筑师观察到的那样："常言说，你不可能靠糕点义卖的钱造出一艘潜水艇——那么，你也不可能靠糕点义卖的钱翻修一座灯塔。"[29]

除了资金方面的考量，拥有一座灯塔也不是什么人都干得来的。至今为止被拍卖的灯塔大多是位于海岸之外的火花塞形灯塔或建造在小岛上的灯塔，还有一些是建造在岩石码头顶端的。前往这些灯塔往往要靠船，但无论是从渡船爬上灯塔还是从灯塔上返回渡船都非常艰难。在有些地方，灯塔旁边连码头都没有，要登上灯塔只能爬梯子，而这些梯子看着也很危险，比如格雷夫斯灯塔上的梯子就长达40英尺，看着就让人汗毛倒立。进入灯塔之后，冒险的旅程往往还会继续，尤其是当暴风雨来袭时，灯塔里的人绝对能够体会到什么叫惊心动魄，甚至是魂飞魄散。至于那些有浓雾警报器的灯塔，在灯塔上的新主人如果遇到能见度低的天气，还必须忍受刺耳的警报声。

很多灯塔所有者将自己拥有的灯塔改造成了私人度假场所。比林斯利一家和冈苏林一家就是这么做的。他们在2006年花31000美元买下了位于弗吉尼亚州纽波特纽斯（Newport News）海岸线外的汉普顿水道（Hampton Roads）中的中间地带灯塔（Middle Ground Lighthouse）。这座灯塔是火花塞形灯塔，高出水面56英尺，建于1891年。两家人在家人和朋友的帮助下用五个夏天的时间翻修了这座灯塔。如今他们会在这里过周末，招待朋友，享受360°的壮观景色。用丹·比林斯利的话说，这种体验是"世界上独一无二的"。[30]

格雷夫斯灯塔，拍摄于 1956 年前后。

408　　　林恩·沃勒和戴夫·沃勒（Lynn and Dave Waller）也想寻找一个能够躲避世间烦扰的地方。2013 年，他们买下了 113 英尺高的格雷夫斯灯塔。这座用花岗岩建造的圆锥形灯塔顶部有铜质带玻璃窗的灯室，外形与马萨诸塞州海岸线上靠南一些的迈诺特灯塔很相似。戴夫拥有一家特效技术公司，林恩是平面设计师，这两个人对于修缮房屋并不陌生。他们曾在马萨诸塞州莫尔登（Malden）买下一座被弃用的消防站，然后将其改造为一栋温馨的住宅，如今那里就是他们的家。戴夫·沃勒记得自己第一次听说有灯塔在被拍卖的时候就想，"这件事太酷了，而且充满了有趣的挑战"。他说，自从成为灯塔的所有者之后，他们夫妇二人就感觉"自己踏上了一段旅程，但是并不知道旅程的终点是哪儿"。[31] 夫妻二人做了很多研究，雇用了工程承包商开始对灯塔进行翻新。他们打算将灯塔作为度假小屋，可以邀请朋友和家人前来。此外，他们还想到了一些创新的用途，其中之一已经获得了成功。2014 年 8 月，他们出于为自己的几个孩子就读的学校募集善款的目的，拍卖了在灯塔上度过一个周末的机会，结果拍出了 8500 美元的高价。沃勒一家打算继续进行类似的募集资金活动，同时，他们也在探索组织当地团体参与围绕着灯塔展开的、气象、科学和海洋相关项目的可能性。在某些特定的日子里向公众开放灯塔或许可游客在灯塔过夜的计划也都在他们的考虑之中。

其他一些买家则更符合美国的企业家传统，对他们而言，买灯塔主要还是一种投资活动。尼克·科斯塔德（Nick Korstad）就承认他对灯塔"一直很着迷"，还开玩笑说自己上辈子可能是灯塔守护人。[32] 科斯塔德在 2010 年花56000 美元购买了位于马萨诸塞州汤顿河河口的火花塞形博登低地灯塔（Borden Flats Lighthouse）。经过两年的彻底翻新之后，灯塔开始对外提供有偿住宿服务。这里就像是那种小旅馆，只是不提供早餐，需要住宿者自己准备食物。对于自己现在的工作非常痴迷的科斯塔德宣布说："这就是我最想要做的事。"[33] 科斯塔德还希望再买几座灯塔，开办更多的灯塔旅店。

一些保护主义者对于将美国历史悠久的灯塔出售给私人

409

503

410　的做法仍抱有怀疑的态度，他们担心私人所有者不能妥善地修复和维护灯塔。不过灯塔拍卖的确能够实现一个非常重要的目的。非营利组织美国灯塔基金会（American Lighthouse Foundation）的执行董事鲍勃·特拉帕尼（Bob Trapani）指出："非营利组织和政府机构不可能管理好所有的灯塔，所以私人的介入成了我们的最后一道防线。没有他们，天知道这些历史遗迹会变成什么样！"[34]实际上，到目前为止，私人所有者们已经证明了自己是合格的灯塔看管人。当他们买下一座灯塔时，他们签订的契约中就包含了他们必须遵守的灯塔保护方面的要求，如果所有者不能履行自己的义务，政府就有权收回灯塔。时至今日，还没有出现需要政府行使这项收回权利的案例，因为私人所有者们都尽到了妥善保护灯塔的义务。皮特·朱勒维奇（Pete Jurewicz）就是这样一位尽职的所有者。2005 年，他花 65000 美元买下了弗吉尼亚州汉普顿海岸外的西姆布尔浅滩灯塔。朱勒维奇说："听到有人说灯塔落到私人手里就等于毁了的时候我会非常生气。灯塔没有被毁掉，它们只是被愿意好好打理它们的人接管了。"[35]2013 年，《华尔街日报》上刊登了一篇关于私人灯塔所有者的文章，记者评论道："私人灯塔既是一个独特的度假地点，又是一项耗资巨大的华丽工程，它也许可以算是那些想要在海上寻求一片乐土的人的身份级别之象征。"[36]拥有灯塔可能是某种不可否认的尊贵标志，但是对于普罗大众来说，至今为止，私人所有者们都拥有比展现自己的身份地位更崇高的目标这一点才是最让人庆幸的。

　　在接下来的几年里，海岸警卫队希望依据《国家历史

灯塔保护法案》转让更多的灯塔。虽然没有人知道等待着
这些灯塔的是怎样的命运，但如果过往是未来的序言，那么
我们完全有理由相信这些灯塔也会被有责任心的公共或私人
看管人接管。然而，有一些灯塔的前景还是令人担忧的。从
1993 年起，《灯塔文摘》（*Lighthouse Digest*）上就设立了一
个关于灯塔的"末日名单"，上面列出的都是有可能被彻底
拆除的灯塔。[37]有些灯塔是因为老旧得不可能再进行翻新了，
有些是因为位置太偏僻、没有人愿意对它们进行翻新，还有
一些虽然是可以拯救的，但是拯救费用会相当高。这些灯塔
大多归海岸警卫队所有，就算他们想要通过《国家历史灯
塔保护法案》转让这些灯塔，很可能也找不到适当的接管
人。这就是为什么这些灯塔的命运悬而未决。最终，找不到
接管人的灯塔很可能大部分，甚至是全部都难逃被彻底拆除
的结局。即便是那些被公共或私人看管人接管的灯塔也不一
定有美好的未来。虽然很多组织和个人想出了各种富有创意
的办法来筹集管理和维护灯塔的必要资金，但是还是会有不
少满怀美好初衷的灯塔所有者遭遇各种困难，无法实现自己
的目标。

411

疏于管理和老化衰败不是给灯塔带来毁灭的唯一因素，
狂风和海浪的联合也可以带来巨大风险。侵蚀作用是一种强
大且不可逆转的自然力量，已经造成不少海岸地区的灯塔倾
覆海中。最著名的例子是特拉华州的亨洛彭角灯塔，该灯塔
在与流沙和侵蚀作用抗争了近一百四十年之后，终于在
1926 年春天轰然倒下。[38]有一些灯塔虽然也受到侵蚀作用的

威胁，但是没有落得与亨洛彭角灯塔一样的悲剧结局，因为
人们在悲剧到来之前就将这些灯塔转移到了安全的位置。布
洛克岛东南灯塔和马萨诸塞州特鲁罗的高地灯塔就都在 20
世纪 90 年代被转移到其他地方，从而躲开了正在被迅速侵
蚀的沙石悬崖，避免了直接倒入海中的危险。

亨洛彭角灯塔的地基遭受了严重的侵蚀，
在 1925 年灯塔就已经处于随时可能倒塌的境
地了。

412　　　最具挑战的迁移要数哈特勒斯角灯塔的迁移工程。[39] 这座
被列为"美国国家历史名胜"（National Historic Landmark）
的灯塔作为哈特勒斯角国家海岸自然保护区的一部分，是由

第十五章　新守护人

国家公园管理局负责管理和维护的。1870 年，第三座哈特勒斯角灯塔建成，当时它距离满潮线的距离足有 1500 英尺。但是从那以后，大海每年都会更接近灯塔一些。到 1919 年，灯塔和海浪之间的距离只剩下 300 英尺了。在接下来的几十年里，人们想尽各种办法防止海洋侵蚀灯塔，包括栽种草类和灌木，加宽海滩，建造人造沙丘和防波堤等旨在阻止沙子流入海中的设施。尽管有时候侵蚀速度被减慢了一些，甚至有几年，灯塔前面的海滩又重新变宽了，但是到了 20 世纪 80 年代初期，灯塔的处境已经十分危急了。海水距离灯塔仅剩 50 ~ 70 英尺。关于是否应当采取措施拯救灯塔的争论日益激烈，同时，人们也在采取更多防控侵蚀的措施，包括堆沙包和升级距离灯塔最近的防波堤等。最终，国家公园管理局于 1989 年决定迁移灯塔，不过各种研究、辩论以及为争取拨款进行的斗争又耗费了十年的时间，此后迁移工作才正式开始。

413

迁移中的哈特勒斯角灯塔。

辉煌信标

这项耗资 1200 万美元的项目是在 1999 年 6 月 17 日开工的，用时不到一个月就完成了。项目结束后，重量接近 5000 吨的灯塔被移动了半英里多，每天移动的距离在 10～355 英尺之间不等，灯塔迁移后距离海水 1500 英尺，和灯塔在 1870 年建成时与海水的距离相同。大批群众前来围观这场技术复杂的工程壮举。施工者打造了一个钢铁支架作为托起灯塔的平台，然后使用重型液压千斤顶将灯塔抬到用钢梁铺就的轨道上的滑轮上。灯塔塔身上被放置了无数个感应器，用来确保灯塔在移动过程中时刻保持水平，也可以提示工人哪里出现了不寻常的压力或变形。

承接这项工程的是纽约州威廉斯维尔（Williamsville）附近的国际烟囱公司（International Chimney Corporation）。它的主要合作方是总部在马里兰州夏普敦（Sharptown）的房屋移动专家公司（Expert House Movers）。这两家公司自 1992 年起成功迁移六座此类灯塔，创下了一个卓越纪录，最近的一次是马撒葡萄园岛的盖伊海德灯塔，那座灯塔被从不时有岩块脱落的盖伊海德悬崖上向陆地内侧迁移了 130 多英尺。不过，哈特勒斯角灯塔仍然能在这些项目中鹤立鸡群，因为它是至今被迁移的最高的石砌结构灯塔，这项工程还赢得了美国土木工程师协会（American Society of Civil Engineers）于 2000 年颁发的杰出土木工程奖（Opal Award）。虽然哈特勒斯角还在持续遭受侵蚀作用的袭击，但迁移后的灯塔至少在 21 世纪末之前不用担心会被海水吞噬了。

侵蚀会继续威胁灯塔的安全，以后一定还会有转移其他灯塔的大工程。当然，很可能也会出现因迁移耗资过于巨大

414

508

而不得不放弃某些无力挽回的灯塔的情况，这等于是将这些灯塔拱手交给了无情的自然。不过，无论将来会发生什么，有一点是可以确定的。全球气候变化以及由此导致的海平面上升必将使我们最宝贵的灯塔，尤其是距离海边最近的那些陷入日益加重的危难之中。

我们虽然再也不会回到需要建造新灯塔的年代，但是仍在上演的美国灯塔故事本身也是不乏戏剧性的，这些故事是现在的美国人都可以经历的。如今美国境内还竖立着接近700座灯塔，其中一半左右是由非营利组织或政府机构拥有和（或）管理，并且以某种形式向公众开放的。人们还可以前往少数归私人所有的灯塔。不少灯塔上有小型展览室，有些甚至有面积很大的多个展馆，馆藏的与灯塔相关的物件，比如菲涅耳透镜展示了灯塔独特的历史。多个州的机构每年会举办"灯塔挑战赛"，让人们在一个周末内参观该区域内的多个灯塔，在指定的时间内参观尽可能多的灯塔者获胜。全国范围内与灯塔相关的节日数目也在增加，每到这些时候，人们可以连续几天一起庆祝，了解更多关于灯塔的知识，还能听到美妙的音乐，吃到当地的美食，以及欣赏当地手工艺者的作品。

每年都有数百万人来参观美国的灯塔，欣赏它们展现的美景，了解它们充满浪漫气息、令人着迷的历史，惊叹于这些建筑的设计之精妙。有些人甚至来这里寻找鬼魂。根据相信这些离奇事物的人的说法，似乎每座灯塔里都有一个或多个鬼魂，这些鬼魂还会时不时现身。最早有鬼魂被看到的灯塔之一是马里兰州格雷斯港（Havre de Grace）的康科德角灯塔（Concord Point Lighthouse）。1889 年的一份报纸上刊登的文章说，守护人看到了"一个男人、恶魔、女人或不知什么东西的头"，头上的眼睛"有牛眼那么大"，闪着光，"像两颗大钻石"。鬼魂会"靠在灯室周围的铁丝网上"，且鬼魂每次出现都会留下一种美妙的气味，整个灯室里会充满"开满鲜花的花园中才有的芬芳"。[40]据说很多灯塔鬼魂是灯塔曾经的守护人，他们一定是被卷入了某种邪恶、悲惨或是可怖的事件里，结果这些事件就成了他们永恒存在的一部分。位于佐治亚州圣西蒙斯岛的圣西蒙斯灯塔（St. Simons Lighthouse）由一座 104 英尺高的砖砌塔和一栋与塔身相连的维多利亚风格守护人住处组成。它为我们提供了一个闹鬼灯塔的经典案例。1880 年，助理守护人约翰·斯蒂芬斯（John Stephens）射杀了首席守护人弗雷德里克·奥斯本（Frederick Osborne），起因是两人发生了激烈的争执。是什么引起了争执已经无人知晓，但斯蒂芬斯最终被认定谋杀罪名不成立。这件事发生之后不久，就开始有奥斯本的鬼魂在灯塔出没的故事传出，说这个鬼魂还在灯塔上履行守护人的职责，人们有时能看到他在灯室里，有时能听到他走在螺旋楼梯上的脚步声在灯塔里回响。[41]

那些想要进一步挖掘灯塔历史的人有不少选择。缅因州罗克兰的缅因州灯塔博物馆（Maine Lighthouse Museum）有全国最大的灯塔工艺品和菲涅耳透镜展览。最近新开设的位于纽约州斯塔滕岛的国家灯塔博物馆（National Lighthouse Museum）就是用曾经的美国灯塔管理局的主要仓库改造的。该博物馆有一个充满雄心的扩建计划，希望将这里打造成全

416

第十五章　新守护人

美国最大、最具综合性的灯塔博物馆。它的目标不仅是要让参观者了解灯塔在美国历史进程中扮演的至关重要的角色，还要激发人们去参观全国各地灯塔的兴趣。全国范围内的许多博物馆，特别是那些聚焦海洋历史的博物馆里也有各种关于灯塔的精彩展览，通常还会有一个或多个菲涅耳透镜作为明星展品。

除了参观灯塔和灯塔博物馆，人们还可以找到许多与灯塔历史和传说相关的畅销书籍，其中大部分是着重介绍某个地区或某一座特定灯塔的。有两本内容丰富的灯塔杂志，上面刊登的文章几乎可以覆盖所有人们能想到的灯塔问题。一本是由美国灯塔协会（U. S. Lighthouse Society）从 1984 年开始发行的季刊《守护人日志》（*Keeper's Log*），另一本是从 1992 年开始发行的双月刊《灯塔文摘》。如果你的愿望是进一步融入灯塔的世界，那么你还可以参加许多全国性、区域性或地区范围内的灯塔组织。

三个世纪以来，灯塔照亮了美国的海岸。这些灯塔和灯塔上值得信赖的守护人完美地履行了自己的职责，保护了船上的水手、乘客和货物。美国经济的繁荣和增长离不开这些辉煌信标的指引。因此，在致力于保护人类这么长时间以后，越来越多的灯塔开始理所应当地获得人类的保护和拯救。它们会作为美国伟大航海传统的纪念碑继续存续下去，这不仅让我们为它们惊人的美丽而欢喜，更让我们为它们随时传递的历史感而欣慰。有这么多美国人会爱上灯塔再自然不过了。灯塔是真正值得尊敬和赞叹的国家财富。

尾　声

417　　　　　　　　于 1873 年重建的 7 层高的新波士顿灯塔。

　　在 7 月初一个典型的酷热但有微风的日子里，我决定暂时放下手头的研究工作，来一次短暂的追寻美国灯塔历史的旅行。当天早上，我开车从我在马布尔黑德的住处出发，前往波士顿参观波士顿灯塔，那里正是美国灯塔的历史以一种戏剧性的方式揭幕的地方。不过，首先我必须想办法抵达那
418　里。所以我买了一张前往小布鲁斯特岛的观光船船票，那里

512

是波士顿港群岛国家度假区（Boston Harbor Islands National Recreation Area）中的 34 个岛之一，该度假区由国家公园管理局管理。[1]

在 45 分钟的航程中，一位国家公园管理局的管理员给船上大多穿着短裤、戴着遮阳帽的乘客们讲述了许多关于港口历史的精彩故事，还特别强调了这里曾被严重污染，后来人们为挽救这里的自然环境进行了耗资数十亿美元的清理工作。到这段短暂的航行即将结束之时，乘客就可以看到竖立在港湾入口处的白色哨兵——波士顿灯塔了。它的身影随着我们的靠近而变得越来越宏伟，直到占满整个画面，吸引了船上所有人的注意力。

小船靠岸后，我们下了船，一位穿着长裙、戴着软帽的女士热情地迎接了我们。1783 年，也就是我们眼前的这座灯塔建成之时，守护人的妻子应该就是这样打扮的。这位仿佛是从那个时代穿越到这里的女士是萨莉·斯诺曼博士（Dr. Sally Snowman），她是海岸警卫队辅助队中的历史学家，从 2003 年起就在这里担任灯塔守护人。她给我们带来了一段精彩的关于小布鲁斯特岛和灯塔历史的介绍，然后就让我们自己去进行探索了。

我立即走进了灯塔，迫切地想要爬上灯室，因为灯室里有一套二型菲涅耳透镜。在向上爬的过程中，各种纷乱的想法和画面一起涌进了我的脑海。我想知道第一位守护人乔

---

① "波士顿灯塔之旅"是由国家公园管理局、海岸警卫队、波士顿港岛屿联盟、麻省大学波士顿分校和波士顿港群岛之友联合运营的。

治·沃西莱克是什么样子的，还有他的女儿安在看着父亲于1718年11月的冰冷海水里溺亡时，感受到的是怎样一种无法用言语形容的恐惧。想到革命时期的历史，我又试图想象，本杰明·塔珀少校是如何带领300名爱国者在1775年夏天向灯塔发动英勇的突袭，打败了之前还吹嘘自己能够抵挡更大规模袭击的醉醺醺的英国士兵。我还想到了1776年春天，波士顿人得知英国舰队在向北撤退到欢迎亲英人士的新斯科舍哈利法克斯之前炸毁了波士顿灯塔时，该有多么愤怒。

灯室果然名不虚传。11英尺高、2吨重的透镜上有336块闪亮的棱镜和12块同心圆反射镜，确实是一个漂亮得令人眼花缭乱的仪器。菲涅耳的天才令我惊叹，也让我认真思考了他的发明如何革命性地改变了灯塔的照明效果。通过灯室的玻璃窗，我能看到港湾的入口以及入口以外的大西洋。我不禁想象，在过往的年代里，一定有上百万的水手驾驶着有风帆或马达的船从这里驶入港口，而看到灯塔的光束或听到浓雾警报的声音从远处传来一定能够让这些水手感到大大的安心。

出了灯塔之后，我继续在灯塔周边闲逛，看到了那尊曾经作为这个国家第一个浓雾警报器的加农炮，以及守护人的住处。由于我本身是研究海洋生物的，我忍不住到小岛边沿看看那里的情况，结果发现的几个潮池里都有丰富的生物。参观结束后，我重新登上小船返回波士顿，继续我的行程。我的下一个目标是返回马布尔黑德，到埃尔布里奇·格里诞生的那栋殖民时期豪华大宅看看。

　　1789 年夏天，刚刚就职的联邦国会议员们在纽约市召
开会议，正是格里在这次会议中提出的法案初稿最终促成了
联邦政府将全国的灯塔收归国有。站在格里的家族大宅面
前，想到这个在我的家乡长期居住的人，在我正在记录的这
段历史中发挥过如此重要的作用，一丝骄傲之情油然而生。

　　下一站，也是最后一站距此只有一小段车程。那是一个
叫马布尔黑德角（Marblehead Neck）的多岩石半岛，半岛顶
端有一座马布尔黑德灯塔（Marblehead Lighthouse），灯塔就
矗立在马布尔黑德的优良深港入口处的陆岬上。[1]我到这里不
是为了欣赏美景的，而是想要尝试召唤灯塔的鬼魂。如今的
这座灯塔是在这个地方建造的第二座灯塔，不过我心中想的
是于 1835 年建成的第一座。当时的马布尔黑德居民请求政府
在这个岩石陆岬上建造一座灯塔，目的是让他们的 "优良港
口……成为饱受风雨之苦的水手们便于进入的避风港"。[2]

　　原本的灯塔包括一栋简朴的两层高的守护人住处，和
一座与之相连的仅 23 英尺高的石砌塔。不过因为陆岬本身
就很高，所以灯塔顶部实际高出水面近 60 英尺。伊齐基
尔·达林（Ezekiel Darling）是灯塔的第一位守护人，在当
地颇有名望。他曾在 1812 年战争中担任美国军舰 "宪法
号"（USS *Constitution*）上的炮手，这也是他受人尊敬的原
因之一。

　　达林个子不高，瘦而结实，他的守护人生涯一直持续到
1860 年他年近古稀、几乎全盲为止。和其他很多守护人一
样，达林在自己的职业生涯中也救过很多人，其中最著名的
是他和另外四人曾 "一起驶向波涛汹涌的大海，把双桅帆

420

515

船'约翰·汉考克号'（*John Hancock*）上的军官和船员救上岸。这艘船在廷克岛（Tinker's Island）上撞成了碎片，当时刮着猛烈的东风，还下着大雪，地上的积雪有8~10英尺深"。当地的报纸在报道中称赞达林和他的同伴为"勇敢的马布尔黑德人"。[3]

位于马萨诸塞州马布尔黑德的马布尔黑德
灯塔，大约拍摄于19世纪90年代。

接替达林的守护人名叫简·C. 马丁（Jane C. Martin）。她的父亲是临近的塞勒姆镇贝克岛灯塔的守护人，马丁就是在父亲手下学会了如何照管灯塔。她在马布尔黑德灯塔只工

作了三年，在她离开之后不久，马布尔黑德角陆岬也开始发 421
生变化。这片细长的土地原本主要被用来进行农耕、放牧和
晾晒鱼干，但从 19 世纪 60 年代起，波士顿的富人们开始到
这附近修建豪华的夏日度假别墅，这种趋势在那之后愈演愈
烈。这一变化大大地影响了灯塔的命运。

　　到 19 世纪 80 年代初期，一座座面积巨大、奢华醒目
的豪宅将灯塔映衬得格外渺小。当地的水手们强烈抗议，
说自己在靠近港口时都看不到灯塔的灯光了。为了解决这
个问题，灯塔委员会于 1883 年在原本的灯塔旁边立了一根
顶上吊着一盏灯的长杆。每天晚上，这盏灯都要被用绳子
升到长杆顶端，它作为临时信标存在了十年的时间，直到
灯塔委员会终于决定建造一座更加有效和坚固的灯塔取而
代之。起初委员会的计划是建造一座 100 英尺高的砖砌灯
塔，不过最终还是出于节省开支的考量，改为建造一座造
价低廉得多的 105 英尺高的铸铁骨架塔。1896 年，新灯塔
首次投入使用。

　　这座骨架塔就是此时矗立在我面前的马布尔黑德灯塔， 422
围绕着它的是美丽的马布尔黑德公园。灯塔被刷成了暗棕
色，灯室及灯室周围的平台是黑色的。灯塔于 1960 年实现
了自动化，原本的六型菲涅耳透镜也在那时被现代光学仪器
取代。新的照明灯能够发出静止的绿色灯光。灯塔如今仍在
运行中，由海岸警卫队负责维护照明设备，马布尔黑德镇政
府则负责维护灯塔建筑本身。

　　参观了马布尔黑德角之后，我的一日旅行也结束了。在
这一天里，我从美国灯塔历史在殖民地时期的起点走到了当

辉煌信标

今天的马布尔黑德灯塔。

下。当我坐在公园长椅上仰望灯塔的时候，我仔细思考了这座本地灯塔，以及美国各地的灯塔在这个国家的发展中起到的重要作用，说它们为美国照亮了前进的道路真是再贴切不过了。

518

致 谢

写作是一个独立的过程，但是你不能不依靠很多人的帮助。我最想感谢的人是 W. W. 诺顿出版社的销售部主任比尔·拉辛（Bill Rusin）和利夫莱特出版公司总编鲍勃·韦尔（Bob Weil），正是他们建议我创作这本关于美国灯塔历史的书的。这是个很好的主意，我非常享受就此进行的研究和写作。在我将书稿交给鲍勃和他的助理编辑威尔·梅纳克（Will Menaker）之后，他们立即对书稿进行了出色的编校，给我提出了宝贵的建议。我的文稿编辑苏·卢埃林（Sue Llewellyn）像"雕琢玉石"般精细地润色了字词，大大地提升了本书的文学质量，我尤其喜爱她风趣幽默的笔调。鲍勃、威尔和苏对工作的全情投入让我成了更好的作者。

我在诺顿出版社出版的所有书的装帧设计都非常精美，能够给人带来视觉享受。《辉煌信标》也延续了这个传统，感谢利夫莱特出版公司印制部主任安娜·奥莱（Anna Oler）精心而富有创意的设计。感谢诺顿/利夫莱特出版公司副总编唐·里夫金（Don Rifkin）一如既往的精心编校，他尽可能避免了文字和排版中出现错误或不统一的情况。我还要特别称赞由利夫莱特出版公司美术部主任史蒂夫·阿达多（Steve Attardo）设计的充满戏剧性的封面，它捕捉到了灯塔固有的威严。如果没有营销人员不辞辛劳地向书店、电商和潜在消费者推荐新书，作者的作品就可能无法收获好的反响，所以我非常感谢诺顿出版社的销售部副主任迪尔德丽·多兰（Deirdre Dolan）、利夫莱特出版公司的市场部主任彼得·米勒（Peter Miller）、彼得的助理科迪莉亚·卡尔弗特（Cordelia Calvert）以及负责社交媒体宣传的菲尔·马里诺（Phil Marino）。作为作者我不可能找到比比尔·拉辛更充满热忱的支持者，他从我开始构思这本书时就全力支持我，而且为本书举行了精彩的新书发布会。

我还要感谢我的经纪人拉塞尔·盖伦（Russell Galen）一如既往地给我鼓励，还要感谢他的睿智和独到的眼光。我想不出在我的写作事业上还能有谁是比他更杰出的伙伴，我非常感谢他从十多年前起就成了我的经纪人。这是我们一起出版的第四本书，我希望今后还有更多。

最早审读稿件的人包括杰里米·登特里蒙特、萨拉·格利森（Sarah Gleason）、蒂姆·哈里森、特雷莎·莱维特和布鲁斯·罗伯茨（Bruce Roberts）。他们都给我提出了宝贵的反馈意见。在此我要特别感谢杰里米带我参观了最初几座灯塔，也谢谢他热情地回复了我发给他的许多电子邮件，解答了我的问题，并满足了我索取更多信息的要求。

很多热爱灯塔的人撰写过关于这种标志性建筑的书籍和文章。没有他们的这些作品，我不可能写出这本书，对于这些人我也要表示感激，引用信息详见本书注释。

致　谢

我想要感谢的人还包括凯文·阿宾（Kevin Abbing）、约翰·巴宾（John Babin）、查伦·班斯·比克福德（Charlene Bangs Bickford）、多莉·比克内尔（Dolly Bicknell）、阿尔·比纳（Al Bina）、多特·布莱克（Dot Black）、迈克尔·布兰切特（Michael Blanchette）、劳伦斯·H. 布拉德纳、蒂法妮·布雷瓦德（Tiffany Brevard）、罗伯特·布朗宁（Robert Browning）、克雷格·布鲁斯（Craig Bruce）、肯·卡尔森（Ken Carlson）、玛丽昂·钱德勒（Marion Chandler）、詹姆斯·W. 克拉夫林（James W. Claflin）、桑德拉·麦克莱恩·克鲁尼斯、洛娜·康登（Lorna Condon）、托尼·康纳斯（Tony Connors）、阿尔弗雷德·J. 德拉普斯塔（Alfred J. Delaposta）、琳达·C. 迪安托（Linda C. Dianto）、迈克·迪伦佐（Mike DiRenzo）、比尔·达尔缅因（Bill Dulmaine）、珍妮·甘布尔（Jeanne Gamble）、乔安妮·吉尔因（Joanie Gearin）、汤姆·吉尔（Tom Gill）、克里斯托弗·哈文（Christopher Havern）、塞尔登·B. 希尔（Selden B. Hill）、埃尔·希契科克（Al Hitchcock）、托马斯·霍夫曼（Thomas Hoffman）、凯茜·霍利奇（Cathy Horridge）、乔·贾库比克（Joe Jakubik）、萨拉·琼斯（Sarah Jones）、瓦鲁真·克伦茨（Varoujan Karentz）、安德鲁·奈特（Andrew Knight）、尼克·科斯塔德、杰米·拉尼尔（Jami Lanier）、罗伯特·拉罗萨（Robert LaRosa）、玛丽·E. 林（Mary E. Linne）、伯特·利平科特（Bert Lippincott）、瓦莱丽·卢茨（Valerie Lutz）、罗纳德·马库斯（Ronald Marcus）、格里·麦克切斯尼（Gerry McChesney）、马克·C. 莫伦（Mark C. Mollan）、

简·波特·莫洛伊（Jane Porter Molloy）、阿特·诺布尔
（Art Noble）、爱德华·努涅斯（Edward Nunez）、洛丽·奥
斯本（Lori Osborne）、亨利·奥斯默斯（Henry Osmers）、
吉姆·帕特森（Jim Patterson）、彼得·E. 兰德尔（Peter E.
Randall）、托德·里德（Todd Reed）、克拉拉·斯卡伯勒
（Clara Scarborough）、史蒂夫·希弗（Steve Schiffer）、道
格·史密斯（Doug Smith）、帕特里克·斯卡芙尼（Patrick
Scalfani）、安妮·施密特（Annie Schmidt）、斯科特·舒伯
特（Scott Schubert）、阿莉莎·斯科特（Alisa Scott）、艾
伦·舒克罗（Ellen Schockro）、萨莉·斯诺曼、帕蒂·斯坦
顿（Patti Stanton）、杰夫·斯蒂芬斯（Jeff Stephens）、布莱
恩·塔格（Brian Tague）、阿尔伯特·E. 西伯奇（Albert E.
Theberge）、小马里·托马斯（Marie Thomas, Jr.）、阿什
利·特鲁希略（Ashley Trujillo）、希拉里·沃尔（Hilary
Wall）、戴夫·沃勒、汤姆·沃伦（Tom Warren）、伊丽莎
白·伍德（Elizabeth Wood）和杰米·韦斯（Jamie Wyeth）。
我家乡的阿伯特公共图书馆（Abbot Public Library）和哈佛
大学怀德纳图书馆（Harvard's Widener Library）的工作人员
也为我提供了很多帮助，同样要感谢的还有国家档案馆华盛
顿特区分馆、马里兰州科利奇帕克分馆和马萨诸塞州沃尔瑟
姆分馆的工作人员。

　　我最感谢的是家人对我的支持。我的父母斯坦利·多林
和露丝·多林（Stanley and Ruth Dolin）、我的姐姐彭妮
（Penny）在我需要的时候总会抽出时间与我交谈，我的父
亲和姐姐是本书最初的读者。我将这本书献给我妻子的父

母——乔治·鲁克斯和露丝·鲁克斯，他们同样非常支持我，露丝对于书稿的反馈对我也很有帮助。我的孩子莉莉（Lily）和哈里（Harry）在我的整个创作工程之中总是鼓励我，并不断问我书写得怎么样了，什么时候能写完！莉莉画的灯塔的美丽图画也被收录进了本书的插图彩页，我的办公室里就挂着这幅画，我在工作的时候看到这幅画不仅会感到非常开心，也会获得继续前进的动力。

　　在所有一路陪伴我的人之中，没有谁比我的妻子珍妮弗（Jennifer）更重要。她是我的第一个审读者，从各个方面来说，是她让我做的一切成为可能。她是我最好的朋友，没有她，我不可能完成这本书。

灯塔机构

本列表列举了灯塔机构的名称和地址，并引用了部分机构的简介或宣言中的内容，有网站的机构在此也列出了其网址。①

亚拉巴马州灯塔协会 （Alabama Lighthouse Association）

亚拉巴马州灯塔协会的使命是保护亚拉巴马州境内有历史意义的灯塔。

P. O. Box 250

Mobile, AL 36601

alabamalighthouses. com

美国灯塔委员会 （American Lighthouse Council）

美国灯塔委员会是一个非营利性法人，是由多个灯塔机构、管理人及其他致力于保护、修缮和了解美国灯塔的实践者组成的。

americanlighthousecouncil. org

美国灯塔基金会 （American Lighthouse Foundation）

美国灯塔基金会的使命是挽救和保护美国具有历史意义的灯塔站点及其丰富的历史遗产。这个使命将通过对美国灯塔站点的修缮、改造和适应

---

① 此列表并未涵盖所有机构。

性再利用来实现。此外，基金会还将开展教育活动以实现灯塔的可持续性维护，把守护过这些灯塔的人的精神永远传承下去。

Owls Head Light Station

186 Lighthouse Road

Owls Head, ME 04854

(207) 594 – 4174

lighthousefoundation. org

美国灯塔基金会设有以下分会：

Avery Point Lighthouse Society

P. O. Box 1552

Groton, CT 06340

averypointlight. com

Cape Cod Chapter

P. O. Box 565

Rockland, ME 04841

855 – 722 – 3959

racepointlighthouse. org

Friends of Little River Lighthouse

P. O. Box 565

Rockland, ME 04841

(877) 276 – 4682

littleriverlight. org

Friends of Pemaquid Point Lighthouse

c/o Caren Clark

954 Dutch Neck Road

Waldoboro, ME 04572

Friends of Pomham Rocks Lighthouse

P. O. Box 15121

East Providence, RI 02915

Friends of Portsmouth Harbor Lighthouses

P. O. Box 8232

Portsmouth, NH 03802 – 5092

(603) 828 – 9243

portsmouthharborlighthouse. org

Friends of Rockland Harbor Lighthouses

P. O. Box 741

Rockland, ME 04841

(207) 542 – 7574

rocklandharborlights. org

Friends of Wood Island Lighthouse

P. O. Box 26

Biddeford Pool, ME 04006

woodislandlighthouse. org

New England Lighthouse Lovers

38 Lime Kiln Road

Tuckahoe, NY 10707

newenglandlighthouselovers. org

灯塔机构

特拉华河与特拉华湾灯塔基金会（**Delaware River & Bay Lighthouse Foundation**）

特拉华河与特拉华湾灯塔基金会是一个完全由志愿者组成的组织，是特拉华州九个现存的灯塔历史遗迹中两个的管理者，这两座灯塔分别是难民港湾灯塔（Harbor of Refuge Lighthouse）和特拉华州防波堤东端灯塔（Delaware Breakwater East End）。

P. O. Box 708

Lewes，DE 19958

（302）644 - 7046

delawarebaylights. org

佛罗里达州灯塔协会（**Florida Lighthouse Association**）

佛罗里达州灯塔协会是一个由市民活动家组成的非营利组织，致力于保护佛罗里达州长达 1350 英里的海岸线上的 30 座现存灯塔。

P. O. Box 1676

St. Petersburg，FL 33731

（727）667 - 7775

floridalighthouses. org

飞翔的圣诞老人的朋友（**Friends of Flying Santa**）

飞翔的圣诞老人的朋友创立于 1997 年，旨在确保每年圣诞节到新英格兰地区各座灯塔的飞行活动能够持续下去。

P. O. Box 80047

Stoneham，MA 02180 - 0001

（781）438 - 4587

flyingsanta. com

五大湖区灯塔守护人协会（**Great Lakes Lighthouse Keepers Association**）

辉煌信标

　　五大湖区灯塔守护人协会原本是为退休的灯塔守护人及他们的亲友不定期举行集会的组织，自1983年起成为非营利组织，它是美国至今存续时间最长的灯塔保护组织之一。

707 North Huron Avenue

P. O. Box 219

Mackinaw City, MI 49701

(231) 436 – 5580

gllka. com

灯塔之友 (Lighthouse Friends. com)

这是一个内容丰富的网站，为每座灯塔设立了单独的网页。网站由克雷格·安德森 (Kraig Anderson) 和玛丽莲·斯蒂伯雷克 (Marilyn Stiborek) 运营，网站上的内容包括照片、介绍、历史信息及他们二人亲自前往灯塔收集的地理坐标等。网站涵盖了美国的所有灯塔，以及越来越多的加拿大灯塔。

lighthousefriends. com

灯塔保护协会 (The Lighthouse Preservation Society)

灯塔保护协会的任务是为后世保护有历史意义的灯塔建筑，促进更多灯塔向公众开放，让人们有机会欣赏灯塔。协会还致力于记录灯塔及灯塔守护人的历史。

11 Seaborne Drive

Dover, NH 03820

(603) 740 – 0055

lighthousepreservation. org

密歇根灯塔联盟 (Michigan Lighthouse Alliance)

联盟包括50多个非营利灯塔保护组织和密歇根州境内的灯塔利益相

灯塔机构

关人。

P. O. Box 141

Drummond Island, MI 49726

michiganlighthousealliance. org

新泽西州灯塔学会 （New Jersey Lighthouse Society）

新泽西州灯塔学会是一个非营利教育组织，致力于所有灯塔的保护和历史研究，包括特拉华湾和纽约港在内的新泽西地区的灯塔是该组织的工作重点。

P. O. Box 332

Navesink, NJ 07752 – 0332

（732）291 – 4777

njlhs. org

外滩群岛灯塔学会 （Outer Banks Lighthouse Society）

外滩群岛灯塔学会在支持北卡罗来纳州灯塔保护活动中非常活跃。

P. O. Box 1005

Morehead City, NC 28557

outerbankslighthousesociety. org

塞布尔角灯塔守护人协会 （Sable Points Lighthouse Keepers Association）

塞布尔角灯塔守护人协会的任务是保护和提升灯塔状况，向公众介绍灯塔知识，促进灯塔向公众开放。该协会的灯塔都位于密歇根湖的东岸，包括大塞布尔灯塔（Big Sable）、拉丁顿北防波堤灯塔（Ludington North Breakwater）、小塞布尔灯塔（Little Sable）和怀特河灯塔（White River）。

P. O. Box 673

Ludington, MI 49431

(231) 845 – 7417

splka. org

美国灯塔学会 （**United States Lighthouse Society**）

美国灯塔学会是一个非营利组织，致力于历史研究和教育活动，目的是要让所有对于过去或现在的灯塔感兴趣的人能够了解灯塔并从中获得愉悦感。

Point No Point Lighthouse

9005 Point No Point Road NE

Hansville，WA 98340

(415) 362 – 7255

uslhs. org

美国灯塔学会设有以下分会：

Long Island Chapter

lilighthousesociety. org

Chesapeake Chapter

cheslights. org

Pacific North west Lighthouse Group

pnwlg2014. org

Point No Point Chapter

pnplighthouse. co

灯塔博物馆

本列表包含了美国的很多灯塔博物馆。这些博物馆规模大小不一，大多数博物馆是与灯塔相连接，或就设置在灯塔之内的。[1]

Absecon Lighthouse Museum

31 S. Rhode Island Avenue

Atlantic City, NJ 08401

(609) 449 – 1360

abseconlighthouse. org

Annapolis Maritime Museum/Thomas Point Shoal Lighthouse

723 Second Street

Annapolis, MD 21403

(410) 295 – 0104thomaspointlighthouse. org

Barnegat Lighthouse

P. O. Box 167

Barnegat Light, NJ 08006

---

① 此列表并未涵盖所有灯塔博物馆。

(609) 494 – 2016

www. state. nj. us/dep/parksandforests/parks/barnlig. html

Battery Point Lighthouse at the Del Norte County Historical Society

577 H Street

Crescent City, CA 95531

(707) 464 – 3922

delnortehistory. org/lighthouse

Beavertail Lighthouse Museum Association

P. O. Box 83

Jamestown, RI 02835

(401) 423 – 3270

beavertaillight. org

Block Island Southeast Lighthouse

18 Old Town Road

Block Island, RI 02807

(401) 864 – 4357

blockislandhistorical. org

Bodie Island Lighthouse

Cape Hatteras National Seashore

8210 Bodie Island Lighthouse Road

Nags Head, North Carolina 27959

(252) 473 – 2111

nps. gov/caha/planyourvisit/bils. htm

Boca Grande Lighthouse & Museum

Barrier Island Parks Society, Inc.

P. O. Box 637

Boca Grande, FL 33921

(941) 964 – 0060

barrierislandparkssociety. org/

port-boca-grande-lighthouse-museum

Boston Lighthouse

Little Brewster Island

Boston, MA 02109

(617) 223 – 8666

bostonharborislands. org/events_ bostonlight. html

Cana Island Lighthouse at the Door County Maritime Museum

120 North Madison Avenue

Sturgeon Bay, WI 54235 – 3416

(920) 743 – 5958

dcmm. org

Cape Hatteras National Seashore

1401 National Park Drive

Manteo, NC 27954

(252) 473 – 2111

nps. gov/caha/planyourvisit/visitor-centers. htm

Cape May Lighthouse & Museum

215 Lighthouse Avenue

辉煌信标

Cape May, NJ

(609) 884 – 8656

capemaymac. org/attractions/capemaylighthouse. html

Charlotte-Genesee Lighthouse Historical Society

70 Lighthouse Street

Rochester, NY 14612

(585) 621 – 6179

geneseelighthouse. org

Chesapeake Bay Maritime Museum

213 North Talbot Street

St. Michaels, MD 21663

(410) 745 – 2916

cbmm. org

Choptank River Lighthouse

Long Wharf Park

High and Water Streets

Cambridge, MD 21613

(410) 463 – 2653

choosecambridge. com/index. php/choptank-river-lighthouse/

Colchester Reef Lighthouse at the Shelburne Museum

6000 Shelburne Road

P. O. Box 10

Shelburne, VT 05482

(802) 985 – 3346

shelburnemuseum. org/explore/buildings/galleries/lighthouse

Concord Point Lighthouse

Corner of Concord & Lafayette Streets

Havre de Grace, MD 21078

(410) 939 – 3213

concordpointlighthouse. org

Copper Harbor Lighthouse

14447 Highway M26

Copper Harbor, MI 49918

(906) 289 – 4966

copperharborlighthousetours. com

Currituck Beach Lighthouse

Outer Banks Conservationists, Inc.

P. O. Box 970

Manteo, NC 27954

(252) 473 – 5440

currituckbeachlight. com

Custom House Maritime Museum

150 Bank Street

New London, CT 06320

(860) 447 – 2501

nlmaritimesociety. org

Drum Point Lighthouse at the Calvert Marine Museum

14200 Solomons Island Road

Solomons, MD 20688

(410) 326 – 2042

calvertmarinemuseum. com/199/Drum-Point-Lighthouse

Dunkirk Lighthouse & Veterans Park Museum

P. O. Box 69 – 1 Lighthouse Point Drive

Dunkirk, NY 14048

(716) 366 – 5050

dunkirklighthouse. com

Eagle Bluff Lighthouse

Peninsula State Park

9462 Shore Road

Fish Creek, WI 54212

(920) 421 – 3636

eaglebufflighthouse. doorcountyhistoricalsociety. org

Eagle Harbor Lighthouse Complex and Museum

Keweenaw County historical Society

670 Lighthouse Road

Eagle harbor, MI 49950

keweenawhistory. org/sites/lighthouse. html

East End Seaport Maritime Museum

Greenport, NY 11944

(631) 477 – 2100

eastendseaport. org

1860 Lighthouse & Light Station Museum

311 Johnson Street

Port Washington, WI 53074

(262) 268 – 9150

portwashingtonhistoricalsociety. org

Fairport Harbor Marine Museum

129 Second Street

Fairport harbor, Oh 44077

(440) 354 – 4825.

fairportharborlighthouse. org

Fire Island Lighthouse Preservation Society

4640 Captree Island

Captree Island, NY 11702 – 4601

(631) 661 – 4876

fireislandlighthouse. com

Grand Traverse Lighthouse Museum

15500 North Lighthouse Point Road

Northport, MI 49670

(231) 386 – 7195

grandtraverselighthouse. com

Great Lakes Shipwreck Museum

18335 North Whitefish Point Road

Paradise, MI 49768

(888) 492 – 3747

shipwreckmuseum. com

Grosse Point Lighthouse Museum

Lighthouse Park District

2601 Sheridan Road

Evanston, IL 60201 – 1752

(847) 328 – 6961

grossepointlighthouse. net

Harbor Town Lighthouse Museum

149 Lighthouse Road

Hilton Head Island, SC 29928

(866) 305 – 9814

harbourtownlighthouse. com

Heceta Head Lighthouse

P. O. Box 250

Yachats, OR 97498

(866) 547 – 3696

hecetalighthouse. com

Hereford Inlet Lighthouse and Museum

P. O. Box 784

Rio Grande, NJ 08242

(609) 522 – 4520

herefordlighthouse. org

Highland Lighthouse

27 Highland Light Road

North Truro, MA 02652

(508) 487 – 1121

highlandlighthouse. org

Hillsboro Lighthouse Preservation Society Museum

Hillsboro Inlet Park

A1A at 2700 N. Ocean Boulevard

Pompano Beach, FL, 33062

(954) 609 – 7974

hillsborolighthouse. org

Horton Point Lighthouse

Southold Historical Society

P. O. Box 1

Southold, NY 11971

(631) 765 – 5500

southoldhistoricalsociety. org/lighthouse. htm

Jupiter Inlet Lighthouse & Museum

500 Captain Armour's Way

Jupiter, FL 33469

(561) 747 – 8380

jupiterlighthouse. org

Key West Lighthouse & Keeper's Quarters at the Key West Art & Historical Society

938 Whitehead Street

Key West, FL 33040

(305) 294 – 0012

kwahs. org/visit/lighthouse-keepers-quarters/

Old Point Loma Lighthouse/Cabrillo National Monument

1800 Cabrillo Memorial Drive

San Diego, CA 92106 – 3601

(619) 557 – 5450

nps. gov/cabr/learn/historyculture/old-point-loma-lighthouse

Maine Lighthouse Museum

One Park Drive

Rockland, ME 04841

(207) 594 – 3301

mainelighthousemuseum. org

Marblehead Lighthouse Historical Society Museum

110 Lighthouse Drive

Marblehead, OH 43440

(419) 798 – 2094

marbleheadlighthouseohio. org

Mariners' Museum and Park

100 Museum Drive

Newport News, VA 23606

(757) 596 – 2222

marinersmuseum. org

Marquette Maritime Museum and Lighthouse

300 North Lakeshore Boulevard

灯塔博物馆

Marquette, MI 49855

(906) 226 – 2006

mqtmaritimemuseum. com

Marshall Pont Lighthouse and Museum

P. O. Box 247

Port Clyde, ME 04855

marshallpoint. org/index. php

Martha's Vineyard Museum

59 School Street

Martha's Vineyard, MA 02539

(508) 627 – 4441

mvmuseum. org

McGulpin Point Lighthouse Museum & Old Mackinac Point Lighthouse

mightymac. org

Michigan City Historical Society, Old Lighthouse Museum

Heisman Harbor Road, Washington Park

P. O. Box 512

Michigan City, IN 46361 – 0512

(219) 872 – 6133

oldlighthousemuseum. org

Monhegan Museum of Art & History

(housed in the Monhegan Light Station)

1 Lighthouse Hill

Monhegan, ME 04852

(207) 596 – 7003

monheganmuseum. org

Montauk Point Lighthouse Museum & Gift Shop

2000 Montauk Highway

Montauk, NY 11954

(631) 668 – 2544

montauklighthouse. com

Mukilteo Lighthouse

Mukilteo Historical Society

304 Lincoln Avenue, Suite 101

Mukilteo, WA 98275

mukilteohistorical. org

National Lighthouse Museum

200 Promenade at Lighthouse Point

P. O. Box 10296

Staten Island, NY 10301 – 0296

(718) 390 – 0040

lighthousemuseum. org

Navesink Twin Lights Museum

Lighthouse Road

Highlands, NJ 07732

(732) 872 – 1814

twinlightslighthouse. com

灯塔博物馆

New Canal Lighthouse Museum and Education Center

8001 Lakeshore Drive

New Orleans, LA 70124

(504) 836 – 2215

saveourlake. org

New Dungeness Lighthouse

P. O. Box 1283

Sequim, WA 98382

(360) 683 – 6638

newdungenesslighthouse. com

North Point Lighthouse Museum

2650 North Wahl Avenue

Milwaukee, WI 53211

(414) 332 – 6754

northpointlighthouse. org

Old Baldy Lighthouse & Smith Island Museum of History

101 Lighthouse Wynd

Bald Head Island, NC 28461

(910) 457 – 7481

oldbaldy. org

Old Mackinac Point Lighthouse

526 North Huron Avenue

Mackinaw City, MI 49701

(906) 847 – 3328

mackinacparks. com

辉煌信标

Old Point Loma Lighthouse

Cabrillo National Monument

1800 Cabrillo Memorial Drive

San Diego, CA 92106 – 3601

(619) 557 – 5450

nps. gov/cabr/learn/historyculture/old-point-loma-lighthouse. htm

Ontonagon Lighthouse Museum

422 River Street

Ontonagon, Michigan 49953

(906) 884 – 6165

ontonagonmuseum. org

Pemaquid Point Lighthouse and Museum

3119 Bristol Road

New Harbor, ME 04554

(207) 677 – 2492

bristolparks. org/lighthouse. htm

Pensacola Lighthouse & Museum

2081 Radford Boulevard

Pensacola, Fl 32508

(850) 393 – 1561

pensacolalighthouse. org

Piney Point Lighthouse, Museum, and Historic Park

44720 Lighthouse Road

Piney Point, MD 20674

(301) 994 – 1471

www. stmarysmd. com

Pointe aux Barques Lighthouse Society

8114 Rubicon Road

Port Hope, MI 48468

(989) 428 – 2010

pointeauxbarqueslighthouse. org

Point Cabrillo Lighthouse and Museum

45300 Lighthouse Road

Mendocino, CA 95460

(707) 937 – 6123

pointcabrillo. org

Point Fermin Lighthouse Historic Site and Museum

807 West Paseo Del Mar

San Pedro, CA 90731

(310) 241 – 0684

pointferminlighthouse. org

Point Isabel Lighthouse and Keeper's Cottage

421 East Queen Isabella Boulevard

Port Isabel, TX 78578

(956) 943 – 7602

portisabelmuseums. com

Point Pinos Lighthouse

80 Asilomar Avenue

Pacific Grove, CA 93950

(831) 648 – 3176

pointpinoslighthouse. org

Point Reyes Lighthouse

Point Reyes National Seashore

1 Bear Valley Road

Point Reyes Station, CA 94956

(415) 464 – 5100

nps. gov/pore/learn/historyculture/people_ maritime_ lighthouse. htm

Point San Luis Lighthouse

P. O. Box 308

Avila Beach, CA 93424

(855) 533 – 7843

sanluislighthouse. org

Point Sur Historic Park & Lighthouse

Big Sur, CA 93920

(831) 625 – 4419

pointsur. org

Point Vicente Lighthouse and Museum

31550 Palos Verdes Drive West

Rancho Palos Verdes, CA 90275

(310) 541 – 0334.

palosverdes. com/pvlight

灯塔博物馆

Ponce de Leon Lighthouse and Museum

4931 South Peninsula Drive

Ponce Inlet, FL 32127

(386) 761 – 1821

ponceinlet. org

Port Boca Grande Lighthouse and Museum

880 Belcher Road

Boca Grande, FL 33921

(941) 964 – 0060

barrierislandparkssociety. org/

port-boca-grande-lighthouse-museum

Portland Head Lighthouse and Museum

1000 Shore Road

Cape Elizabeth, ME 04107

(207) 799 – 2661

portlandheadlight. com

Presque Isle Township Museum Society

P. O. Box 208

Presque Isle, MI 49777

(989) 595 – 9917

presqueislelighthouses. org

Roanoke River Lightouse & Maritime Museum

West Water Street

Downtown Plymouth, NC 27962

(252) 217 – 2204

roanokeriverlighthouse. org

Rondout Lighthouse at the Hudson River Maritime Museum

Hudson River Maritime Museum

50 Rondout Landing

Kingston, NY 12401

(845) 338 – 0071

hrmm. org/rondout-lighthouse. html

Rose Island Lighthouse Foundation

P. O. Box 1419

Newport, RI 02840

(401) 847 – 4242

roseislandlighthouse. org

St. Augustine Lighthouse & Museum

100 Red Cox Road

St. Augustine, FL 32080

(904) 829 – 0745

staugustinelighthouse. com

St. George Lighthouse Museum

2B East Gulf Beach Drive

St. George Island, FL 32328

(850) 927 – 7745

stgeorgelight. org

灯塔博物馆

St. Simons Island Lighthouse Museum and Keeper's Dwelling

610 Beachview Drive

St. Simons Island, GA 31522

(912) 638 – 4666

saintsimonslighthouse. org

Sand Point Lighthouse

Delta County Historical Society

16 Water Plant Road

Escanaba, MI 49829

(906) 789 – 6790

deltahistorical. org

Saugerties Lighthouse Museum

Saugerties Lighthouse Conservancy

PO Box 654

Saugerties, NY 12477

(845) 247 – 0656

saugertieslighthouse. com

Scituate Lighthouse at the Scituate Historical Society

43 Cudworth Road

Scituate MA 02066

(781) 545 – 1083

scituatehistoricalsociety. org/light

Sea Girt Lighthouse

9 Ocean Avenue

Sea Girt, NJ 08750

(732) 974 – 0514

seagirtlighthouse. com

Seguin Island Light Station and Museum

72 Front Street, Suite 3

Bath, ME 04530

(207) 443 – 4808

seguinisland. org

Seul Choix Lighthouse Museum

Gulliver Historical Society

672 North West Gulliver Lake Road

Gulliver, MI 49840

(906) 283 – 3317

greatlakelighthouse. com

Sodus Bay Lighthouse Museum

7606 North Ontario Street

Sodus Point, NY 14555 – 9536

(315) 483 – 4936

sodusbaylighthouse. org

Southport Light Station Museum

Kenosha History Center

220 51st Place

Kenosha, WI 53140

(262) 654 – 5770

kenoshahistorycenter. org

Split Rock Lighthouse

3713 Split Rock Lighthouse Road

Two Harbors, MN 55616

(218) 226 – 6372

sites. mnhs. org/historic-sites/split-rock-lighthouse

Stonington Historical Society Old Lighthouse Museum

7 Water Street

Stonington, CT 06378

(860) 535 – 1440

stoningtonhistory. org

Sturgeon Point Lighthouse and Museum

Alcona Historical Society

P. O. Box 174

Harrisville, MI 48740

(989) 724 – 6297

alconahistoricalsociety. com

Tawas Point Lighthouse

686 Tawas Beach Road

East Tawas, MI 48730

(989) 362 – 5658

michigan. gov/mhc/0, 4726, 7 – 282 – 61080_ 62661 – – – , 00. html

Two Harbors Lighthouse

520 South Avenue

Two Harbors, MN 55616

(218) 834 – 4898

lakecountyhistoricalsociety. org/museums/view/
two-harbors-light-station

Tybee Island Lighthouse and Museum

30 Meddin Avenue

Tybee Island, GA 31328 – 9733

(912) 786 – 5801

tybeelighthouse. org

Umpqua River Lighthouse and Museum

1020 Lighthouse Road

Winchester Bay, OR 97467

(541) 271 – 4631

umpquavalleymuseums. org

United States Coast Guard Museum (in 2018 a new national Coast Guard Museum is due to open in downtown New London)

Waesche Hall

U. S. Coast Guard Academy

15 Mohegan Avenue

New London, CT 06320 – 8511

(860) 444 – 8511

uscg. mil/hq/cg092/museum/museumhours. asp

Watch Hill Lighthouse

Watch Hill Lighthouse Keepers Association

P. O. Box 1511

Westerly, RI 02891

www. watchhilllighthousekeepers. org

Westport Maritime Museum

Grays Harbor Lighthouse

1020 West Ocean Avenue

Westport, WA 98595

(360) 268 – 0078

westportmaritimemuseum. com

West Quoddy Head Lighthouse

973 South Lubec Road

Lubec, Maine 04652

(207) 733 – 2180

westquoddy. com

White River Light Station and Museum

6199 Murray Road

Whitehall, MI 49461

(231) 894 – 8265

whiteriverlightstation. org

Wind Point Lighthouse Fog Horn Building Museum

P. O. Box 44067

Racine, WI 53404 – 7001

(262) 880 – 8266

windpointlighthouse. com

辉煌信标

Yaquina Bay Lighthouse

Friends of Yaquina Lighthouses

750 Lighthouse Drive #7

PO Box 410

Newport, OR 97365

(541) 574 – 3100

yaquinalights. org

注　释

注释中使用的缩写

ARCL：《灯塔监督员给商务部部长的年度报告（*XX* 年）》（*Annual Report of the Commissioner of Lighthouses to the Secretary of Commerce, for the Year Ending ____*）

ARLHB：《灯塔委员会年度报告（*XX* 年）》（*Annual Report of the Lighthouse Board, for the Year Ending ____*）

LSB：《灯塔服务局公报》（*Lighthouse Service Bulletin*）

NAB：国家档案馆华盛顿特区分馆（*National Archives Building, Washington, DC*）

NACP：国家档案馆马里兰州科利奇帕克分馆（*National Archives at College Park, MD*）

NDAR：《美国革命海军档案》（*Naval Documents of the American Revolution*）

ORUCN：《美国内战期间北方联邦和南方邦联海军的官方记录》（*Official Records of the Union and Confederate Navies in the War of the Rebellion*）

Report of the Officers：《灯塔委员会成员报告》（*Report of the Officers Constituting the Light-House Board*）（*Washington: A. Boyd Hamilton*, 1852）

RG：记录小组（*Record Group*）

RLHB：《财政部就（*XX* 年）财政情况年度报告——灯塔委员会报告》（*Report of the Lighthouse Board, in the Annual Report of the Secretary of the*

Treasury, on the State of the Finances for the Year Ending ____)

TDCCR：《财政部南方邦联记录合集：灯塔设施相关记录》（*Treasury Department Collection of Confederate Records, Records Relating to Lighthouse Establishment*）

USLB：美国灯塔委员会

引 言

1. "Loss of Ship Union," *Salem Gazette* (February 28, 1817); "Shipwreck" *National Advocate* (March 1, 1817); and James Duncan Phillips, *Pepper and Pirates: Adventures in the Sumatra Pepper Trade of Salem* (Boston: Houghton Mifflin Company, 1949), 63 – 65.

2. William S. Pelletreau, *A History of Long Island From Its Earliest Settlement To The Present Time*, vol. 2 (New York: Lewis Publishing Company, 1905), 28.

第一章

1. Samuel Clough, *The New England Almanack for the Year of 1701* (Boston: R. Green and J. Allen, 1701), 2 – 3.

2. Alan Stevenson, *A Rudimentary Treatise on the History, Construction, and Illumination of Lighthouses* (London: John Weale, 1850), 1 – 6; Judith McKenzie, *The Architecture of Alexandria and Egypt: c. 300 BC to AD 700* (New Haven: Yale University Press, 2007), 41 – 45; and David Abulafa, *The Great Sea: A Human History of the Mediterranean* (London: Oxford University Press, 2011), 155.

3. Peter A. Clayton, "The Pharos at Alexandria," in *The Seven Wonders of the Ancient World*, edited by Peter A. Clayton and Martin J. Price (New York: Routledge, 1988), 143.

4. 引自 12 世纪阿拉伯地理学家伊德里西（Edrisi），转引自 William Henry Davenport Adams, *Lighthouses and Lightships: A Descriptive and Historical Account of Their Mode of Construction and Organization* (London: T. Nelson and

Sons, 1870), 25。

5. Achilles Tatius, *Achilles Tatius*, translated by S. Gaselee (London:
William Heinemann, 1917), 249.

6. D. Alan Stevenson, *The World's Lighthouses Before 1820* (London: Oxford
University Press, 1959), 8 – 12, 17 – 37, 46, 86 – 87, 97 – 109.

7. Julian Stockwin, *Stockwin's Maritime Miscellany: A Ditty Bag of Wonders
from the Golden Age of Sail* (New York: Random House, 2001), 58.

8. 埃迪斯通灯塔的背景信息来自 Fred Majdalany, *The Eddystone
Lighthouse* (Boston: Houghton Mifflin Company, 1960), 23 – 72。

9. Ibid. , 57.

10. Arnold Burges Johnson, *The Modern Light-House Service* (Washington:
Government Printing Office, 1890), 13.

11. Francis Ross Holland, Jr. , *America's Lighthouses: Their Illustrated
History Since 1716* (Brattleboro, VT: Stephen Greene Press, 1972), 8.

12. John F. Campbell, *History and Bibliography of* The New American
Practical Navigator *and* The American Coast Pilot (Salem, MA: Peabody Museum,
1964), 29.

13. "Note on Boston Light," in *Publications of the Colonial Society of
Massachusetts, Transactions, 1899 – 1900*, vol. 6 (Boston: The Colonial Society,
1904), 278 – 79.

14. "An Act for Building and Maintaining a Light-House Upon Great Brewster
(Called Beacon-Island) at the Entrance of the Harbour of Boston," in *Acts and
Laws, of His Majesty's Province of the Massachusetts-Bay in New-England* (Boston:
S. Kneeland, 1759), 184 – 85.

15. "Boston," *Boston News Letter* (September 10 – 17, 1716) .

16. Thomas Knox, "Boston Light House," *Massachusetts Magazine* (February
1789), 71; "Resolve Directing Richard Devens, Esq. , Commissary General to
Build and Compleat a Light House and Other Buildings at the Entrance of Boston

Harbour ... " (July 2, 1783), in *Acts and Laws of the Commonwealth of Massachusetts* (Boston: *Wright & Potter Printing Company*, 1890), 711; and Sally R. Snowman and James G. Thompson, *Boston Light: A Historical Perspective* (North Andover, MA: Flagship Press, 1999), 7.

17. 沃西莱克的背景信息来自 Nathaniel B. Shurtleff, *A Topographical and Historical Description of Boston* (Boston: Boston City Council, 1871), 570; and Edward Rowe Snow, *The Lighthouses of New England*, updated by Jeremy D'Entremont (Beverly, MA: Commonwealth Editions, 2002), 177。

18. "An Act for Building and Maintaining a Light-House," 185.

19. "Boston," *Boston News-Letter* (November 3 – 10, 1718).

20. 当时的材料转引自 Snow, *The Lighthouses*, 177。

21. Ibid. , 177 – 179.

22. Richard C. Fyffe, "Providence Asserted and Adored: A Cotton Mather Text Rediscovered," in *Essex Institute Historical Collections* (July 1989), 201 – 38.

23. Ibid. , 209 – 210.

24. Benjamin Franklin, *The Autobiography of Benjamin Franklin* (Boston: Houghton, Mifflin and Company, 1886), 19 – 20; Walter Isaacson, *Benjamin Franklin: An American Life* (New York: Simon & Schuster, 2003), 20 – 21; and H. W. Brands, *The First American: The Life and Times of Benjamin Franklin* (New York: Anchor Books, 212), 20.

25. Franklin, *The Autobiography*, 20.

26. Benjamin Franklin, *Memoirs of the Life and Writings of Benjamin Franklin, Written by Himself to a Late Period, and Continued to the Time of his Death*, edited by William Temple Franklin (London: Henry Colburn, 1818), 132 – 33.

27. "Boston," *Boston News-Letter* (November 10 – 17, 1718); and "Boston," *Boston News-Letter* (November 17 – 24, 1718).

28. Snow, *The Lighthouses*, 180.

注　释

29. Fitz-Henry Smith, Jr. , *The Story of Boston Light, With Some Accounts of the Beacons in Boston Harbor* (Boston: Privately printed, 1911), 22 – 24.

30. Isaacson, *Benjamin Franklin*, 137 – 144; and Bertrand Russell, *Russell: The Basic Writings of Bertrand Russell* (New York: Routledge Classics, 2009), 47.

31. Knox, *Boston Light House*, 70.

32. John J. McCusker, "Colonial Statistics," in *Historical Statistics of the United States: Earliest Times to the Present, Millennial Edition*, vol. 5, part E, edited by Susan B. Carter et al. (Cambridge: Cambridge University Press, 216), 5 – 627 – 36.

33. R. A. Douglas-Lithgow, *Nantucket, A History* (New York: G. P. Putnam & Sons, 1914), 25.

34. Herman Melville, *Moby-Dick or the White Whale* (Boston: St. Botolph Society, 1892), 63.

35. Karen T. Butler, *Nantucket Lights: An Illustrated History of the Island's Legendary Beacons* (Nantucket: Mill Hill Press, 1996), 9 – 12, 19.

36. "Extract of a Letter from Nantucket, March 9, 1774," *Essex Journal and Merrimack Packet* (March 23, 1774) .

37. 罗得岛第一座灯塔的背景信息来自 Richard L. Champlin, "Rhode Island's First Lighthouse," *Newport History* (Summer 1970), 49 – 64; Susan B. Franklin, "The Beavertail Lighthouse," *Rhode Island History* (October 1951), 97 – 101; Varoujan Karentz, *Beavertail Light Station on Conanicut Island: Its Use, Development and History from 1749* (Charleston, SC: BookSurge Publishing, 2008), 31 – 43; and Sarah C. Gleason, *Kindly Lights: A History of the Lighthouses of Southern New England* (Boston: Beacon Press, 1991), 16 – 19。

38. Gleason, *Kindly Lights*, 16.

39. 这一部分的背景信息来自 "Newport, November 10," *Newport Mercury* (November 3 – 10, 1766); "Jamestown, November 14, 1766," *Newport Mercury* (November 10 – 17, 1766); and "Newport, November 22, 1766," *Newport*

辉煌信标

Mercury（November 17 – 24，1766）。

40. "Newport, November 22, 1766," *Newport Mercury*.

41. "Jamestown, Nov. 28, 1766," *Newport Mercury*（November 24 – December 1, 1766）.

42. "Josiah Arnold on Beaver Tail Light"（February 1767）, Petitions to the General Assembly, vol. 13, no. 53, Rhode Island State Archives.

43. "General Treasurer—Accounts Allowed, Arnold with the Colony," June 1767, Second Session, Rhode Island State Archives.

44. 新伦敦灯塔的背景信息来自 Charles J. Hoadly, *Public Records of the Colony of Connecticut, From May, 1757, to March, 1762, Inclusive*（Hartford: Case, Lockwood & Brainerd Co., 1880）, 468 – 69; and Edward Rowe Snow, *Famous Lighthouses of America*（New York: Dodd, Mead & Company, 1955）, 88 – 89。

45. 纽约灯塔的背景信息来自 Kenneth Scott, "The Sandy Hook Lighthouse," *American Neptune*（April 1965）, 123 – 25; Edmund Andros to Philip Carteret（March 7, 1680）, in *The Andros Papers, 1679 – 1680*, edited by Peter R, Christoph and Florence A. Christoph（Syracuse: Syracuse University Press, 1989）, 238 – 239; "Scheme of a Lottery," *New-York Gazette*（July 6, 1761）; Julia Bricklin, "The Colonial Public Lottery: A Beacon Light for New Yorkers," *Financial History*（Summer 2013）, 12 – 15; and "Scheme of the New-York Light-House and Publick Lottery," *New-York Mercury*（April 25, 1763）。

46. "New-York, Dec. 19," *New-York Mercury*（December 19, 1757）.

47. Cadwallader Colden, "The Light House on Sandy Hook," *Colonial Records of the New York Chamber of Commerce, 1768 – 1784*, edited by John Austin Stevens, Jr.（New York: John F. Trow, 1867）, 320.

48. Ed Crews, "How Much Is That in Today's Money?" *Colonial Williamsburg*（Summer 2002）, accessed on May 29, 2015, at http: //www. history. org/ foundation/journal/Summer02/money2. cfm.

49. "New-York, June 18," *New-York Mercury* (June 18, 1764).

50. 宾夕法尼亚州灯塔的背景信息来自 John W. Beach, *The Cape Henlopen Lighthouse* (Dover, MD: Henlopen Publishing, 1970), 10 – 24; Bob Trapani, Jr., *Delaware Lights: A History of Lighthouses in the First State* (Charleston, SC: History Press, 2007), 13 – 14; Douglas J. Evans, *The History of Cape Henlopen Ligh thouse, 1764 – 1926* (Senior thesis, University of Delaware, Newark, 1958); and "Scheme," *Pennsylvania Gazette* (November 12, 1761)。

51. David McCullough, *John Adams* (New York: Simon & Schuster, 2001), 79.

52. Evans, *History of Cape Henlopen Lighthouse*, 5.

53. Harold E. Gillingham, "Lotteries in Philadelphia Prior to 1776," *Pennsylvania History* (April 1938), 94.

54. "To All Masters of Vessels," *Pennsylvania Gazette* (December 5, 1765).

55. 关于查尔斯顿的灯塔背景信息来自 Douglas W. Bostick, *The Morris Island Lighthouse: Charleston's Maritime Beacon* (Charleston, SC: History Press, 2008), 13 – 19; Suzannah Smith Miles, *Writing of the Islands: Sullivan's Island and the Isle of Palms* (Charleston, SC: History Press, 2004), 64 – 65; "Charles-Town, June 1," *South Carolina Gazette* (June 28, 1768); "Charles-Town, June 16," *The South Carolina Gazette* (June 16, 1767); and "Charles-Town, December 2," *South Carolina Gazette* (December 2, 1766)。

56. Jeremy D'Entremont, *The Lighthouses of Massachusetts* (Beverly, MA: Commonwealth Editions, 2007), 245 – 246.

57. "An Act for the Building and Maintaining a Lighthouse on the East End of the Gurnet, at the Entrance of the Harbor of Plymouth," in *Acts and Resolves, Public and Private, of the Province of the Massachusetts Bay*, vol. 4 (Boston: Wright & Potter, 1890), 992.

58. 朴次茅斯的灯塔背景信息来自 Jane Molloy Porter, *Friendly Edifices: Piscataqua Lighthouses and Other Aids to Navigation, 1771 – 1939* (Portsmouth: Portsmouth Marine Society, 2006), 21 – 38。

59. Eric Rutkow, *American Canopy: Trees, Forests, and the Making of a Nation* (New York: Scribner, 2012), 28 – 32.

60. Porter, *Friendly*, 23.

61. "Portsmouth, Dec. 16," *New-Hampshire Gazette* (December 16, 1768).

62. Porter, *Friendly*, 28.

63. Ibid, 30.

64. Ibid, 38.

65. 与观望号相关的背景信息和引用内容均来自 Anthony Thacher, "Anthony Thacher's Narrative of His Shipwreck," in *Chronicles of the First Planters of the Colony of Massachusetts Bay, From 1623 to 1636*, edited by Alexander Young (Boston: Charles C. Little and James Brown, 1846), 485 – 486。

66. John R. Totten, *Thacher Genealogy*, part 1 (New York: New York Genealogical and Biographical Society, 1910), 74.

67. Lemuel Gott, "Centennial Address," in *History of the Town of Rockport*, compiled by John W. Marshall, et al. (Rockport, MA: Rockport Review Office, 1888), 27.

68. Petition by Jeremiah Lee, Ben Marston, and Azor Orne (April 2, 1771), in *The Acts and Resolves, Public and Private, of the Province of the Massachusetts Bay*, vol. 5 (Boston: Wright & Potter, 1886), 149 – 150.

69. "An Act for Building and Maintaining a Lighthouse or Houses on Thacher's Island or on the Mainland of Cape Ann," (April 26, 1771), in *Proceedings in the North Atlantic Coast Fisheries Arbitration Before the Permanent Court of Arbitration at the Hague*, vol. 5 (Washington: Government Printing Office, 1912), 1313 – 1314.

70. Eleanor C. Parsons, *Thachers: Island of the Twin Lights* (Canaan, NH: Phoenix Publishing, 1985), 17.

第二章

1. Continental Congress, "Proclamation for a Day of Fasting and Prayer," in

注　释

Documents and Records Relating to the Province of New Hampshire, From 1764 to 1776, vol. 7, edited by Nathaniel Bouton (Nashua: Orren C. Moore, 1873), 545.

2. "Order," July 2, 1775, in *The Journals of Each Provincial Congress of Massachusetts in 1774 and 1775, and of the Committee of Safety*, edited by William Lincoln (Boston: Dutton and Wentworth, 1838), 441 – 42.

3. "Feb. 2, 1778," in *The Acts and Resolves, Public and Private, of the Province of Massachusetts Bay*, vol. 4 (Boston: Wright & Potter, 1890), 1005.

4. Joseph E. Garland, *The Fish and the Falcon: Gloucester's Resolute Role in America's Fight for Freedom* (Charleston, SC: History Press, 2006), 88 – 89; and Parsons, *Thachers*, 18 – 19.

5. "British Report of Destruction of Lighthouse on Thacher's Island," (July 6, 1775) in *NDAR*, vol. 1, edited by William Bell Clark (Washington: U. S. Government Printing Office, 1964), 828.

6. Maya Jasanoff, *Liberty's Exiles: American Loyalists in the Revolutionary World* (New York: Alfred A. Knopf, 2011), 6.

7. 关于沃思的突袭行动的背景信息参考 "To George Washington from Brigadier General William Heath, 21 July 1775," *The Papers of George Washington, Revolutionary War Series*, vol. 1, *16 June 1775 – 15 September 1775*, edited by Philander D. Chase (Charlottesville: University Press of Virginia, 1985), 151 – 52; William Heath, *Memoirs of Major-General William Heath*, edited by William Abbatt (New York: William Abbatt, 1901), 18; "Richard Cranch to John Adams, 24 July 1775," *Adams Family Correspondence, December 1761 – May 1776*, vol. 1, edited by Lyman H. Butterfeld (Cambridge, MA: Harvard University Press, 1963), 258 – 260; "Extract of a Genuine Letter from Boston, Dated July 25, 1775," in *NDAR*, vol. 1, edited by William Bell Clark (Washington: U. S. Government Printing Office, 1964), 971; "Journal of His Majesty's Ship, Lively, Captain Thomas Bishop, Commanding" (July 20, 1775), *NDAR*, vol. 1, 935; and Elias Nason, *A Memoir of Mrs. Susanna Rowson*

(Albany, NY: Joel Munsell, 1870), 19 – 20。

8. "Extract of a Letter From the Camp at Cambridge, July 24, 1775," in *NDAR*, vol. 1, 956.

9. Abigail Adams to John Adams (July 25, 1775), in *Letters of Mrs. Adams, The Wife of John Adams*, edited by Charles Francis Adams (Boston: Wilkins, Carter, and Company, 1848), 45.

10. "James Warren to John Adams, extract" (July 20, 1775), in *NDAR*, vol. 1, 934.

11. "From the Massachusetts Gazette of July 20," in *The Remembrancer, or Impartial Repository of Public Events* (London: J. Almon, 1775), 151.

12. "Narrative of Vice Admiral Samuel Graves" (July 22, 1775), in *NDAR*, vol. 1, 950.

13. "To John Adams from James Warren, 31 July 1775," *Papers of John Adams, May 1775 – January 1776*, vol. 3, ed. Robert J. Taylor (Cambridge, MA: Harvard University Press, 1979), 110.

14. George Washington to Congress, July 21, 1775, *Official Letters to the Honorable American Congress, Written During the War Between the United Colonies and Great Britain, by His Excellency, George Washington*, vol. 1 (London: G. G. and J. Robinson, 1795), 15.

15. 关于塔珀的突袭行动的背景信息参考 "From George Washington to John Hancock, 4 – 5 August 1775," *The Papers of George Washington*, vol. 1, 223 – 39; "To John Adams from William Tudor, 31 July 1775," *Papers of John Adams*, vol. 3, 107 – 8; "To John Adams from William Tudor, 31 July 1775," *Papers of John Adams*, vol. 3, 107 – 8; "To John Adams from James Warren, 31 July 1775," *The Adams Papers*, Papers of John Adams, vol. 3, *May 1775 – January 1776*, edited by Robert J. Taylor. Cambridge, MA: Harvard University Press, 1979, pp. 108 – 12; "Major Benjamin Tupper to Brigadier General Horatio Gates, Cambridge," in *NDAR*, vol. 1, 1030; and Nason, *A Memoir*, 21 – 22。

16. D. Hamilton Hurd, *History of Norfolk County, Massachusetts, With Biographical Sketches of Many of its Pioneers and Prominent Men* (Philadelphia: J. W. Lewis, 1884), 469.

17. "Narrative of Midshipman Christopher Hele, R. N. " in *NDAR*, vol. 1, 1011.

18. Ibid.

19. "Abigail Adams to John Adams, 31 July 1775," *Adams Family Correspondence*, vol. 1, 270 – 271.

20. "General Orders, 1 August 1775," *The Papers of George Washington*, vol. 1, 205 – 208.

21. Elisha Rich, *Poetical Remarks Upon the Fight at the Boston Light-House* (Chelmsford, MA: Broadside, 1775).

22. George Otto Trevelyan, *The American Revolution*, part 1, 1766 – 1776 (New York: Longmans, Green, and Co. , 1899), 319.

23. "Lord Rochford to Lord Sandwich," in *NDAR*, vol. 2, edited by William Bell Clark (Washington: U. S. Government Printing Office, 1966), 708 – 9; and Nathaniel Philbrick, *Bunker Hill: A City, A Siege, A Revolution* (New York: Viking, 2013), 256 – 258.

24. "Major General John Burgoyne to Lord George Germain," (August 20, 1775), in *NDAR*, vol. 1, 1190.

25. "Vice Admiral Samuel Graves to Philip Stevens," in *NDAR*, vol. 2, 1203.

26. "Major General William Howe to Lord Dartmouth," in *NDAR*, vol. 2, 1155.

27. "Captain Francis Hutcheson to Major Frederick Haldimand," (December 25, 1775), in *NDAR*, vol. 3, edited by William Bell Clark (Washington: U. S. Government Printing Office, 1968), 238.

28. "Joseph Ward to John Adams (June 16, 1776)," *Papers of John Adams*,

vol. 4, 318; "Watertown, June 17," *Pennsylvania Evening Post* (June 25, 1776); and "Ezekiel Price, Diary of Ezekiel Price, 1775 – 1776," in *Proceedings of the Massachusetts Historical Society, 1863 – 1864* (Boston: John Wilson and Son, 1864), 257.

29. "To John Adams from Josiah Quincy, 13 – 25 June 1776," *Papers of John Adams*, vol. 4, 308. See also "Master Log of the H. M. S. Milford," (June 14, 1776), in *NDAR*, vol. 5, edited by William James Morgan (Washington: U. S. Government Printing Office, 1970), 526.

30. Thomas Paine, *Common Sense* (Philadelphia: W. and T. Bradford, 1776), 43.

31. David McCullough, *1776* (New York: Simon & Schuster, 2005), 80 – 81.

32. *Journal of the New York Provincial Congress* (March 4, 1776), in *NDAR*, vol. 4, edited by William Bell Clark (Washington: U. S. Government Printing Office, 1969), 162.

33. *Journal of the New York Provincial Congress* (March 6, 1776), in *NDAR*, vol. 4, 195.

34. *Journal of the New York Provincial Congress* (March 12, 1776), in *NDAR*, vol. 4, 310.

35. "Captain Hyde Parker, Jr., R. N., to Vice Admiral Molyneux Shuldham," (April 29, 1776), in *NDAR*, vol. 4, 1310 – 1313; Michael S. Adelberg, " 'So Dangerous a Quarter:' The Sandy Hook Lighthouse During the American Revolution," *The Keeper's Log* (Spring 1995), 11 – 12; "Ship Dutchess of Gordon, Sandy Hook, April 19, 1776," *Pennsylvania Journal* (May 1, 1776); and Michael S. Adelberg, *The American Revolution in Monmouth County: The Theatre of Spoil and Destruction* (Charleston, SC: History Press, 2010), 97.

36. Solomon Nash, *Journal of Solomon Nash, A Soldier of the Revolution, 1776 – 1777*, edited by Charles L. Bushnell (New York: privately printed, 1861), 20.

37. "Lieutenant Colonel Benjamin Tupper to George Washington," (June 21, 1776), in *NDAR*, vol. 5, 663.

38. William Scudder Stryker, "*The New Jersey Volunteers*" (*Loyalists*) *in the Revolutionary War* (Trenton: Naar, Day & Naar, 1867), 4 – 11; and Adelberg, *The American Revolution*, 51 – 53, 98.

39. Nash, *Journal*, 20. See also Eric Jay Dolin, *Leviathan: The History of Whaling in America* (New York: W. W. Norton, 2007), 399, n39.

40. Nash, *Journal*, 20.

41. "Lieutenant Colonel Benjamin Tupper to George Washington," (June 21, 1776), 663. See also Nash, *Journal*, 21.

42. "Lieutenant Colonel Benjamin Tupper to George Washington," (June 21, 1776), 663.

43. Ibid.

44. "General Orders, 20 June 1776," *The Papers of George Washington, Revolutionary War Series*, vol. 5, 52 – 53.

45. "*New-York Journal*, Thursday, July 4, 1776," in *NDAR*, vol. 5, 918 – 19.

46. Charles Francis Adams, *The Works of John Adams, Second President of the United States, With a Life of the Author*, vol. 1 (Boston: Little, Brown and Company, 1856), 223.

47. David J. Fowler, " ' Loyalty is Now Bleeding in New Jersey ': Motivations and Mentalities of the Disaffected," in *The Other Loyalties*, edited by Joseph S. Tiedermann, Eugene R. Fingerhut, and Robert W. Venables (Albany: State University of New York Press, 2009), 59 – 60; and Adelberg, " ' So Dangerous a Quarter," 13 – 15.

48. Thomas Hill, "Sea Conquers Henlopen Light at Last," *New York Times Magazine* (March 21, 1926), 15.

49. "Cape Henlopen Light-House," *Register of Pennsylvania* (March 22, 1828), 191; J. Thomas Scharf, *History of Delaware, 1609 – 1888*, vol. 2

（ Philadelphia： L. J. Richards & Co. ， 1888 ） ， 1236； and Trapani， *Delaware Lights*， 15.

50. "Boston， October 28" *New-Jersey Gazette* （ November 10， 1779 ）； and Samuel Greene Arnold， *History of the State of Rhode Island and Providence Plantations*， vol. 2 （ New York： D. Appleton & Company， 1860 ） ， 446.

51. Champlin， "Rhode Island's，" 51.

第三章

1. James Madison to Thomas Jefferson （ June 30， 1789 ） ， in *Letters and Other Writings of James Madison*， vol. 1 （ Philadelphia： J. B. Lippincott， 1865 ） ， 480.

2. David P. Currie， *The Constitution in Congress： The Federalist Period*， *1789 – 1801* （ Chicago： University of Chicago Press， 1997 ） ， 55 – 56； and Charlene Bangs Bickford and Kenneth R. Bowling， *Birth of the Nation： The First Federal Congress， 1789 – 1791* （ Madison： Madison House Publishing， 1989 ） ， 29 – 31.

3. Walter J. Stewart， *The Lighthouse Act of 1789* （ Washington： U. S. Senate Historical Office， 1991 ） ， 2 – 5； Adam S. Grace， "From the Lighthouses： How the First Federal Internal Improvement Projects Created Precedent That Broadened the Commerce Clause， Shrunk the Takings Clause， and Affected Early Nineteenth Century Constitutional Debate，" *Albany Law Review* （ 2004 ） ， 98 – 148； and Currie， *The Constitution in Congress*， 69 – 70.

4. Stewart， *The Lighthouse Act of 1789*， 4 – 5.

5. Congress， *Laws of the United States of America*， vol. 1， 63 – 64； and *The Documentary History of the First Federal Congress of the United States of America， March 4， 1789 – March 3， 1791， Legislative Histories*， vol. 5， edited by Charlene Bangs Bickford and Helen E. Veit （ Baltimore： Johns Hopkins University Press， 1986 ） ， 1245 – 48.

6. United States Constitution Sesquicentennial Commission， *History of the Formation of the Union Under the Constitution* （ Washington： U. S. Government

注　释

Printing Office, 1941), 451 – 453.

7. Asaheli Stearns and Lemuel Shaw, *The General Laws of Massachusetts, From the Adoption of the Constitution, to February 1822*, vol. 1 (Boston: Wells & Lilly and Cummings & Hilliard, 1823), 384.

8. Jeremy D'Entremont, *The Lighthouses of Maine* (Beverly, MA: Commonwealth Editions, 2009), 83 – 84.

9. Christiane Mathan and William D. Barry, "Portland Head," *The Keeper's Log* (Summer 1991), 3.

10. Charles C. Calhoun, *Longfellow: A Rediscovered Life* (Boston: Beacon Press, 2004), 172 – 173；以及作者在 2014 年 4 月 19 日与缅因州历史学会 (Maine Historical Society) 访问服务部经理约翰·巴宾的私人交流。

11. Henry Wadsworth Longfellow, *The Seaside and the Fireside* (Boston: Ticknor, Reed, and Fields, 1850), 41, 44.

12. Milton B. Smith, "The Lighthouse on Tybee Island," *Georgia Historical Quarterly* (September 1965), 245 – 263; and Cullen G. Chambers, *A Brief History of the Tybee Island Light Station, 1732 – 1999* (Tybee Island: Tybee Island Historical Society, 1999), 1 – 14.

13. Smith, "The Lighthouse," 246.

14. 亨利角灯塔的背景信息来自 Arthur Pierce Middleton, "The Struggle for the Cape Henry Lighthouse, 1721 – 1791," *American Neptune* (January 1948), 26 – 36; and George Rockwell Putnam, *Lighthouses and Lightships of the United States* (Boston: Houghton Mifflin Company, 1917), 20 – 21。

15. Middleton, "The Struggle," 26.

16. Stevenson, *Lighthouses Before 1820*, 181, 248; Winslow Lewis, *Description of the Light Houses on the Coast of the United States* (Boston: Thomas Bangs, 1817); Holland, *America's Lighthouses*, 82 – 85, 111 – 19; and Richard W. Updike, "Winslow Lewis and the Lighthouses," *American Neptune* (January 1968), 36.

17. Henry Carter Adams, "Taxation in the United States, 1789 – 1816, vols. 5 – 6," in *Johns Hopkins University Studies in Historical and Political Science*, edited by Herbert B. Adams (Baltimore: N. Murray, 1884), 70.

18. 萨默塞特号沉船的背景信息来自 Richard F. Whalen, *Truro: The Story of a Cape Cod Town* (Charleston, SC History Press, 2007), 86 – 87, 99; and Edward Rowe Snow, *Storms and Shipwrecks of New England*, updated by Jeremy D'Entremont (Carlisle, MA: Commonwealth Editions, 2003), 4 – 9。

19. D'Entremont, *The Lighthouses of Massachusetts*, 187 – 88; and "Valuable hints, respecting the erection of a light house at clay pounds," *Massachusetts Magazine* (January 1, 1791), 46.

20. Levi Whitman to James Freeman (October 26, 1794), in *Collections of the Massachusetts Historical Society for the Year 1795* (Boston: Samuel Hall, 1795), 42.

21. 诺丁汉号的故事的背景信息来自 John Deane, "The Loss of the *Nottingham Galley*, of London," in Archibald Duncan, *The Mariner's Chronicle Being a Collection of the Most Interesting Narratives of Shipwrecks, Fires, Famines, and Other Calamaties Incident to a Life of Maritime Enterprise*, vol. 2 (London: James Cundee, 1804), 57 – 74 (所有引文均出自这里); and Richard Warner, "Captain John Deane and the Wreck of the Nottingham Galley," in *Kenneth Roberts Boon Island*, edited by Jack Bales and Richard Warner (Hanover, NH: University Press of New England, 1996), 3 – 7。

22. D'Entremont, *The Lighthouses of Maine*, 17 – 18.

23. 蒙托克角灯塔的背景信息来自 Henry Osmers, *On Eagle's Beak: A History of the Montauk Point Lighthouse* (Denver: Outskirts Press, 2008), 19 – 51; and Robert J. Hefner, "Montauk Point Lighthouse: A History of New York's First Seamark," *Long Island Historical Journal* (Spring 1991), 205 – 209。

24. Timothy Dwight, *Travels in New-England and New-York*, vol. – (London: Charles Wood, 1823), 296.

25. 哈特勒斯角灯塔的背景信息来自 Dawson Carr, *The Cape Hatteras Lighthouse: Sentinel of the Shoals* (Chapel Hill: University of North Carolina Press, 262), 13 – 16, 26 – 35; and Holland, *America's Lighthouses*, 112 – 114。

26. Alexander Hamilton, "Light-House on the Coast of North Carolina," in *American State Papers: Documents, Legislative and Executive, of the Congress of the United States*, vol. 7 (Washington: Gales and Seaton, 1832), 265.

27. Putnam, *Lighthouses and Lightships*, 33 – 34.

28. George Washington to Alexander Hamilton, October 1, 1792, in *The Writings of George Washington From the Original Manuscript Sources, 1745 – 1799*, vol. 32 (Washington: U. S. Government Printing Office, 1939), 174.

29. Putnam, *Lighthouses and Lightships*, 34.

30. "Tench Coxe to Benjamin Lincoln" (March 16, 1796), Light-House Letters, 1792 – 1809, National Archives at Boston.

31. George R. Putnman, "Beacons of the Sea," *National Geographic* (January 1913), 11 – 12.

32. Thomas Tag, "From Braziers and Bougies to Xenon, Part I" *The Keeper's Log* (Fall 2002), 30; and Thomas Tag, "Early American Lighthouse Illumination," *The Keeper's Log* (Fall 1998), 16 – 17; and Connie Jo Kendall, "Let There Be Light: The History of Lighthouse Illumination," *The Keeper's Log* (Spring 1997), 22 – 29.

33. Elmo Paul Hohman, *The American Whalemen* (New York: Longmans, Green and Co. , 1928), 334 – 35; and Richard C. Kugler, "The Whale Oil Trade, 1750 – 1775," in *Seafaring in Colonial Massachusetts* (Boston: Colonial Society of Massachusetts, distributed by University Press of Virginia, 1980), 164.

34. Stevenson, *Rudimentary Treatise*, 15961; U. S. Department of Commerce, *The United States Lighthouse Service, 1915* (Washington: U. S. Government Printing Office, 1916), 36 – 38; and Terry Pepper, "Visibility of Objects at a Distance," at http: //www. terrypepper. com/Lights/lists/visibility. htm, accessed

on September 11, 2014.

35. 艾梅·阿尔冈及其发明的背景信息来自 "The Argand Lamp," *The Penny Magazine of the Society for the Diffusion of Useful Knowledge* (March 29, 1834), 119 – 120; Stevenson, *The World's*, 61 – 63; and Tag, "Early American," 18。

36. "The Argand Lamp," 120.

37. Thomas Jefferson to William Smith (February 19, 1791), in *The Writings of Thomas Jefferson*, edited by Paul Leicester Ford, vol. 5, 1788 – 1792 (New York: G. P. Putnam's Sons, 1895), 290 – 291.

38. Stevenson, *A Rudimentary Treatise*, 90; Tom Tag, "The Mirror of Light, Part One," *The Keeper's Log* (Summer 2001), 16 – 17; and Theresa Levitt, *A Short, Bright Flash: Augustin Fresnel and the Birth of the Modern Lighthouse* (New York: W. W. Norton and Company, 2013), 56.

39. Stevenson, *The World's*, 64 – 69, 231 – 244.

40. John H. Sheppard, "Genealogy of the Lewis Family," in *New England Historical and Genealogical Register, and Antiquarian Journal* (April 1863), 162 – 65; Updike, "Winslow," 31 – 32; and Winslow Lewis to Stephen Pleasonton (January 9, 1838), in U. S. Sen.. Doc. 138, January 26, 1838, 66.

41. John H. Sheppard, "Brief Memoir of Dr. Winslow Lewis," *New England Historical and Genealogical Register, for the Year 1863*, vol. 17 (Albany, NY: J. Munsell, 1863), 8 – 9.

42. U. S. H. R. Doc. 183, 1843, 51; and Tag, "Early American," 18 – 20.

43. Winslow Lewis, *Review of the Report of I. W. P. Lewis on the State of Light Houses on the Coasts of Maine and Massachusetts* (Boston: Tuttle and Dennett, 1843), 21 – 22; U. S. H. R., Doc. 183, 51; and Winslow Lewis to Stephen Pleasonton, April 6, 1842, RG26 17E, Letters Received from Winslow Lewis (1826 – 1851), box 2, NAB.

44. Johnson, *The Modern*, 49.

注 释

45. Ibid. , 49.

46. Lewis, *Review*, 4; Tag, "Early American," 18; and Tag, "The Mirror," 21.

47. Daniel Preston, "The Administration and Reform of the U. S. Patent Office, 1790 – 1836," *Journal of the Early Republic* (Autumn 1985), 331 – 35.

48. Henry L. Ellsworth, *A Digest of Patents Issued by the United States, from 1790 to January 1, 1839* (Washington: Peter Force, 1840), 184.

49. "Description of the Light-House at Sandy Hook," *New-York Magazine* (August 1, 1790), 438.

50. Lewis, *Review*, 23.

51. H. Dearborn to Albert Gallatin (December 20, 1810), in Lewis, *Review*, 24 – 25.

52. Ibid. , 25 – 28.

53. United States Congress, An Act to Authorize the Secretary of the Treasury, Under the Direction of the President of the United States, to Purchase of Winslow Lewis, his Patent Right to the New and Improved Method of Lighting Lighthouses, and for Other Purposes (March 2, 1812), in *The Public Statutes at Large of the United States of America*, vol. 2, edited by Richard Peters (Boston: Charles C. Little and James Brown, 1845), 691.

54. Lewis to Pleasonton, April 6, 1842; and Updike, "Winslow," 36.

55. Updike, "Winslow," 36 – 37.

56. Ibid. , 37.

57. Ibid. ; and Winslow Lewis to Henry A. Dearborn (March 9, 1813), Light-House Letters, 1792 – 1809, National Archives at Boston.

58. James Scott, *Recollections of a Naval Life*, vol. 3 (London: Richard Bentley, 1834), 65.

59. Ralph E. Eshelman, *A Travel Guide to the War of 1812 in the Chesapeake* (Baltimore: Johns Hopkins University Press, 2011), 192.

60. Winslow Lewis to William Jones, August 15, 1813, RG26 17E, Letters Received from Winslow Lewis (1826 – 1851), box 1, NAB; Jacob E. Mallmann, *Historical Papers on Shelter Island and Its Presbyterian Church* (New York: A. M. Bustard Co., 1899), 84 – 85; and "British Naval Activity off Block Island," in *The Naval War of 1812: A Documentary History*, vol. 2 (Washington: U. S. Government Printing Office, 1985), 114.

61. "Along the South Shore," *Harper's New Monthly Magazine* (June 1878), 8 – 10; and D'Entremont, *The Lighthouses of Massachusetts*, 256 – 257.

62. "Along the South Shore," 8.

63. Updike, "Winslow," 39 – 40.

64. Ibid., 41.

65. Gleason, *Kindly*, 37.

第四章

1. Stephen Pleasonton to William H. Winder (August 7, 1848), in Edward D. Ingraham, *A Sketch of the Events Which Preceded the Capture of Washington, by the British on the Twenty-Fourth of August, 1814* (Philadelphia: Carey and Hart, 1849), 47 – 49.

2. "New Treasury Offices," *The National Register* (March 8, 1817).

3. Robert Mayo, *The Treasury Department and its Various Fiscal Bureaus, Their Origin, Organization, and Practical Operations* (Washington: William Q. Force, 1847), 154 – 155.

4. Charles Wilkes, *Autobiography of Rear Admiral Charles Wilkes, U. S. Navy, 1798 – 1877* (Washington: Naval History Division, Department of the Navy, 1978), 317 – 18.

5. *RLHB*, June 30, 1857 (Washington: William A. Harris, 1858), 229.

6. Holland, *America's Lighthouses*, 26 – 27, 30 – 31; and U. S., *Report of the Officers*, 525.

7. U. S. H. R. Doc. No. 38 (1844), 6.

8. Holland, *America's Lighthouses*, 16 – 17; and U. S. H. R. Doc. No. , 811, 1842, 98.

9. Holland, *America's Lighthouses*, 16.

10. Ibid.

11. Holland, *America's Lighthouses*, 176 – 84; and Todd R. Berger, *Lighthouses of the Great Lakes* (St. Paul: Voyageur Press, 2002), 21, 26.

12. Rick Tuers, *Lighthouses of New York* (Atglen, PA: Schiffer Publishing, 2007), 82 – 85.

13. Love Dean, *Lighthouses of the Florida Keys* (Sarasota: Pineapple Press, 1998), 21 – 25; and Dorothy Dodd, "The Wrecking Business on the Florida Reef 1822 – 1860," *Florida Historical Quarterly* (April 1944), 172 – 173.

14. Matthew C. Perry to Smith Thompson (March 28, 1822), in *Public Documents Printed by Order of the Senate of the United States, First Session of the Twenty-Fourth Congress, Begun and Held at the City of Washington, December 7, 1835*, vol. 5 (Washington: Gales & Seaton, 1836), 5 – 6.

15. "Key West and Salvage in 1850," *Florida Historical Society Quarterly* (July 1929), 47; Jeremiah Digges, *Cape Cod Pilot: A Loquacious Guide* (Provincetown: Modern Pilgrim Press, 1937), 136 – 137;

Rodney E. Dillon Jr. , "South Florida in 1860," *Florida Historical Quarterly*, (April 1982), 453; Birse Shepard, *Lore of the Wreckers* (Boston: Beacon Press, 1961), 7 – 10; and Michael G. Schene, "The Early Florida Salvage Industry," *American Neptune* (October 1978), 270 – 271.

16. Ralph Waldo Emerson, *Journals of Ralph Waldo Emerson*, edited by Edward Waldo Emerson and Waldo Emerson Forbes (Boston: Houghton Mifflin Company, 1912), 399.

17. "An act more effectually to provide for the punishment of Act of 1790, certain crimes against the United States, and for other purposes," in *The Public and General Statutes Passed by the Congress of the United States of America, From*

1789 to 1827 Inclusive, edited by Joseph Story（Boston：Wells and Lilly，1827），2001.

18. Dean，*Lighthouses of the Florida Keys*，33 – 35.

19. 关于汤普森和卡特在灯塔上经历的磨难的背景信息及所有引用内容都出自 John W. B. Thompson，"Cape Florida Lighthouse，" *Niles Weekly Register*（November 19，1836），181 – 182。

第五章

1. "Sea-Lights，" *Encyclopaedia Britannica or Dictionary*，vol. 20（Edinburgh：Adam and Charles Black，1842），19.

2. 菲涅耳及他的透镜的背景信息来自 François Arago，"Fresnel，" in *Biographies of Distinguished Scientific Men*（London：Longman，Brown，Green，Longmans，& Roberts，1857），399 – 471；Levitt，*A Short*，21 – 103；and Richard Updike，"Augustin Fresnel and His Lighthouse Lenses，" *The Log of the Mystic Seaport*（Spring/Summer 1967），35 – 39。

3. Levitt，*A Short*，28.

4. Ibid. ，56.

5. Arago，"Fresnel，" 464.

6. Levitt，*A Short*，67.

7. Adams，*Lighthouses*，216.

8. Levitt，*A Short*，76 – 77.

9. Arago，"Fresnel，" 470.

第六章

1. Levitt，*A Short*，139.

2. U. S. Sen. Doc. 138，1838，21.

3. Ibid. ，2.

4. Ibid. ，3.

5. Ibid. ，5.

6. Ibid. , 3.

7. Ibid. , 6.

8. Ibid. , 13.

9. Ibid. , 27.

10. Ibid. , 32.

11. Ibid. , 34.

12. Ibid. , 37.

13. Ibid. , 38.

14. U. S. Sen. Doc. 258, 1838.

15. Ibid. , 10.

16. U. S. H. R. Doc. 811, 1842, 3; and U. S. H. R. Doc. 41, 1837.

17. U. S. Sen. Doc. 428, 1838.

18. Holland, *America's Lighthouses*, 30.

19. U. S. H. R. Doc. 24, 1838, 70.

20. Ibid. , 72.

21. U. S. H. R. Doc. 811, 38; and Gleason, *Kindly*, 83 – 84.

22. U. S. Sen. Doc. 474, 1840, 1 – 2.

23. U. S. Sen. Doc. 619, 1840, 3 – 4.

24. John H. Schroeder, *Matthew Calbraith Perry: Antebellum Sailor and Diplomat* (Annapolis: Naval Institute Press, 2001), 85 – 86.

25. Thomas R. Gedney to Messrs. Poindexter and Bradley (May 16, 1842), in *Report of the Officers*, 545.

26. U. S. H. R. Doc. 811, 39.

27. Winslow Lewis to Stephen Pleasonton, August 26, 1841, Miscellaneous Letters Received, RG 26, E17G, box 7, NAB.

28. F. W. D. Holbrook, "Memoir of Isaiah William Penn Lewis," in *Transactions, American Society of Civil Engineers* (December 1897), 453 – 454.

29. U. S. H. R. Doc. 183, 1843, annex, 6 – 19.

30. Lewis, *Review*, 4.

31. U. S. H. R. Doc. 811, 99.

32. U. S. H. R. Doc. 183, annex, 6 – 26.

33. U. S. H. R. Doc. 811, 12.

34. Ibid. , 18.

35. U. S. H. R. Doc. 183, 20.

36. U. S. H. R. Doc. 62, 1844, 1.

37. Ibid. , 58.

38. Porter, *Friendly*, 188.

39. Stephen Pleasonton to Walter Forward, February 15, 1843, RG26, E35, Light-House Letters (1844), box 2, NAB.

40. Lewis, *Review*, 5.

41. U. S. H. R. Doc. 183, 2.

42. " U. S. Lighthouse Service, " *Appleton's Mechanics' Magazine and Engineers' Journal* (August 1852), 185.

43. U. S. Sen. Rep. 488, 1846, 14.

44. Porter, *Friendly*, 162; and Joel H. Silbey, *The American Nation, 1838 – 1893* (Redwood City, CA: Stanford University Press, 1991), 82.

45. Wilkes, *Autobiography*, 317.

46. Levitt, *A Short*, 146; and Holbrook, "Memoir," 453.

47. An Act Authorizing the Erection of Certain Lighthouses, and for other purposes (March 3, 1847), in *The Statutes at Large and Treaties of the United States of America from December 1, 1845, to March 3, 1851*, vol. 9, edited by George Minot (Boston: Charles C. Little and James Brown, 1851), 178.

48. Johnson, *The Modern*, 26; Holland, *America's Lighthouses*, 97 – 99; and David P. Heap, *Ancient and Modern LightHouses* (Boston: Ticknor and Company, 1889), 62 – 63.

49. U. S. H. R. Doc. 183, 13.

50. W. R. Easton to Thornton Jenkins (August 3, 1851), in *Report of the Officers*, 338 – 39.

51. Edouard Stackpole, "The Saga of Sankaty," *Proceedings of the Nantucket Historical Association* (1950), 34 – 42.

52. Dean, *Lighthouses of the Florida Keys*, 127 – 42; and Elinor De Wire, *Lighthouses of the South* (St. Paul: Voyageur Press, 2004), 64 – 65.

53. William Allen Butler, *A Retrospect of Forty Years*, *1825 – 1865*, edited by Harriet Allen Butler (New York: Charles Scribner's Sons, 1911), 198 – 202.

54. H. J. Raymond, "Our Lighthouse System," *American Review* (March 1845), 324.

55. Alexander Dallas Bache, *Dictionary of American Biography*, edited by Allen Johnson, vol. 1 (New York: Charles Scribner's Sons, 1928).

56. Levitt, *A Short*, 154 – 55.

57. *Report of the Officers*, 106. (Emphasis in original.)

58. Ibid., 107. (Emphasis in original.)

59. David D. Porter to Thornton A. Jenkins (July 1851), ibid., 207.

60. H. J. Hartstene to Thornton A. Jenkins (July 18, 1851), ibid., 212.

61. Ibid., 8.

62. Alan Stevenson, *Account of the Skerryvore Lighthouse*, *With Notes on Illumination of Lighthouses* (London: Adam and Charles Black, 1848), 270.

63. *Report of the Officers*, 22 – 24, 86, 121 – 122.

64. Ibid., 24.

65. Ibid., 62.

66. U. S. H. R. Doc. 88, 1852, 1 – 6.

67. Gleason, *Kindly*, 91.

68. U. S. Lighthouse Board, *Compilation of Public Documents and Extracts from Reports and Papers Relating to Light-Houses*, *Light-Vessels*, *and Illuminating Apparatus*, *and to Beacons*, *Buoys*, *and Fog Signals*, *1789 – 1871* [hereafter,

Compilation] (Washington: U. S. Government Printing Office, 1871), 576 – 77.

69. Edmund M. Blunt, *The American Coast Pilot* (New York: George W. Blunt, 1867), v.

70. "The Light House System," *Vineyard Gazette* (September 10, 1852).

71. Holland, *America's Lighthouses*, 28.

72. Ted Nelson, "Stephen Pleasonton: The Rest of the Story," *The Keeper's Log* (Spring 2008), 26.

第七章

1. Joseph Henry to Asa Gray (November 6, 1852), *The Papers of Joseph Henry*, edited by Marc Rothenberg, vol. 8 (Washington: Smithsonian Institution Press, 1998), 399.

2. 这一部分中关于管理体系和早期改革的背景信息来自 U. S. Sen. Rep. 22, 1853, 108 – 110; Light-house Board, *List of Light-Houses, Lighted Beacons, and Floating Lights, of the United States* (Washington: A. O. P. Nicholson, 1856); Johnson, *The Modern*, 23, 102 – 3; Holland, *America's Lighthouses*, 36; and U. S. Lighthouse Board, *Organization and Duties of the Light-House Board: and Rules, Regulations, & Instructions of the Light-House Establishment of the United States* (Washington: U. S. Government Printing Office, 1864)。

3. *Report of the Officers*, 53.

4. Holland, *America's Lighthouses*, 114.

5. John Matteson, *The Lives of Margaret Fuller: A Biography* (New York: W. W. Norton, 2012), 417 – 418; Megan Marshall, *Margaret Fuller: A New American Life* (New York: Mariner Books, 2013), 371 – 384; "Shipwreck and Lost of Life," *Weekly Messenger* (July 24, 1850); and Holland, *America's Lighthouses*, 87 – 88.

6. Marshall, *Margaret Fuller*, 384.

7. Levitt, *A Short*, 166 – 168; and Cheryl Roberts, "Letters Reveal Last

注　释

Journey of the Hatteras Lens But End in a Mystery," *Lighthouse Digest* (March 2000), 8 – 11.

8. "The Fresnel Light," *Friend's Review* (October 22, 1853), 87.

9. "The Crystal Palace—The Fresnel Light," *Daily Union* (September 27, 1853).

10. Kendall, "Let There Be Light," 25 – 26; and Wayne Wheeler, "The Fresnel Lens," *The Keeper's Log* (Winter 1985), 12.

11. James Woodward, "Lightening Lights: The Mercury Float Lighthouse Lens: Its Development, Use, and Decline," *The Keeper's Log* (Spring 2006), 30.

12. T. Lindsay Baker, *Lighthouses of Texas* (College Station: Texas A&M University, 2001), 3, 5, 28 – 31, 57 – 59; and David L. Cipra, *Lighthouses, Lightships, and the Gulf of Mexico* (Alexandria, VA: Cypress Communications, 1997), 177 – 78, 189 – 190.

13. 关于最初 16 座灯塔的背景信息来自 Holland, *America's Lighthouses*, 153 – 57; "Report of the Secretary of the Treasury, in Compliance with a resolution of the Senate of January 10, 1855, calling for correspondence, etc., relative to the claim of Gibbons and Kelly, Senate Ex. Doc. 53, 33d Congress, 2d Sess.. (February 17, 1855); 1 – 178; Peter White, *The Farallon Islands: Sentinels of the Golden Gate* (San Francisco: Scottwall Associates, 1995), 26, 33 – 43; Randy Leffngwell, *Lighthouses of the Pacific Coast* (St. Paul: Voyageur Press, 2000), 24 – 37, 54; Levitt, *A Short*, 171 – 180; Hartman Bache to Edmund L. F. Hardcastle (July 11, 1855), in *RLHB*, June 30, 1855 (Washington: Beverly Tucker, 1856), 402 – 404; and Wayne Wheeler, "Alcatraz and the First West Coast Lighthouses," *The Keeper's Log* (Winter 1985), 2 – 6。

14. San Francisco merchants to Stephen Pleasonton, September 30, 1851, RG 26, E35, Light-House Letters, series P, Box 7 (1850 – 1851), NAB.

15. William McKendree Gwin, *Congressional Globe* (March 23. 1852), 830.

16. Susan Casey, *The Devil's Teeth: A True Story of Obsession and Survival Among America's Great White Sharks* (New York: Henry Holt and Company, 2005), 6.

17. Ibid, 76.

18. Charles S. Greene, "Los Farallones De Los Frayles," *Overland Monthly* (September 1892), 233.

19. Leverett M. Loomis, "California Water Birds, No. III—South Farallon Island in July" in *Proceedings of the California Academy of Sciences, 1896* (San Francisco: California Academy of Sciences, 1897), 358; and John E. Bennett, "Our Seaboard Islands of the Pacific." *Harper's New Monthly Magazine* (November 1898), 861.

20. Robin W. Doughty, "San Francisco's Nineteenth-Century Egg Basket: The Farallons," *Geographical Review* (October, 1971), 560 – 563; and White, *The Farallon*, 48.

21. Hartman Bache to Edmund L. F. Hardcastle (July 11, 1855), 403 – 404.

22. White, *The Farallon*, 39; and Charles Nordhoff, "The Farallon Islands," *Harper's New Monthly Magazine* (April 1874), 619.

23. 这一部分的背景信息来自 Jim A. Gibbs, *Lighthouses of the Pacific* (Atglen, PA: Schiffer Publications, 1986), 145 – 48; Alvin J. Ziontz, *A Lawyer in Indian Country* (Seattle: University of Washington Press, 2009), 73 – 74; *Report of the Commissioner of Indian Affairs Accompanying the Annual Report of the Secretary of the Interior for the Year 1858* (Washington: Wm. A. Harris, 1858), 237 – 38; and James G. McCurdy, "Cape Flattery and Its Light: Life on Tatoosh Island," *Overland Monthly* (April 1898), 345 – 347。

24. Richard Henry Dana, Jr. *Two Years Before the Mast, And Twenty-Four Years After, A Personal Narrative* (London: Sampson Low, Son, & Marston, 1869), 378 – 379, 388.

25. "Our Light-house Establishment," *Putnam's Monthly* (June 1856), 658;

and *RLHB*, June 30, 1860 (Washington: Thomas H. Ford, 1860), 363.

26. Levitt, *A Short*, 180.

27. "Letter of Wm. B. Shubrick to S. P. Chase" (February 24, 1862), in *The Miscellaneous Documents of the Senate of the United States for the Second Session of the Thirty-Seventy Congress, 1861 – 1862* (Washington: U. S. Government Printing Office, 1862), 16.

28. W. B. Shubrick to Howell Cobb, (March 13, 1858), in *RLHB*, June 30, 1858 (Washington: William A. Harris, 1858), 373.

第八章

1. Thornton A. Jenkins to Salmon P. Chase, (November 26, 1861), in *RLHB*, June 30, 1861 (Washington: U. S. Government Printing Office, 1861), 203 – 206.

2. Putnam, *Lighthouses and Lightships*, 100.

3. Warren F. Spencer, *Raphael Semmes: The Philosophical Mariner* (Tuscaloosa: University of Alabama Press, 1997), 12; and Stephen Fox, *Wolf of the Deep: Raphael Semmes and the Notorious Confederate Raider CSS Alabama* (New York: Alfred A. Knopf, 2007), 11 – 12.

4. Raphael Semmes, *Memoirs of Service Afloat, During the War Between the States* (Baltimore: Kelly, Piet & Co. , 1869), 75. See also Spencer, *Raphael Semmes*, 93 – 94.

5. David Detzer, *Allegiance: Fort Sumter, Charleston, and the Beginning of the Civil War* (New York: Harcourt, 2001), 109 – 122, 147.

6. "Star of the West Fired On," *Sacramento Daily Union* (February 11, 1861); and Detzer, *Allegiance*, 155 – 159.

7. Levitt, *A Short*, 187.

8. Semmes, *Memoirs*, 76.

9. Ibid, 76 – 78.

10. Spencer, *Raphael Semmes*, 99, 102; Semmes, *Memoirs*, 81 – 87; and

Provisional Government of the Confederate States of America, "An Act to establish and organize a Bureau in connection with the Department of the Treasury, to be known as the Lighthouse Bureau," in *The Statutes at Large of the Provisional Government of the Confederate States of America* (Richmond: R. M. Smith, 1864), 47.

11. Semmes, *Memoirs*, 88.

12. Abraham Lincoln, "Lincoln's First Inaugural Address" (March 4, 1861), in *Political Speeches and Debates of Abraham Lincoln and Stephen A. Douglas, 1854 – 1861*, edited by Alonzo T. Jones (Battle Creek, MI: International Tract Society, 1895), 533.

13. James McPherson, *Ordeal by Fire: The Civil War and Reconstruction* (New York: Alfred A. Knopf, 1982), 145.

14. Semmes, *Memoirs*, 91.

15. Thornton A. Jenkins to Salmon P. Chase, (November 26, 1861), in *RLHB*, June 30, 1861 (Washington: U. S. Government Printing Office, 1861), 204; Kevin P. Duffus, *The Lost Light: The Mystery of the Missing Cape Hatteras Fresnel Lens* (Raleigh, NC: Looking Glass Productions, 2003), 7 – 13; and David L. Cipra, "The Confederate States Lighthouse Bureau: A Portrait in Blue and Gray," *The Keeper's Log* (Winter 1992), 9.

16. "Hatteras Island and Its Lighthouse," *Frank Leslie's Illustrated Newspaper* (November 2, 1861).

17. Levitt, *A Short*, 190.

18. James T. Miller to Thomas E. Martin, November 23, 1861, RG365, E79, TDCCR (1860 – 1865) Box 2, NACP; George Wood to William Colcock, June 1861, RG 365, E79, TDCCR (1860 – 1865), Box 2, NACP; Cipra, *Lighthouses*, 12 – 14; and James Sorley to Louis Cruger, June 30, 1863, RG 365, E79, TDCCR, Box 2 (1860 – 1865), NACP.

19. Carr, *The Cape*, 46.

注　释

20. Le Gyt Daniels to J. M. Mason（March 1, 1862）, in *ORUCN*, series 2, vol. 2（Washington: U. S. Government Printing Office, 1921）, 161 – 162.

21. Fred Mallison, *The Civil War on the Outer Banks*（Jefferson, NC: McFarland & Company, 1998）, 31.

22. David Stick, *The Outer Banks of North Carolina*（Chapel Hill: University of North Carolina Press, 1990）, 117 – 126; Mallison, *The Civil*, 31; Thos. O. Selfridge to Hon. Gideon Welles,（August 10, 1861）, *ORUCN*, series 1, vol. 6（Washington D. C.: U. S. Government Printing Office, 1897）, 72 – 73; and John G. Barrett, *The Civil War in North Carolina*（Chapel Hill: University of North Carolina Press, 1963）, 33 – 34.

23. Ivan Musicant, *Divided Waters: The Naval History of the Civil War*（New York: HarperCollins, 1995）, 85.

24. Duffus, *The Lost Light*, 48.

25. S. C. Rowan to Gideon Welles（September 3, 1861）, ORUCN, series 1, vol. 6, 160 – 161.

26. 奇卡玛卡米克赛跑的背景信息来自 Stick, *The Outer Banks*, 130 – 36; Duffus, *The Lost Light*, 58 – 61; and Carr, *The Cape Hatteras Lighthouse*, 47 – 49。

27. Stick, *The Outer Banks*, 134

28. Ibid. , 135.

29. Insurance company presidents to Thornton A. Jenkins（September 21, 1861）, RG26, E35, Light-House Letters, Box 8（1860 – 1861）, 189.

30. William Shubrick to S. P. Chase（March 8, 1862）, RG26, E35, Light House Letters, Box 8（1862 – 1864）, 4.

31. Duffus, *The Lost Light*, 97, 107 – 108; Peter H. Watson to Salmon P. Chase, April 5, 1862, Light House Letters, Box 8（1862 – 1864）, NAB, 26 – 27; and L. M. Goldsborough to Gideon Welles,（February 20, 1862）, in *ORUCN*, series 1, vol. 6, 635.

32. 这一部分关于转移和搜寻哈特勒斯角灯塔透镜的过程的背景信息来

自 Duffus, *The Lost Light*, 74 – 75, 82 – 96; George H. Brown to Thomas E. Martin, April 7, 1862, RG 365, E79, TDCCR, Box 2 (1860 – 1865), NACP; George H. Brown to Thomas E. Martin, April 9, 1862, RG 365, E79, TDCCR, Box 2 (1860 – 1865), NACP; George H. Brown to Thomas E. Martin, April 14, 1862, RG 365, E79, TDCCR, Box 2 (1860 – 1865,), NACP; Roberts, "Letters Reveal," 8 – 11; and Levitt, *A Short*, 192 – 193。

33. S. C. Rowan to L. M. Goldsborough, March 27, 1862, in *Report of the Secretary of the Navy, With an Appendix, Containing Reports from Officers, December 1862* (Washington: U. S. Government Printing Office, 1863), 112 – 113.

34. S. C. Rowan to L. M. Goldsborough, March 29, 1862, in *ORUCN*, series 1, vol. 7 (Washington: U. S. Government Printing Office, 1898), 178.

35. George H. Brown to E. Farrand, March 23, 1861, RG 365, E79, TDCCR, Box 2 (1860 – 1865), NACP.

36. George H. Brown to Thomas E. Martin, April 1861, RG 365, E79, TDCCR, Box 2 (1860 – 1865), NACP.

37. David T. Tayloe, list of materials received April, 13, 1862, RG 365, E79, TDCCR, Box 2 (1860 – 1865), NACP.

38. David T. Tayloe to Thomas E. Martin, April 20, 1862, RG 365, E79, TDCCR, Box 2 (1860 – 1865), NACP.

39. 这场戏剧性事件的背景信息来自 Dorothy Dodd, ed. , " 'Volunteers' Report Destruction of Lighthouses," *Tequesta* 14 (1954), 67 – 70; Rodney E. Dillon, " 'A Gang of Pirates:' Confederate Lighthouse Raids in Southeast Florida, 1861," *Florida Historical Quarterly* (April 1989), 441 – 449; and Neil E. Hurley, *Florida's Lighthouses in the Civil War* (Oakland Park: Middle River Press, 2007), 63 – 67, 75 – 78。

40. Thornton A. Jenkins to Salmon P. Chase, (November 26, 1861), 204.

41. Hurley, *Florida's Lighthouses*, 66.

42. Dodd, "Volunteers," 68.

43. Ibid. , 69.

44. Ibid. , 68.

45. Jefferson B. Browne, *Key West: The Old and the New* (St. Augustine: Record Company, 1912) , 91.

46. Ibid. , 91 – 92; and Gene M. Burnett, *Florida's Past: People & Events That Shaped the State*, vol. 2 (Sarasota: Pineapple Press, 1988) , 120 – 24.

47. Thornton A. Jenkins to Salmon P. Chase, November 26, 1861, 204.

48. John R. Goldsborough to Samuel F. Du Pont, February 11, 1862, in *ORUCN*, series 1, vol. 12 (Washington: U. S. Government Printing Office, 1901) , 473.

49. S. F. Du Pont to Gideon Welles, April 1, 1862, in *Official Dispatches and Letters of Rear Admiral DuPont*, *U. S. Navy* (Wilmington: Ferris Bros. , 1883) . 143.

50. "Charleston Lighthouse Blown up and Destroyed," *Charleston Mercury* (December 20, 1861) .

51. S. F. Du Pont to Gideon Welles, April 1, 1862, 144.

52. *RLHB*, June 30, 1863 (Washington: U. S. Government Printing Office, 1863) , 159 – 60. 还可参见 Holland, *America's Lighthouses*, 122。

53. Foxhall A. Parker to Gideon Welles, May 21, 1864, RG 26, E35, Light House Letters, Box 8 (1862 – 1864) , NAB, 191 – 92; Blackistone Island at the following website accessed on June 23, 2014, http: //www. lighthousefriends. com/light. asp? ID = 1120; and Paul E. , Vandor, *History of Fresno California*, vol. 2 (Los Angeles: Historic Record Company, 1919) , 1945.

54. Cipra, *Lighthouses*, 90 – 91.

55. 这一部分的背景信息来自 Cipra, *Lighthouses*, 71 – 72; and Arthur Bergeron, Jr. , *Confederate Mobile* (Baton Rouge: Louisiana State University Press, 2000) , 63 – 66。

56. Cipra, *Lighthouses*, 72.

57. Ibid. , 15 – 16.

58. William B. Shubrick to W. P. Fessenden (October 5, 1864), *RLHB*, 1864 (Washington: U. S. Government Printing Office, 1864), 169; Cipra, *Lighthouses*, 189 – 199; and Wayne Wheeler, "Aransas Pass Lighthouse," *The Keeper's Log* (Winter 2005), 10 – 11.

59. Edward T. Cotham, Jr. , *Sabine Pass: The Confederacy's Thermopylae* (Austin: University of Texas Press, 2004), 59 – 63.

60. Cipra, *Lighthouses*, 45 – 46; and *RLHB*, 1867 (Washington: U. S. Government Printing Office, 1868), 225.

61. Cipra, *Lighthouses*, 69.

62. Craig L. Symonds, *The Civil War at Sea* (Santa Barbara: Praeger, 2009), 154.

63. Cipra, *Lighthouses*, 179; and Baker, *Lighthouses*, 59.

64. William B. Shubrick to Hugh McCullough, October 16, 1866, in *RLHB*, September 30, 1866 (Washington: U. S. Government Printing Office, 1866), 227.

65. 阿诺和圣奥古斯丁灯塔的背景信息来自 Hurley, *Florida Lighthouses*, 41 – 42, 47 – 49; and S. F. Du Pont to Gideon Welles, April 1, 1862, 144。

66. *Report of the Secretary of the Navy*, *With an Appendix*, *Containing Reports from Officers*, *December 1862* (Washington: U. S. Government Printing Office, 1863), 140.

67. C. K. Stribling to Salmon P. Chase, November 1, 1862, *RLHB*, June 30, 1862 (Washington: U. S. Government Printing Office, 1863), 149.

68. B. Rush Hornsby to Samuel P. Chase, May 6, 1863, RG 365, E79, TDCCR, Box 2 (1860 – 1865), NACP; Cipra, *Lighthouses*, 18 – 19, 113 – 114; and Levitt, *A Short*, 208.

69. William B. Shubrick to Salmon P. Chase, October 31, 1863, *RLHB*, June 30, 1863 (Washington: U. S. Government Printing Office, 1863), 156, 160.

70. J. Candace Clifford and Mary Louise Clifford, *Nineteenth-Century Lights*: *Historic Images of American Lighthouses* (Alexandria: Cypress Communications, 2182), 168.

71. William B. Shubrick to W. P. Fessenden, October 5, 1864, in *RLHB*, 1864 (Washington: U. S. Government Printing Office, 1864), 166.

72. Cipra, *Lighthouses*, 16.

73. James M. McPherson, *Battle Cry of Freedom*: *The Civil War Era* (New York: Oxford University Press, 1988), 849 – 850.

74. "Sherman," *Philadelphia Inquirer* (April 26, 1865); and Duffus, *The Lost Light*, 140.

75. Duffus, *The Lost Light*, 142.

76. Ibid. , 142 – 144.

77. Ibid. , 147 – 149.

78. Levitt, *A Short*, 213.

79. Duffus, *The Lost Light*, 153.

80. Shubrick to McCullough (October 16, 1866), in *RLHB*, September 30, 1866, 227.

第九章

1. Joseph Henry to W. A. Richardson (October 14, 1873), in *ARLHB*, December 1, 1873 (Washington, D. C. : U. S. Government Printing Office, 1873), 587 – 588.

2. *RLHB*, June 30, 1855 (Washington: Beverley Tucker, 1855), 251; Holland, *America's Lighthouses*, 23; and Lance E. Davis, Robert E. Gallman, and Karin Gleiter, *In Pursuit of Leviathan*: *Technology, Institutions, Productivity, and Profits in American Whaling, 1816 – 1906* (Chicago: University of Chicago Press, 1997), 376 – 377, 379.

3. *RLHB*, June 30, 1863 (Washington: U. S. Government Printing Office, 1863), 162.

4. Ibid, 162 – 163.

5. "Lard Oil," *New England Farmer, & Horticultural Register* (December 28, 1842), 204; and Henry L. Ellsworth, *Improvements in Agriculture, Arts, &c of the United States* (New York: Greeley & McElrath, 1843), 50.

6. *ARLHB*, 1875 (Washington: U. S. Government Printing Office, 1875), 87 – 88; and Henry C. Cameron, "Reminiscences," in *Smithsonian Miscellaneous Collections*, vol. 21 (Washington: Smithsonian Institution, 1881), 309.

7. *ARLHB*, 1867 (Washington: U. S. Government Printing Office, 1868), 194.

8. *ARLHB*, 1875 (Washington: U. S. Government Printing Office, 1875), 99.

9. *ARLHB*, June 30, 1885 (Washington: U. S. Government Printing Office, 1885), 16.

10. Jane Brox, *Brilliant: The Evolution of Artificial Light* (New York: Houghton Mifflin Harcourt, 2010), 102 – 109.

11. Carole L. Perrault, "Liberty Enlightening the World, Part I," *The Keeper's Log* (Spring 1986), 2 – 15; and Carole L. Perrault, "Liberty Enlightening the World, Part II," *The Keeper's Log* (Summer 1986), 6 – 17.

12. Lois Wingerson, "America Cleans Up Liberty," *New Scientist* (December 25, 1986 – January 1, 1987), 32.

13. National Park Service, *Liberty Enlightening the World: The Statue of Liberty National Monument*, Historic Structure Report (New York: National Park Service, 2011), 76.

14. Putnam, *Lighthouses*, 62; and Hans Christian Adamson, *Keepers of the Lights* (New York: Greenburg, 1955), 129 – 130.

15. Putnam, *Lighthouses*, 186; and *ARCL*, June 30, 1915, 3 – 4.

16. Thomas Tag, "The Clock Without Hands," *The Keeper's Log* (Spring 2008), 30 – 31.

17. James Woodward, "Lightening Lamps," 31 – 35.

18. Holland, *America's Lighthouses*, 109 – 111; and Sara E. Wermiel,

Lighthouses (New York: W. W. Norton, 2006), 225.

19. 沉箱式灯塔的背景信息来自 Francis Ross Holland, Jr. , *Lighthouses* (New York: Barnes & Noble, 1997), 71 - 72; Putnam, "Beacons," 25 - 27; Ray Jones, *The Lighthouse Encyclopedia: The Definitive Reference* (Guilford: The Globe Pequot Press, 2004), 70。

20. 夏普斯岛灯塔的背景信息来自 *ARLHB*, June 30, 1894 (Washington: U. S. Government Printing Office, 1894), 253 - 55; Pat Vojtech, *Lighting the Bay: Tales of Chesapeake Lighthouses* (Centreville, MD: Tidewater Publishers, 1996), 35; "Ice Damage in the Chesapeake" *Baltimore Sun* (February 14, 1881); and *ARLHB, June 30, 1881* (Washington: U. S. Government Printing Office, 1881), 39。

21. 这一部分关于西姆布尔浅滩灯塔的背景信息来自 "A Lighthouse is Burned," *Baltimore American* (December 28, 1909); *ARLHB, June 30, 1910* (Washington: Government Printing Office, 1910), 17; and Judy Bloodgood Bander, "The Thimbles Bug," *Lighthouse Digest* (April 2002), 20 - 21。

22. U. S. Geological Survey, "San Franciso Earthquake of 1906," *Encyclopedia of Earth*, retrieved from http: //www. eoearth. org/view/article/164914, accessed on May 31, 2015.

23. Gregory W. Coan, "Point Arena Light Station and the 1906 Earthquake," *The Keeper's Log*, 13 - 14. See also, Point Arena Lighthouse Logbook, April 18, 1906, RG26, E80, Lighthouse Station Logs, NAB.

24. Wayne C. Wheeler, "The History of Fog Signals, Part 1," *The Keeper's Log* (Summer 1990), 20 - 23; Wayne C. Wheeler, "The History of Fog Signals, Part 2," *The Keeper's Log* (Fall 1990), 8 - 13; and Holland, *America's Lighthouses*, 202 - 206.

25. Holland, *America's Lighthouses*, 202.

26. *LSB* (August 1912), 31 - 32.

27. "Siren Is Breaking Up Happy Homes," *New York Herald* (June 19,

1905).

28. Dewey Livingston, "The Keepers of the Light: Point Reyes," *The Keeper's Log* (Winter 1991), 18.

29. *ARLHB*, 1875 (Washington: U. S. Government Printing Office, 1875), 10.

30. *ARLHB*, *June 30, 1876* (Washington: U. S. Government Printing Office, 1877), 5; Holland, *America's Lighthouses*, 50; and Johnson, *The Modern Light-House Service*, 104.

31. *ARLHB*, June 30, 1885 (Washington: U. S. Government Printing Office, 1885), 12.

32. "Keeping the Light," *Gazette of the Union, Golden Rule & Odd-Fellows' Family Companion* (December 8, 1849), 369.

33. *ARLHB*, December 1, 1873 (Washington: U. S. Government Printing Office, 1873), 591.

34. Elinor De Wire, *Guardians of the Lights: Stories of U. S. Lighthouse Keepers* (Sarasota: Pineapple Press, 1995), 48.

35. George R. Putnam, *Sentinel of the Coasts: The Log of a Lighthouse Engineer* (New York: W. W. Norton, 1937), 303 – 305.

36. "Clippings," *Deseret News* (January 2, 1861).

37. Ambrose Bierce, *The Unabridged Devil's Dictionary*, edited by David E. Schultz & S. T. Joshi (Athens: University of Georgia Press, 2000), 151.

38. Putnam, *Sentinel*, 127.

39. Holland, *America's Lighthouses*, 39 – 41; Johnson, *The Modern*, 102 – 3; and "Congressional Patronage is the Greatest Obstacle to Every Reform," *The Civil Service Chronicle* (August 1894), 155.

40. 这一部分关于阿拉斯加的灯塔的背景信息来自 Adamson, *Keepers*, 255 – 56; Wayne Wheeler, "Northern Lights: Lighthouse Development in the Alaskan Territory," *The Keeper's Log* (Spring 1990), 2 – 13; Shannon Lowry and

注　释

Jeff Schultz, *Northern Lights: Tales of Alaska's Lighthouses and Their Keepers* (Harrisburg: Stackpole Books, 192), 5 – 16; and F. Ross Holland, *Lighthouses*, 97 – 99。

41. *Lieutenant Zagoskin's Travels in Russian America, 1842 – 1844*, edited by Henry N. Michael (Toronto: University of Toronto Press, 1967), 66.

42. Steven C. Levi, *The Clara Nevada: Gold, Greed, Murder and Alaska's Inside Passage* (Charleston: History Press, 2011), 17 – 32; "SS Clara Nevada," *San Francisco Call* (February 15, 1898); Lowry and Schultz, *Northern Lights*, 43 – 44; and Gibbs, *Lighthouses of the Pacific*, 37 – 38.

43. "Klondike Steamer Lost," *The New York Times* (February 15, 1898).

44. *ARLHB*, June 30, 1899 (Washington: U. S. Government Printing Office, 1899), 41.

45. Walter C. Dudley and Min Lee, *Tsunami* (Honolulu University of Hawaii Press, 1998), 1.

46. Samuel Eliot Morison, *The Oxford History of the American People* (New York: Oxford University Press, 1965), 800 – 805; and Julia Flynn Siler, *Lost Kingdom: Hawaii's Last Queen, the Sugar Kings, and America's First Imperial Adventure* (New York: Atlantic Monthly Press, 2012), 208 – 212, 220 – 222, 280 – 287.

47. Wayne C. Wheeler, "The Lighthouses of Puerto Rico, Part I," *The Keeper's Log* (Spring 1991), 23 – 27; Wayne C. Wheeler, "The Lighthouses of Puerto Rico, Part II," *The Keeper's Log* (Summer 1991), 12 – 17; and Holland, *Lighthouses*, 90 – 91.

48. *ARLHB*, 1906 (Washington: U. S. Government Printing Office, 1906), 221 – 222.

49. Love Dean, *The Lighthouses of Hawaii* (Honolulu: University of Hawaii Press, 1991); 38 – 44; "Pacific Mail Liner Manchuria Strikes a Reef," *The American Marine Engineer* (September 1906), 11; and Levitt, *A Short*, 222 – 224.

50. Putnam, *Lighthouses*, 52; H. R. Doc. 14 (1850), 3; and Putnam, "Beacons," 1.

51. *ARLHB*, June 30, 1908 (Washington: U. S. Government Printing Office, 1908), 9; George Putnam, "Beacons," 1; and U. S. Department of Commerce, *The United States Lighthouse Service*, 12.

52. *ARLHB*, 1909 (Washington: U. S. Government Printing Office, 1910), 49; and *The Papers of Joseph Henry*, edited by Marc Rothenberg, vol. 11 (Washington, D. C. : Smithsonian Institution Press, 2004), xli.

53. William Howard Taft, *Message of the President of the United States, Communicated to the Two Houses of Congress at the Beginning of the Second Session of the SixtyFirst Congress* (Washington: U. S. Government Printing Office, 1909), 35 – 36.

54. "An act to authorize additional aids to navigation in the Light-House establishment, and to provide for a Bureau of Light-Houses in the Department of Commerce and Labor, and for other purposes," in *The Statutes at Large of the United States of America from March 1910, to March, 1911*, vol. 35 (Washington: U. S. Government Printing Office, 1911), 534 – 39.

55. Putnam, *Sentinel*, 11.

56. Ibid, 32.

57. Ibid, 120.

58. Putnam, *Lighthouses*, v.

59. Putnam, *Sentinel*, 199 – 205; and Jones, *Lighthouse Encyclopedia*, 120 – 21.

60. Putnam, *Sentinel*, 200

61. Ibid, 199 – 205, 213.

62. Holland, *America's Lighthouses*, 24.

63. Michael J. Rhein, *Anatomy of the Lighthouse* (New York: Barnes & Noble Books, 2000), 163 – 66; Putnam, *Lighthouses and Lightships*, 189; and

注　释

Tag, "From Braziers and Bougies to Xenon, Part II," *The Keeper's Log* (Winter 2003), 26 – 27.

64. *ARCL*, June 30, 1922 (Washington: U. S. Government Printing Office, 1922), 5.

65. "Our Lighthouse Service," *LSB* (November 2, 1925), 101.

66. Putnam, *Sentinel*, 234.

67. Putnam, *Sentinel*, 227 – 28; and Adamson, *Keepers*, 16, 30.

68. United States Department of Labor, *Labor Legislation of 1918* (Washington: U. S. Government Printing Office, 1919), 21 – 22.

69. Putnam, *Sentinel*, 282.

70. D'Entremont, *The Lighthouses of Massachusetts*, 402; and Holland, *America's Lighthouses*, 79.

71. George Weiss, *The Lighthouse Service: It's History, Activities and Organization* (Baltimore: Johns Hopkins Press, 1926), 77.

72. *Historical Statistics of the United States: Earliest Times to the Present, Millennial Edition*, vol. 2, part B, edited by Susan B. Carter, et. al. (Cambridge: Cambridge University Press, 2000), 2 – 273.

73. *ARCL*, June 30, 1917 (Washington: U. S. Government Printing Office, 1917), 27; *ARCL*, June 30, 1919 (Washington: U. S. Government Printing Office, 1919), 14; *Message of the President of the United States Transmitting the Budget for the Service of the Fiscal Year Ending June 30, 1932* (Washington: U. S. Government Printing Office, 1930), 219; and Wayne C. Wheeler, "The Keeper's Pay," *The Keeper's Log* (Fall 2003), 26 – 30.

74. Adamson, *Keepers*, 31.

75. Lefngwell, *Lighthouses*, 87.

76. Ralph C. Shanks, Jr., and Janetta Thompson Shanks, *Lighthouses and Lifeboats on the Redwood Coast* (San Anselmo: Constano Books, 1978), 80.

77. "Ashore After 38 Years in Lighthouse Service," *LSB* (May 2, 1921),

177 – 78.

78. "Explosion at Makapuu Point Lighthouse, Hawaii," *LSB* (June 1, 1925), 80.

79. Dean, *Lighthouses of Hawaii*, 45.

80. "Alexander D. Toomey," *LSB* (May 1, 1925), 76.

81. Ellen J. Henry, *The Lighthouse Service and the Great War* (Ponce Inlet, FL: Ponce de Leon Inlet Lighthouse Preservation Society, 2013), 7.

82. Weiss, *The Lighthouse Service*, 25 – 27.

83. "Submarine Silhouette Book No. 1," The United States Navy Department Library website, http://www.history.navy.mil/library/online/sub_silhouette.htm, accessed on July 14, 2014.

84. George H. Nash, *The Life of Herbert Hoover: Master of Emergencies, 1917 – 1918* (New York: W. W. Norton, 1996), x.

85. "Cultivation of Lighthouse Reservations," *LSB* (May 1917), 269.

86. "Potatoes Grown in Sand," *LSB* (September 1, 1917), 281.

87. Leffingwell, *Lighthouses*, 86; and Elinor De Wire, *The Lightkeepers' Menagerie: Stories of Animals at Lighthouses* (Sarasota: Pineapple Press, 2007), 226.

88. Holland, *America's Lighthouses*, 66; "Sinks Lightship off Cape Hatteras," *New York Times* (August 7, 1918); and Walter C. Capron, *The U. S. Coast Guard* (New York: Franklin Watts, Inc., 1965), 122.

89. Putnam, *Sentinels*, 328.

90. Adamson, *Keepers*, 376.

91. "Putnam of the Lights," *New York Times* (June 9, 1935).

92. "Mr. King Appointed Commissioner of Lighthouses," *LSB* (August 1, 1935), 213.

第十章

1. 这一部分关于运行照明装置和浓雾警报器内容的背景信息来自

注　释

USLB, *Instructions and Directions to Guide Light-House Keepers and Others Belonging to the Light-House Establishment Issued January 1, 1870* (Washington: U. S. Government Printing Office, 1870); USLB, *Instructions to Light-Keepers, July 1881* (Washington: U. S. Government Printing Office, 1881); USLB, *Instructions to Light-Keepers and Masters of Light-House Vessels, 1902* (Washington: U. S. Government Printing Office, 1902); and Holland, *America's Lighthouses*, 45。

2. James Woodward, "Myths, Misnomers, and Mistakes: Straightening Some of the Twisted Ideas About Lighthouses," *The Keeper's Log* (Fall 2006), 38.

3. Robert Thayer Sterling, *Lighthouses of the Maine Coast and the Men Who Keep Them* (Brattleboro, VT: Stephen Daye Press, 1935), 33 – 34.

4. George W. Easterbrook, "The Lightkeeper's Night of Peril," part 1, *Washington Historian* (April 1900), 124 – 127; and George W. Easterbrook, "The Lightkeeper's Night of Peril," part 2, *Washington Historian* (July 1900), 175 – 178. 引用伊斯特布鲁克原话的内容均出自前述第二份材料。

5. Leffingwell, *Lighthouses*, 109.

6. De Wire, *Guardians*, 14.

7. Putnam, *Sentinels*, 254.

8. LighthouseFriends. com, "Burnt Island, ME," website http: //www. lighthousefriends. com/light. asp? ID = 503, accessed on July 4, 2014.

9. Laura E. Richards, *Captain January* (Boston: Dana Estes and Lauriat, 1890).

10. Celia Thaxter, "The Watch of Boon Island," *Atlantic Monthly* (March 1872), 272.

11. Mia Fineman, "Kodak and the Rise of Amateur Photography," on the Metropolitan Museum of Art website, http: //www. metmuseum. org/toah/hd/ kodk/hd_ kodk. htm, accessed on June 30, 2014.

12. Richard Cheek, "Beacons for Business: The Commercial Use of

Lighthouse Design," in *From Guiding Lights to Beacons for Business: The Many Lives of Maine's Lighthouses*, edited by Richard Cheek (Thomaston: Tilbury House, 2012), 192.

13. Henry David Thoreau, *Cape Cod* (Boston: Ticknor and Fields, 1866), 155.

14. Ibid.; 157 – 158.

15. Robert Louis Stevenson, "The Old Pacific Capital," *Library Magazine of American and Foreign Thought*, vol. 6 (New York: American Book Exchange, 1880), 181.

16. Jim Merkel, "Devil's Island Light Station—A 'Landmark' in Western Lake Superior," *Lighthouse Digest* (January 1999), 14 – 15. See also "The President Visits a Lighthouse," *LSB* (September 1, 1928), 255.

17. "Visitors at Split Rock Light Station," *LSB* (February 1938), 38; James A. Gibbs, *Oregon's Seacoast Lighthouses* (Medford: Webb Research Group, 2000), 33; Berger, *Lighthouses*, 58; and Putnam, *Lighthouses and Lightships*, 82.

18. Frank Perry, *The History of Pigeon Point Lighthouse* (Santa Cruz: Otter B. Books, 2001), 54.

19. De Wire, *Guardians*, 50 – 52.

20. Philmore B. Wass, *Lighthouse in My Life: The Story of a Maine Lightkeeper's Family* (Camden: Down East Books, 1987), 39.

21. 这个故事的背景信息及所有引文均来自 Cheryl Shelton-Roberts and Bruce Roberts, *Lighthouse Families* (Birmingham, AL: Crane-Hill Publishing, 1997), 49 – 50。

22. Dewey Livingston, "The Keepers of the Light: Point Reyes," *The Keeper's Log* (Winter 1991), 17.

23. "Punishments," *LSB* (March 1912), 11.

24. *ARLHB*, June 30, 1894 (Washington: U. S. Government Printing Office,

注　释

1894), 254.

25. Thomas Wilson, "The Hermits of the Deep," *Los Angeles Herald* (July 12, 1908).

26. Putnam, *Sentinel*, 242 – 243; and Adamson, *Keepers*, 327 – 328.

27. "Twenty-Two Years on Matinicus Rock," *Record of the Year* (February 1876), 181 – 183; and Gustav Kobbe, "Heroism in the Lighthouse Service: A Description of Life on Matinicus Rock," *Century Magazine* (June, 1897), 219 – 30.

28. Burgess, "Twenty-Two Years on Matinicus Rock," 182.

29. D'Entremont, *The Lighthouses of Maine*, 238.

30. Burgess, "Twenty-Two Years on Matinicus Rock," 182.

31. Ibid.

32. J. Candace Clifford and Mary Louise Clifford, *Maine Lighthouses: Documentation of Their Past* (Alexandria, VA: Cypress Communications, 2005), 162; and Mary Louise Clifford and J. Candace Clifford, *Women Who Kept the Lights: An Illustrated History of Female Lighthouse Keepers* (Alexandria, VA: Cypress Communications, 2000), 2, 201 – 224. 33. Clifford and Clifford, *Women*, 5 – 11; D'Entremont, *The Lighthouses of Massachusetts*, 245 – 247; "Resolve on the Petition of Hannah Thomas," in *The Acts and Resolves, Public and Private, of the Province of The Massachusetts Bay*, vol. 20 (Boston: Wright & Potter, 1918), 267; and Benjamin Lincoln to Alexander Hamilton, March 19, 1790, in *The Papers of Alexander Hamilton*, vol. 6, edited by Harold C. Syrett and Jacob E. Cooke (New York: Columbia University Press, 1962), 307 – 308.

34. Stephen Pleasonton to Thomas Corwin, 7 June 1851, in *Report of the Officers*, 270.

35. Elizabeth Whitney Williams, *A Child of the Sea; And Life Among the Mormons* (n. p. : privately printed, 1905), 214 – 215.

36. Williams, *A Child*, 215; and Clifford and Clifford, *Women*, 139 – 43.

37. 关于沃克的背景信息来自 "At Seventy She Keeps the Light of New

York's Inner Harbor," *Literary Digest* (July 13, 1918), 57 – 58; Clifford and Clifford, *Women*, 167 – 175; Timothy Harrison, "Kate Would be Proud," *Lighthouse Digest* (March, 2011), 40 – 45; and Cliff Gallant, "Mind the Light, Katie," *The Keeper's Log* (Summer 1997), 16 – 18。

38. "At Seventy She Keeps," 57.

39. "Mind the light": Mary Louise Clifford and J. Candace Clifford, *Mind the Light, Katie: The History of Thirty-Three Female Lighthouse Keepers* (Alexandria, VA: Cypress Communications, 2006), 94.

40. B. J. O'Donnell, "Hunting Happiness in the Joy Capitol of the World!" *Day Book* (October 30, 1916).

41. Eileen O'Connor, "The Woman Warder of City's Inner Harbor," *New York Sun* (May 26, 1918).

42. "Mrs. Walker dies; lighthouse keeper," *New York Times* (December 7, 1931).

43. "At Seventy She Keeps," 57. 这段引文及接下来关于营救名叫斯科蒂的狗的内容均出自这篇文章。

44. Gallant, "Mind the Light, Katie," 18.

45. Frank Perry, *Lighthouse Point: Illuminating Santa Cruz* (Santa Cruz, CA: Otter B. Books, 2002), 55 – 75; and "Long Vigil at Lamp That Guides Seamen," *Los Angeles Times* (October 25, 1908).

46. Perry, *Lighthouse Point*, 57.

47. A. G. Wetherby, "Some Notes on American Land Shells," *Journal of the Cincinnati Society of Natural History* (April 1880), 38 – 39.

48. Leffingwell, *Lighthouses*, 108.

49. Clifford and Clifford, *Women*, 67 – 70.

50. 此处的背景信息来自 Clifford Gallant, "Emily Fish: The Socialite Keeper," *The Keeper's Log* (Spring 1985), 8 – 13; and Jean Serpell Stumbo, *Emily Fish: Socialite Lighthouse Keeper of Point Pinos Lighthouse, Pacific Grove,*

注　释

California (Pacific Grove: Pacific Grove Museum of Natural History Association, 1997)。

51. "The Life She Loves Best," *Kansas City Star* (September 8, 1900).

52. Gallant, "Emily Fish: The Socialite Keeper."

53. *History of the Celebration of the Fiftieth Anniversary of the Taking Possession of California and Raising of the American Flag at Monterey, Cal.* (Oakland: Carruth & Carruth Printers, 1896), 41.

54. "Heroines of the Lighthouse Service. There Are Twenty-Seven Stationed at the Beacons throughout the United States" *Lexington Herald* (January 7, 1912); JoAnn Chartier, "Juliet Fish Nichols: The Angel of Angel Island," *Lighthouse Digest* (March 2005), 44 – 45.

55. Clifford and Clifford, *Women*, 209.

56. Holland, *America's Lighthouses*, 41.

57. Sandra MacLean Clunes, "African American Lighthouse Keepers of the Chesapeake Bay," *Chesapeake Lights* (Winter 2004), 1 – 6.

58. Adamson, *Keepers*, 318; Charles K. Hyde, *The Northern Lights: Lighthouses of the Upper Great Lakes* (Detroit: Wayne State University Press, 1995), 52 – 53; and De Wire, *Guardians*, 41.

59. Snow, *The Lighthouses*, 9 – 11; and Clifford and Clifford, *Women*, 53 – 55.

60. Kobbe, "Heroism," 225.

61. Katherine B. Menz, *Historic Furnishings Report, Point Loma Lighthouse* (Harpers Ferry, VA: National Park Service, December 1978), 5 – 6, 12 – 13.

62. Kirk Munroe, "From Light to Light: A Cruise of the America, Supply-Ship," *Scribner's Magazine* (October 1896), 469.

63. Mary Ellen Chase, *The Story of Lighthouses*, 93 – 94. See also, Adamson, *Keepers*, 75.

64. White, *The Farallon*, 61.

65. Munroe, "From Light to Light, 470.

66. Snow, *The Lighthouses*, 159 – 161; and Stanley Coren, *Why Does My Dog Act That Way: A Complete Guide to Your Dog's Personality* (New York: Free Press, 2006), 247 – 248.

67. Snow, *The Lighthouses*, 39 – 41; and from De Wire, *The Lighthouse Menagerie*, 21 – 24.

68. Snow, *The Lighthouses*, 40.

69. James A. Gibbs, *Sentinels of the North Pacific: The Story of Pacific Coast Lighthouses and Lightships* (Portland: Binfords & Mort, 1955), 212 – 213.

70. Adamson, *Keepers*, 232 – 233.

71. "Race for Life," *Boston Globe* (August 13, 1897); "Madman in a Lighthouse," *New York Times* (August 15, 1897); and Jeremy D'Entremont, *The Lighthouses of Rhode Island* (Beverly, MA: Commonwealth Editions, 2006), 50 – 51.

72. "Race for Life," *Boston Globe*.

73. Ibid.

74. Ibid.

75. 希普浅滩灯塔上的打斗的背景信息来自 "The Crime of Jim Wood," *Daily Picayune* (April 4, 1882); "A Desperado of the Sea," *Daily Picayune* (March 9, 1882); and "A Thrilling Experience," *New York Times* (January 25, 1886)。

76. Holland, *America's Lighthouses*, 47 – 48; "School Facilities," *LSB* (May 1915), 178; Chase, *The Story of Lighthouses*, 142; and De Wire, *Guardians*, 169 – 172.

77. Alexander P. MacDonald, "The Children of the Lighthouses," *Outlook* (January 18, 1908), 150.

78. Wass, *Lighthouse*, 232.

79. 这一部分关于罗亚尔生病及为救他而进行的努力的背景信息来自 White, *Farallon*, 64 – 66; Shanks and Shanks, *Lighthouses*, 53 – 54; Casey, *The*

注　释

Devil's, 86 - 88; and Farallon Island Lighthouse Logbook, December 25 - 29, 1898, RG26, E80, Lighthouse Station Logs, NAB。

80. "She Proved That There is No Love Like a Mother's Love," *San Francisco Examiner* (December 31, 1898).

81. Robert DeGast, *The Lighthouses of the Chesapeake* (Baltimore: Johns Hopkins University Press, 1973), 9.

82. Bruce Roberts and Ray Jones, *Pacific Northwest Lighthouses: Oregon, Washington, Alaska, and British Columbia* (Old Saybrook, CT: Globe Pequot Press, 1997), 30; and Gibbs, *Lighthouses*, 149.

83. Stella M. Champney, "Four Days of Terror," *Detroit News* (May 17, 1931).

84. "The Mother Tragedy of the Lonesome Lighthouse," *Morning Tulsa Daily World* (September 10, 1922).

85. "Lighthouse Mother Kills Self and Son," *New York Times* (June 10, 1922).

86. Annie Bell Hobbes, "Another Lighthouse Story," *The Nursery: A Monthly Magazine for Youngest Readers*, vol. 19 (Boston: John L. Shorey, 1876), 67 - 68.

87. "Fifty Years' Work: Woman Lighthouse Keeper's Record of Half a Century," *New York Daily Tribune* (June 20, 1903).

88. Kobbe, *Life in a Lighthouse*, 373.

89. Lewis Samuel Feuer, *Einstein and the Generations of Science* (New Brunswick: Transaction Publishers, 1974), 88.

90. Thoreau, *Cape Cod*, 158.

91. Dean, *Lighthouses of the Florida Keys*, 149; and Gideon Dowse Harris, *Harris Genealogy* (Columbus, Miss.: privately printed, 1914), 79.

92. "Lighthouse No Longer Place of Monotony," *Berkeley Daily Gazette* (March 29, 1929).

93. "Hoover Appeals to Listeners to Donate Sets for Lighthouses," *New York Times* (March 21, 1926).

94. "Light Keepers Find a Boon in Radio," *New York Times* (June 23, 1929).

95. "飞翔的圣诞老人"的背景信息来自 Brian Tague, "The Origins and History of the Flying Santa," on the Friends of Flying Santa website, http: // www. f lyingsanta. com/HistoryOrigins. html, accessed on July 21, 2014; Snow, *Famous*, 1 – 14; "Flier Carries Cheer to 70 Lonely Lighthouses; Safely Drops Gifts for Crews Who Aided Him," *New York Times* (December 26, 1933); and Max Karant, "Santa Now Uses an Airplane," *Popular Aviation* (March 1937), 23 – 24, 56。

96. Snow, *Famous*, 1.

97. "A Fragile Woman of 80 Years is Uncle Sam's Oldest and Most Reliable Lighthouse Keeper," *Chicago Tribune* (October 2, 1904).

98. Champney, "Four Days of Terror."

99. DeGast, *The Lighthouses*, 55.

100. Jeremy D'Entremont, "Women of the Lights: In Their Own Words," *Lighthouse Digest* (June 2007).

101. "Christmas Cheer in a Lighthouse," *Stamford Advocate* (December 17, 1908).

第十一章

1. 这一部分关于艾达·刘易斯的背景信息来自 George D. Brewerton, *Ida Lewis: The Heroine of Lime Rock* (Newport, RI: A. J. Ward, 1869); Lenore Skomal, *The Keeper of Lime Rock* (Philadelphia: Running Press, 2002); and D'Entremont, *The Lighthouses of Rhode Island*, 187 – 91。

2. Skomal, *The Keeper*, 36.

3. Zoradia Lewis, affidavit, Archives, RG26, Correspondence Concerning Lifesaving Medals, 1874 – 1920, Entry 235, Box 10, NAB.

4. Brewerton, *Ida Lewis*, 19.

5. Ibid. , 25.

6. Zoradia Lewis, affidavit.

7. Brewerton, *Ida Lewis*, 27.

8. Skomal, *The Keeper*, 17.

9. "Ida Lewis: The Grace Darling of America," *NewYork Tribune* (April 12, 1869).

10. Skomal, *The Keeper*, 19 – 21; William J. Hardy, *Lighthouses: Their History and Romance* (New York: Fleming H. Revell, 1895), 48 – 52; and Jessica Mitford, *Grace Darling had an English Heart: The Story of Grace Darling, Heroine and Victorian Superstar* (New York: E. P. Dutton, 1998), 13 – 15, 33 – 53, 75 – 79.

11. "Ida Lewis, The Newport Heroine," *Harper's Weekly* (July 31, 1869), 484.

12. Skomal, *The Keeper*, 23.

13. Brewerton, *Ida Lewis*, 29 – 47; Skomal, *The Keeper*, 21 – 26, Margaret C. Adler, "To the Rescue: Picturing Ida Lewis," *Winterthur Portfolio* (Spring 2014), 85.

14. Adler, "To the Rescue: Picturing Ida Lewis," 99.

15. Skomal, *The Keeper*, 57.

16. *The Papers of Ulysses S. Grant, vol 19, July 1, 1868 – October 31, 1869*, edited by John Y. Simon (Carbondale: Southern Illinois University Press, 1995), 229, n6.

17. Skomal, *The Keeper*, 23 – 24.

18. Affidavits of Frederick O. Tucker, Giuseppe Gianetti, Harriet Lewis, Mrs. M. E. Connell, Charles Abbott, Cassius W. Hallock, in Archives, RG26, Correspondence Concerning Lifesaving Medals, 1874 – 1920, Entry 235, Box 10, NAB; F. E. Chadwick to George Brown (June 24, 1881), in Archives, RG26,

Correspondence Concerning Lifesaving Medals, 1874 – 1920, Entry 235, Box 10, NAB; and Skomal, *The Keeper*, 92 – 95.

19. "An Act to provide for the establishment of lifesaving stations and houses of refuge upon the sea and lake coasts of the United States, and to promote the efficiency of the life-saving service," in *United States Congress, Acts and Resolution of the United States of America Passed at the First Session of the Forty-Third Congress, December 1, 1873 – June 23, 1874* (Washington: U. S. Government Printing Office, 1874), 152.

20. Skomal, *The Keeper*, 96.

21. "The Passing of Ida Lewis, the Heroine of Newport," *New York Times* (October 29, 1911).

22. D'Entremont, *The Lighthouses of Rhode Island*, 196 – 97; and Skomal, *The Keeper*, 127 – 137.

23. 澳大利亚号沉船事故及营救活动的背景信息来自以下文件：Marcus Hanna to J. M. Richardson (February 6, 1885); Affidavit of Nathaniel Staples, February 28, 1885; Affidavit of Hiram Staples, March 7, 1885; Affidavit of Irving Pierce, March 10, 1885; Affidavit of Henry E. Dyer, March 9, 1885. 以上内容均出自 Marcus Hanna file, RG 26, Entry 235, Correspondence Concerning Lifesaving Medals, 1874 – 1920, Box 9, NAB. 所有引文均出自 the February 6 letter from Hanna to Richardson。

24. D'Entremont, *The Lighthouses of Maine*, 76, 206, 223 – 24.

25. Walter F. Beyer and Oscar F. Keydel, Deeds of Valor: *How American Heroes Won the Medal of Honor*, vol. (Detroit: Perrien Keydel Company, 1901), 208 – 209.

26. "Gold Medals Awarded," *Boston Herald* (April 30, 1885).

27. Adamson, *Keepers*, 21 – 22.

28. Herbert Molloy Mason, Jr., *Death From the Sea: The Galveston Hurricane of 1900* (New York: Dial Press, 1972), 78 – 79.

29. 这一部分关于加尔维斯顿飓风和玻利瓦尔角灯塔的背景信息来自 William H. Thiesen, "Saving Lives during America's Deadliest Disaster," *Naval History* (December 2012), 46 – 52; Erik Larson, *Isaac's Storm: A Man, A Time, and the Deadliest Hurricane in History* (New York: Vintage Books, 1999), 102 – 108; 111 – 114; 141 – 143; 163 – 166; 264 – 265; Mason, *Death*, 85 – 86; 162 – 263; "Gen. Scurry Is in Charge," *Dallas Morning News* (September 13, 1900); "52, 000 Candles Are Set in the Window of Galveston," *Galveston Daily News* (July 25, 1915); and J. R. Selfridge to Light-House Board, September 15, 1900, RG26, E24, Letters Received From District Engineers and Inspectors (1853 – 1900), box 287, NAB。

30. Bolivar Point Lighthouse Logbook, August 15 – 18, 1915, RG26, E80, Lighthouse Station Logs, NAB.

31. "Bolivar Weathered Another Big Storm," *Galveston Daily News* (August 30, 1915).

32. "Bolivar Point Lighthouse, Texas," *The Keeper's Log* (Fall 1995), 26 – 27.

33. 这一部分关于"天堂鸟"的背景信息来自 Lester J. Maitland, *Knights of the Air* (Garden City, NY: Doubleday, Doran & Company, 1929), 305 – 309, 318 – 327; William J. Horvat, *Above the Pacific* (Fallbrook, CA: Aero Publishers, 1966), 63 – 70; and Ross R. Aiken, *Kilaeua Point Lighthouse: The Landfall Beacon on the Orient Run* (Kilauea: Kilauea Point Natural History Association, 1988), 70 – 81。

34. Maitland, *Knights*, 326.

35. "Kilauea Point Light First Landfall Made by Army Aviators in Hawaiian Flight," *LSB* (August 1, 1927).

36. Dean, *The Lighthouses of Hawaii*, 146.

第十二章

1. Snow, *Famous*, 53.

2. Nathaniel Spooner, *Gleanings From the Records of the Boston Marine Society, Through its First Century* (Boston: Published by the Society, 1879), 131.

3. U. S. H. R. Doc. 183, 11.

4. Bella Bathurst, *The Lighthouse Stevensons: The Extraordinary Story of the Building of the Scottish Lighthouses by the Ancestors of Robert Louis Stevenson* (New York: HarperCollins, 1999), 58 – 60; and Majdalany, *The Eddystone*, 116 – 18, 154.

5. Bathurst, *The Lighthouse*, 58 – 60.

6. Ibid.

7. Ibid. , 63 – 96.

8. 这一部分关于斯威夫特及他如何选择施工地点，确定建造灯塔的计划，还有灯塔建造过程的背景信息来自 "Report of the Colonel of the Corps of Topographical Engineers" (November 14, 1850), in *Message from the President of the United States, to the Two Houses of Congress at the Commencement of the Second Session of the Thirty-First Congress*, part 2 (Washington: Printed for the House, 1850), 432 – 443, 452 – 455; Edward Rowe Snow, *The Story of Minot's Light* (Boston: Yankee Publishing, 1940), 23 – 31; and George W. Cullum, *Biographical Sketch of Captain William H. Swift, of the Topographical Engineers* (New York: A. G. Sherwood & Co. , 1880), 3 – 10。

9. Thoreau, *Cape Cod*, 243.

10. Snow, *The Story*, 39 – 42.

11. Ibid. , 37 – 38.

12. " Minot's Rock Lighthouse," *Appletons Mechanics' Magazine and Engineers Journal* (February 1, 1851), 98.

13. United States Lighthouse Board, *Compilation of Public Documents and Extracts From Reports and Papers Relating to … 1789 to 1871* (1871), 549.

14. Snow, *Famous*, 59.

注　释

15. Snow, *The Story*, 50 – 57; "The Gale and the Flood," *Boston Atlas* (April 18, 1851).

16. John W. Bennett, "The Minot's Rock Lighthouse," *Boston Herald* (May 21, 1851); and "Minot Rock Lighthouse," *Appleton's Mechanics' Magazine & Engineers' Journal* (July 1, 1851), 398 – 402.

17. J. G. Barnard, "Eulogy on the Late Joseph G. Totten, Brevet Major General," in *Annual Report of the Board of Regents of the Smithsonian Institution Showing the Operations, Expenditures, and Condition of the Institution for the Year 1865* (Washington: U. S. Government Printing Office, 1866), 166.

18. Snow, *The Story*, 64. 关于建造第二座迈诺特灯塔的概要背景信息来源同上, 61 – 84; and Barton S. Alexander, "Minot's Ledge Lighthouse," in *Transactions, American Society of Civil Engineers* (April 1879), 83 – 94。

19. John G. Barnard, "Lighthouse Construction," *Johnson's Universal Cyclopaedia: A Scientifc and Popular Treasury of Useful Knowledge*, vol. 4 (New York: A. J. Johnson & Co., 1886), 825. (Emphasis in original.)

20. Charles A. Lawrence, "The Building of Minot's Ledge Lighthouse," *New England Magazine* (October 1896), 138.

21. Alexander, "Minot's Ledge Lighthouse," 86 – 87; Snow, *The Story*, 73; and Snow, *Famous*, 62.

22. Lawrence, "The Building of Minot's Ledge Lighthouse," 136.

23. Snow, *The Story*, 65 – 66.

24. Alexander, "Minot's," 91 – 92; and D'Entremont, *The Lighthouses of Massachusetts*, 275.

25. "Laying the Corner Stone of the Minot's Ledge Light House," *Freemason's Monthly Magazine* (November 1, 1858), 1 – 2.

26. Ibid, 7.

27. John G. Barnard, "Lighthouse Engineering as Displayed at the Centennial Exhibition," *Transactions, American Society of Civil Engineers* (March

1879）, 59.

28. Henry Wadsworth Longfellow, *Life of Henry Wadsworth Longfellow*, edited by Samuel Longfellow, vol. 3 (Boston: Houghton, Mifflin and Company, 1891), 184.

29. *ARLHB*, June 30, 1893 (Washington: U. S. Government Printing Office, 1893), 233 – 34; Snow, *The Story of Minot's Light*, 98; and D'Entremont, *Lighthouses of Massachusetts*, 279 – 280.

30. G. L. Gillespie, "Report Upon the Construction of Tillamook Rock Light Station, Sea Coast of Oregon," appendix in *ARLHB*, June 30, 1881, 99; and Portland Board of Trade, *Report of the President and Secretary for the Year Ending August 1, 1879* (Portland, OR: Board of Trade, 1879), 1 – 20.

31. 这一部分关于设计和建造蒂拉穆克岩灯塔的背景信息来自 Gillespie, "Report Upon," 99 – 134; and James A. Gibbs, *Tillamook Light* (Portland: Binford & Mort, 1979), 37 – 57。

32. "Tillamook Rock," *Oregonian* (November 20, 1879).

33. Gillespie, "Report," 103.

34. Dennis M. Powers, *Sentinel of the Seas: Life and Death at the Most Dangerous Lighthouse Ever Built* (New York: Citadel Press, 2007), 13 – 16; "Wolf Rock," Trinity House website, http://www.trinityhouse.co.uk/lighthouses/lighthouse_ list/wolf_ rock.htm, accessed on May 25, 2015; and David Stevenson, *Life of Robert Stevenson* (London: Adam and Charles Black, 1878), 172.

35. Powers, *Sentinel of the Seas*, 13 – 16.

36. Gillespie, "Report," 103.

37. Ibid., 126.

38. "In Awful Peril," *Oregonian* (January 20, 1880).

39. *Lewis & Dryden's Marine History of the Pacific Northwest*, edited by E. W. Wright (Portland: Lewis & Dryden Printing Company, 1895), 289; and

注 释

Gibbs, *Tillamook*, 54 – 57.

40. "Marine Disaster," *Philadelphia Inquirer* (January 10, 1881).

41. Adamson, *Keepers*, 237.

42. 关于这场暴风雨及其给灯塔造成的影响的背景信息来自 "Tremendous Seas Sweep Tillamook Rock," *LSB* (November 1, 1934); and Sam Churchill, "The Day 'Terrible Tilly's' Light Nearly Died in a Sea of Terror," *Northwest Magazine* (December 3, 1972), 6 – 10。

43. Putnam, *Sentinel*, 236.

44. 这一部分关于建造灯塔的背景信息来自 A. H. Payson, "Report Upon the Construction of Saint George's Reef Light-Station, Sea-Coast of California," in *ARLHB*, June 30, 1884 (Washington: U. S. Government Printing Office, 1884), 113 – 126; Alexander Ballantyne to W. H. Heuer, January 1, 1892, in *ARLHB*, June 30, 1891 (Washington: U. S. Government Printing Office, 1891), 271 – 278; Powers, *Sentinel*, 3 – 48; 71 – 171; and Wayne C. Wheeler, "St. George Reef Lighthouse: A Nineteenth-Century Engineering Feat," *The Keeper's Log* (Fall 2003), 2 – 13。

45. John Vancouver, *A Voyage of Discovery to the North Pacific Ocean, and Round the World*, vol. 1 (London: G. G. and J. Robinson, 1798), 202.

46. Powers, *Sentinel*, 5, 29; "The Brother Jonathan Wreck," *San Francisco Bulletin* (August 3, 1865).

47. *ARLHB*, June 30, 1881, 8.

48. Payson, "Report," 120.

49. Powers, *Sentinel*, 72.

50. Ibid., 73.

51. Alexander Ballantyne to W. H. Heuer, 273.

52. Ibid., 275.

53. Charles Graves, "Statue of Liberty," *Encyclopedia Americana*, vol. 17 (New York: Encyclopedia Americana Corporation, 1919), 350; and Powers, *Sentinel*, 168 – 169.

第十三章

1. M. Eldridge, "History of Hog Island Light Station, Virginia" (April 1951), clipping file for Hog Island, RG 26, NAB.

2. Sidney A. Gauthreaux, Jr. , and Carroll G. Belser, "Effects of Artificial Light on Migrating Birds," in *Ecological Consequences of Artificial Night Lighting*, edited by Catherine Rich and Travis Longcore (Washington: Island Press, 2006), 71 – 74.

3. Celia Thaxter, *Among the Isle of Shoals* (Boston: James R. Osgood and Company, 1873), 110 – 111.

4. J. A. Allen, "Destruction of Birds by Light-Houses," *Bulletin of the Nuttall Ornithological Club* (July 1880), 134 – 135.

5. "Damage Cape Ann Light Station," *LSB* (February 1, 1921), 165 – 166.

6. Sterling, *Lighthouses*, 55 – 56.

7. William Dutcher, "Bird Notes From Long Island, N. Y. " *The Auk* (April 1888), 182. See also William Dutcher, "Notes on Some Rare Birds in the Collection of the Long Island Historical Society," *The Auk* (July 1893), 276.

8. Wells Woodbridge Cooke, *Distribution and Migration of North American Warblers* (Washington: U. S. Government Printing Office, 1904), 17 – 18.

9. "Banding of Birds," *LSB* (December 1, 1922), 256.

10. Eric Jay Dolin and Bob Dumaine, *The Duck Stamp Story: Art, Conservation, History* (Iola, WI: Krause Publications, 2000), 16.

11. T. Gilbert Pearson, *The Bird Study Book* (New York: Doubleday, 1919), 146 – 147.

12. William Dutcher, "Results of Special Protection to Gulls and Terns Obtained Through the Thayer Fund," *The Auk* (January 1901), 76 – 77.

13. William Dutcher, "Report of the Committee on the Protection of North American Birds for the Year 1900," *The Auk* (January 1901), 92.

14. "State Reports," *Bird Lore* (February 1, 1905), 113.

15. Notes and News, *The Auk* (April 1900), 199.

16. USLB, *Instructions to Light-House Keepers*, 1902, 12 – 13.

17. B. S. Bowdish, "Ornithological Miscellany from Audubon Wardens," *The Auk* (April 1909), 116 – 128; Larkin G. Mead, "The Minute-Men of the Coast," *Harper's Weekly* (January 11, 1908), 25; and Ted Panayotoff, "Lighthouse Keepers Saved Lives of Birds, as Well as Humans," *Lighthouse Digest* (July 2008), 14 – 16.

18. 这个故事的背景信息来自 White, *The Farallon*, 42 – 55, 108 – 109; Doughty, "San Francisco's," 554 – 572; Casey, *The Devil's*, 81 – 85; and "The Farallones," *San Francisco Bulletin* (June 15, 1880)。

19. Amos Clift to Horace Clift (November 30, 1859), San Francisco History Center of the San Francisco Public Library.

20. Ibid.

21. "Disputed Claims to the Farallones," *Daily Alta California* (November 23, 1859).

22. White, *The Farallon*, 43.

23. Amos Clift to Horace Clift (June 14, 1860), San Francisco History Center of the San Francisco Public Library.

24. White, *The Farallon*, 43.

25. Ibid., 53.

26. "The Farallones Egg War—Coroner's Inquest of the Body of Perkins," *Daily Alta California* (June 7, 1863).

27. Ibid.

28. "The Farallones War—Arrests for Murder," ibid. (June 6, 1863).

29. "Farallons Egg War," ibid., (December 10, 1864).

30. *ARLHB*, *June 30, 1880* (Washington: U. S. Government Printing Office, 1880), 63 – 64; *ARLHB*, June 30, 1881, 70 – 71.

31. Charles Warren Stoddard, *In the Footprints of the Padres* (San Francisco: A. M. Robertson, 1912), 157 – 158.

32. "Report of the A. O. U. Committee on Protection of North American Birds," *The Auk* (January 1898), 109 – 110.

第十四章

1. George Dutton to John Y. Mason, October 14, 1846, *New York Municipal Gazette* (March 15, 1847), 736; and Dean, *Lighthouses of the Florida Keys*, 54.

2. Putman, "Beacons," 29; *ARLHB*, June 30, 1907 (Washington: U. S. Government Printing Office, 1907), 95 – 99; and Timothy Harrison, "The Hero of Horn Island Lighthouse, Pascagoula, Mississippi," *Lighthouse Digest* (July/August, 2011), 70 – 71.

3. 普拉姆海滨灯塔及其守护人们在飓风中遭受的磨难的背景信息来自 Lawrence H. Bradner, *The Plum Beach Light: The Birth, Life, and Death of a Lighthouse* (n. p. : privately published by author, 1989), 95 – 140。

4. 关于这场飓风的背景信息来自 Everett S. Allen, *A Wind to Shake the World: The Story of the 1938 Hurricane* (New York: Little, Brown and Company, 1976); R. A. Scotti, *Sudden Sea: The Great Hurricane of 1938* (New York: Little, Brown and Company, 2003), 23, 37 – 50, 81, 93 – 94, 216 – 17; Cherie Burns, *The Great Hurricane: 1938* (New York: Atlantic Monthly Press, 2005), 74 – 78; and National Weather Service, The Great Hurricane of 1938, at http://www. weather. gov/box/1938hurricane, accessed on August 23, 2014。

5. Bradner, *The Plum*, 123.

6. Ibid. , 124.

7. Ibid.

8. D'Entremont, *The Lighthouses of Rhode Island*, 49 – 54; and "Detailed Reports Indicate Violence of September Hurricane," *LSB* (December 1938), 145 – 46.

9. D'Entremont, *The Lighthouses of Rhode Island*, 54.

10. 这一部分的相关背景及所有引文均出自 Edward Rowe Snow, *A Pilgrim Returns to Cape Cod* (Boston: Yankee Publishing Company, 1946), 364 – 66。

11. 这一部分关于饺子岩灯塔的背景信息及所有引文均出自 Seamond Ponsart Roberts, with Jeremy D'Entremont, *Everyday Heroes: The True Story of a Lighthouse Family* (Portsmouth, NH: Coastlore Media, 2013), 10 – 13。

12. 这一部分的背景信息及所有引文均出自 "Detailed Reports Indicate," 146。

13. 这一部分关于帕尔默岛灯塔的背景信息及它与飓风斗争的过程均出自 Allen, *A Wind*, 320 – 26; "Secretary of Commerce Addresses Conference of Lighthouse Superintendents," *LSB* (October 1938), 133 – 34; and D'Entremont, *The Lighthouses of Massachusetts*, 21 – 25。

14. Snow, *The Lighthouses*, 305 – 6。

15. Allen, *A Wind*, 321.

16. Ibid, 322.

17. Ibid.

18. Ibid, 323.

19. "September Hurricane Causes Loss of Life and Extensive Property Damage," *LSB* (October 1938), 135 – 36.

20. Allen, *A Wind*, 348 – 49; and Scotti, *Sudden Sea*, 23, 216 – 17, 226.

第十五章

1. "Public Resolution No. 16," U. S. Sen. Doc. 130 (1939), 652.

2. Robert Erwin Johnson, *Guardians of the Sea: History of the United States Coast Guard, 1915 to the Present* (Annapolis: Naval Institute Press, 1987), 162 – 65; U. S. Coast Guard, *The Coast Guard at War—Aids to Navigation* (Washington: Public Information Division, U. S. Coast Guard, July 1, 1949), 4; and Franklin D. Roosevelt: "Message to Congress on Plan II to Implement the Reorganization Act," May 9, 1939, at *The American Presidency Project*, http: //

www. presidency. ucsb. edu/ws/? pid = 15760, accessed on August 30, 2014.

3. Johnson, *Guardians*, 163; and Holland, *America's Lighthouses*, 38.

4. Adamson, *Keepers*, 31; Johnson, *Guardians*, 164; and De Wire, *Lighthouses of the South*, 96.

5. Johnson, *Guardians*, 164.

6. U. S. Coast Guard, *The Coast Guard at War*, 5 - 10; and J. McCaffery, *Point Pinos, Pacific Grove, California Lighthouse* (Point Pinos: Printed by author, 2001), 81.

7. 这一部分的背景信息来自 the Scotch Cap Radio Station Logbook, April 1 - 8, 1946, RG26, E80, Lighthouse Station Logs, NAB (all quotes, except one, come from this); Adamson, *Keepers*, 249 - 54; Michael J. Mooney, "Tragedy at Scotch Cap," *Sea Frontiers* (March/April 1975), 84 - 90; "Memorandum Kept by Chief Radio Electrician Horan B. Sandford, U. S. Coast Guard," transcript at the Office of the Historian, U. S. Coast Guard; and Dudley and Lee, *Tsunami!*, 1 - 5, 41。

8. Adamson, *Keepers*, 252.

9. Wermiel, *Lighthouses*, 323; Bruce Roberts, Cheryl Shelton-Roberts, and Ray Jones, *American Lighthouses: A Comprehensive Guide to Exploring our National Coastal Treasures* (Lanham, MD: Rowman and Littlefeld, 2012), 155; and LighthouseFriends. com, "Charleston (Sullivan's Island), SC," at http: // www. lighthousefriends. com/light. asp? ID = 334, accessed on September 2, 2014.

10. National Park Service, U. S. Coast Guard, and Department of Defense, *Historic Lighthouse Preservation Handbook* (Washington: U. S. Government Printing Office, 1997), part 2, 2.

11. Ibid.

12. DeGast, *The Lighthouses*, 7; and Skip Rozin, "Who mourns the vanishing wickies?" *Audubon* (May 1972), 31 - 32.

注 释

13. Jones, *The Lighthouse*, 136; 以及作者与杰里米·登特里蒙特通过 2015 年 5 月 31 日的电子邮件进行的交流。

14. De Wire, *Guardians*, 262.

15. Robert G. Müller, *Long Island's Lighthouses: Past and Present* (Patchogue: Long Island Chapter of the U. S. Lighthouse Society, 2004), 157 – 58.

16. Jeremy D'Entremont, "Coney Island Light Station, New York," *The Keeper's Log* (Fall 2009), 2 – 6; and Robert D. McFadden, "Frank P. Schubert, Lighthouse Keeper Since 1939, Dies at 88," *The New York Times* (December 13, 2003).

17. Myrna Oliver, "Obituary: Frank Schubert, 88, Last Civilian Lighthouse Keeper in the United States," *Los Angeles Times* (December 19, 2003).

18. "The Last Lighthouse Keeper," *All Things Considered*, National Public Radio, http://www.npr.org/templates/story/story.php? storyId = 1137620, accessed on September 2, 2014.

19. Charlie LeDuff, "So, It's a Lighthouse. Now Leave Me Alone," *New York Times* (April 18, 2002).

20. Oliver, "Obituary: Frank Schubert, 88."

21. James Boylan and Betsy Wade, *Stonington's Old Lighthouse and Its Keepers* (Stonington: Stonington Historical Society, 2013), 98 – 102; Holland, *America's Lighthouses*, 164; and Elinor De Wire, "Fairport Harbor Lighthouse: The Freedom Light," *The Keeper's Log* (Winter 2009), 11.

22. Vojtech, *Lighting*, 151.

23. 这一部分的背景信息来自 Frank Perry, *East Brother: History of an Island Light Station*, a book published by the East Brother Light Station, Inc., 1984, accessed at http://www.ebls.org/book.html, on September 4, 2014。

24. 关于重建法尔岛灯塔的背景信息来自作者于 2014 年 9 月 5 日对罗伯特·拉罗萨的采访，拉罗萨是法尔岛灯塔保护协会的主席。该协会官网：http://freislandlighthouse.com/index.html, accessed on September 6,

617

2014; Casey Rattner, "Long Island Volunteer Hall of Fame Archive Project, Inception to Induction, Fire Island Lighthouse Preservation Society" (April 14, 2011), at the following website, accessed on September 6, 2014, http://www.livolunteerhalloffame.org/uploads/Fire_ Island_ Lighthouse_ Preservation_ Society.pdf; Dennis Hanson, "The Tide Is Turning for Old Beacons Adrift at Land's End," *Smithsonian* (August 1, 1987), 99 – 108; and Paul Vitello, "Thomas Roberts, Who Led Fight to Save Fire Island Lighthouse, Dies at 75," *New York Times* (June 15, 2013)。

25. 这一部分的背景信息来自罗斯岛灯塔基金会的官网：http://www.roseislandlighthouse.org/index.html, accessed on September 5, 2014; and D'Entremont, *The Lighthouses of Rhode Island*, 176 – 179。

26. Island Institute, "Maine Lights Program: Overview and Conclusions-January, 2000," at http://www.islandinstitute.org/documents/mainelights.pdf, accessed on September 7, 2014.

27. James M. Loy, "Maine Lighthouse Transfer Ceremony, Rockland, Maine, June 20, 1998," at http://www.uscg.mil/history//CCG/Loy/docs/MLHS062098.pdf, accessed on September 7, 2014.

28. 作者分别于2015年1月29日和2015年6月2日与帕特里克·斯卡芙尼进行的私人交流，斯卡芙尼时任美国总务署新英格兰地区公共事务主管。

29. Clay Risen, "Preserving the Lighthouse, Not Just the Light," *New York Times* (September 5, 2014).

30. Virginia Sole-Smith, "Who Owns America's Lighthouses?" *Coastal Living* (August 2012), 87 – 88.

31. 作者于2014年9月10日对戴夫·沃勒进行的采访。

32. Jacqueline Tempera, "Beacon Thrill: What It's Like to Live in a Lighthouse," *Boston Globe* (August 3, 2104).

33. 作者于2014年9月10日对尼克·科斯塔德进行的采访。

34. Sole-Smith, "Who Owns," 88.

注　释

35. Alexander Abnos, "Coast Guard Auctions of Lighthouses," *USA Today* (April 2, 2008).

36. Amy Gamerman, "The Lure of the Lighthouse," *Wall Street Journal* (August 15, 2013).

37. Tim Harrison, "The Doomsday List—America's Most Endangered Lighthouses," *Lighthouse Digest*, at http://www. lighthousedigest. com/news/doomsdaystory. cfm, accessed on September 17, 2014; 以及作者于 2014 年 9 月 16 日对蒂姆·哈里森进行的电话采访。

38. Holland, *America's Lighthouses*, 76–77.

39. Mike Booher and Lin Ezell, *Out of Harm's Way: Moving America's Lighthouse* (Annapolis: Eastwind Publishing, 2001), 10–94; "Cape Hatteras Light Station," National Park Service Web page accessed on May 16, 2015, at http://www. nps. gov/caha/planyourvisit/chls. htm; Orrin H. Pilkey, David M. Bush, and William J. Neal, "Lessons from Lighthouses: Shifting Sands, Coastal Management Strategies, and the Cape Hatteras Lighthouse Controversy," in *The Earth Around Us: Maintaining a Livable Planet*, edited by Jill S. Schneiderman (New York: W. H. Freeman, 2000), 198–200; 以及作者于 2015 年 7 月 24 日对国际烟囱公司项目经理泰勒·芬克尔 (Tyler Finkle) 进行的电话采访。

40. "A Perfumed Ghost," *The Savannah Tribune* (February 16, 1889).

41. 作者于 2014 年 9 月 16 日对佐治亚州海岸历史学会 (Coastal Georgia Historical Society) 会长米米·罗杰斯 (Mimi Rogers) 进行的电话采访; and S. E. Schlosser, *Spooky Georgia: Tales of Hauntings, Strange Happenings, and Other Local Lore* (Guilford, CT: Globe Pequot Press, 2012), 62。

尾　声

1. D'Entremont, *The Lighthouses of Massachusetts*, 351–357.

2. Richard Whiting Searle, "Marblehead Great Neck," *Essex Historical Institute Collections* (July 1937), 228.

3. "One of the Veterans," *Salem Register* (October 26, 1857).

参考文献

参考文献仅列出了《辉煌信标》中一小部分引用内容的出处，且仅限于书籍，不包括文章和政府报告。本参考文献的作用是为有兴趣更深入了解美国灯塔历史的普通读者提供一个出发点。关于具体的话题及本书中涉及的具体灯塔的额外信息请参考注释。

Adams, William Henry Davenport. *Lighthouses and Lightships: A Descriptive and Historical Account of Their Mode of Construction and Organization*. London: T. Nelson and Sons, 1870.

Adamson, Hans Christian. *Keepers of the Lights*. New York: Greenburg, 1955.

Allen, Everett S. *A Wind to Shake The World: The Story of the 1938 Hurricane*. New York: Little, Brown and Company, 1976.

Arago, François. "Fresnel," in *Biographies of Distinguished Scientific Men*. London: Longman, Brown, Green, Longmans, & Roberts, 1857.

Baker, T. Lindsay. *Lighthouses of Texas*. College Station: Texas A&M University, 2001.

Bathurst, Bella. *The Lighthouse Stevensons: The Extraordinary Story of the Building of the Scottish Lighthouses by the Ancestors of Robert Louis Stevenson*. New York: HarperCollins, 1999.

Berger, Todd R. *Lighthouses of the Great Lakes*. St. Paul: Voyageur Press, 2002.

Bostick, Douglas W. *The Morris Island Lighthouse: Charleston's Maritime Beacon*. Charleston, SC: History Press, 2008.

Carr, Dawson. *The Cape Hatteras Lighthouse: Sentinel of the Shoals*. Chapel Hill: University of North Carolina Press, 2000.

Chase, Mary Ellen. *The Story of Lighthouses*. New York: W. W. Norton, 1965.

Cheek, Richard, ed. *From Guiding Lights to Beacons for Business: The Many Lives of Maine's Lighthouses*. Thomaston, ME: Tilbury House, 2012.

David L. Cipra, *Lighthouses, Lightships, and the Gulf of Mexico*. Alexandria, VA: Cypress Communications, 1997.

Clifford, J. Candace, and Mary Louise Clifford. *Nineteenth-Century Lights: Historic Images of American Lighthouses*. Alexandria: Cypress Communications, 2000.

———. *Women Who Kept the Lights: An Illustrated History of Female Lighthouse Keepers*. Alexandria: Cypress Communications, 2000.

———. *Maine Lighthouses: Documentation of Their Past*. Alexandria: Cypress Communications, 2005.

Dean, Love. *The Lighthouses of Hawaii*. Honolulu: University of Hawaii Press, 1991.

———. *Lighthouses of the Florida Keys*. Sarasota: Pineapple Press, 1998.

D'Entremont, Jeremy. *The Lighthouses of Connecticut*. Beverly, MA: Commonwealth Editions, 2005.

———. *The Lighthouses of Rhode Island*. Beverly, MA: Commonwealth Editions, 2006.

———. *The Lighthouses of Massachusetts*. Beverly, MA: Commonwealth Editions, 2007.

———. *The Lighthouses of Maine*. Beverly, MA: Commonwealth Editions, 2009.

———. *The Lighthouse Handbook of New England*. Kennebunkport, ME: Cider Mill Press, 2012.

De Wire, Elinor. *Guardians of the Lights: Stories of U.S. Lighthouse Keepers*. Sarasota: Pineapple Press, 1995.

———. *Lighthouses of the South*. St. Paul: Voyageur Press, 2004.

———. *The Lightkeepers' Menagerie: Stories of Animals at Lighthouses*. Sarasota: Pineapple Press, 2007.

Duffus, Kevin P. *The Lost Light: The Mystery of the Missing Cape Hatteras Fresnel Lens*. Raleigh, NC: Looking Glass Productions, 2003.

Gibbs, James A. *Sentinels of the North Pacific: The Story of Pacific Coast Lighthouses and Lightships*. Portland, OR: Binford & Mort, 1955.

———. *Lighthouses of the Pacific*. Atglen, PA: Schiffer Publications, 1986.

———. *Tillamook Light*. Portland: Binford & Mort, 1979.

———. *Oregon's Seacoast Lighthouses*. Medford: Webb Research Group, 2000.

Gleason, Sarah C. *Kindly Lights: A History of the Lighthouses of Southern New England*. Boston: Beacon Press, 1991.

Heap, David P. *Ancient and Modern Light-Houses*. Boston: Ticknor and Company, 1889.

Holland, Francis Ross, Jr. *America's Lighthouses: Their Illustrated History Since 1716*. Brattleboro, VT: Stephen Greene Press, 1972.

———. *Lighthouses*. New York: Barnes & Noble, 1997.

Hurley, Neil E. *Florida's Lighthouses in the Civil War*. Oakland Park, FL: Middle River Press, 2007.

Hyde, Charles K. *The Northern Lights: Lighthouses of the Upper Great Lakes*. Detroit: Wayne State University Press, 1995.

Johnson, Arnold Burges. *The Modern Light-House Service*. Washington: Government Printing Office, 1890.

Jones, Ray. *The Lighthouse Encyclopedia: The Definitive Reference*. Guilford, CT: Globe Pequot Press, 2004.

Levitt, Theresa. *A Short, Bright Flash: Augustin Fresnel and the Birth of the Modern Lighthouse*. New York: W. W. Norton and Company, 2013.

Leffingwell, Randy. *Lighthouses of the Pacific Coast*. St. Paul: Voyageur Press, 2000.

Lowry, Shannon, and Jeff Schultz. *Northern Lights: Tales of Alaska's Lighthouses and Their Keepers*. Harrisburg, PA: Stackpole Books, 1992.

Noble, Dennis L. *Lighthouses & Keepers: The U.S. Lighthouse Service and its Legacy*. Annapolis: Naval Institute Press, 1997.

Osmers, Henry. *On Eagle's Beak: A History of the Montauk Point Lighthouse*. Denver: Outskirts Press, 2008.

Porter, Jane Molloy. *Friendly Edifices: Piscataqua Lighthouses and Other Aids to Navigation, 1771–1939*. Portsmouth, NH: Portsmouth Marine Society, 2006.

Powers, Dennis M. *Sentinel of the Seas: Life and Death at the Most Dangerous Lighthouse Ever Built*. New York: Citadel Press, 2007.

Putnam, George Rockwell. *Lighthouses and Lightships of the United States*. Boston: Houghton Mifflin Company, 1917.

———. *Sentinel of the Coasts: The Log of a Lighthouse Engineer*. New York: W. W. Norton, 1937.

Rhein, Michael J. *Anatomy of the Lighthouse*. New York: Barnes & Noble, 2000.

Shanks, Ralph C., Jr., and Janetta Thompson Shanks, *Lighthouses and Lifeboats on the Redwood Coast*. San Anselmo, CA: Constano Books, 1978.

Shelton-Roberts, Cheryl, and Bruce Roberts. *Lighthouse Families*. Birmingham, AL: Crane-Hill Publishing, 1997.

Skomal, Lenore. *The Keeper of Lime Rock*. Philadelphia: Running Press, 2002.

Smith, Fitz-Henry, Jr. *The Story of Boston Light, With Some Accounts of the Beacons in Boston Harbor*. Boston: privately printed, 1911.

Snow, Edward Rowe. *The Story of Minot's Light*. Boston: Yankee Publishing, 1940.

———. *Famous Lighthouses of America*. New York: Dodd, Mead & Company, 1955.

———. *The Lighthouses of New England*, updated by Jeremy D'Entremont. Beverly, MA: Commonwealth Editions, 2002.

Snowman, Sally R., and James G. Thompson, *Boston Light: A Historical Perspective*. North Andover, MA: Flagship Press, 1999.

Stevenson, Alan. *A Rudimentary Treatise on the History, Construction, and Illumination of Lighthouses*. London: John Weale, 1850.

Stevenson, D. Alan. *The World's Lighthouses Before 1820*. London: Oxford University Press, 1959.

Vojtech, Pat. *Lighting the Bay: Tales of Chesapeake Lighthouses*. Centreville, MD: Tidewater Publishers, 1996.

Weiss, George. *The Lighthouse Service: Its History, Activities and Organization*. Baltimore: Johns Hopkins Press, 1926.

Wermiel, Sara E. *Lighthouses*. New York: W. W. Norton, 2006.

White, Peter. *The Farallon Islands: Sentinels of the Golden Gate*. San Francisco: Scottwall Associates, 1995.

图片信息

(图片信息中的页码为本书页边码)

Page xi: N. P. Willis, *American Scenery*, vol. 2 (London: George Virtue, 1840)

Page 1: Courtesy Library of Congress

Page 3: *A New Geographical Dictionary*, 2 vols. (London: J. Coote, 1759 – 60)

Page 5: William Henry Davenport Adams, *Lighthouses and Lightships: A Descriptive and Historical Account of Their Mode of Construction and Organization* (London: T. Nelson and Sons, 1870)

Page 8: Courtesy Library of Congress

Page 10: © Eric Jay Dolin

Page 14: Courtesy U. S. Coast Guard Historian's Office

Page 32: Courtesy National Archives

Page 46: "DESCRIPTION of the LIGHT-HOUSE at SANDY-HOOK," *New-York Magazine; or, Literary Repository* (August 1, 1790)

Page 47: Courtesy Library of Congress

Page 49: Courtesy National Archives

Page 51: Courtesy Library of Congress

Page 59: Courtesy Library of Congress

Page 65: United States Coast Guard, *Aids-to-Navigation Manual* (1945)

图片信息

Page 68: Courtesy Library of Congress

Page 69: William Henry Davenport Adams, *Lighthouses and Lightships: A Descriptive and Historical Account of Their Mode of Construction and Organization* (London: T. Nelson and Sons, 1870)

Page 71: Courtesy Library of Congress

Page 72: Courtesy U. S. Coast Guard Historian's Office

Page 78: "Along the South Shore," *Harper's New Monthly Magazine* (June 1878)

Page 80: Courtesy Library of Congress

Page 81: Courtesy Library of Congress

Page 92: Leonor Fresnel, *Oeurves Complètes D'Augustin Fresnel*, vol. I (Paris: Imprimerie Impèrials, 1866)

Page 93: William Henry Davenport Adams, *Lighthouses and Lightships: A Descriptive and Historical Account of Their Mode of Construction and Organization* (London: T. Nelson and Sons, 1870)

Page 94: William Henry Davenport Adams, *Lighthouses and Lightships: A Descriptive and Historical Account of Their Mode of Construction and Organization* (London: T. Nelson and Sons, 1870)

Page 97: Leonor Fresnel, *Oeurves Complètes D'Augustin Fresnel*, vol. I (Paris: Imprimerie Impèrials, 1870)

Page 98 (top): William Henry Davenport Adams, *Lighthouses and Lightships: A Descriptive and Historical Account of Their Mode of Construction and Organization* (London: T. Nelson and Sons, 1870)

Page 98 (bottom): . Thomas Tag

Page 99: Edmund Atkinson and Arnold W. Reinold, *Natural Philosophy for General Read-ers and Young People* (London: Longmans, Green, and Co. , 1905)

Page 100: Leonor Fresnel, *Oeurves Complètes D'Augustin Fresnel*, vol. III (Paris: Imprimerie Impèrials, 1870)

Page 103 : Courtesy Smithsonian American Art Museum / Art Resource, NY

Page 116 : Courtesy National Archives

Page 120 : Courtesy National Archives

Page 122 : Courtesy U. S. Coast Guard Historian's Office

Page 130 : Courtesy Library of Congress

Page 132 : Courtesy National Archives

Page 138 : William Henry Davenport Adams, *Lighthouses and Lightships: A Descriptive and Historical Account of Their Mode of Construction and Organization* (London: T. Nelson and Sons, 1870)

Page 139 : Courtesy U. S. Coast Guard Historian's Office

Page 141 : William Henry Davenport Adams, *Lighthouses and Lightships: A Descriptive and Historical Account of Their Mode of Construction and Organization* (London: T. Nelson and Sons, 1870)

Page 143 : Courtesy U. S. Coast Guard Historian's Office

Page 149 : Charles S. Greene, "Los Farallones de los Frayles," *Overland Monthly* (September 1892)

Page 151 : Courtesy U. S. Coast Guard Historian's Office

Page 155 : Courtesy of National Archives

Page 157 : Courtesy Library of Congress

Page 158 : Courtesy Library of Congress

Page 168 : Courtesy National Archives

Page 175 : Courtesy Tybee Island Historical Society

Page 179 : Courtesy U. S. Naval Historical Center

Page 183 : Courtesy National Archives

Page 186 : © TPG images

Page 190 : Courtesy Library of Congress

Page 192 : Courtesy Library of Congress

Page 193 : Courtesy U. S. Coast Guard Historian's Office

图片信息

Page 194: Courtesy Library of Congress

Page 197: Courtesy U. S. Coast Guard Historian's Office

Page 198: Courtesy National Archives

Page 199: Courtesy National Archives

Page 202: Courtesy Library of Congress. © Carol M. Highsmith

Page 204: Courtesy National Archives

Page 205: Courtesy Milwaukee County Historical Society and North Point Lighthouse Museum

Page 207: Courtesy Library of Congress. © Martin Stupich

Page 209: Courtesy U. S. Coast Guard Historian's Office

Page 212: Courtesy U. S. Coast Guard Historian's Office

Page 214: Courtesy U. S. Coast Guard Historian's Office

Page 216: Courtesy U. S. Coast Guard Historian's Office

Page 217 (top): Courtesy National Archives

Page 217 (bottom): Courtesy Library of Congress. © Robert Brewster

Page 219: Courtesy Library of Congress

Page 231: Charles S. Greene, "Los Farallones de los Frayles," *Overland Monthly* (September 1892)

Page 233: Courtesy National Park Service, Cape Hatteras National Seashore

Page 237: Courtesy Library of Congress

Page 239: Courtesy Library of Congress

Page 244: Courtesy Eric Jay Dolin

Page 251: Courtesy U. S. Coast Guard Historian's Office

Page 253: Courtesy U. S. Coast Guard Historian's Office

Page 255: Courtesy U. S. Coast Guard Historian's Office

Page 258: Courtesy U. S. Coast Guard Historian's Office

Page 262: Courtesy Library of Congress

Page 264: John Drake Sloat, *History of the Celebration of the Fiftieth*

Anniversary of the Tak-ing Possession of California (Oakland : Carruth & Carruth Printers, 1896)

Page 265 : Courtesy National Archives

Page 270 : © Eric Jay Dolin

Page 273 : Courtesy Library of Congress

Page 274 (top) : Courtesy U. S. Coast Guard Historian's Office

Page 274 (bottom) : © Eric Jay Dolin

Page 278 : Courtesy National Archives

Page 293 : Courtesy Library of Congress

Page 295 : "Ida Lewis : The Newport Heroine," *Harper's Weekly* (July 31, 1869)

Page 299 : "Ida Lewis : The Newport Heroine," *Harper's Weekly* (July 31, 1869)

Page 312 : Courtesy U. S. Coast Guard Historian's Office

Page 318 : Courtesy National Archives

Page 322 : Courtesy U. S. Coast Guard Historian's Office

Page 330 : Courtesy U. S. Coast Guard Historian's Office

Page 333 : Courtesy U. S. Coast Guard Historian's Office

Page 336 : David P. Heap, *Ancient and Modern Light-Houses* (Boston : Ticknor and Com-pany, 1889)

Page 338 : David P. Heap, *Ancient and Modern Light-Houses* (Boston : Ticknor and Com-pany, 1889)

Page 342 : Courtesy Library of Congress

Page 343 : Courtesy Library of Congress

Page 350 : Courtesy Library of Congress

Page 352 : Courtesy National Archives

Page 354 : Courtesy U. S. Coast Guard Historian's Office

Page 355 : William Henry Davenport Adams, *Lighthouses and Lightships : A*

图片信息

Descriptive and Historical Account of Their Mode of Construction and Organization (London: T. Nelson and Sons, 1870)

Page 358: Courtesy National Park Service: Statue of Liberty National Monument

Page 367: Courtesy National Oceanic and Atmospheric Administration

Page 372: © Jeremy D'Entremont

Page 374 (bottom): Courtesy U. S. Coast Guard Historian's Office

Page 375: Courtesy U. S. Coast Guard Historian's Office

Page 380: Courtesy U. S. Coast Guard Historian's Office

Page 382: Courtesy U. S. Coast Guard Historian's Office

Page 384: F Delventhal

Page 387: Courtesy Library of Congress

Page 388: Courtesy U. S. Coast Guard Historian's Office

Page 390: Courtesy Library of Congress

Page 394 (top): Courtesy U. S. Coast Guard Historian's Office

Page 394 (bottom): Courtesy Library of Congress

Page 398: © Eric Jay Dolin

Page 399: Courtesy The Chesapeake Bay Maritime Museum, St. Michaels, Maryland

Page 402: © George Bacon

Page 403: Courtesy Library of Congress. Photograph by Carol M. Highsmith

Page 405: © Eric Jay Dolin

Page 408: Courtesy U. S. Coast Guard Historian's Office

Page 412: Courtesy National Archives

Page 413: Courtesy National Park Service, Cape Hatteras National Seashore

Page 417: Massachusetts Office of Travel & Tourism

Page 420: Courtesy U. S. Coast Guard Historian's Office

Page 421: © Eric Jay Dolin

索 引

（索引中的页码为本书页边码）

索 引

作者简介

　　埃里克·杰·多林的"野性北美·多林作品集"包括：其一，《皮毛、财富和帝国：美国皮毛交易的史诗》，它被《西雅图时报》评选为 2010 年非虚构类年度好书，还赢得了新英格兰历史学会颁发的詹姆斯·P. 汉兰图书奖（James P. Hanlan Book Award）；其二，《利维坦：美国捕鲸史》，该书曾被《洛杉矶时报》和《波士顿环球报》评为 2007 年非虚构类年度好书，还荣获 2007 年美国海洋历史协会约翰·莱曼奖（John Lyman Award）（美国海事史类）；《辉煌信标：美国灯塔史》为作品集第三部。此外，他还著有《美国和中国最初的相遇：航海时代奇异的中美关系史》，该书被《科克斯书评》选入 2012 年年度最佳非虚构类图书 100 本名单。多林先后毕业于布朗大学和麻省理工学院，获得环境政策和规划博士学位。多林和他的家人现居于马萨诸塞州的马布尔黑德。如想获取更多关于作者、作品、奖项的信息，可登录作者个人网站：ericjaydolin.com。

图书在版编目（CIP）数据

辉煌信标：美国灯塔史 /（美）埃里克·杰·多林
（Eric Jay Dolin）著；冯璇译 . -- 北京：社会科学文
献出版社，2020.6
　　书名原文：Brilliant Beacons：A History of the
American Lighthouse
　　ISBN 978 - 7 - 5201 - 4199 - 4

　　Ⅰ.①辉… 　Ⅱ.①埃… ②冯… 　Ⅲ.①灯塔 - 历史 -
美国 　Ⅳ.①U644. 42 - 097. 12

中国版本图书馆 CIP 数据核字（2019）第 016473 号

辉煌信标
—— 美国灯塔史

著　　者 /〔美〕埃里克·杰·多林（Eric Jay Dolin）
译　　者 / 冯　璇

出 版 人 / 谢寿光
责任编辑 / 张　骋　钱家音

出　　版 / 社会科学文献出版社·甲骨文工作室（分社）（010）59366527
　　　　　地址：北京市北三环中路甲 29 号院华龙大厦　邮编：100029
　　　　　网址：www. ssap. com. cn
发　　行 / 市场营销中心（010）59367081　　59367083
印　　装 / 三河市东方印刷有限公司

规　　格 / 开 本：889mm × 1194mm　1/32
　　　　　印 张：21. 125　插 页：0.5　字 数：450 千字
版　　次 / 2020 年 6 月第 1 版　2020 年 6 月第 1 次印刷
书　　号 / ISBN 978 - 7 - 5201 - 4199 - 4
著作权合同
登 记 号 / 图字 01 - 2016 - 7066 号
定　　价 / 98. 00 元

本书如有印装质量问题，请与读者服务中心（010 - 59367028）联系